Tout le monde
il est gentil

DU MÊME AUTEUR AU CHERCHE MIDI

Pensées, répliques et anecdotes
Je suis un être exquis
J'me marre
Jean Yanne aux Grosses Têtes
On n'arrête pas la connerie

Jean Yanne

Tout le monde il est gentil

Préface de Laurent Gerra

COLLECTION **LE SENS DE L'HUMOUR**

cherche midi

Vous aimez l'humour? Inscrivez-vous à notre newsletter
pour suivre en avant-première toutes nos actualités:
www.cherche-midi.com

Direction éditoriale: Arnaud Hofmarcher
Conception graphique: Corinne Liger

23, rue du Cherche-Midi
75006 Paris

Préface

Tout le monde il est gentil… C'est d'abord le titre d'un film parodiant (à peine) le milieu de la radio, de la publicité et du journalisme qui n'a pas pris une ride…

En ce sens, Jean Yanne était un visionnaire iconoclaste… irrévérencieux, satiriste de génie, moqueur inventif et anticonformiste.

J'ai eu la chance de le rencontrer, ironie du sort, dans un studio de radio pour une interview croisée. Quel bonheur ! Il réagissait sur l'actualité, avec un sens inné de la dérision, déboulonnant les statues, se gaussant de la bien-pensance et des donneurs de leçons. J'ai eu aussi l'extrême privilège de travailler (et surtout de rire) avec son acolyte des débuts, Jacques Martin.

Ils étaient précurseurs dans l'humour, ils maniaient l'absurde avec une finesse et une intelligence rarement égalées. Ils ont été censurés car ils étaient libres ! Nous leur devons beaucoup : ils ont ouvert des portes, cassé des barrières et imposé leur style.

Jean Yanne était un touche-à-tout : comédien, réalisateur, producteur, chanteur (ah, les parodies de chansons réalistes ! Et le désopilant « Rouvrez les maisons » !).

Quelle bonne idée de rééditer ces trésors, notamment une rareté que j'ai eu plaisir à relire : *L'Apocalypse est pour demain*, ainsi que le surréaliste *Dictionnaire des mots qu'il y a que moi qui les connais*.

Piochez au quotidien dans ce recueil de pensées, vous verrez, ça fait un bien fou, car voir le monde avec ses yeux est assez jouissif !

C'est un honneur de pouvoir, à travers ces quelques lignes, parler de cet immense créateur qu'était Jean Yanne, une façon en sorte de faire une révérence à l'irrévérence !

À celui qui a dit « Je n'ai pas le sens de l'humour, j'ai le sens du ridicule ! », merci Monsieur Jean Yanne !

Laurent GERRA

Pensées et textes
(1)

L'argent ne fait pas le bonheur? Laissez-moi rire. C'est comme tous les proverbes ça, c'est des trucs qu'on laisse croire aux pauvres pour éviter les émeutes.

*

– Jean, vous revenez des Bahamas, c'est vrai qu'il y a toujours du soleil là-bas?
– Non, pas la nuit.

*

– C'est encore un ordinateur qui vient de remporter, en Floride, un fameux tournoi d'échecs.
– Ça, ça va encore. Le jour où il faudra vraiment s'inquiéter, c'est quand ils nous battront à la boxe.

*

Moi, j'ai pour principe de ne jamais répondre à une lettre tant que je n'en ai pas reçu au moins une deuxième de la même personne sur le même sujet.

*

– C'est bien l'Angleterre, surtout pour les siamois.
– *Les siamois ?*
– Oui, le mec de gauche peut enfin conduire.

*

J'ai quitté la profession de journaliste uniquement parce que le salaire était trop bas.

*

La nouvelle est là, sous mes yeux, sèche et froide mais ô combien excitante : à Londres va avoir lieu la vente du siècle. Ah, je vous vois vous trémousser, vous qui m'écoutez et qui êtes bourrés d'oseille ; la vente du siècle, vous vous dites qu'il y aura au moins cinq ou six Van Gogh, quinze Renoir, vingt-cinq Picasso, trente-trois Dali et deux Amanda Lear ! Eh bien, non, ce n'est pas ça. À cette vente du siècle, on va vendre les objets ayant appartenu à Marilyn Monroe. Alors évidemment, il y a plein de trucs sans intérêt : des robes, des godasses, un jean moulant (« souviens-toi ! ») et, écoutez bien, une batterie de cuisine avec une cocotte Le Creuset. Non, vous ne rêvez pas. Marilyn, star entre toutes les stars, ondulante silhouette au corps de nymphe, la séduction faite femme, yeux humides et sourire divin, bouche mutine et une voix faite pour enflammer, exalter, subjuguer les hommes les plus solides, à commencer par les présidents. Cette créature de rêve, cette déesse de l'amour et du charme se foutait pas mal des diadèmes en diamants, des palais princiers et des limousines aux pare-chocs en or massif ! Le soir, dans sa petite cuisine, oh, sa petite cuisine, elle était seule avec sa cocotte Le Creuset et, pour Arthur Miller, Joe DiMaggio, et le président Kennedy, elle mitonnait du bourguignon, de la blanquette, du gras-double… ! Je n'hésite pas à le dire, si Marilyn avait une cocotte, c'est que, comme neuf Américaines sur dix, elle avait fait fi («souviens-toi Jean Moulin… FFI…») du congelé et de la conserve. Alors, je voudrais m'adresser aux héros du foie gras, aux supermans du roquefort qui n'arrêtent pas de prétendre que les Américains ne savent pas bouffer. Elle savait pas bouffer, Marilyn, hein ? Qu'est-ce qu'ils croient qu'elle faisait mijoter dans sa cocotte, des hamburgers ? Non non non. Le jour où la connerie servira de caution pour sortir de cabane, le mec du roquefort, il sera libéré tout de suite !

*

J'adore fouiller dans les arrêtés municipaux, les décisions préfectorales, les règlements ministériels. Si on cherche des conneries, on est sûr de pas être bredouille. Mais le top, c'est quand même les lois des pays ou des États et c'est en Amérique qu'on trouve les plus gratinées. Il y en a sûrement en Chine ou en Russie mais l'accès est moins facile.

Ainsi à Pittsburgh, en Pennsylvanie, il est interdit de dormir sur un réfrigérateur. Voilà, je n'ai pas de commentaire particulier à faire ; il doit sûrement y avoir une raison à l'origine mais laquelle ?

Au Texas, la loi interdit d'avaler plus de trois gorgées de bière à la fois quand on consomme debout. Ah j'ai soif ! Oh là, assieds-toi parce que si tu bois trois gorgées, t'es cuit, tu vas en cabane !

En Alabama, il est interdit par la loi de porter à l'église une moustache postiche susceptible de faire rire l'assemblée des fidèles. Alors ça, ça ne concerne que l'église. Synagogues et mosquées, vous pouvez y aller…

À Hawaï, la législation précise qu'il est interdit de placer des pièces de monnaie dans l'oreille de quelqu'un. Voilà. Mais vous pouvez les mettre ailleurs.

Il y a des conneries qui fâchent et d'autres qui mettent de bonne humeur…

*

Et voici la minute charme, un peu légère, un peu coquine; la connerie joue dans le glamour et la perversité. En 1998, Sony lance le Handycam infrarouge, une caméra qui révèle les charmes et rondeurs des personnes légèrement vêtues. Nombreuses plaintes, la caméra est retirée du marché. Ah, ah, je vous vois venir! Ceux qui l'avaient achetée avant qu'on la retire l'ont encore! Oui, oui, oui, mais y a pas qu'eux. L'armée en a, les flics aussi, mais là n'est pas la question. La question est morale: a-t-on le droit de violer l'intimité des dames en utilisant un Caméscope? Parce que c'est à cause des femmes qu'on l'a retiré du marché. Ce sont les hommes qui s'en seraient servis. On voit mal les bonnes femmes filmer le président-directeur général d'Elf Aquitaine pour le voir en calbar! Les femmes sont des êtres fragiles et tendres, protégeons-les et faisons un peu de publicité gratuite. La marque Triumph, spécialiste des sous-vêtements féminins, a crée un soutien-gorge qui détecte la moindre pluie acide ou tout rayon ultraviolet nocif. Un émetteur fixé dans la bretelle déclenche alors un signal lumineux. Alors ça doit être un soutien-gorge de plage parce que si c'est un signal lumineux et que la fille porte un col roulé, on ne le voit pas, ça ne sert à rien... La marque précise que ce soutien-gorge est fabriqué dans le même matériau que celui qui est utilisé par la NASA pour les combinaisons d'astronaute. Mais il y a autre chose! Cette même marque a lancé un slip anti-viol! Une alarme sonore et lumineuse, (chouette, elle est sonore!) se déclenche en cas de danger et des micropuces verrouillent la fermeture à glissière. Alors là, je demande à voir! Parce que moi, j'ai pas fait la carrière de Casanova ou de Warren Beatty et si mes souvenirs sont bons, je n'ai jamais vu de fermeture à glissière sur un slip de dame. Où qu'elle s'rait? Enfin bon, le modèle de slip doit en avoir une qui se verrouille grâce aux puces dès que le violeur attaque... Alors luttons contre le viol, mettons des puces dans nos caleçons! En déplorant qu'il n'y ait pas encore de puces anticonnerie!

*

Laurent Baffie: Jean Yanne est un maître pour moi, je le vénère...
Jean Yanne: Quand ça commence comme ça, on voit déjà les chandeliers, les mecs qui arrivent en noir... Je me demande tout le temps si, à la fin, y a pas un mec qui va prendre mes mesures!

*

C'est pas que j'aime bien manger, c'est que j'aime mieux manger bien.

*

L'écologie c'est formidable mais il faut reconnaître qu'il y a une pollution extraordinairement agréable. Moi, je disais dans le temps: «Je bois, je fume et j'embrasse des dames malades, je me pollue comme un dingue!» C'est vrai, c'est formidable de se polluer quand on a envie de se polluer. Quand les gens se disent: «Tiens, venez donc à la maison, les gars, on va se polluer un bon coup», c'est quand même plus agréable!

*

D'une façon générale, tout ce qui est sur Air France est raté : les toilettes sont mal nettoyées, les hôtesses de l'air sont des grands-mères volantes et les plateaux-repas sont imbouffables. Il y avait, dans le temps, avec les hôtesses d'Air France, une espèce d'habitude de joute, sur les lignes brésiliennes notamment. Maintenant avec le Brésil y faut se méfier parce qu'on se demande si c'est pas le steward qui est déguisé !

*

Il faut saluer le travail du *Petit Robert* car, dans le nouveau *Petit Robert*, il y a depuis longtemps un certain nombre de nouveaux mots ; il y a notamment « meuf », « teuf » et « keuf ». Ça, ce n'est pas dans le dictionnaire de l'Académie française, parce que les académiciens n'ont jamais fait la teuf, ils n'ont jamais touché une meuf et ils n'ont pas peur des keufs !

*

Une page de publicité :

Madame ! Le temps court à grands pas, vous aussi courez vite pour ne pas qu'il vous rattrape. Refusez de vieillir, de vous abandonner, gardez le teint rose de vos vingt ans et la souplesse de vos muscles faciaux grâce à la paire de baffes quotidienne. Mise au point depuis des années par divers spécialistes, clowns, gaffeurs, catcheurs, représentants des associations scoutes féminines, la paire de baffes supprime les rides et tonifie la peau. N'oubliez pas, petite madame, une paire de baffes chaque matin, c'est la santé jusqu'à demain !

*

Le coq gaulois. Personne ne sait pourquoi nous avons choisi cet animal comme emblème. Eh bien, c'est parce que le coq est comme le Français : il se réveille tôt le matin, il est plein d'allant, il chante, il bombe la poitrine, il pérore beaucoup et ça l'empêche pas d'être bouffé.

*

Extrait d'une lettre dénonçant *Les Shadoks* : « Je travaille avec des malades mentaux et je puis vous assurer que ces personnes sont capables de faire mieux et de loin. »

Jean Yanne : Eh oui, sûrement ! Peut-être que les malades mentaux sont capables de faire mieux, mais peut-être que les malades mentaux sont les seuls à être capables de s'adapter à la société de consommation.

*

J'ai fait mon festival de Cannes. Je me suis attribué le prix du meilleur acteur, du meilleur scénariste, du meilleur producteur, du meilleur metteur en scène… étranger. Car je suis complètement étranger à cette profession. Je tiens à dire simplement que je ne fais ça que pour l'argent et que mon prix est à la disposition de celui qui y met le prix, quand il veut. Et au nom du cinéma français, je tiens à vous dire vraiment que je suis heureux de participer à cette assemblée où il n'y a pas de métèques !

*

Je crois à une intelligence extra-terrestre. La meilleure preuve, c'est qu'ils n'ont jamais essayé de nous contacter.

*

Kersauson m'a donné le meilleur moyen d'éviter le mal de mer sur un bateau. C'est de s'asseoir au pied d'un chêne.

*

La grande supériorité des ordinateurs sur l'être humain : ils ne font jamais de réunions !

*

Ce qui est bien avec la SNCF, c'est que c'est devenu un tel bordel, entre les retards et les trains annulés, que bientôt on ne s'apercevra même plus qu'ils sont en grève.

*

Je pense que le mec qui a inventé le mot « dyslexique » devait détester les dyslexiques.

*

Thierry Ardisson : Vous êtes au lit avec votre fiancée et soudain vous avez une idée de sketch. Vous vous levez pour aller noter l'idée ou pas ?
Gad Elmaleh : J'essaie d'abord de temporiser et puis j'y vais, je me lève.
Thierry Ardisson : Vous faites ça aussi, Jean Yanne ?
Jean Yanne : Non. Je ne suis jamais au lit avec sa fiancée donc par conséquent... Mais ça dépend de ce qu'ils font, dans quelle position ils sont. Parce qu'il y a des positions où il suffit de mettre un calepin derrière la tête et puis on peut noter tout ce qu'on veut !

*

Dans la course à pied, ce qui est le plus important, c'est de bien placer le pied pour faire casser la gueule à l'autre.

*

C'est tellement peu la vie sexuelle par rapport aux nourritures terrestres. Aucune femme, aussi belle soit-elle, ne vaut un beau gigot flageolets !

*

Le folklore est une des bases fondamentales de la chanson humanitaire et sociale, et je trouve bien triste qu'il ne soit pas mieux considéré qu'il ne l'est. En effet, le folklore est généralement bien considéré mais uniquement dans son pays d'origine. Ce qui fait que si l'on prend pour exemple une chanson anglaise, le *God Save The King*, on constate que c'est une chanson qui a un énorme succès en Angleterre mais qui, en France, n'a presque pas de succès du tout, sauf de temps en temps à l'occasion de certaines réunions sportives, et encore faut-il que ce jour-là il y ait des Anglais sur le terrain. Je trouve ça infiniment dommage et c'est pour redonner ses lettres de noblesse au folklore que j'ai voulu m'inspirer des thèmes folkloriques du Gabon pour écrire une chanson en contre point que j'ai dédiée au docteur Schweitzer et que j'ai intitulée *Le Mambo du légionnaire :*

« Sur un piano systématiquement faux, un légionnaire
énigmatiquement beau,
Jouait, jouait, pour oublier ses tourments, la toccata qu'il aimait tant.
Une danseuse exceptionnellement belle, avec des hanches
sensationnellement telles
Qu'on aurait dit un souple tanagra, dansait, dansait au son de la toccata.

Le simoun hurlait, sur les dunes qui croulaient, le sable caracolait
Et sur les galets roulait, sur les palmiers qui penchaient, leur tronc qui se desséchait
Le sirocco se fâchait et faisait des ricochets.
Quand le vent soufflait, que la tempête ronflait, l'on avait pas de reflets,
Les sources se camouflaient et le désert s'étendait sous le bruit crescendo
Des coups de tonnerre qui grondaient quand les éclairs descendaient.
Le soleil dardait ses rayons sur les douars des mouches qui cavalcadaient,
Fous comme des farfadets, des chameliers qui passaient, les cheveux se hérissaient,
Car devant eux se dressaient des mirages et qui plus est,
Des os qui prouvaient que lorsqu'on ne pouvait plus marcher,
Si l'on avait mal aux pieds, on en crevait
Car le sable faisait des tombes à ceux qui décédaient
Dans ce curieux bled où dès le matin on entendait :
Mambo !
Sur un piano systématiquement faux, un légionnaire énigmatiquement beau,
Jouait, jouait, pour oublier ses tourments, la toccata qu'il aimait tant.
Et la danseuse exceptionnellement belle, avec des hanches sensationnellement telles
Qu'on aurait dit un souple tanagra, dansait, dansait sous le ciel du Sahara.
Gag désopilant :
Oh, Sahara, Sahara, Sahara,
Tant que les mousmés et les légionnaires,
Oh, Sahara, Sahara, Sahara,
Pourront faire des fugues et des toccatas.
(sur l'air de « Ah, ça ira, ça ira, ça ira »)

*

On sait qui je suis. Il n'y a pas de mystère. Je ne suis pas du tout un personnage important de la littérature qu'on découvrira dans cent cinquante ans comme on a découvert les manuscrits de la mer Morte.

*

On m'a tellement roulé dans la farine quand j'ai fait un film sur les Chinois ! Je pensais que les Chinois étaient capables de se défendre. Je n'ai pas attaqué une petite communauté de la Creuse, je n'ai pas attaqué quelques hippies ou quelques squatteurs, je n'ai pas attaqué les petits groupes de gens qui se rasent la tête et qui se promènent en robe jaune en faisant de la musique dans la rue. J'ai attaqué la Chine, huit cents millions d'habitants ! Ça va quand même ! J'ai lu un jour : « Jean Yanne a fait trembler la Chine. » Vous vous rendez compte ? Marco Polo n'avait pas réussi ça...

*

Quand j'ai arrêté de faire de la radio, sur la fin, je m'endormais. C'était devenu un tel automatisme que je parlais, je parlais et puis je me surprenais à penser à autre chose : tiens, demain matin il faut pas que j'oublie de porter ma voiture au garage pour la vidange, le graissage, etc. Et je continuais à parler, je commentais les journaux et puis, je m'endormais pendant cinq minutes quand je passais deux disques. C'était un peu napoléonien comme fonctionnement. Je réussissais à me reposer pendant la musique...

*

– Le tibia est, après le fémur, le deuxième plus grand os du corps humain.
– Oui, et c'est aussi celui qui nous permet de trouver une table basse dans le noir.

*

– À quoi reconnaît-on qu'une femelle dromadaire va accoucher ?
– Quand elle tient dans sa gueule ses feuilles de Sécurité sociale.

*

En 1996, trois cents Anglaises ont souscrit une assurance contre les grossesses par volonté divine ! L'ange Gabriel a dû se tirer parce que les Anglaises, c'est quand même pas les plus belles.

*

L'abbé Pierre veut que l'on modifie les paroles de *La Marseillaise*. Il trouve que c'est trop agressif, trop méchant. Il faut dire que « Aux armes citoyens, formez vos bataillons, qu'un sang impur abreuve nos sillons », c'est pas gentil, gentil. Ça veut dire que tous ceux contre lesquels on s'est battu, les Anglais, les Allemands, ont le sang impur ! Alors maintenant, c'est l'Europe, on s'entend comme cul et chemise, il faudrait gommer. Moi, les paroles, je suis d'accord, je les trouve cognitives, mais c'est surtout l'air qui est nul ! Monsieur Giscard d'Estaing voulait ralentir *La Marseillaise*, mais tout le monde a trouvé que ça rendait le bras vengeur un peu mou. Ce qui est sûr, c'est que la musique ne casse pas des briques. Mais les paroles, c'est parce qu'on les chante mal qu'elles sont agressives. Ça s'appelle *La Marseillaise*, c'est pas pour rien ! Il faut la chanter avec le tempérament et l'accent marseillais ! « Aux armes citoyens, fan de chichournes !, formez vos bataillons, marchons pitchoun !, qu'un sang impur, abreuve nos sillons, peuchère !!... » Et là, vous voyez, c'est tout de suite mieux. On a envie de prendre le pastis.

Ou alors, puisque l'abbé Pierre est un ecclésiastique, pourquoi ne pas chanter cette *Marseillaise* comme à l'abbaye de Solesmes, n'est-ce pas ?

Qu'est-ce que vous voulez que je vous dise ? Mêmus abbé Pierrus faisum maximum conneries.

*

À Noisiel, en Seine-et-Marne, le maire dit au général de Gaulle : « J'ai huit cents personnes à reloger depuis que la chocolaterie Meunier a fermé ses portes. » Le général répond : « Ah bon, eh bien je note ça sur mes tablettes. » C'est pas mal, non ?

*

La question est simple à poser : qui sont les responsables ? Et la réponse, y en a pas. Dans le monde entier, il y a des conneries de faites et on ne connaît pas les responsables !
Prenons les années 1960. Les États-Unis étaient opposés à l'URSS dans la course à l'espace. Eh bien les Américains ont dépensé 1 million de dollars pour mettre au point un stylo à bille fonctionnant en apesanteur. Et de leur côté les Russes cherchaient aussi. Ils ont trouvé avant les Américains et ça leur a pas coûté un kopek car ils ont utilisé un crayon à papier !

*

– *Jean, vous êtes familier du ramadan.*
– Oui, bien sûr.
– *Cette coutume religieuse, qui demande aux musulmans de jeûner du lever au coucher du soleil.*
– Et qui explique pourquoi on trouve très peu de musulmans au nord de la Norvège...

*

Quand on y réfléchit un peu, on se dit que le mec qui a inventé le jeu d'échecs n'avait jamais dû voir un cheval se déplacer de sa vie.

*

– 58 % des Français mettent un disque quand ils font l'amour.
– Oui, moi aussi, mais seulement des concerts. À cause des applaudissements.

*

Barclay, c'est le seul mec avec qui même les prostituées préfèrent ne pas coucher le premier soir.

SEINS

C'est peut-être la première fois, dans une existence consacrée à traquer la gaffe, la maladresse, la balourdise, en un mot, la connerie, c'est peut-être la première fois que je me sens aussi troublé, gêné, désarçonné par le sujet que je voudrais traiter.

Où il n'y a rien de malsain, rien d'équivoque, rien de crapoteux, de vicieux, de sadique, de vulgaire dans mon propos. Aucune odeur de soufre, aucun parfum de scandale, aucun relent de satanisme, aucun remugle de mauvais goût.

À une époque où, au musée de Brooklyn, une exposition fait scandale parce qu'on y expose une œuvre, si l'on peut dire, de monsieur Christophe FILI, montrant la Sainte Vierge Marie couverte de bouse d'éléphant et entourée de sexes, un requin dans du formol et une vache coupée en tranches, le sujet de cette chronique va paraître innocent, mignonnet, gentillet, on ne pourra pas, pour le traiter, en souligner le côté agressif avec des accords puissants d'un orchestre symphonique, ni renforcer l'annonce par des coups de cymbales et une débauche de cuivre, tout au plus pourra-t-on illustrer ce que je vais dire par des glissandos de harpe ou des trémolos de flûte de Pan.

Oui, mon cher et vieux pays, nous voici de nouveau face à face, et voici ce que l'on m'a appris hier soir : les faux seins, préalablement éclairés à la lumière d'une lampe de poche, deviennent lumineux dans le noir.

Tous les parents connaissent les petites étoiles que les mômes collent dans leur chambre et qui sont fluorescentes lorsqu'on éteint la lumière. Eh bien, les poches qu'on utilise pour renforcer les seins sont faites du même matériau.

Alors, écoutez bien, messieurs. Si vous voulez savoir si votre compagne, petite amie, etc., a les seins tels qu'ils étaient à sa naissance, ou si elle les a fait agrémenter, il vous suffit, sous le prétexte que vous trouverez en camping, à la cave, dans le garage, de lui éclairer pendant une minute les seins avec une lampe de poche. Pourquoi ? Parce que c'est exactement l'ampérage qui correspond.

Cette nouvelle m'a été rapportée hier soir directement de Hollywood, où il y a pas mal de stars à la poitrine artificiellement assistée.

C'est intéressant, non, comme connerie.

CRAVATE

J'aime la science, je n'hésite pas à le dire, je ne suis pas un mauvais scientifique du tout. Je suis meilleur scientifique que bricoleur. J'ai beaucoup étudié la mécanique des fluides, et pratiqué pas mal d'expériences dans ce domaine. C'est moi qui ai mis au point le Rouflaquet: 1/3 vodka, 1/3 whisky, 1/6 vieille prune, 1/6 curacao bleu. Ça fait joli, et il se passe une véritable réaction chimique au niveau du cerveau.

Surtout le lendemain matin quand on en a pris quatre ou cinq. Donc, dès qu'il y a quelque chose de scientifique dans l'air, je saute dessus comme une compagnie de CRS sur une manif de fabricants de roquefort.

Et là, aujourd'hui, je suis comblé, car le *Daily Telegraph* (journal anglais sérieux) vient de publier le résultat des travaux de deux savants du CAVENDISH LABORATORY de CAMBRIDGE, le docteur Thomas Fink et le docteur Yong Mao. Ces deux savants, disposant d'un matériel de recherche des plus pointus (ordinateurs, fichiers), ont découvert quelque chose qui risque de modifier le comportement matinal de millions d'individus sur la terre, y compris des politiques, des chefs d'État, des stars au cinéma, des académiciens, etc. Oui, ces deux scientifiques, le docteur Fink et le docteur Mao, viennent de découvrir six nouvelles façons de nouer une cravate.

Ça a coûté des sous. Et du temps. Mais qui ne dépense rien n'a rien. Jusqu'à présent, on ne disposait que de quatre nœuds. (Moi, j'en connais qu'un. Deux peut-être si l'on considère qu'il faut passer une fois dessus, une fois dessous.)

Dans un article, le docteur Fink déclare : en 1989, aux États-Unis, Pratt a apporté au nœud de cravate la première modification depuis cinquante ans (jamais entendu parler !), nous n'attendrons pas un demi-siècle pour faire évoluer le nœud de cravate.

Bien sûr, dans le monde, y a des petits problèmes, le sida, la faim, la pollution. Mais dans un laboratoire y a des savants qui cherchent, et il y en a qui trouvent. La preuve, ces Anglais. Ils ont résolu le douloureux problème de la cravate, sans doute parce qu'ils ont des têtes de nœud.

SCATO

Certains d'entre vous, qui me connaissent dans l'intimité, savent que je n'ai qu'un goût modéré pour la scatologie.

Je ne dis pas que de temps en temps, avec des camarades, au cours d'un apéritif sur la terrasse de RTL, je ne me laisse pas aller à raconter des histoires comme celle du voyageur de commerce qui cherche les toilettes, bon, vous la connaissez, mais franchement, la scatologie, c'est pas mon truc.

Donc, si je risque aujourd'hui de tenir des propos scatologiques le matin, c'est parce que, une fois de plus, l'État, le grand capital, les Élus locaux, les responsables de la Santé publique et tous ceux qui font passer le profit avant le bien-être d'Arlette Laguiller m'obligent à me dresser pour dire: «Non. Non!», et je n'hésite pas à le répéter: «Non!»

Tout ça vient de ce que j'ai lu tous les articles qui mentionnent le conflit qui nous oppose à l'Angleterre, à la Belgique à propos des animaux qu'on mange.

Essayons de voir les choses calmement. Les Anglais nous en veulent parce que nous, on ne veut pas de vache folle dans nos assiettes. Ben, que la cuisine anglaise ne soit pas fameuse, on peut l'admettre. Mais on ne va pas accepter qu'elle nous rende malade!

Les Belges, c'est pareil. Leur poulet contient de la DIOXINE. C'est pas bon pour la santé, donc on a raison de ne pas en vouloir. D'autant plus que chez les Belges, ce qu'on aime, c'est pas le poulet, c'est les moules-frites.

Donc j'en suis là. « Nous vivons en France, mangeons français. » Et voilà que je tombe sur une information qui m'éclate dans la tête comme un coup de tonnerre dans un sermon de Bossuet : le directeur général de l'Agriculture à la Commission de Bruxelles écrit au gouvernement français pour demander des explications sur l'utilisation des boues d'épuration et résidus de fosses septiques dans les aliments pour animaux en France !

Et c'est là que je suis obligé d'attaquer la scatologie par la face nord, « résidus de fosses septiques », qu'est-ce que c'est ? J'en ai la gorge serrée : c'est du caca.

Bon, il y a un petit peu de pipi, un petit peu de papier de soie, mais le résidu type de la fosse septique, c'est du caca.

Donc, on attend que ça sèche et on en fait de la farine qu'on donne aux animaux qu'on mange. Les animaux qu'on mange ayant mangé du caca, quand on les mange, qu'est-ce qu'on mange ?

Eh oui. Et la roue infernale, dans un cycle affolant. On mange des animaux qui mangent du caca, on les élimine, et nos résidus servent à nourrir d'autres animaux dont on se nourrit *et cetera et cetera.*

C'est la nouvelle la plus effrayante que j'ai dû avaler cette semaine. Moi qui croyais qu'il n'y avait que sur Air France qu'on mangeait de la merde. Quelle connerie ! À demain.

ASSEMBLÉE

Le mercredi, à la télévision française, on peut voir, en direct, les débats de l'Assemblée nationale. C'est pas toujours haut de gamme. Ça crie, ça ricane, ça s'engueule, ça siffle.

Ça roupille un peu (après déjeuner), ça dépend de l'âge et de la corpulence.

Évidemment, au milieu de ce tumulte, les députés disent pas mal de conneries.

Ça a toujours été comme ça! Mais au début du siècle, il y avait une recherche, un élan, une emphase qui ont disparu. Exemple, séance du 22 février 1924. Chambre des députés, monsieur de Ramel parle du budget: «Le franc nous apparaît comme une splendide montgolfière. Oui, et telle une montgolfière le franc s'élèvera vers le dollar. Il reprendra son rang d'étoile, si l'inflation glacée cesse, l'inflation, peste des monnaies, et si la neige mortelle des billets n'éteint pas le foyer du franc.»

Ah, ça n'est pas monsieur Strauss-Kahn qui parlerait comme ça! Heureusement, parce que c'est INCOMPRÉHENSIBLE!

L'inflation glacée et la neige mortelle des billets qui n'éteint pas le foyer du franc, c'est un peu comme «j'ai chaud au cul, remonte la couverture».

Continuons à l'Assemblée nationale comme si vous étiez le 19 décembre 1925. Monsieur Fabry: «Nos divisions sont réduites à l'état d'un squelette dont les os percent la peau.» La peau de squelette, c'est un peu comme les muscles des ongles.

Et à la séance du 28 février 1924, un député nommé Inghels : « Les petits attendront sous leur tôle ondulée que se manifeste la fameuse solidarité nationale, pendant que la majesté des ruines continuera à servir d'harmonium aux troubadours qui chantent la misère ! »

Si ça n'était pas aussi con ça nous tirerait des larmes. Et à propos de larmes, je vous laisse celle-là pour le week-end.

De monsieur Boisneuf, député de Guadeloupe : « Les valeurs d'où sort la poudre sont formées par les larmes de l'innocence. »

Le compte-rendu de l'Assemblée précise « vifs applaudissements à l'extrême gauche ». Arlette ! T'es d'accord avec moi. C'est une connerie ! À demain.

RÉUNION D'UNE COMMISSION

Il y a quelques jours, je vous parlais des députés et je soulignais qu'ils disent pas mal de conneries. Si je ne l'avais pas souligné, ça n'aurait pas changé grand-chose, vous le savez déjà. Mais ce que vous ne savez peut-être pas, mes chers compatriotes, c'est où ils en disent le plus.

À l'Assemblée nationale, d'accord, mais pas au cours des séances.

C'est entre eux.

Dans les commissions : Défense nationale, Budget, Affaires étrangères, etc.

Comment ça se passe une réunion. On veut le savoir car à chaque fois il y a un compte rendu. Les comptes rendus des réunions actuelles on ne les a pas, parce qu'ils les planquent. Mais j'en ai un sous les yeux. Il date de mars 1925.

Un peu de charleston, s'il vous plaît. Je vais vous jouer ça comme un sketch, le dialogue est formidable. Il s'agit de la commission des Finances, monsieur Barety, est le président.

« Messieurs. Les discours sont inutiles. Je demande qu'on prenne des mesures permettant d'aller vite. Je préconise la création d'une nouvelle commission : la commission de Législation fiscale. »

Monsieur Morel : « Excellente idée, j'en suis l'auteur. »

Monsieur Lefas : « Je doute de l'efficacité de votre nouvelle commission. Elle a déjà existé, et on a dû la supprimer. »

Monsieur de Paillerets : « Ajoutons simplement quelques mesures à notre commission. Ça nous permettra de créer une sous-commission ! »

Monsieur Merlant : « Les deux thèses se concilient. On peut être contre, on peut être pour. Je suis pour les deux… »

Arrive monsieur Barthélémy, rapporteur : « J'arrive en retard. Excusez-moi. J'ai eu à peine le temps de dîner et de fumer un cigare ! »

C'est surréaliste, un cigare, ça prend une heure.

Monsieur Melteré : « La nouvelle commission sera parallèle à la première. Or les parallèles ne se rencontrent jamais. Et si elles se rencontrent c'est pour se heurter. »

Monsieur Merlant : « J'approuve sans approuver, il y a des griefs contre. Il y a des arguments pour. »

On croit rêver ! Ce monsieur Merlant est celui qui disait déjà : « Je suis pour les deux à la fois. »

Est-ce qu'il y en a encore des comme ça, à l'Assemblée ? J'en ai bien peur. Des noms ! Des noms !

Non non non, allez ! Assez de conneries. À demain.

GÉNÉTIQUE

Si vous le voulez bien, je voudrais revenir sur un sujet qui me tient particulièrement à cœur, la génétique. J'en ai déjà parlé, vaguement, et on m'a posé beaucoup de questions. Dans des endroits très divers. Chez Lulu, café-liqueurs rue de Charonne, à la réunion des anciens plagistes-léninistes, mouvement né en 68, pendant le festival de Cannes. C'est l'année où Godard a grimpé aux rideaux (ce qui ne lui arrive pas souvent), mais le problème n'est pas là.

Les questions qu'on m'a posées peuvent se rassembler pour venir n'en former qu'une seule : « La génétique, qu'est-ce que c'est, au juste ? »

Eh bien, la génétique, c'est ce qui est relatif à l'hérédité. Si votre père est chauve, avec beaucoup de poils sur la poitrine, vous avez toutes les chances d'être chauve avec du poil sur la poitrine. Si votre mère est également chauve, et si elle a également du poil sur la poitrine, et surtout si elle s'appelle Raymond, là on entre dans un cas d'espèce assez particulier, et nous reviendrons là-dessus plus tard, lorsque le PACS sera mieux perçu par tout le monde.

Donc l'hérédité, c'est quoi ? C'est la transmission des caractères d'un être vivant à ses descendants. Prenons quelqu'un au hasard. Vraiment au hasard. Monsieur Jean-Louis Debré, ex-ministre de l'Intérieur et fils de monsieur Michel Debré, Premier ministre. Eh bien, monsieur Jean-Louis Debré a hérité de son père une conformation du visage, un port de tête, une allure frontale qui s'accommode certainement avec l'entonnoir comme couvre-chef.

Les Debré sont faits pour avoir un entonnoir sur la tête. Avec un entonnoir sur la tête, monsieur Sarkozy, monsieur Lionel Jospin seraient ridicules. Monsieur Raymond Barre aussi. Avec un entonnoir sur la tête, monsieur Valéry Giscard d'Estaing ferait rigoler. Sans entonnoir aussi, d'ailleurs.

Donc l'hérédité est la transmission des gènes. Et c'est là que ça pose problème. Parce que partout, en ce moment, dans le monde, on ne cesse de cloner, on ne cesse de transmettre les gènes A au groupe B, les gènes B au groupe Z, etc., etc.

On mélange des gènes, et l'on modifie génétiquement (vous avez compris gène/génétique) des individus.

Par exemple, signalé par des scientifiques authentiques, mais peut-être authentiquement rigolards, un croisement du pigeon voyageur et du perroquet. L'oiseau ainsi obtenu pourrait transmettre les messages verbalement. Plus besoin de petite dépêche accrochée à la patte.

Également : un croisement de moustique et de ver luisant. Les moustiques ainsi obtenus ont le cul lumineux, ce qui permet de leur taper dessus la nuit sans allumer la lampe de chevet.

Eh bien, qu'est-ce que vous voulez que j'ajoute à ça ? On rigole, on rigole mais la vérité, au fond, avec ces généticiens, c'est que ce qui progresse le plus vite, c'est la connerie.

Dictionnaire des mots qu'il y a que moi qui les connais

Avant-propos

Cet ouvrage ne doit en aucun cas être lu comme un roman, un essai ou une quelconque œuvre de fiction.

C'est un dictionnaire, et il doit être consulté comme tel. Il faut rechercher les mots, classés par ordre alphabétique, pour en connaître la signification. Toutefois, l'avantage qu'il a, par rapport aux autres dictionnaires, c'est que le signifiant est plus important que les mots désignés. Donc, si l'on veut, on peut ne lire que les définitions et s'intéresser aux mots auxquels elles correspondent beaucoup plus tard.

Le second avantage, tout aussi considérable, est que l'on peut lire un mot et tourner les pages. La plupart du temps, la définition d'un autre mot peut correspondre au mot lu précédemment.

Me fais-je bien comprendre ?

Mais, diront certains (et ils le diront, c'est sûr) en parlant de moi : « Pourquoi cet homme si cultivé, bien qu'il n'en fasse pas étalage, a-t-il choisi la tâche ingrate de rechercher le sens des mots au lieu de se servir de ces mots, qu'il maîtrise si bien, pour écrire un roman, par exemple ? »

Je répondrai : « Je sais, il y a du masochisme dans ma démarche. Mais cette langue française que possèdent si peu de gens, tout écrivain digne de ce nom se doit de la faire connaître, même s'il faut pour cela sacrifier une carrière d'auteur à succès. »

À quoi cela servirait-il, par exemple, d'affirmer que les ivraziques dervigoulent en période de gloupicité et s'ombilotent parfois au point de frolicher les clabotins si personne ne connaît le sens des mots utilisés ?

Bien sûr, pour ne pas faire un dictionnaire aussi épais (et, il faut bien le dire, aussi ennuyeux que les lexiques habituels), j'ai dû me livrer à une sélection drastique, ne choisissant que les mots utiles, base indispensable d'une parfaite connaissance de notre admirable langue et des maîtres qui lui ont donné sa grandeur.

Puissent les enfants des écoles et ceux qui les enseignent, puissent les étudiants, les chercheurs, les savants, et puissent également les représentants de ce peuple si vaste et si divers, devenir, à la lecture de cet ouvrage, un peu moins cons.

J. Y.

A

Aaba : Nom donné au premier mot d'un dictionnaire établi par ordre alphabétique par opposition au dernier mot ZZYZ.
« Permettez-nous, madame, de vous dédier cette encyclopédie. Vous y trouverez, nous l'espérons, matière à réfléchir, et découvrir, sans ennui, le plus convaincant des sciences, techniques et mécanismes de la pensée, et ce de AABA à ZZYZ. »

Reuilly, Diderot et d'Alembert,
dédicace à madame de Pompadour née Poisson, 1750

Ababe : Dieu.
« Et l'Ababe, dans tout ça ? »

Jacques Chancel, France Inter, 1986

Abadrouillage : Technique consistant à diviser le gras-double en deux pour obtenir du gras simple, puis à supprimer le gras pour ne plus avoir que du maigre.
« Nous avons une vision de la France qui dépasse le cadre des petites ambitions, et nous ne supporterons pas, dans les rapports avec les grandes puissances, l'hégémonie de telle ou telle nation dont on sait qu'elle ne s'exprime en réalité que dans la magouille et dans l'abadrouillage. »

Charles de Gaulle, « Allocution au Collège de France
pour la réception de monsieur Paul Béreau »,
prix Nobel de charcuterie, Stockholm, 1961

Abribioche : Fruit exotique en forme de pot de confiture dont la chair, épouvantablement amère, filandreuse, au léger goût de rance et pleine de pépins, ne peut être consommée sans dégoût, même cuite et sucrée. Les habitants des pays où pousse l'abribioche la cueillent pourtant, et après en avoir jeté l'intérieur, l'utilisent comme récipient pour y mettre de la confiture achetée en boîte dans le commerce.

Cf. Léopold Sédar Senghor, *Les Bonnes Recettes de maman Bouliko*, collection « Sucre, francité et négritude »

Abricoule : Gouttière nasale, reliée à une pompe à dessaler portative, permettant de récupérer les gouttes de nez pour les transformer en eau potable, dans les pays de grande sécheresse. La rentabilité de cet appareil est discutée, car dans les pays chauds et secs, où les rhumes sont peu fréquents, la présence de gouttes au nez est exceptionnelle.

« Après seize mois passés dans le désert, dans la solitude la plus complète, je finissais, troublé par les mirages, par vivre comme un animal. Vous l'avouerais-je, si j'avais rencontré un Bédouin, j'aurais sauté sur son abricoule. »

Lettre du père de Foucauld à Savorgnan de Brazza, archives du musée de la Légion, Djibouti

Abrumishi : Ancien instrument japonais composé de deux pinces à ongles et d'une paire de ciseaux à bouts ronds servant à couper les poils du nez. Ces divers objets étaient respectivement reliés par des lanières de cuir aux coutures latérales du pantalon et au casque à visière qui composaient l'uniforme de la deuxième brigade de samouraïs de la quatrième division de la sixième dynastie. Ce dispositif permettait à ces samouraïs d'assurer leur hygiène corporelle et de se couper les ongles et les poils du nez sans quitter la position de garde-à-vous, imposée par la règle du shutzaïkama.

Cf. Professeur Crampin, *L'Hygiène et la discipline de Ponce Pilate à nos jours*, éditions Balourd et Pesant

Abzoulinage : Principe découvert en 1948 par l'ayatollah Khomen'Mhöl. On sait depuis longtemps que certains éléments huileux des hydrocarbures peuvent passer directement du sous-sol dans les graines de blé dur (sarrasin) en remontant par les racines et la tige jusqu'à l'épi. Khomen'Mhöl a démontré que les éléments fixés dans les graines se conservent lorsque celles-ci sont transformées en semoule. Lorsque cette semoule est consommée par un être humain, les éléments huileux remontent par les canaux dérivés de la *seboreh* (glande arabe) pour se fixer dans le cuir chevelu. Il suffit donc d'analyser les éléments contenus dans le cuir chevelu des consommateurs de couscous ayant un domicile fixe pour savoir si la région est susceptible d'être riche en pétrole.

Cf. Révérend père Vindron, directeur de la Section des souks au ministère de l'Éducation nationale, *Le petit Ah'med s'en va à l'école*

Abzoulinage de Morlaix : Dérivé de l'abzoulinage arabe. Il permet de déterminer la richesse du sous-sol breton en hydrocarbures. La seule différence repose sur le fait que les éléments servant à l'analyse sont apportés à l'organisme du sujet examiné par la crêpe de blé noir et non par le couscous.

Sources : voir Abzoulinage

Abzouline : Pompe minuscule utilisée pour recueillir le pétrole contenu dans le cuir chevelu des tribus arabes nomades de la région de Mouhkh'nanahaad'smhiir Ch'mel Ab'znouf (province de Khmout). Ces tribus voyageant beaucoup, les services de recherche pétrolière (voir abzoulinage) sont obligés de les munir d'un appareillage de contrôle permanent. Placée à l'intérieur d'une chéchia, la pompe est reliée à un réservoir qui recueille le précieux liquide. Actionnée par une mentonnière de poulie, l'abzouline fonctionne dès que le sujet porteur bâille, parle ou mastique. Ne pas confondre avec abricoule (voir ce mot).

Référence Unesco

Achécrolitisme : Principe d'enseignement simplifié (également nommé schéma du petit train) permettant d'expliquer facilement la théorie de la relativité d'Einstein, selon laquelle l'écoulement du temps n'est pas le même pour deux observateurs qui se déplacent l'un par rapport à l'autre.

« Schéma du petit train : si un train est en marche, si un type marche dans le couloir du train et si une mouche marche sur le mec qui marche dans le train, on a beau additionner la vitesse du train, la vitesse du type et la vitesse de la mouche, on obtient au total une vitesse supérieure à celle du train, mais : le train n'arrivera pas plus vite à destination, la mouche n'arrivera pas dans la gare avant que le train n'y arrive, et le mec, il faudra bien qu'il s'arrête au bout du couloir. »

La Relativité fastoche, ouvrage collectif, collection « Le Savoir à l'usine », dirigée par Edmond Khon-Bendit

Acrobiche : Pétition adressée chaque année au Saint-Père par les religieuses de la congrégation de Notre-Dame-de-l'Amidon, dont le but est de faire savoir à l'ensemble de la chrétienté que, même sous la cornette, la femme est l'égale de l'homme.

« Acrobiche du 4 avril 1972 : Très Saint-Père. Cette année encore, nous vous adressons bien respectueusement, mes sœurs et moi, cette acrobiche. Nous vous demandons, une fois de plus, d'affirmer au monde entier que, dans l'Église, vos filles ne sont pas inférieures à vos fils. Et, pour donner un exemple, nous osons prier Votre Sainteté de bien vouloir adresser aux évêques de France une bulle spéciale déclarant que désormais notre sœur Bernadette SOUbirous s'appellera sainte Bernadette SURbirous. »

Mère Cécile des Angoisses, née Boulardeau, couvent Saint-Jean-des-Camionneurs, 28, avenue du Capitaine-Dreyfus, Lourdes

Armidolisation : Utilisation particulière du calendrier pour déterminer une période située entre le premier jour du deuxième mois d'une année se terminant par un 7, et le troisième jour du sixième mois d'une année se terminant par un 9 ; ce qui fait 28 jours et 6 jours. Cette période peut être adaptée aux années se terminant par un 2 ou un 4, ainsi qu'à celles se terminant par un 1 et un 3, un 6 et un 8, 5 et 7, 8 et 0, ou 3 et 5… En fait, la règle d'utilisation est fonction des désirs de chacun. La période peut également être réduite dans sa durée, et même supprimée si on estime ne pas en trouver l'utilité.

« Une bonne théorie est une théorie qu'on peut ne pas utiliser sans que cela change la moindre chose à quoi que ce soit. C'est pourquoi j'affirme que pour

nous, polytechniciens, l'armidolisation est plus importante que toutes les autres découvertes arithmétiques.»

Capitaine Lucien Pinochet, chargé de cours à l'École polytechnique de Santiago du Chili

Arzechtupe: Double tartine sémite, consommée par la population des ghettos lors des grandes persécutions. Composée de deux tranches de pain viennois entre lesquelles on plaçait une galette de pain azyme, elle permettait aux israélites de prendre un petit déjeuner kascher sans se faire remarquer.

«Allons, ma fille, ne pense plus à ce jeune ingénieur. Il n'est pas des nôtres. Viens à table et mange ton arzechtupe.»

Simon Rapoport, *Rachel et Sarah sont dans un bateau*, prix Shmattes 1979, éditions Gefilte Fish

Arzupiotte: Montgolfière de taille réduite, en forme de caleçon, utilisée par les observateurs militaires pendant la guerre de 1870. Gonflé de gaz, le caleçon plus léger que l'air permettait de s'élever au-dessus du champ de bataille pour relever la topographie des positions ennemies. Il n'existait qu'une version avec fente dans le dos, dans laquelle on pouvait glisser les dépêches ballons.

« Vraiment, la France est grande, et ses fils ne le sont pas moins. Chaque matin, j'ai la gorge serrée lorsque je vois s'élever vers le ciel les jeunes soldats, qui sont nos messagers d'espoir; car chaque matin je songe que certains d'entre eux vont sans doute prendre une balle dans la fente de leur arzupiotte.»

Lettre de monsieur Léon Gambetta adressée à madame et monsieur Alfred Gambetta et leurs enfants madame Simone et monsieur André Gambetta

Astrobogale: Instrument fonctionnant sur le principe de l'astrolabe (qui permet de mesurer la hauteur d'un astre au-dessus de l'horizon) et adapté à l'astragale (os du pied). Cet appareil permet de mesurer la hauteur d'un pied au-dessus du sol, afin de ne pas mettre sous la chaussure un talon dont la hauteur serait inférieure ou supérieure à la distance séparant le sol du pied.

Cf. *La Santé par le pied des plantes*, extrait d'un cours magistral à l'amphithéâtre Rika-Zaraï, université de Paris

Aufe : Terme populaire désignant le frère de la femme que l'on épouse. Un dicton célèbre évoque le désir secret de ces frères de la future mariée.

« Ceux qui veulent un aufe, veulent un beauf. »

Dictons et proverbes à l'usage des scouts, Lustiger et Perreti, évêché de Paris, parking gratuit, hall Notre-Dame

Axygrate : Qui n'a servi à rien.

« Le passage de madame Édith Cresson à l'hôtel Matignon a été axygrate. »

Les journaux

Azoulmiche : Babouche à semelle extrêmement fine pour Arabe très grand.

« On n'emporte pas sa patrie à la semelle de ses azoulmiches. »

Phrase prononcée par le Cheik Amani quittant la conférence de l'OPEP

Azoulmouche : Babouche à semelle très épaisse pour Arabe petit.

« Lâche-moi les azoulmouches ! »

Spectacle humoristique présenté au café d'Abdoul. Chameau d'or au festival francophone du Maghreb

Azounache : Brûlure solaire dont on ne peut être victime que dans les régions où il ne fait beau qu'une fois par an et en dehors du week-end. L'azounache est également appelée pour les raisons énoncées plus haut « coup de soleil de Deauville ».

« J'étais sur la plage avec des dames de Paris. Nous parlâmes de choses et d'autres et je ne me méfiai point. Le soir, en rentrant à l'hôtel, je fus pris de démangeaisons. Je m'examinai. Ciel ! pensai-je, j'ai attrapé des azounaches. »

Marcel Proust, *Du côté de Séchouan*, Pékin, 1902

B

Babulin : Poil qui pousse au milieu des cheveux. Ne pas confondre avec babuzon (voir ce mot).

Babuzon : Cheveu qui pousse au milieu des poils. Ne pas confondre avec babulin (voir ce mot).

Ballucherie : Phrase stupide.

Exemple : *« La démocratie s'arrête où commence la raison d'État. »*

Charles Pasqua, déclaration à la télévision, 1987

Bargoin : Réaction chimique provoquée par l'introduction dans une huître de pétrole mélangé au sel, et transformant le mollusque en combustible (par extension, ce qui peut s'enflammer facilement).

Exemple : *« Dans ses rapports avec l'Angleterre, la France doit se montrer plus circonspecte que jamais. Le tunnel sous la Manche, s'il a rapproché nos deux nations, ne doit jamais nous faire oublier qu'au cours de l'histoire, par leur conservatisme et leur obstination, les Anglais ont failli cent fois nous mettre le feu au bargoin. »*

Figaro Magazine, interview de monsieur Raoul Tapefort, ingénieur des Travaux publics, promotion « brut de coffrage », 1999

Barzouille : Appareil servant à mesurer la longueur moyenne du nez par rapport au diamètre moyen des verres à boire, de telle sorte que dans la fabrication des services à dégustation on ne puisse fabriquer aucun modèle où le nez du consommateur risque de tremper dans le liquide lorsqu'il boit.

« La France doit être la première partout et toujours, et cela dans toutes les disciplines. En tant que président de la République, je me dois d'être le premier à savoir ce qui se passe, ce qui s'invente, ce qui s'utilise sur notre sol. C'est pourquoi, même si cela semble inutile à certains, je n'ai pas hésité à mettre le premier mon nez dans la barzouille. »

Jacques Chirac, discours prononcé après la visite du premier Salon des Techniques premières nationales, Bordeaux, 2000

Batrachin : Manche en ivoire ou en ébène à l'extrémité duquel se trouve une pince qui sert à emprisonner les pattes d'une chauve-souris dans les régions montagneuses du Japon. Ses pattes étant immobilisées, la chauve-souris remue des ailes, ce qui remplace avantageusement l'éventail.

« J'arrivai enfin à Kawashikawa, où je connus des heures délicieuses. Dans les fraîches senteurs du jasmin, d'adorables gamins couraient dans les chrysanthèmes, agitant leur batrachin sous mes yeux émerveillés. »

Pierre Loti, *Mémoires*,
Éditions du Petit Suisse, Berne, 1892

Berlute : Sorte de cravate portée au siècle dernier par les membres de l'Académie française, et dont les pans d'une très grande longueur permettaient de faire le nœud à la hauteur de l'abdomen, de telle sorte qu'il soit visible même en portant une barbe.

« J'avais dans ma vie fréquenté tant de gens puissants, participé à tant de réunions éclatantes d'élégance que je croyais ne plus rien avoir à tirer de rencontres nouvelles. Et là, je restais, fasciné, ébloui d'avoir sous les yeux à la fois quarante aussi belles berlutes. »

Oscar Wilde, *J'en ai connu plusieurs*, édité à Londres chez Bederstein, Brodeinstein, Bronstein, Silberstein et Stein

Beuhrque : Spécialité de punch très appréciée dans la marine et obtenu en additionnant 1/3 d'extrait d'anchois macérés dans de la liqueur de cacao, 1/3 de jus de tripes, 1/3 d'huile de foie de morue et une cuillerée à café de gros sel dilué dans de l'anisette. Ce mélange se sert traditionnellement sur les bateaux n'ayant pas de dispositif antiroulis, le jour de la Sainte-Gerbe, patronne des malades du foie.

« Buvez vite un coup de beuhrque et ensuite ne mangez que des choses jolies. Vous allez bientôt les revoir. »

Recommandation du commandant Charcot à son équipage lors du passage des 40e rugissants, archives du musée des Sauveteurs bretons, Downtown, Ploudaniel

Bilucher : Se faire maltraiter, injurier et fouetter par une call-girl en cuissardes pendant que l'on mange à quatre pattes dans une gamelle de chien.

« J'allais souvent chez une dame qui tenait un claque mondain dans le 16e arrondissement. Tu me crois ou pas, j'ai vu le président du Sénat se faire bilucher comme un dingue. »

Jérôme Capolot, *Lettres à mon frère sur la vie de Paris*, éditions Gravelos

Binoufle : Insecte rampant migrateur également appelé « pou de train ». Ce curieux animal quitte les régions froides et pluvieuses du Nord de l'Europe au début de l'automne pour aller passer l'hiver sous des cieux plus cléments (Côte d'Azur, Italie du Sud, Costa del Sol...). Le surnom de « pou de train » lui est donné car, n'ayant pas d'ailes, cet insecte ne peut assurer sa migration qu'en réussissant à s'introduire dans les wagons de marchandises acheminées vers le Midi. Dès qu'arrive le printemps, l'insecte remonte, par le même moyen, passer la belle saison dans le Nord.

« Tu es de bien belle humeur, dit Germaine.

– Oui, ma chère. J'ai tout lieu de me réjouir, répondit le comte Hubert. Je pars demain pour la Riviera.

– Quelle chance, intervint Gabrielle. Sur les plages, vous allez prendre du bon temps.

– À condition, répliqua le comte en souriant, à condition qu'elles ne soient pas couvertes de binoufles.»

Victor Houdereau, *La Bourgeoise*, éditions Plon,
collection «Guimauve», 1904

Blizouille: Tranche de veau froid mayonnaise choisie comme symbole neutre par les tribunaux internationaux, depuis qu'il a été établi qu'il était ridicule de faire jurer les témoins sur la Bible puisque le livre sacré n'avait strictement aucune signification pour ceux qui n'y croyaient pas.

«Sur ce qu'il y a de plus sacré, sur la famille, sur la patrie, sur la blizouille, je vous adjure de dire la vérité.»

Maître Landraux-Vulard, avocat général,
archives du procès du Carrefour du Développement

Bluchon: Monument mégalithique, dressé au XIIIe siècle sur la route de Compostelle par la confrérie des cordonniers périgourdins itinérants. À l'origine, ce monument était érigé pour célébrer le culte de saint Jérémie le tanneur qui, après avoir évangélisé l'île de la Volaille, avait introduit dans le monde de la chaussure le lacet en peau de pélican, très apprécié par les pèlerins pour sa solidité.

«Lorsque le pélican, lacet d'un long voyage…» (A. de Musset)

De nos jours, le bluchon désigne n'importe quel monument en bois, pierre ou métal, plein ou creux, dont l'aspect extérieur ne comporte aucune indication permettant de comprendre pourquoi il a été construit.

«Et moi, je traînerai ma vie et ma misère
Je chanterai ta gloire et je crierai ton nom
J'implorerai les cieux pour qu'en pleine lumière
On célèbre à jamais ta grandeur, ô bluchon.»

Le Bluchon d'Œdipe,
tragédie de Mitzikides Onestaparopoulos, 1804

Brazouiches: Plaques de métal accrochées sur les flancs des armures de 1628 à 1634, et destinées à protéger les côtes flottantes. Lors de combats au corps à corps, l'adversaire, armé d'une masse d'arme appelée latte, tentait toujours de démolir en premier ces pièces protectrices pour rendre l'ennemi vulnérable.

« Pucelle ou pas, cette Jeanne d'Arc, si je la rencontre, je vais lui filer un bon coup de latte dans les brazouiches ! »

Phrase attribuée à Lord Malcolm Goodfellow, sergent-chef intérimaire au 2e bataillon britannique de combat sur gazon, lors de la bataille de Poitiers (1631), archives de la Société franco-anglaise pour la construction des manches à air

Brougnasse : Jeune femme méritante, élégante, raffinée, sensible et cultivée qui travaille durement, malgré le froid, les intempéries, la pollution et l'agressivité des conducteurs d'automobiles, pour défendre les règles du stationnement dans les grandes villes.

« Je me suis garé en double file pendant cinq minutes pour acheter un paquet de clopes. Quand je suis revenu, je m'étais fait coller une prune par une brougnasse. »

Témoignage de Christian Lucain, technicien de cinéma

Brouzelette : Sorte de chipolata catholique utilisée lors des cérémonies religieuses dans certains pays où le degré d'humidité ne permet pas de conserver le pain azyme.

« En ce moment, l'officiant se tourne vers l'assemblée des fidèles en élevant sa brouzelette vers le ciel. »

Relevé dactylographique du reportage réalisé par Christian Brincourt lors de l'inauguration de la chapelle Sainte-Geneviève-des-Primeurs, à Rungis, RTL, mai 1967

C

Cápayazco : Monnaie péruvienne que certains responsables des banques internationales auraient préférée à l'euro dans les négociations entre l'Europe et l'Amérique du Sud. Elle ne fut pas adoptée comme monnaie étalon car elle fut jugée trop difficile à traduire. En effet, le cápayazco vaut 1/4 de la moitié de 1/3 de shilling divisé par 6,333.

« Le Pérou ? Ça ne vaut pas un cápayazco ! »

Christophe Colomb, 1497.
Histoire de la monnaie du règne de Hyayacápac à nos jours,
par les professeurs Huázca Curzo et Simon Baffre

Chaprougne : Chapeau melon utilisé par les spécialistes de la météorologie pour observer les grenouilles dans un bocal, lorsque celles-ci indiquent les variations de la température en montant et descendant le long d'une petite échelle. Les bords du chapeau comportent deux ouvertures par lesquelles passent les montants de l'échelle, ce qui permet de se pencher sur le bocal sans cogner le couvre-chef.

Objet décrit dans *La Vie barométrique animale*, publiée
par le Service psychobatracien français, unité Jean-Rostand

Charpoise : Soulier troué, laissant passer le pouce, porté par les Indiens Mori remontant à l'avant des pirogues le fleuve Maroui. Il leur permet de laisser tremper les pieds dans la rivière sans quitter leurs chaussures et d'apprécier, grâce aux variations de température de l'eau, si le courant est plus ou moins froid, ce qui annonce des rochers dangereux.

« Putain ! J'étais dans ce putain de bateau. Je vois ce putain d'Indien tremper sa putain de godasse dans l'eau. Je me dis : "Putain ! y a pas de danger. Je trempe ma main ! Putain, je me suis fait mordre par un putain de piranha !" »

Radio Guyane, interview de Léon Balourd,
chef de la brigade de gendarmerie de Maripasoula

Chublette : Ingénieux dispositif permettant de fixer deux branches de lunettes sur l'anse d'une tasse et permettant, à l'aide d'un contrepoids, de maintenir la tasse à la hauteur de la bouche et de boire sans l'aide des mains et sans renverser le liquide. Cet objet est surtout utilisé par les chirurgiens de l'omoplate pour se désaltérer lors des interventions ne supportant pas la moindre interruption. La chublette est souvent complétée par un riforzon, avec ou sans charnière. (Riforzon, voir ce mot.)

Clapezouille : Fruit exotique ayant la forme d'une banane prolongée par une languette d'écorce dure et qu'utilisent les apprenties manucures pour s'entraîner à couper les ongles.

« Mais qu'est-ce que tu crois, Sylvie ! Ça s'apprend, manucure. Tu ne penses tout de même pas qu'il suffit d'arriver en jupe courte, d'exhiber tes jambes même si elles sont belles et de faire des sourires aux clients en attendant les pourboires. Si tu veux réussir dans ce métier, ma petite, va falloir que tu t'exerces sur pas mal de clapezouilles. »

La Lime à ongles, première version du film *Vénus beauté*,
Tonie Marshall, César 1999

Clubard : Gousset artificiel obtenu à la suite d'une intervention chirurgicale et consistant à créer une petite poche sous l'abdomen des fervents du nudisme pour permettre de conserver leur carte de crédit et quelques billets de banque sur eux lorsqu'ils sont nus sur la plage.

« Nus sur le sable, nous nous amusions à lutter. Soudain une douleur fulgurante me transperça. Sans le faire exprès, mon compagnon de jeu avait enfoncé son pouce dans mon clubard. »

Paul Raboin, président de la Fédération internationale
de bronzage intégral, *Mémoires*

Cougnes : Objets de culte (manipule, burette, etc.) que les évêques traînent par terre au bout d'une corde au cours de certaines soirées pieuses, en signe d'humilité. Ces ecclésiastiques sont alors tête nue.

« Traîne tes cougnes par terre
Prends ta mitre à la main mon cousin. »

Cantique *Humilitus sanctus vulgaris*

Crabados : Vinaigre cubain obtenu par macération de déchets de cigares dans de l'alcool de cacahuètes. De très forte teneur en alcool, le crabados fut utilisé pour faire des cocktails Molotov lors des incidents de la baie des Cochons.

« Tenemos los gringos
Cortamos los couillos
Y trempamos en crabados. »

Chant populaire cubain attribué à Ramon Gonzalez,
gérant du pub Chez Guevara

Crampoite : Ficelle ayant donné son nom à un jeu pratiqué par les marins lorsqu'ils descendent à terre. La crampoite est fixée au sommet d'un mât de cocagne flexible où sont attachés des jambons ou des bouteilles. L'exercice consiste à tirer sur la ficelle jusqu'à ce que le haut du mât de cocagne arrive au niveau du sol, où le joueur peut saisir un des lots proposés.

« Nous avons parcouru tant de lieues sur les mers que mes marins commencent à en avoir ras le bord. Il leur tarde d'arriver dans un port où ils pourront boire un coup de vieux rhum et tirer une bonne crampoite. »

Lettre de Surcouf à Jean Bart, encadrée
dans le vestibule de la mairie de l'île de la Tortue

Crapoute : Gant de toilette épiscopal, dont le rebord, muni d'une gouttière destinée à recueillir l'eau savonneuse, permet aux dignitaires de l'Église de se laver les oreilles sans asperger la soutane.

« Je suis bien arrivé à Rome où les autres cardinaux m'attendaient à la gare pour m'emmener au conclave. Nous sommes bien installés, chacun possède son box

isolé, et nous disposons d'un lavabo fort commode, avec eau chaude et eau froide, indispensable pour rincer sa crapoute.»

Lettre du cardinal Spellman, archevêque de New York, adressée à sa sœur Denise Spellman, épouse Rosenblum

Crapuche : Document officiel montrant qu'un député a bien été élu selon les règles constitutionnelles.

«Bonzoreille est arrivé
Abaloubaba Abaloubébé
Bonzoreille est arrivé
Sa crapuche il a montré.»

Chanson composée pour l'arrivée de monsieur Michel Debré, après son élection au poste de député de l'île de la Réunion

Cratape : Cuvée spéciale de rhum agricole réservée aux ministres des Dom-Tom (départements et territoires d'outre-mer) en visite officielle. L'étiquette fait le tour de la bouteille et peut se lire de gauche à droite ou de droite à gauche sans qu'on puisse donner la moindre signification politique à cette lecture. Le nom du ministre des Dom-Tom n'est jamais mentionné, car personne ne connaît jamais le nom du ministre des Dom-Tom.

«À son arrivée à Pointe-à-Pitre, l'ex-Premier ministre a déclaré : je suis parfaitement au courant des problèmes posés par la canne à sucre dans votre région. Mais il existe des solutions pour assurer la survie des Antilles. L'Antillais doit développer sa banane. C'est le vœu que je forme en tendant vers lui ma cratape.»

Raymond Barre, tournée Antilles-Guyane, mars 1987

Cratonique : Qualifie l'accord musical unissant le *do* dièse majeur à la basse, le *si* bémol majeur au violoncelle, le *sol* naturel au saxophone baryton, et le contre-*ré* au trombone pour reconstituer artificiellement le son du pet.

«Le rideau s'ouvrit sur le quatuor. Celui-ci attaqua la première note. Je me tournai vers mon voisin, l'éminent directeur des Jeunesses musicales de France.

Je n'eus pas besoin de poser la question, il me dit: "C'est très beau. Mais est-ce un pet ou n'est-ce que cratonique?" »

Eve Ruggieri, « Musique au cœur », Antenne 2

CRATOPOUILLE: Petit fragment de tissu obtenu lorsque deux étoffes sont frottées l'une contre l'autre. Le frottement d'une étoffe de laine sur une étoffe de coton donne des cratopouilles de laine, et inversement.

« Ému par son extase devant le Seigneur, je serrai contre moi la jeune nonne, et lorsque notre étreinte se défit j'avais des cratopouilles plein mon froc. »

Récit de saint Vincent de Paul après sa rencontre avec sainte Yvonne au couvent des Visitandines de Sainte-Gertrude-du-Textile

CRUBILE: Sandale à semelle de plomb en forme de crabe femelle, utilisée au cours des prises de vues sous-marines par les cameramen spécialisés dans l'étude des tourteaux pour *National Geographic.*

Ces techniciens de haut niveau sont maintenus au sol par la lourdeur de la chaussure. Mais son apparence crabique et le côté sexy du soulier attirent irrésistiblement les crabes mâles qui viennent se frotter à lui dans l'espoir de pouvoir pratiquer l'acte sexuel. Il ne reste plus qu'à filmer le comportement amoureux du crustacé.

« J'ai beau avoir l'habitude des crubiles, lorsque j'étais en mission et que je voyais des crabes en érection s'exciter sur mes godasses, je ne pouvais m'empêcher de penser à ma femme Georgette. »

Brice Crowford, secrétaire général du Syndicat des photographes sous-marins

CRUPALE: Serpent d'Égypte que l'on trouve dans le désert et qui se déplace sans cesse en ondulant de la queue en mesure et sur quatre temps. Les musiciens égyptiens chargés de distraire les pharaons le capturaient et, après en avoir emprisonné la tête dans une boîte, s'en servaient comme métronome.

« Alors, qu'est-ce que vous attendez pour faire votre boulot, au lieu de rester à onduler du cul comme des crupales ? »

Phrase attribuée à Sesostris III et s'adressant aux architectes chargés de la construction de la pyramide de Beaulardon-sur-Nil

Crustiche : Boutonnière double de la normale permettant d'utiliser un bouton deux fois plus large que les boutons ordinaires. On la trouve surtout sur les vêtements militaires.

« Le sous-lieutenant entrait dans la chambrée et hurlait : "Au lit, les hommes !" Et chaque soir c'était la même scène. Les conscrits ôtaient leur pantalon, leur chemise et bondissaient en caleçon sur leur paillasse. "Maintenant, on dort !" criait le sous-lieutenant. Et tous fermaient les yeux. Quelle saine discipline ! Ô comme ils l'aimaient cet officier qui leur servait de frère, d'ami, de soutien. Ô comme ils voulaient lui plaire ! Dès qu'il ouvrait la porte, les hommes ôtaient leurs vêtements le plus vite possible. Si c'eût été possible, certains se seraient fait sauter la crustiche ! »

Colonel Jean-Loup Mouchotte, commandant l'ensemble des Enfants de troupe, *Vers une armée de métier dirigée par des chefs sensibles*

D

Dababda : Chapeau africain que portent les chefs de tribus lors de la cérémonie du Tourditdi, qui consiste pour les jeunes en âge de devenir des guerriers à remplacer l'os de poulet qu'ils portaient dans le nez par un os de chèvre ou de mouton, beaucoup plus important.

« J'avais rendez-vous avec le chef M'Zabwawa et l'attendais dans une clairière. Je le vis arriver. De loin, je ne distinguais que sa silhouette et le guidon de son vélo. À peine avais-je eu le temps de m'étonner de voir circuler un être humain à bicyclette dans la jungle que l'explication me fut donnée. Ce que j'avais pris pour un guidon n'était autre que son dababda ! »

Albert Fuzereau, « Geschichte der Entdeckungen
und Schiffahrten in Africa », *Guide du Routard*, 1903

Démocritémie : Doctrine politique prônant un véritable consensus entre le socialisme de droite et le conservatisme de gauche dans ses rapports avec le prolétariat patronal et la dictature libérale ouvrière.

« La démocritémie, voilà notre but ! Faisons savoir au monde qu'en période électorale, toute participation, volontaire ou non, à un régime opposé peut justifier une attitude "pour", même lorsqu'on est fondamentalement "contre", et inversement, pourvu que personne ne s'en aperçoive, et à condition que le candidat soit élu. »

Déclaration du comité directeur du Congrès international de
fondateurs de partis politiques, Maastricht, 1992

Dermizèle (externe) : Maladie de la plante des pieds, de la paume des mains, de l'arrière des genoux, de l'intérieur des coudes, du dessus de l'oreille, du dessous du menton, du milieu du dos, du haut du ventre, du bas des cuisses, du tour des chevilles, des poignets, des avant-bras, des hanches et du sommet du crâne, que l'on observe parfois sur des sujets qui ne sont pas en bonne santé.

« La dermizèle externe est une maladie qu'il faut prendre au sérieux pour éviter qu'elle ne se généralise. »

Bulletin médical de l'Association des médecins malades

Dermizèle (interne) : Affection généralisée des amygdales, de la gorge, des poumons, du cœur, de la rate, du foie, de l'estomac, de l'intestin, du côlon, des veines, des artères et de la moelle épinière qui permet de diagnostiquer presque à coup sûr qu'un individu est souffrant.

« Quand la dermizèle s'abat sur un être qui n'est pas sain et souffre de maux divers, le fait qu'il soit fragile n'arrange pas les choses. »

Docteur Laënnec, communication à l'Académie de médecine, 1826

Disiaque : Usurier.

« Non, je suis décidé. Je n'aurai plus jamais recours à cet affreux disiaque. »

Honoré de Balzac, *La Cousine bête*

Disticole : En pâtisserie, « qui sépare les blancs des jaunes ». Par extension, qui permet de distinguer ces deux couleurs.

« La guerre du Tonkin fut disticole. »

Général Mangin, « Tu l'as dit Bouffi », hommage au maréchal Foch

Dodoso : Vieille recette de cuisine transmise de mère en fille dans les campagnes françaises (Marais poitevin, Creuse, Alsace, etc.) et concernant la cuisson du corbeau au jus.

« Mettre dans une grande casserole oignons, bouquet garni, sel, poivre, clous de girofle, cannelle, carottes, navets, poireaux, céleri, et laisser cuire une heure pour faire un bouillon. Puis mettre dans la casserole un corbeau et un fer à repasser. Laisser cuire pendant vingt-quatre heures. Vérifier la cuisson à l'aide

d'une spatule en bois : lorsque le fer à repasser est devenu mou, le corbeau est cuit. »

La Bonne Cuisine de nos nourrices, par Émilien Bongereau,
co-sous-directeur adjoint au Service de préparation
des plateaux-repas à Air France

Dolmatèle (dit Dolmatèle de 12) : Célèbre obus deux fois plus gros que les obus deux fois plus petits utilisé pour la première fois par le 6e régiment d'artillerie lors des fameux combats du 17 juin 1915. On s'aperçut vite qu'ils ne seraient d'aucune efficacité car le diamètre des obus étant supérieur au diamètre des canons, les artilleurs ne pouvaient s'en servir que pour des combats au corps à corps. Ces obus furent récupérés par l'ennemi qui disposait de canons d'un grand diamètre, et les renvoyèrent sur les troupes françaises par série de six.

« Arrêtez de tirer sur des soldats français avec ces dolmatèles ! C'est du 12 ! Regardez ! J'ai des éclats plein mon journal. »

Hubert Deschamps, *La Vraie Guerre de 40*

Droupète : Douleur de l'index de la main droite observée autrefois chez les préposés de La Poste, et contractée à force d'appuyer sur les boutons de sonnette lors de la distribution des télégrammes.
Nota : Cette maladie peut affecter l'index de l'autre main chez les gauchers. Elle a tendance à disparaître dans le monde occidental depuis l'apparition des fax et des e-mails.

« La baronne adorait les gamins qu'elle tentait d'attirer dans son boudoir. La vue d'un jeune télégraphiste la rendait folle. Lorsqu'elle vit Alexandre pour la première fois elle crut que son cœur allait exploser. Chaque jour, elle s'envoyait elle-même des dépêches et attendait le matin que le jeune garçon les lui amenât.

Au bout de quelques jours, sous on ne sait quel prétexte, elle réussit à entraîner l'enfant dans sa chambre. Elle lui offrit des chocolats. Puis, tandis que le garçon se léchait les doigts, elle s'étendit sur le lit, écarta son déshabillé de soie et dit, dans un souffle : "Petit prince, caresse-moi." L'enfant obéit. Il glissa sa main sous la soie et, soudain, poussa un cri.

"Qu'as-tu ? dit la baronne. Tu as peur ?

– Non, répondit l'adolescent levant son index vers le ciel. J'ai mal là, au bout du doigt.

– Délicieux enfant, dit la comtesse." Elle prit la main du télégraphiste et posa un baiser sur le bout du doigt. "Voilà, dit-elle, c'est fini. Plus de bobo. Plus de droupète". »

Barbara Cartland, *Un bel amour d'antan*, J'ai lu, 1918

Droupiche : Descente de lit dont les fibres sont traitées à la teinture électromagnétique et qui a la propriété d'attirer la poussière et de la concentrer, de telle sorte qu'on puisse, en secouant ce tapis, se débarrasser en une seule fois de toutes les salissures d'un appartement ou d'une maison. Malheureusement, la droupiche ne peut être utilisée en ville car sa puissance est si forte qu'elle recueille les détritus de l'extérieur.

« Dans les rues de moins de 5 mètres de large, il est interdit de secouer sa droupiche après 22 heures. »

Règlement de la Ville de Paris

E

Édripoule : Nourriture spéciale, à base de fibres végétales suractivées et tricotées à la main par les bergères australiennes, dans le but de modifier, par l'alimentation, le métabolisme des moutons, et faire que les ovins donnent du coton à la place de la laine.

« Nous l'affirmons avec force. Les agriculteurs se laissent abuser par le maïs transgénique, les pêcheurs n'osent plus appâter avec des asticots car ceux-ci, couverts de pétrole, sont inefficaces, les couvreurs et réparateurs de cloches ont peur de s'élever vers la couche d'ozone ! Arrêtons ce massacre ! Il est temps de considérer que le progrès consiste aussi à faire évoluer le textile animal dans la composition des végétaux de synthèse ! Alors, vive l'édripoule ! »

Bêlan et Touffu, *Manifeste de la pensée rurale*,
José Bové éditeur, Millau

Éfamolin : Pince vaudoise servant à tenir la cravate appliquée contre la chemise au cours de la fabrication des moules et contre-moules à tarte suisses. Cette opération est connue sous le nom d'<u>éfamolinage</u> (voir ce mot). Dans la fabrication du contre-moule (et du moule également), on utilise la sève d'un conifère dont le tronc est gonflé de résine, nommé pour cette raison « sapin ventru ». Cette résine durcit extrêmement vite et, souvent, les ouvriers éfamolineurs qui laissent pendre leur cravate sans éfamolin risquent de voir celle-ci tremper dans la résine et peuvent rester prisonniers de longues heures jusqu'à l'arrivée des secours.

« Nous essayons de faire le plus vite possible, et tentons d'arriver gentiment sur les lieux, mais y a pas le feu au lac et on ne peut pas aller plus vite que

la musique. Après tout, c'est de leur faute, ils n'avaient qu'à porter leur éfamolin.»

Lieutenant Eusèbe Müller, chef de la brigade d'intervention des accidents de cravates, Genève

Éfamolinage: Premier stade de la fabrication des moules à tarte dans le canton de Vaud. Technologie: Lors de l'éfamolinage, le moule servant à fabriquer le contre-moule du moule à tarte (ou famolin) est bloqué solidement par des vis horizontales (le fixe-famolin gauche et le fixe-famolin droit) et maintenu verticalement par deux pinces (le sur-famolin, et le sous-famolin). On verse alors dans le famolin une sorte de résine locale récoltée en incisant certains conifères qui ne poussent que dans la région et sont connus sous le nom de «sapins ventrus». Lorsque la résine a durci, on écarte le fixe-famolin droit, puis le gauche, et l'on enlève le sur-famolin. Le famolin reste alors en équilibre sur le sous-famolin. On le vérifie, on l'enlève délicatement puis on le casse à coups de marteau pour obtenir le contre-moule en résine. Il ne reste plus qu'à prendre une plaque de zinc, la poser sur ce contre-moule et frapper avec un maillet jusqu'à ce que cette plaque ait pris la forme du contre-moule.

«Dans certaines régions, le terme famolin désigne, à la fois, ce moule et le contre-moule, ce qui peut donner naissance à de regrettables confusions. Il ne faut pas confondre le famolin et l'éfamolin (voir ce mot) qui est une pince à cravate.»

Albert Leroux, *Outils de cuisine et gamelles en tout genre*, Lyon, 1985

Éfamoliner: Action de libérer un ouvrier travaillant dans l'éfamolinage (voir ce mot) et dont la cravate a malencontreusement trempé dans la résine. Celle-ci ayant durci, le malheureux reste prisonnier.

«Être éfamoliné n'est pas assimilé à un accident du travail "corporel". Par conséquent les heures passées à libérer l'ouvrier qui en est victime ne sont pas payées, et sa cravate n'est pas remboursée.»

Règlement général des usines d'éfamolinage, canton de Vaud

Efrezouille : Dictée permettant de juger le niveau en orthographe des candidats dans les concours d'entrée aux grandes écoles.

« Quelques malupites aux instincts fondreux s'étaient, aréphagoliquement, mêlés aux tout-à-friges démiloriniens. Le binozier, fier de montrer son élipidence, ne parvint pas à blérousiller son grabloton. Il véruta, s'assit sur un golfot, à l'écart, et misoula son aminatolique burave. Ce furent, dirent les néchoteux qui péluraient dans la vrazèle, comme si la trépinèle n'avait plus de carbole, ni la moindre signification. »

Bernard Pivot, proposé le 17 mars 1991 au concours d'entrée à l'ENA

Efrouterzeï (ou efrouterzeille) : Prostituée belge refusant de faire payer ses clients.

« Au temps délicieux où Bruxelles bruxellait
Où sa bière biérait, où la frite fritait
Les bourgeois se faisaient jamais tirer l'oreille
Pour aller tous les soirs voir une efrouterzeï. »

Van der Klope et Beegramens, chanson présentée aux éliminatoires du Grand Prix de l'Eurovision. Non sélectionnée

Égrumoise : Couronne de thym remplaçant la couronne de laurier pour célébrer la victoire des cuisiniers lors des grandes compétitions gastronomiques.

« Le sixième juré ayant enfin avalé la dernière bouchée du plat imposé (qui je vous le rappelle est un demi-rognon de lapin sur tranche de potiron au jus de mimosa sauvage) prend une gorgée de château-palmer 1945, hésite, puis se décide. Il inscrit une note sur son ardoise, lève celle-ci : c'est un 9 ! La moyenne de Paul Bocuse est donc 9,5, il a gagné ! Madame Gault et madame Millau, sculpturales dans de longs fourreaux de lamé or et ketchup ouverts sur leurs longues jambes gainées de nylon fluide, s'approchent en souriant et déposent, ensemble, avec une grâce qui n'a d'égale que leur beauté, une grosse égrumoise sur la tête du vainqueur. »

Léon Zitrone, reportage en direct du championnat international de nouvelle cuisine, Paris, 1958

Ekolote : Fourchette ancienne (16 ou 17 juin av. J.-C.) découverte au cours des fouilles de La Mirandole (quartier de la ville de Jéricho) à l'emplacement supposé de la célèbre muraille biblique. Elle possède un manche de près de 2 mètres de long, et une seule dent de 42 centimètres, ce qui la fait ressembler à une lance de hussard. (On l'appelle également pour cette raison pique de La Mirandole.)

Musée de Jérusalem, Fondation Yasser-Arafat

Éloupette : Pelle à tarte creuse utilisée pour servir des tartes molles et sans croûte.

« Notre rencontre a été des plus cordiales. Je n'hésite même pas à dire qu'elle fut chaleureuse. J'avoue qu'à la fin du dîner, je fus submergée d'émotion lorsque je vis le président du Soviet suprême tendre vers moi son éloupette. »

Déclaration de madame le Premier ministre d'Angleterre lors de sa rencontre avec le Numéro Un soviétique, Nogent-sur-Marne, 1978

Éroupignales : Terme utilisé en poésie uniquement au pluriel et désignant d'une façon très mal définie des vers difficilement compréhensibles dans un contexte sans signification.

« Les quatre tropicales
sont végétales
mais les municipales
sont cardinales
Les quatre cathédrales
sont intégrales
mais les péridurales
sont magistrales
Les quatre martingales
sont infernales
mais les éroupignales
sont marginales. »

Charles Péguy, « Éroupignales de Notre-Dame »,
tirées du recueil *Paris-Chartres à genoux en 53 h 42' 17"* »

Escarlouchette: Collage de cheveux sur le sommet du crâne pour dissimuler une indiscutable calvitie.

« Mais oui, il y a dans notre pays une véritable majorité et une véritable opposition. Mais oui, il y a bien deux courants politiques contraires dans la société française. Tout le monde est bien d'accord, il n'y a rien de commun entre monsieur Fabius et monsieur Giscard d'Estaing si ce n'est, sur leur tête également grandie par le pouvoir, une inénarrable escarlouchette. »

Institut des Sciences politiques, cours magistral de sondage,
cité par *Libération*

Étimèle: Sorte d'abat-jour.

« Ah, laisse-moi glisser dans un geste pudique
ma main sur les contours de ta gorge, Monique.
Laisse ma bouche, enfin se poser sur tes lèvres
Et que mon bras nerveux comme le saut du lièvre
Entoure ton épaule et te presse avec force
Contre la citadelle énorme de mon torse
Je voudrais, mon aimée, que nos deux corps se mêlent
Mais avant, je t'en prie, baisse un peu l'étimèle. »

L'Abat-jour dans la poésie de Paul Géraldy à Pierre Goutlot,
collection « Molasson », dirigée par Claire Chazal, Plon, 1999

Évistulobien: État de dilatation de la pupille à la suite de la vue d'un plat cuisiné sous vide.

« Quel bonheur de cuisiner avec des bons produits ! Du bon poulet de Strasbourg, du bon foie gras du Var. Des bons produits comme les bons champignons du Jura ou les bons spaghettis du Périgord. Des bons produits comme les bonnes huîtres de Chamonix. Chaque fois que je cuisine des bons produits, je pense à l'instant où, sortant ces bons produits du micro-ondes, les consommateurs auront le nez chatouillé par le parfum de ces bons produits et les yeux évistulobiens. »

Bernard Loiseau, cuisineur de bons produits, Saulieu

Exygualer: Verbe montagnard d'origine péruvienne dont l'étrange caractéristique est de ne pouvoir se conjuguer qu'à la deuxième personne du singulier du mode impératif à la forme négative. Ce qui donne: « T'exyguale pas ! »

Cf. *Le Péruvien sans peine*, Iglesias éditeur

Exytozisme : Technique consistant à faire naître des sons ressemblant à des mots ou des phrases, en projetant le souffle sur les dents tout en ouvrant et refermant la bouche pour faire croire qu'on parle.

« ATSSEUH… ATSSEUH…
ATSSEUH… ATSSEUH…
ATSSEUH… ATSSEUH… »

Déclaration de monsieur Valéry Giscard d'Estaing,
Magnotothèque française, unité de léthargie, Antenne 2

F

Fizouille : Stylo utilisé en cuisine et contenant une encre alimentaire à base de sang de porc, permettant de tracer des lignes noires sur le boudin blanc pour faciliter le découpage de celui-ci en parts égales. Par extension, le boudin rayé noir et blanc est également nommé « boudin zébré ».

« Un soir un charcutier
Voulut faire des fizouilles
Son couteau a glissé
Il s'est coupé les pieds. »

« En colo avec le Seigneur », *Chants populaires* recueillis par l'abbé Grosléon, éditions La Foi en socquettes

Fouchimou : Mot d'origine sino-tibétaine (*phu-shi-moo*). Gâteau gluant à base de riz gluant, de sucre gluant et de beurre gluant, confectionné par les moines de la secte Koo-Moo-Rha (adorateurs du dieu gluant), pour être consommé lors de la fête du Mhül-Bhül (jour sec). Ce jour-là, les officiants déposent le fouchimou dans un four sacré très chaud, et l'y laissent jusqu'à ce que disparaisse complètement son aspect gluant et qu'il puisse être mangé comme un gâteau sec ordinaire.

« Soyons proches des pays lointains », *Manuel de gastronomie intercontinentale*, famille Troisgros, restaurateurs à Roanne

Fougne : Oursin des environs d'Antigua (Caraïbes). De tous les animaux marins dotés d'une enveloppe calcaire couverte de piquants, c'est le seul à être muni de cordes vocales lui permettant de dire, comme le perroquet :

« Il a bien déjeuné, Coco. » Malheureusement, les pêcheurs d'Antigua, qui ne parlent pas le français, n'ont jamais pris conscience de cette singularité, et pêchent le fougne comme un oursin ordinaire.

> *« Les Japonais sont venus dans nos eaux et leur pêche intensive et industrielle a pratiquement fait disparaître les crabes, les langoustes et les thons qui, mis en boîte, inondent le marché au détriment de notre production. Mais nous sommes prêts à lutter, et je le dis bien fort au nom de notre association, à partir de dorénavant, plus personne ne viendra nous manger le fougne. »*

Yves Le Klech'Navo, président de l'Association internationale bretonne des Bretons internationaux de Bretagne

FRAZOULE : Vampire se nourrissant uniquement du sang des jeunes filles vierges, et dont l'espèce a complètement disparu pour cette raison.
No comment.

FRICHOUNARD : Instrument de musique très en faveur à Vienne au XVIIIe siècle. C'est le seul instrument dont on ne joue pas, mais dans lequel on joue. Il est composé d'un châssis de harpe dont les cordes sont remplacées par un siège élastique placé au centre de deux corps de contrebasses et surmonté d'une timbale dans laquelle est installée une vessie de cornemuse.

> *« Je suis fort déçu. J'ai rencontré hier le jeune Mozart. Celui que toutes les cours d'Europe considèrent comme la plus parfaite incarnation du génie spirituel n'est dans la vie qu'un petit homme très ordinaire, avec ses faiblesses et ses petits travers. Nulle notion du sacré dans son comportement quotidien. Ce n'est qu'un jouisseur uniquement préoccupé par la recherche du plaisir des sens. Il fait voir son impatience et son œil réjoui lorsqu'il pénètre dans un frichounard. »*

Lettre de Salieri à son éditeur Paul Beuscher

FRILOTON : Petit bouchon de liège, utilisé au XVIIe siècle dans l'armée de terre pour les transports sanitaires. Ce bouchon servait, après incision de la paroi abdominale, à boucher l'œsophage des sangsues lorsque celles-ci avaient absorbé une quantité suffisante de sang (prélevé sur les prisonniers de guerre). Envoyée vers le champ de bataille par des coursiers à cheval, la sangsue était vidée de son contenu et renvoyée à l'arrière par pigeon voyageur. Ce procédé a complètement disparu avec l'apparition des bouchons en plastique.

« Je m'ennuie, Éminence. Je m'étiole et je suis tout languide. Je crains fort, pour me redonner des forces, d'avoir à me servir de plus en plus souvent de mon friloton. »

Lettre du maréchal de Turenne au cardinal Balourine,
aumônier général des mousquetaires

Fritoneau : Hamburger de poisson composé d'un poisson plat fendu en deux, dans lequel on glisse un poisson rond.

« Notre but est d'installer une chaîne d'établissements de la Californie jusqu'à l'Oural. Nous battrons le Big Mac sur son propre terrain. Partout où nous le pourrons, nous ferons triompher le fritoneau. »

Charles-Édouard Duburqueux,
Comité français du fast-food ichtyophagique

Frizon de la Glaizière (Eugène Sigismond, comte) : Aristocrate français, connu pour avoir pris une part importante dans la révolution française, et pour être l'auteur de deux déclarations célèbres. En 1788, Frizon de la Glaizière prononce à la tribune de l'Assemblée cette admirable phrase :

« Citoyens, c'est en avançant à grands pas que nous éviterons de rester sur place ! »

En 1789, il lance cette fameuse réponse :

« Je suis ici par la volonté du peuple, et je n'en sortirai que lorsqu'on m'aura rendu mon imperméable ! »

Une déclaration moins connue fait l'admiration des professeurs d'histoire et de géographie :

« Qui vole le chef-lieu de canton de la Seine-Maritime vole Elbeuf. »

Eugène Sigismond Frizon de la Glaizière meurt en 1821, chez son dentiste.

« C'est grâce à des hommes comme lui qu'on peut dire : s'il l'a fait, je peux en faire autant. »

La Vie des grands hommes peu connus,
par Mousquet et Brignoux, retraités de la SNCF

Frouzier : Portefeuille spécial en maroquin ouvragé, utilisé par les présidents de la République française qui se présentent pour un second septennat. Lorsque les résultats sont connus, ils leur sont remis dans ce portefeuille par le ministre de l'Intérieur.

« Ça y est ! Je viens de recevoir le résultat. Je l'ai dans le frouzier. »

Déclaration attribuée à monsieur Valéry Giscard d'Estaing,
maire de Chamalières, mai 1981

Fzabroc : Mot yougoslave entré dans la langue française aux environs de 1885, et désignant l'ensemble des mots yougoslaves entrés dans la langue française à cette époque.

« Certes, cet écrivain occupe une place de choix dans la littérature française, mais il faut bien dire qu'on trouve dans son œuvre une belle quantité de fzabrocs. »

Eugène Mondard, critique,
à propos des « ratures ornementales » de Paul Valéry,
de l'Académie française, 1925

G

Glafouillette : Petite culotte à volants et motifs au point turc portée sous l'uniforme par les auxiliaires contractuelles de police.

« Cette robe est jolie, mais elle me dérobe
Ce que ne devrait pas dérober une robe
Ôte-la donc bien vite et viens sur ma couchette
Oh que j'aime ta douce et rose glafouillette. »

Sébastien Mouchard, *L'Amour dans les rues*,
1er prix du concours de poésie municipale, Paris, 1991

Glamote : Pâte à modeler avec laquelle s'exercent les sculpteurs avant de se lancer dans la technique du marbre ou du bronze.

« Je m'ennuie à Paris, et je me sens bien seule. Rodin vient de moins en moins me visiter. Il n'est plus ce qu'il était. Je ne sais si c'est l'âge ou la monotonie mais sa glamote est devenue bien molle. »

Camille Claudèle, lettre à sa sœur Paule Claudèle.
Pharmacie Gradupied à Montgeron

Glampide : Sorte de caleçons en pilou ou en laine des Pyrénées que portaient, en les superposant, les poètes du XIXe siècle. Le fait d'avoir bien chaud aux jambes était censé faciliter la circulation sanguine, donc irriguer le cerveau et faciliter la création. Ne pas confondre avec glamuche (voir ce mot), qui désigne également un caleçon.

« Ô le temps languissant
et les douceurs languides

Où la langueur d'antan
Languit dans les glampides.»

Paul Verlaine, *Poèmes pour mon ami Rambo*

Glamuche: Caleçon en zinc porté par les hommes-grenouilles de la DGSR (Direction générale des services de renseignement) lorsqu'ils sont envoyés en mission pour faire sauter les bateaux des défenseurs de l'écologie (*cf.* Greenpeace). En effet, les remarquables et courageux officiers sont souvent obligés d'être lestés et de rester pendant des heures assis sous l'eau, en attendant le moment propice pour accomplir leur délicate tâche. Ce caleçon en zinc les protège au cas où ils auraient à s'asseoir sur des oursins.

«Nous ne sommes au courant de rien, et comme nous ne savons pas ce qui s'est passé, il n'y a aucune raison pour que nous disions quoi que ce soit. Toutefois, le pays doit en savoir plus. Qu'il sache alors que les officiers ont fait le maximum pour accomplir leur tâche avec ferveur, et je rends hommage au cœur discipliné et exemplaire qui bat sous leur glamuche.»

Allocution de monsieur Laurent Fabius à l'ouverture
du Congrès pour la protection des baleines

Glaton: Doigt de pied artificiel, à ongle métallique interchangeable, utilisé dans l'industrie américaine du vêtement militaire pour tester la solidité des pointes de chaussettes.

«Dans notre lutte contre l'ennemi, rien ne fut laissé au hasard, de l'arme la plus sophistiquée jusqu'à la pièce vestimentaire la plus intime. En ce sens, nous pouvons affirmer que nous devons autant notre victoire aux énormes souffleries de nos usines d'armement qu'à l'humble glaton de nos tricoteuses.»

Général MacArthur, discours pour le baptême de la Promotion
Peace in socks, West Point, juin 1946

Glifuze: Terme utilisé dans la cavalerie pour désigner un cheval coupé à 75% et nommé pour cette raison «Étalon quart de queue». Ne pas confondre évidemment avec le piano du même nom.

« Nous demandons à nos militants d'intervenir auprès des directions d'écoles, des enseignants, des responsables de patronages ou d'aires de jeux, pour que la plus grande attention soit prêtée à l'assimilation du mot par l'enfant. En effet chaque jour de graves erreurs sont commises. Prenons par exemple le cas douloureux de la glifuze. On a signalé plusieurs cas où des gamins ont été traumatisés en s'asseyant devant un cheval et en pianotant sans tirer le moindre son, tandis que d'autres ont été déçus au point de devenir anorexiques après avoir enfourché un piano à queue sans pouvoir le faire avancer ou reculer.
Si nous sommes élus, et nous le serons, la glifuze sera pour nous le symbole de l'union entre la culture de base et le progrès social. »

Manifeste du Parti socialiste, VI, alinéa 12, « De la conduite à tenir dans le maniement des mots pour que les principes chers à l'école laïque perpétuent la pensée de Ferdinand de Saussure et de son beau-frère, Édouard Branly. »

Gluchette : Saucisse fabriquée jusqu'à la fin du XIXe siècle par des charcutiers peu scrupuleux en récupérant les nerfs de porc tombés au fond des casseroles, lors de la préparation des rillettes. Avec l'amélioration des conditions de vie des travailleurs, cette saucisse très dure à digérer perdit tout intérêt. Elle connut toutefois un regain de faveur au début du XXe siècle lorsqu'on découvrit que, grâce aux nerfs qu'elle contenait, elle pouvait être greffée directement sur la main des accidentés du travail ayant perdu un doigt.

« J'avais plus le moral. Il commence à revenir, vu que je me sers de plus en plus de ma gluchette. »

Paulo de Saintonge-Mérincourt, P3 chez Citroën, responsable de section CGT

Glumieux : Plutôt mou et pas très net.

« Le travail effectué par madame Cresson pendant son séjour à la Commission de Bruxelles est incontestablement glumieux. »

Article du *Figaro-Charter*, distribué dans les avions par le club Sommeil à l'ombre

Gobiches : Récipients de cristal contenant des olives et des tartines d'anchois lors des cocktails donnés dans les sous-préfectures du Midi.

« Peuchère, ces réunions avec les notables coûtent cher à notre administration. Chaque fois qu'on invite des gens du ministère à la sous-préfecture, ils nous cassent les gobiches. »

Marcel Pagnol, *La Manon des Florettes*

Grachote : Grand bâton de noisetier épointé, au bout duquel était fixée une petite gamelle, et que les pauvres agitaient devant les fenêtres des salles à manger situées au premier étage (étage noble) des hôtels particuliers des villes de province avant la Révolution. Les jeunes filles de l'aristocratie piquaient un croûton de pain sur l'extrémité du bâton et versaient de la soupe dans la gamelle. Cette façon d'agir leur permettait de faire la charité sans avoir à approcher les pauvres, toujours susceptibles d'être porteurs de maladies.

« Allons, Sophie ! Donnez à ce pauvre chemineau le pain qu'il quémande et la soupe qu'il réclame, et cessez je vous prie de jouer avec sa grachote. »

Comtesse de Ségur, née Rostopchine

Grouchenaga : Blouse paysanne portée par les cultivateurs de la Brie, de la Beauce également, et parfois de la Sologne, sans exclure l'Isère, voire même les Hautes-Pyrénées et les Ardennes. La nuit, les paysans fixaient au centre de cette blouse une sorte de mât de cocagne sur lequel reposait l'encolure, ce qui formait une tente confortable dont l'aération était assurée par les manches (dites : manches à air).

« J'appelai les paysans qui travaillaient à l'entour du château. Venez, mes braves, leur criai-je... Venez chercher le pain frais et le vin nouveau. Alors, ils approchaient, timides et gauches, et je tendais vers eux ma cruche et mes croûtons. Ah ! comme je les aimais les robustes gaillards, et comme je les enviais. Je voulais vivre auprès d'eux, et comme eux. Je me mêlais à eux, m'enhardissant parfois jusqu'à frôler leur gouchenaga. »

Henry de Montherlant, *Les Jeunes Hommes de partout,* Gallimard

Grouzarbion : Sorte de petit insecte, rapporté, paraît-il, par les marins du *Bellerophon*, qui ramenèrent d'Égypte l'obélisque de Louqsor, installé depuis à Paris, place de la Concorde. Cet insecte est également nommé « puce de sarcophage » car il construisait son nid entre les bandelettes des momies. Il changea de nom au début du siècle pour celui de « puce du Pioupiou », car il avait réussi à s'acclimater, lors de la guerre de 1914-1918, sous les bandes molletières portées par les soldats des régiments d'infanterie. Il a disparu avec l'apparition des rangers.

« Le moral des troupes n'a jamais été aussi solide. Nous ne relevons aucun signe de lassitude ou de découragement chez nos braves soldats. C'est vrai que nous avons tout fait pour supprimer en eux toute angoisse, allant même jusqu'à nous occuper nous-mêmes de leurs grouzarbions. »

Colonel Chivron-Bulot des Albingues, rapport au médecin général commandant l'antenne antivermine de l'armée de terre, Hôtel des Invalides, 2e étage, bureau 26 (à gauche derrière le grand placard)

H

Habisconique: Qui n'arrive pas à uriner correctement dans les toilettes d'avion, et arrose systématiquement le siège pendant la miction. Ce terme ne s'applique qu'aux voyageurs du sexe masculin ou à certaines personnes du sexe féminin sexuellement déviées.

« On a fait un voyage épouvantable. Non seulement le siège fait mal au cul et la bouffe est dégueulasse, mais c'est à croire que, dans les chiottes, il n'y a que des habisconiques. »

André-Paul Bongret, usager d'Air France

Habsouboune: Jeune Tunisien travaillant sur le port. Par extension, jeune Tunisien n'ayant pas encore eu le moyen de venir à Paris pour réussir dans la production de films ou le show business.

« Nous arrivâmes à Tunis en fin de soirée et à peine descendus du paquebot, nous fûmes étourdis par les senteurs nocturnes. Au parfum des algues séchant sur les rochers se mêlaient les suaves senteurs du jasmin, les remugles du port et la mâle senteur des habsoubounes pétrissant la semoule. »

Oscar Wilde, *Tea for two*, Search midnight éditeur

Hachesisse: Mot désignant le huitième carré vertical et le sixième carré horizontal dans le jeu de la bataille navale.

« En principe, à l'Assemblée nationale, lorsqu'un ministre répond aux questions d'un député, le plus grand silence règne dans la salle, marquant ainsi le profond respect que témoignent les élus du peuple à l'égard de la République.

Cependant, il arrive parfois que l'on entende, rompant ce noble silence, ce court dialogue entre deux membres de l'Assemblée :
– Hachesisse ?
– Coulé ! »

Hue et Séguin, Cours de sciences morales à l'usage
de l'école primaire, classes CM1 et CM2

Halvicroque : Ration de survie constituée de :
200 grammes de caviar béluga
1/2 litre de vodka carte noire
1 bocal de foie gras (200 grammes)
1 bouteille de dom pérignon
1 cigare château margaux Davidoff
2 condoms
1 cure-dent
1 boîte d'allumettes.
Cette ration est distribuée en Corse aux gendarmes envoyés par les préfets de la République pour incendier les restaurants installés sur les plages de façon illicite. En effet, les militaires doivent souvent attendre la nuit pour accomplir leur délicate mission, et l'halvicroque leur permet de dîner en attendant l'heure propice.

« J'ai demandé aux gendarmes de respecter des consignes strictes : venir par la mer en Zodiac, et vérifier le taux d'humidité constaté autour des paillotes et qui semblait être dangereux pour les touristes. On ne cessait de signaler aux services concernés de la préfecture de nombreux cas de toux, enrouements, maux de gorge, etc.

Malheureusement, un gradé de la Gendarmerie, pas plus bête qu'un autre mais au moins autant, alluma un cigare et jeta malencontreusement l'allumette sur une paillote qui s'enflamma immédiatement. Je le regrette. Nous venons d'avoir une longue réunion, mes collaborateurs et moi. Nous avons décidé de modifier le contenu de l'halvicroque. Désormais, les militaires ne recevront plus d'allumettes dans leur ration de survie, car chacun d'entre eux va recevoir un briquet Cartier à ses initiales. »

Préfet Bonnet, rapport du 23 juin, « Tout le monde en croque », 1998

Harzinographe : Appareil qui mesure la force du vent dans les narines lorsqu'on se mouche.

« Si les transports avaient fait autant de progrès que l'informatique, on pourrait transporter cent personnes de Paris à New York dans une boîte d'allumettes en moins de cinq minutes. Dans le même ordre d'idée, on peut dire que, grâce à l'harzinographe, on est en mesure d'affirmer que la pression exercée dans les trous de nez lors d'un mouchage ou un éternuement peut être comparée à un séisme classé 7 sur l'échelle de Richter. »

Communication de la NASA (Nasal and Sniff Administration)

Hascophilie : Technique thérapeutique consistant à inoculer aux moustiques un sérum contre les piqûres de moustiques, de telle sorte que lorsque l'insecte pique une victime, cette piqûre soigne préventivement la maladie qu'elle aurait dû transmettre.

« Je suis présentement content d'affirmer moi-même impérialement que je suis, d'une façon personnellement gouvernementale et par moi-même, en mesure de prouver que pour ce qui me concerne j'ai tout fait dans mon pays pour le progrès, la culture et pour l'hascophilie. »

Déclaration de Jean Bédel Bokassa, empereur de la République centrafricaine, cousin du président de la République française de 1974 à 1981, titulaire du certificat d'études primaires à titre honorifique pour services rendus à la cause de la société libérale avancée

Hastroubine : Sorte de jeu de colin-maillard, où tous les joueurs portent un foulard sur les yeux, et ont un énorme bâton clouté à la main. Le jeu consiste à tenter de taper – au jugé – la tête d'un autre joueur. Le gagnant est celui qui reste debout lorsque tous les autres joueurs ont été assommés.

« Au matin, le parfum des verts tamariniers
Qui circule dans l'air et m'enfle la narine

Est mêlé dans mon âme au chant des mariniers
Et aux enfants si blonds jouant à l'hastroubine. »

Charles Baudelaire, *Les Radis artificiels*

Hérastie : Constatation évidente mais à laquelle on n'avait jamais pensé avant que quelqu'un d'autre la mette en évidence.

« *Que tous les hommes soient frères, c'est le rêve de ceux qui n'ont pas de frère.* »

Romulus

Hézanêche : Poisson d'eau douce, que l'on ne trouve que dans certaines rivières tropicales bordées de forêts de poivriers. Sous l'action du vent, les grains de poivre tombent dans l'eau et celle-ci devient fortement épicée. À la suite de modifications génétiques, l'hézanêche ne peut vivre et se développer que dans l'eau poivrée, ce qui lui rougit les yeux, lui cause des démangeaisons au niveau des ouïes, lui inflige des maux d'estomac et le rend agressif. Il est très difficile à capturer car, dans cette eau poivrée, les appâts sont trop fades pour l'attirer. Les pêcheurs locaux, qui en sont friands, réussissent à le capturer à l'aide de piques et le consomment cru, en ajoutant un peu de sel et de jus de citron.

« *Ça y est, Akonmon Babwana a obtenu sa deuxième étoile au Michelin. C'est mérité : son hézanêche au manioc est une merveille.* »

Boglodo Nabwanadou, critique gastronomique
à *L'Écho de la jungle*

Hezgravules : Traces de pattes de mouches laissées par les mouches sur les tringles à rideaux des châteaux de la Loire.

« *Personne ne sait pourquoi les mouches laissent plus de traces de pattes sur les tringles à rideaux des châteaux de la Loire qu'ailleurs, mais le fait est reconnu par les plus grands analystes, chercheurs et savants. Certains géologues ont évoqué la nature du sous-sol, quelques spécialistes parlent de l'influence des marées, d'autres d'un microclimat, de l'humidité et même de la saleté qui règne à cause de l'inconscience des visiteurs et de la négligence des pouvoirs*

publics. Toujours est-il que ces diptères (connus sous le nom de "mouches graphistes") laissent sur les tringles à rideaux des châteaux de la Loire des traces de pattes toujours disposées de la même façon.
Au Moyen Âge se répandit l'idée que les dessins ou caractères laissés par les pattes de mouches sur ces tringles à rideaux des châteaux de la Loire pourraient être des messages envoyés de l'Au-delà. Sous le règne de François Ier, les mages et devins de la cour consultaient les hezgravules pour prédire l'avenir.
Pendant la Révolution française, la plupart des châteaux furent envahis par les sans-culottes qui dérobèrent les tringles à rideaux pour s'en faire des armes.
Les quelques tringles à rideaux des châteaux de la Loire possédant des traces de pattes de mouches ont été classées monuments historiques en 1955.»

Grandchêne et Mouchard, *Histoire des châteaux de la Loire*; Eugène Mondillot, *Encyclopédie de la tringle à rideaux*; Martin Monestier, *Les Mouches*, Le cherche midi éditeur

Hoscoche: Huître sauvage que l'on trouve sur les côtes de la mer de Lombreck (hémisphère Nord) et qui s'accroche sur les roches acides, nombreuses dans la région. L'eau salée ruisselant sur ces rochers acides prend immédiatement un goût de vinaigre avant de pénétrer l'intérieur de l'huître, ce qui permet de consommer celle-ci en ajoutant seulement de l'échalote hachée.

«Belons, fines de claire, papillons, creuses de Bretagne, tout ça, c'est à mettre dans le même panier. Rien ne vaut une bonne douzaine d'hoscoches!»

La bonne cuisine, on sait ce que c'est, dépliant édité par le service des plateaux-repas, Air France

Hüoc mguian: Sauce exotique extrêmement fade et qu'on ne peut consommer qu'en la mélangeant avec d'autres sauces pour lui donner du goût (voir hüoc nguam).

Hüoc nguam: Ensemble de sauces exotiques extrêmement fortes au goût, et qu'on ne peut consommer qu'en les mélangeant avec du hüoc mguian (voir ce mot).

Hupiot : Mot désignant à la fois un costume et celui qui le porte. Le costume est un compromis entre celui d'homme-sandwich, d'homme-orchestre et d'homme-grenouille. Vêtu d'une combinaison de plongée, le hupiot porte dans le dos et sur le ventre deux panneaux publicitaires, une grosse caisse, des cymbales, et souffle dans un harmonica. Il a des grelots sur les chevilles, les poignets et sur les lunettes de plongée. Dans certains cas, il porte, sous les panneaux d'homme-sandwich, une bouteille d'oxygène. Le hupiot est employé pour dérider les plongeurs en apnée qui descendent à plus de 100 mètres de profondeur où les distractions sont pratiquement inexistantes.

> *« Nous avons vu* Le Grand Bleu. *C'est un film sympathique, mais qui ne restitue pas le monde de la plongée. Lorsque le héros descend dans l'eau, il n'y a pas le moindre hupiot à l'horizon. »*

Herbert Schmizer, *Cahiers du cinéma sous-marin*

Hurglotte : Pièce littéraire et musicale, souvent donnée dans les salles d'opéra des grandes villes européennes lorsqu'on effectuait des travaux (changement des sièges, peinture des plafonds, réfection des *water-closets*, etc.). Dans une petite salle annexe, où l'on ne disposait pas d'une place suffisante pour installer des décors et un orchestre symphonique, on présentait des hurglottes chantées par un castrat accompagné au clavecin.

> *« Ô malheur*
> *Ô douleur*
> *Si triste soir*
> *Dans un couloir*
> *Un homme est mort*
> *Son corps y dort. »*

Hurglotte triste, paroles de Goethe, musique de Richard Wagner

I

Ichméniptère : Personne qui présente tous les aspects de l'ichméniptérisme.

Iclopèle : Réunion de personnalités désignées par l'État pour assumer, dans l'audiovisuel, des fonctions bien au-dessus de leur compétence, ce qui gêne considérablement le travail des gens qualifiés.

« Dès que l'on souhaite faire des programmes valables dans le service public, on se heurte au mur de connerie que représente l'iclopèle. »

Ignabole : Mot désignant une personne particulièrement incompétente et occupant des fonctions importantes dans l'administration.

« Parmi les responsables des chaînes du service public, on peut affirmer qu'il y a un maximum d'ignaboles. »

Igovzine : Numismate russe spécialisé en 1915 dans la collection des pièces de 3 kopeks de 1902. Ces pièces étaient déjà très difficiles à trouver à l'époque car elles n'avaient pratiquement aucune valeur et servaient essentiellement à caler les pieds de tables, à la terrasse des cafés de la place Rouge, déséquilibrées par des pavés mal calibrés.

« La révolution prolétarienne se fera dans le combat, et pas par des discours. Agissons physiquement. Servons-nous des fusils de l'armée, puisque seule l'armée a des fusils. Bougeons ! Nous sommes des révolutionnaires, pas des igovzines. »

Vladimir Ilitch Oulianov, dit Lénine

Igrabique : Bon à rien.

« De tout le service public, la télévision française peut se vanter de posséder le plus grand nombre d'igrabiques. »

Igrinope : Adjectif désignant un individu ayant obtenu par piston un poste clé dans l'administration alors qu'il est évident que sa bêtise et son ignorance causent un tort considérable au service public.

« Que ce soit à la tête du Conseil supérieur de l'audiovisuel, ou à celle des chaînes nationales de télévision, on est effaré de voir un tel rassemblement d'igrinopes. »

Igrobile : Terme désignant un fonctionnaire particulièrement borné occupant malgré cela une position importante dans l'administration.

« Parmi le personnel travaillant (sic) dans les chaînes nationales de télévision, on peut noter une quantité de plus en plus importante d'igrobiles. »

Illopathe : Homme au visage ingrat, aux cheveux sales et gras, dont le nez, souvent long et de travers, est couvert de points noirs et de pustules, et dont la bouche pleine de bave laisse entrevoir quelques dents jaunes et marron.

« Sans tomber dans l'excès, sans pouvoir être accusé d'injustice ou de discrimination, on peut affirmer que l'illopathe a une sale gueule. »

Étude sur la morphologie de base des citoyens à part entière,
ministère des Affaires sociales, 56, rue Bernard-Kouchner, Lausanne

Imanagushi : Massage facial relaxant, combinant les techniques du shidorishawa et de l'ubhnayangana (voir ces mots). Ce massage consiste à faire prendre au patient une inhalation d'herbes et d'huiles dilatantes, puis à rechercher à l'intérieur du nez et des oreilles les zones sensibles du système nerveux. Cette technique ne peut être pratiquée qu'en Asie, par de très jeunes gens ou jeunes filles, car aucun nez, ni aucune oreille ne pourrait supporter l'introduction des gros doigts des masseurs ordinaires.

« À Bangkok, nous recommandons particulièrement le salon de beauté Chez Lucette. On y pratique admirablement l'imanagushi. »

Bulletin des loisirs et sports de santé,
publié par le ministère des Affaires étrangères

Iskine : Officier de cavalerie unijambiste dans les régiments russes de la guerre de Crimée. Les iskines étaient choisis parmi les hommes ayant perdu une jambe car cela leur permettait, lors des charges urbaines, de raser les murs à cheval sans se casser les genoux sur les rebords de fenêtres ou les objets divers dépassant des façades.

« Je ne veux pas discuter avec vous, dit sèchement le prince Virzagourov, vous n'êtes qu'un obscur iskine !
– C'est une chance que je sois un iskine, répondit Fedor Golzine, sinon, tout prince que vous êtes, je vous aurais fichu mon pied quelque part. »

Avec l'ami Vladimir Ivanovitch Bidasse,
dans *Œuvres complètes* de Dostoïevski, Bibliothèque de La Pléiade (réduction de 30 % pour les réfugiés)

Izamishu : Magnétophone japonais minuscule pouvant être placé au fond des coquillages. Il permet de diffuser une cassette sur laquelle sont enregistrés des bruits de klaxons et de moteurs pour pouvoir porter le coquillage à l'oreille sans entendre le bruit ridicule et insupportable de la mer.

« Nous n'avons peut-être que dix jours de vacances par an, et nous travaillons douze heures par jour comme des fourmis, mais nous sommes riches et prospères et n'avons à envier personne quand nous nous servons, le soir, de notre izamishu. »

Kamoto Oklanokawa, président de la section japonaise de l'Association internationale des clients du Lido

J

Jamouche : Pré savoyard où l'on utilise la technique des prés salés du Mont-Saint-Michel en faisant pousser des herbes (romarin, thym, ciboulette, cerfeuil, etc.). Après avoir subi un traitement spécial modifiant leur système de rumination, les vaches broutent ces herbes, et leur lait permet de faire des fromages aux fines herbes de façon naturelle. Dans les Dom-Tom et particulièrement à Tahiti, on a essayé cette technique avec de la vanille (pour pouvoir faire des milk-shakes), mais la vanille ne poussant pas au ras du sol, les vaches ne peuvent pas la brouter, et le projet a dû être abandonné. Ne pas confondre avec joumache (voir ce mot).

Jizoine : Maladie qui atteint les oiseaux diurnes vivant dans les régions boréales où la nuit dure six mois. Dans le noir, ces oiseaux ne trouvent pas leur nourriture. Ils dorment, dépérissent et se réveillent mourus. Ne pas confondre avec joizine (voir ce mot).

Joizine : Maladie qui atteint les oiseaux nocturnes dans les régions du globe où le jour dure six mois. Les volatiles aveuglés par le jour ferment les yeux, se heurtent aux troncs d'arbres, tombent et se retrouvent mourus. Ne pas confondre avec jizoine (voir ce mot).

Joumache : Mélange d'herbes fines, associé au maïs et à divers produits chimiques (protoxite de mélanèse, extrait sicorique de trupane, métassorbinite, phrigonoménate tamponnée, poivre de Cayenne et sel de Guérande), que l'on donne à manger aux poules. Ces produits sont immédiatement assimilés par la volaille et transmis aux œufs, ce qui permet d'obtenir des omelettes aux fines herbes déjà assaisonnées.

« Nous nous élevons contre tout ce qui est chimique et symbolise la malbouffe. Nous agirons pour faire cesser ces pratiques. Nous voulons assaisonner nos œufs nous-mêmes ! Non à la joumache. Dès demain nous créons un site Minitel : 36.15 œufs battus. »

Marc-Antoine Bové, animateur du mouvement écologiste
Mon frère et moi

Juriscolite : Précise une situation délicate dans laquelle se retrouvent certains juges chargés de retrouver des personnalités malhonnêtes ayant fui dans des pays tropicaux, et qui reviennent bredouilles après avoir enquêté huit jours sur les plages.

« Les deux juges qui ont tenté de retrouver la trace du responsable d'Elf, qui s'était fait la malle aux Philippines avec pas mal de millions, ont vécu de vrais moments juriscolites. »

Commentaire de Martine Obri, recueilli par l'envoyé spécial
de NRJ à la Foire aux vins de Colmar

Jzyz : Onomatopée que l'on trouve dans les chansons destinées à endormir les enfants et qui s'inspire du balbutiement des bébés lorsque ceux-ci ébauchent leurs premiers sons intelligibles.

« Fais ton jzyz mon petit coco
Bois ton lait et fais ton rot
Maman reviendra bientôt
Pour te mettre sur le pot. »

Cent quatre chansons pour éveiller l'enfant,
par Sigmund Freud et Laurence Pernoud

K

Ketchupiens : Nom donné aux nouveaux gardes du Vatican, afin de moderniser le personnel et remplacer les moutardiers du pape. Les ketchupiens portent un costume semblable à celui des moutardiers, mais il est rouge et comporte sur la poitrine la tiare pontificale surmontée de l'inscription MC DO.

« Quelques lecteurs nous ont écrit pour dire qu'ils étaient choqués par l'arrivée, place Saint-Pierre, des ketchupiens. Averti, le Très Saint-Père a déclaré : "Ça leur passera avant que ça me reprenne." »

Éditorial de Mgr Loupiot, *Osservatore Romano*

Khon : Pilier soutenant les ponts de bois, de lianes ou de bambous dans les régions forestières du Viêt Nam (province de Poï).

« Je persiste à dire que nous ne sortirons pas de cette sale guerre tant que nous n'aurons pas détruit le khon de la rivière Poï. »

Général Dwight Eisenhower, discours à l'Amicale des anciens de l'équipe de basket du collège de Bakerfield

Khourbouch *(par extension, le khourbouch désigne le système pileux masculin)* : Cire à moustaches d'origine turque utilisée traditionnellement par les cavaliers ayant des sourcils très épais lors des compétitions équestres se déroulant en présence des souverains britanniques. En effet, l'usage veut que l'on soit tête nue devant le roi ou la reine. Il ne faut pas, cependant, que la pluie, fréquente en Angleterre, rabatte les sourcils devant les yeux des concurrents qui risqueraient de ne plus voir le parcours.

« She no longer could leave the palace, but each morning, she would look out of the window, trying to catch a glimpse of her favorite horseguard's khourbouch. » (Elle ne pouvait plus sortir de son palais, mais chaque matin, elle regardait par la fenêtre et tentait de voir la khourbouch de son horseguard favori.)

Victoria et le cheval, par le Major John Brighton-Morris, responsable des selles en cuir de l'Écurie royale de Balmoral

KJORJÜCKJZ (RARKHMALHIRDAJ BOUKLEWZELEDZ HOURMZILICZIZ, dit) : Écrivain d'origine slave, naturalisé français en 1982, qui créa le CIPLDDDDHAVNAUNC (Comité international pour la défense des droits des hommes à vivre normalement avec un nom compliqué). Kjorjückjz rencontra de grandes difficultés pour déposer les statuts de son association car à chaque tentative de dépôt, les employés du greffe commettaient des erreurs. Ce qui annulait la valeur des documents.
Après des années d'efforts, le CIPLDDDDHAVNAUNC fut enfin reconnu d'utilité publique, et Kjorjückjz déploya une activité admirable, écrivant aux journaux et magazines, aux hommes politiques, aux ministres, et tentant de passer le plus souvent possible au journal télévisé pour faire connaître son association au grand public. Malheureusement, Kjorjückjz Rarhumalhirdaj ne réussit pas à convaincre qui que ce soit. Kjorjückjz Rarhumalhirdaj Bouklewzeledz Hourmziliczíz pensait que le développement de l'informatique lui permettrait de défendre son projet sur Internet (il avait fait une tentative qui s'était soldée par un échec sur Minitel : 36.15 KJORJÜCKJZ et 36.15 CIPLDDDDHAVNAUNC). Hélas, le site qu'il créa sur le Net : www.CIPLDDDDHAVNAUNC.com, n'eut aucun succès. Découragé, Kjorjückjz Rarhumalhirdaj Bouklewzeledz Hourmzilicziz abandonna, décida de changer de nom et obtint en 1991 le droit de s'appeler JEAN POLDEUX.

Archives de l'Unesco

KLEEBUSH (OU KLIBUCHE) : Petit morceau de jambon de yak que l'on suspend au-dessus du berceau des nouveau-nés dans certaines contrées de l'Inde. L'enfant doit se dresser pour le saisir. Lorsqu'il réussit, on considère qu'il est passé de l'âge végétal à l'âge de la pensée.

« Ce fut un signe évident de la précocité du pandit Rasmitana Praha Prishmati. À six mois, il avait déjà sa klibuche à la main. »

« Le rôle du jambon persillé dans la vie spirituelle de l'Inde »,
Comité de diffusion de la charcuterie au Rajasthan

Kliqueton : Appareil dont l'extrémité fine et recourbée permet de distribuer une pommade à base de beurre de cacao pour soigner les lèvres gercées des personnes qui ont un bec-de-lièvre.

« Si l'on a pu trouver la formule du kliqueton pour aider une minorité défavorisée, alors nous trouverons celle qui défendra à jamais les droits d'une majorité de camarades, tous unis dans une paternité puissante, salvatrice et indestructible. »

Jean Jaurès, *Histoire de la lutte des classes à partir de la sixième*

Kokolisme : Affection de la rate et du foie chez les jeunes mangeurs de moutarde.

« La malbouffe s'installe partout dans nos provinces, et met en danger l'avenir de notre jeunesse. Ce ne sont pas seulement les hamburgers et les hot dogs qui sont dangereux. Chaque jour on voit arriver dans les services d'urgence des adolescents atteints de kokolisme. »

Bulletin de l'ARDEF (Association régionale
des démonteurs de fast-foods)

Kolstikaïa : Stickers autocollants de différentes tailles mis en circulation en Russie après la chute du communisme et la suppression de l'Union soviétique, et destinés, par mesure d'économie, à remplacer l'emblème de la faucille et du marteau sur les documents officiels déjà imprimés. Les motifs décoratifs sont divers, et peuvent représenter une portion de caviar avec des blinis, une saucisse du Caucase au chou rouge, ou une truite d'eau douce du lac Baïkal avec un minisaladier de vinaigre à l'échalote.

« Monsieur Poutine monte à la tribune. Il est maintenant face à l'assemblée. Derrière lui, sur le mur énorme, imposant, impressionnant, on a collé le nouveau kolstikaïa officiel de la nation russe. On peut se demander s'il ne s'agit pas là d'un hommage au président précédent, monsieur Eltsine, car il représente un flacon de vodka avec la mention : 43°. »

Reportage en direct, France Inter

Konstrovimiecz (Arturo) : Chimiste vénézuélien qui démontra en 1902 qu'un mélange gazeux obtenu en mêlant deux gaz compatibles n'était nullement affecté si on en rajoutait un ou plusieurs pourvu qu'ils soient compatibles également. Par la suite, Konstrovimiecz démontra que, le mélange de plusieurs gaz compatibles produisant toujours le même effet (puisqu'il s'agissait de la même association), cela n'affectait pas le mélange gazeux d'origine, quel que soit le climat, y compris celui de la Nouvelle-Calédonie.

« Je ne dis pas que la formule donnée par Konstrovimiecz n'est pas intéressante. C'est vrai qu'il nous a prouvé que :

$$GZ\ (GZ^2\ 9z = \frac{ggz + 22g}{9z}$$

Mais cela n'a pas fait avancer la science d'un pas ! »

Jacques-Antoine Bénard-Bouleau,
ingénieur en chef à la Compagnie du Gaz

Kozouiche : Mot utilisé autrefois dans les formules de politesse terminant les lettres d'affaires :

Saint Paul, Résidence du Soleil,
Chemin de Damas, Syrie.
à
Hôtel des Chrétiens,
147, av. du Raisin-Sec, Corinthe.
Damas, le 23 apr. J.-C.
Messieurs,
Je vous prie de bien vouloir me réserver une chambre avec salle de bains du 20 juillet au 10 août. Veuillez agréer, Messieurs, l'expression de mes meilleures kozouiches.

Lettre de saint Paul aux Corinthiens

Krogodyle : Instrument de cuisine permettant de récupérer les coquillettes sous la grille de la cuisinière à gaz quand on verse la moitié du paquet à côté de la casserole. Attention : ne pas confondre krogodyle avec grocodule qui désigne la toque militaire portée par les cuisiniers d'état-major en temps de guerre.

« En campagne, il est nécessaire d'être toujours sur le qui-vive. Même si la contrée semble calme et le combat fort éloigné des lignes arrière, le jeune soldat devra toujours avoir son krogodyle sous la main, et son grocodule sur la tête. »

Manuel du cuisinier aéroporté, ministère de la Défense nationale, Direction de l'intendance

Kurkolet : Bonbon à la menthe fourré d'un mélange de cyanure, d'arsenic et de curare, que conservent sur eux les espions et qu'ils absorbent lorsqu'ils sont sur le point d'être arrêtés et interrogés. Il existe une version du kurkolet parfumée au miel pour les espions qui n'aiment pas la menthe.

Manuel d'enseignement simple pour les agents doubles, ministère de l'Intérieur

L

Labistique : État de celui qui est émacié, fatigué, mou, maigrichon, voûté, perpétuellement épuisé et qui, étant presque sourd et possédant une mauvaise vue, a perdu le sens du goût et du toucher. Par extension, état d'une personne en mauvaise condition physique.

« O Seigneur, je m'ennuie dans ce grand palais triste
Dans cet univers gris, dans ce cadre sinistre
Le ciel, mauvais pour moi, me confine en Autriche
Où gouverne, retors, monsieur de Metterniche
Pourquoi, Dieu tout-puissant, toi qui fixes les règles
As-tu abandonné ainsi le fils de l'Aigle ?
J'ai vingt ans, je pourrais sur un tas de personnes
Régner comme le fit mon père l'Empereur
Mais je suis labistique, et j'ai froid, et j'ai peur… »

Edmond Rostand, *L'Aiglon*. Scène supprimée après la réédition de 1901

Lapiche(s) : Lunettes comportant un jeu complexe de miroirs permettant de voir, considérablement grossies, les parois intérieures des oreilles et des trous de nez, afin de se couper les poils superflus.

« Même si mes responsabilités sont écrasantes, depuis que je ne fais plus partie de l'armée active, j'ai tout de même plus de temps à consacrer à mon bien-être personnel. D'ailleurs, je vous l'avoue, je ne me suis jamais autant servi de mes lapiches. »

Interview accordée par le général de Gaulle à Pierre Bénichou,
du *Nouvel Observateur*, à l'occasion de la Quinzaine internationale pour
le respect des droits de l'homme à posséder une bonne hygiène nasale

Larbialgotte (également nommée Lyautey-girl) : Fille de joie borgne des bordels arabes pendant la conquête coloniale. Les pauvres jeunes femmes, par coquetterie, remontaient leur voile jusqu'au front pour dissimuler leur handicap. Ce qui arrangeait peut-être la situation, car elles étaient dans l'impossibilité de voir leurs clients et ça n'était pas plus mal.

« Il est affligeant de voir ces soldats français vulgaires et avinés se précipiter comme des bêtes sur les larbialgottes. »

Lettre du Père de Foucauld à la Mère de Foucauld

Larbillon (Roger-Gabriel) : Auteur français de chansons, né en 1932 à Clampier-sur-Garrigue. Il fait des études moyennes (il est notamment l'élève de Marcel Boutard-Langreuil au collège de la Brège). Boutard-Langreuil écrit sur son carnet scolaire : « Essaye de mieux faire mais ne pourra jamais y arriver. »

Ayant achevé ses études vers trente et un ans, Larbillon décide de devenir avocat. Sa première plaidoirie lui vaudra d'être la risée de ses confrères du barreau. En effet, « Maître » Larbillon plaide pour la première fois à Toulon où il a été commis d'office. Il défend un homme accusé d'avoir stationné devant un bateau. L'avocat débutant évoque les règlements de la ville, mais le tribunal lui fait remarquer qu'il n'a pas suffisamment étudié son dossier car le bateau était un navire de guerre (très précisément le vaisseau amiral *la Frétillante*), et l'homme qui stationnait devant, un terroriste recherché par Interpol transportant 1 200 tonnes de plastic.

Ne pouvant supporter les lazzis de ses confrères (qui l'ont surnommé Gégé la plongeuse), Roger-Gabriel abandonne la robe d'avocat et cherche un autre métier. Il est successivement maître nageur, homme-sandwich, représentant en bougies parfumées, toiletteur dans un chenil. Mais quel que soit le métier vers lequel il se tourne, il se montre incapable de réussir quoi que ce soit. Roger-Gabriel Larbillon est l'incompétent parfait. C'est donc tout naturellement qu'il se présente à la télévision où il est immédiatement engagé dans le service public. Là, il se sent enfin au milieu des siens, et va s'épanouir. Incapable de comprendre quoi que ce soit, Larbillon va occuper quantité de postes, et gravir tous les échelons dans la chaîne qui l'a accueilli.

Devenu directeur, Larbillon se retrouve désœuvré. Pour s'occuper, il regarde la télévision, et découvre un univers qu'il ne connaissait absolument pas : la chanson. Un soir, dans la maison qu'il vient de faire construire à Saint-Germain-en-Laye, il écrit son premier texte. Le lendemain, timidement, il le montre à ses collaborateurs. Tous les gens qui travaillent sous ses ordres s'extasient devant son talent et déclarent, unanimement, qu'il s'agit d'un chef-d'œuvre. Marcel Goulard, responsable des variétés, de l'Eurovision, de la musique, de la réservation des hôtels cinq étoiles pendant le festival de Cannes et des week-ends séminaires à Bangkok, déclare : « En lisant ce texte, j'ai pleuré. » Les paroles, les voici :

« Chaque jour, mon amour
Quand on sort faire un tour
Je me dis que toujours
On fera ce parcours.
Car je t'ai-ai-aime
Même s'il pleut, mon amour
Quand on est dans la cour
Je me dis quel beau jour
Le soleil luit toujours
Quand on s'ai-ai-me. »

Riche et célèbre, Roger-Gabriel Larbillon se retire à Monte-Carlo avec son ami Philippe Mougleux, dit Fifi, qui a récemment déclaré à la presse : « Je suis content que ça marche aussi bien pour mon Gaby. On a bien fait de se pacser ! »

Stéphane Bern, commentaire pour l'émission
« Qui est qui, et pour qui ça marche »

Larziquet : Crayon gras, permettant d'écrire, malgré l'humidité, sur les écailles des poissons plats comme la sole et la limande. Le procédé permet aux poissonniers de réaliser de substantiels bénéfices en économisant les ardoises.

*« Je restai des mois entiers sur l'Océan et constatai que mon moral s'effritait doucement. Je tentai de lire l'*Éthique *de Spinoza, mais ne pus supporter ce*

livre. Je ne dus mon salut, l'avouerai-je ? qu'au fait que je pus m'amuser avec mon larziquet.»

Dr Alain Bombard,
Qu'on est bien avec les pieds dans l'eau

Lasminophitis : Camembert égyptien entouré de bandelettes que l'on plaçait dans le sarcophage des pharaons défunts. Les hiéroglyphes découverts dans le sous-sol de la gare centrale du Caire nous apprennent que cette coutume avait deux buts :

• Le premier, essentiellement lié à la croyance en la survie, devait permettre au pharaon de pouvoir prendre une collation s'il était pris d'une fringale dans la barge sacrée qui le conduisait au Royaume des Morts.

• Le second consistait à protéger l'enveloppe charnelle du souverain. En effet, peu de temps après les obsèques, les asticots ne manquaient pas de s'installer dans le camembert.

Or il existe un antagonisme ancestral, atavique et inévitable entre les asticots qui attaquent les momies *(asticotis pharaonus clabotis)* et les asticots qui vivent dans le camembert *(frometonus asticotis)*. L'asticot de camembert se développant plus vite que l'asticot des momies (à cause d'une nourriture plus riche à base de ferments lactiques) agissait d'une façon dissuasive et évitait à la dépouille mortelle du pharaon d'être asticotée.

«Comment décrire notre émotion lorsque nous ouvrîmes le sarcophage du pharaon Amenotiphis. Le jeune prince semblait n'être qu'endormi. Son corps était d'une telle fraîcheur que nous crûmes un instant percevoir l'odeur de ses pieds. Mais nous nous rendîmes vite compte que cette senteur provenait d'une boîte de Lasminophitis à 45 % de matière grasse.»

Lord Carnavon et Howard Carter,
communication au département archéologique
des Fromageries de la Vallée d'Auge

Lastigole (de l'italien *lastigoli*) : Sulfateuse de cuisine servant à répartir en pluie et de façon égale la sauce tomate sur les spaghettis. Il existe une version à trous plus gros pour le parmesan râpé.

« Demain la lastigole et la chope de bière ne feront plus qu'un seul principe sous l'étendard du fascisme salvateur. »

Benito Mussolini

Lichebroute : Élégante veste d'intérieur en soie, chaude et légère, et ayant l'apparence d'un veston de ville ordinaire. Beaucoup de personnalités qui ont d'énormes responsabilités (chefs d'entreprise, hommes politiques, hauts fonctionnaires) portent ce vêtement pour être plus correctement vêtus tout en étant à l'aise dans l'accomplissement de leur lourde tâche.

« Pendant toute la durée de son mandat, le président Clinton, lorsqu'il était à la Maison-Blanche restait le plus souvent dans son bureau Ovale. Pour s'y sentir détendu, il se fit faire un assez grand nombre de lichebroutes. »

Philippe Clack-Morton, chef des services de sécurité

Lipette : Crêpe bretonne faite d'eau et de ciment dans laquelle on fait tenir une poignée, et qu'on utilise pour lester les ballons captifs lâchés le jour du Grand Pardon de Sainte-Anne-de-Trébeurden. En mer, lorsqu'ils n'ont pas de fer à repasser, les maîtres d'équipage de la marine nationale s'en servent pour aplatir leur col marin.

« Mon Dieu ! Mais qu'est-ce qui t'arrive, Michounet ! Tu as un grand bleu dans le bas du dos !

– Ah, ne m'en parle pas, Coucounet. Hier soir, Kikirou, tu sais, le jeune marin que nous avons rencontré la semaine dernière…

– Mais oui, Michounet, le beau grand blond aux yeux mauves…

– Eh bien, il m'a emmené sur son bateau pour me faire visiter sa cabine. J'ai voulu essayer sa couchette, je n'ai pas fait attention, je me suis assis sur sa lipette ! »

Amiral Zouzou Joliveau, *Histoire de marins d'aujourd'hui*

Lipoussangue : Mot issu du chinois Li-Pou-Sang, désignant un procédé de réhydratation du riz lorsque celui-ci est trop sec après la cuisson. Ce procédé est utilisé par les astronautes de tous les pays. En effet, au cours de leurs missions les héros de l'espace se nourrissent la plupart du temps de wouchimou (voir ce mot). Le wouchimou étant un gâteau à base de riz, il arrive fréquemment que quelques grains se détachent et flottent dans l'air en apesanteur. Les astronautes les ramassent alors à l'aide de roupatongues (voir ce mot) et les rendent à nouveau consommables en utilisant le lipoussangue.

Loinduffe : Endroit sombre dans lequel se dissimulent les partisans au cours des guerres d'indépendance.
« Ces fellouzes, on pouvait pas les avoir, à moins de leur coller du 220 dans le loinduffe. »

Du côté de chez Le Pen, par l'adjudant Brougnard,
6e section électrifiée de parachutistes

Lopatouche : Fausse barbe plombée en usage dans la sixième demi-brigade de grenadiers de la Garde impériale cantonnée à Rouchemirne pendant la campagne de Russie. Cette fausse barbe, très lourde, servait de contrepoids et permettait aux militaires de ne pas avoir la tête emportée à l'arrière par le poids du bonnet à poils.

> *« Nous voyions le Petit Caporal arriver avec son petit chapeau, sa petite longue-vue, sa petite mèche et son petit ventre. Chacun de nous pensait : "Si seulement il pouvait nous tirer l'oreille !" Je regardais autour de moi et voyais tous ces grognards épuisés, sales, mal nourris, terrassés par l'émotion. Ah ! comme elles coulaient les larmes, comme elles se serraient les gorges, comme elles tremblaient les lopatouches ! »*

Eugène Flambeau, grognard en retraite,
château de Schönbrunn, Autriche, 1806

Lurbineau (ou lurbinot) : Fruit pratiquement inconnu à cause d'une particularité exceptionnelle. En effet, le lurbineau est un fruit rouge qui devient vert quand il est mûr. Habitués à avoir des fruits verts qui mûrissent en devenant rouges, les gens qui le cueillent lorsqu'il est rouge le trouvent immangeable, ce qui est normal puisqu'il n'est pas mûr. Évidemment, lorsque le lurbineau est mûr, c'est-à-dire vert, les gens ne le cueillent pas, car ils pensent qu'il n'est pas mûr.

« Une fourmi marchant sur un chemin poudreux,
Épuisée de chaleur ferma un temps les yeux
Et dormit. Au réveil voilà qu'une fringale
Se fait soudain sentir. La faim est animale !
L'insecte scrute et voit, au loin, sur fond d'azur,
Une forme et se dit : c'est un fruit, j'en suis sûre !
Une prune, un brugnon, ou une nectarine,
Oui, déjà son parfum caresse mes narines.
Approchons, allons voir quel sera ce repas !
Excitée, la fourmi précipite son pas,
Cruelle vérité, effroyable destin,
La fourmi voit s'enfuir son rêve de festin !
Ce n'est pas une fraise, une mûre, un pruneau,
Ni même la moitié du quart d'un lurbinot !
Ce n'est pas un raisin tombé de quelque hotte
C'est une chèvre qui a chié une crotte. »

Jean de La Fontaine, *La Merde et la fourmi*,
Château-Thierry, 1704

M

Mahaprashmi : Mot indien désignant une modification apportée aux règles ordinaires du Kama-sutra. Cette variante s'insère entre la 21e et la 22e position. Les attitudes de base sont sensiblement les mêmes, mais beaucoup plus rapidement enchaînées. Pendant l'action proprement dite, et sans modifier l'échange initial, l'homme se place légèrement à gauche, et la femme incline la tête du côté droit. Bien évidemment ce sens amoureux est déconseillé aux personnes souffrant de déplacement de vertèbres.

« Ganesha entraîna la jeune Rani Marshariva dans son palais. "Je vais t'aimer, dit-il, comme jamais nul ne t'aima. Mais laissons les musiciens jouer du sitarava, laissons les cuisiniers nous préparer l'alouphalava et le khimatar. Buvons le shiramanawa. Alors, je t'entraînerai sur ma couche et je te montrerai mon mahaprashmi.

– Bien, dit la jeune fille, mais n'enlève pas ton cache-col." »

Jean-Claude Carrière, *Les Plus Belles Pages du Mahâbhârata*

Maurichon (Bernard Henri) : Homme politique français né en 1922 à Bagnolet. Après des études sans éclat, il se dirige vers la banque. « Je n'ai aucun mérite, elle n'était pas loin de chez moi », dira-t-il plus tard avec infiniment d'humour. Il travaille pendant quinze ans au service des coupons au Crédit Lyonnais. En 1960, pendant des vacances à Arcachon, il rencontre au cours d'une soirée dansante Lucien Clabiot qui vient de fonder le PNF (Parti neutre français). Clabiot propose à Maurichon de devenir sixième secrétaire adjoint du PNF. Maurichon commence alors une carrière politique qui, suivant la mouvance de son parti, le mènera à militer un peu à gauche, un peu au centre, un peu à droite et même en Belgique. Sa carrière, molle et gommée, est parfois comparée par les analystes politiques à celle d'un ancien ministre, J.-P. Soisson, dont le nom n'évoque plus rien aujourd'hui.

À la mort tragique de Lucien Clabot, écrasé par un tracteur en inaugurant la foire agricole de Meilleray-Saint-Brice, Maurichon déclare discrètement qu'il est incapable de donner son avis sur la succession, ce qui ne fait pas l'unanimité du Comité directeur et l'amène à quitter le PNF. Encouragé par son épouse Lucette (née Muzereau), animatrice de la section creusoise des utilisatrices de Tupperware et produits dérivés, Maurichon fonde alors le NPNU (Nouveau parti neutre unifié). Élu maire de La Grobiche, où il possède une résidence secondaire, il passe un soir à la télévision car un de ses administrés prétend avoir trouvé la gourmette de Mermoz dans la gouttière du marché couvert. Maurichon parle de son village, de Mermoz, de l'Aéropostale, de sa femme, de sa sœur et de son ulcère avec tant d'émotion que beaucoup de téléspectateurs sont attendris. Plusieurs partis politiques tentent alors de "récupérer" cet anonyme qui semble si bien incarner la France. Propulsé à la Une, Maurichon participe à quelques débats au cours desquels il ne dit presque rien. Un soir, au cours du *Grand Jury RTL*, Bernard Henri Maurichon prononce cette phrase qui va le rendre à jamais célèbre: «Je ne suis pas le seul à penser comme les autres, mais je suis le seul à avouer que je n'ai aucune opinion personnelle.» On salue cette honnêteté.

Pendant près de dix ans, Maurichon va participer à de nombreux meetings, où il ne prendra jamais la parole. Il prend sa retraite en 1992, en déclarant: «Je suis content, j'ai 7253 points, la Sécu à 100% et pas mal de Sicav. Il est temps pour moi de me retirer. Vive la République. Vive la France.»

Belles figures du vingtième siècle,
collection «J'ai rien dit», Hachette

Mélardouiller: Action de «détorsader» les bigorneaux pour pouvoir les ranger plus facilement dans les boîtes de conserve. S'applique également à l'action de détordre un tire-bouchon, ou transformer un ressort en fil droit. Par extension, rendre les choses plus simples.

« On accuse le premier secrétaire d'être incapable de diriger le Parti. Ce n'est pas vrai ! De tous ceux qui se sont succédé à la tête de notre mouvement personne n'a jamais réussi à mélardouiller d'une manière aussi évidente. »

Déclaration d'Ernest Leglobu, à la fête de l'Huma

Merluchard : Arme à feu, utilisée en 1815 par les officiers de cavalerie, et dont le canon et la crosse étaient recouverts de poils. Le merluchard se plaçait entre les oreilles du cheval et se confondait avec sa crinière, ce qui permettait aux militaires de s'approcher de l'ennemi sans porter d'armes apparentes, comme de simples cavaliers en promenade, et de faire usage de l'arme à la dernière minute.

« Mon cher Flambeau, On me dit que mon fils, l'Aiglon, joue encore à la poupée. Je compte sur toi, vieux baroudeur, pour le rendre viril au plus vite, et lui faire découvrir les joies du merluchard. »

Lettre adressée par l'empereur Napoléon Ier à son fidèle grognard Flambeau, chargé au palais de Schönbrunn de l'éducation du petit duc de Reichstadt

Mézabe : Petite annonce présentant sans complexe ni retenue les désirs de l'annonceur.

« Grosse chatte libérée, ayant connu le pire avec matou excessif, cherche grand coyote de préférence ancien parachutiste, juif et socialiste, aimant Gustave Mahler, le tir à l'arc, la moutarde à l'ancienne et les objets en caoutchouc bien durs pour former couple, repeindre l'appartement, voyager en charter et plus si affinités. »

Petite annonce du *Nouvel Observateur*

Mirgolane : Œuvre musicale chantée, commandée par la cour d'Angleterre et dédiée aux enfants des monarques ayant épousé des souverains étrangers. La musique était grandiose, mais les paroles très simples, car elles devaient pouvoir être appréciées par le peuple. L'exemple le plus frappant est la *Mirgolane de Windsor*, petite pièce pour chœurs, orchestre, viole de gambe et percussion feutrée, composée à la demande de Sa Majesté la Reine Mère et citant les noms de ses enfants Charlotte de Portugal, Yvette de Suède, Camille de Danemark et Nicolas d'Autriche.

« Tu rotes, Charlotte
Tu pètes, Yvette
Tu dégobilles, Camille
Tu fais caca, Nicolas. »

Musique : Georg Friedrich Haendel. Paroles : anonyme.
Cf. Plonzagne et Bishop, *Encyclopédie du papier de soie*

Mitrophèle : Champignon hallucinogène en provenance d'Amérique du Sud, qui a la propriété de faire croire à celui qui le consomme qu'il est en train de manger un champignon ordinaire. Le mitrophèle coûtant beaucoup moins cher que le champignon banal, beaucoup de restaurateurs, organismes de tourisme ou entreprises hôtelières n'hésitent pas le moins du monde à en proposer à leur clientèle.

« Bon, les GM, mettez-vous en rang. Les GO vont vous encadrer et vous conduire dans le silence et la discipline au réfectoire où on va vous servir un plat de mitrophèles. »

Film de démonstration pour l'entraînement des GO du Club Med

Modrièche : Papier hygiénique officiel adopté à l'unanimité en 1992 par les deux assemblées pour être utilisé à l'Élysée, à l'Hôtel Matignon, au Sénat, à l'Assemblée nationale, au Quai d'Orsay, dans les ministères, les ambassades, les consulats, et d'une façon générale partout où la France doit donner la preuve de son unité pour être respectée par l'ensemble des nations. Ce papier comporte à la fois (et sur les deux faces) les couleurs de la République, la fleur de lys, la faucille et le marteau, la rose, le portrait de Jeanne d'Arc et l'inscription « Tous égaux ».

Moluche : Bâton pointu que les militaires du Génie enfoncent dans le sol pour savoir si celui-ci est facile à creuser.

« Attention, les petits gars ! Y a des mines par là. Adjudant, dites aux petits gars de ne pas pousser leur moluche n'importe où. »

Général Bigeard, *Le Retour des petits gars*, tome 2

Monigrivisme : Procédé permettant de donner un goût de beurre à la graisse utilisée pour graisser les machines à fabriquer le beurre, de telle sorte que le beurre n'ait pas un goût de graisse.

« Pour moi, les trois inventions qui ont révolutionné notre monde sont : la baratte électrique ; la pasteurisation ; et le monigrivisme. »

Edgard Truffet, professeur à l'Institut national de crémerie,
prix Yaourt 2000

Mostronisation : Théorie qui tente, par une analyse logique, méthodique, scientifique et critique, de supprimer de la littérature les fausses affirmations dangereuses pour l'éveil intellectuel des enfants.

Prenons par exemple la fable de La Fontaine *Le Corbeau et le Renard* :

« Maître Corbeau sur un arbre perché
Tenait dans son bec un fromage
Maître Renard par l'odeur alléché
Lui tint à peu près ce langage… »

Le texte attire les remarques suivantes :

1. La conformation du bec du corbeau ne lui permet en aucun cas de tenir un fromage (sauf peut-être un très petit chèvre dit bouton de culotte, mais ce fromage ne se trouve pas dans toutes les régions où il y a des corbeaux).
2. Si l'on peut admettre que, dans des cas très particuliers (catastrophe naturelle, tempête, tremblement de terre, incendie de forêt, typhon, etc.), le danger puisse faire se côtoyer un renard et un corbeau décidés à fuir (et encore, car le renard court et le corbeau vole), on peut affirmer que ces animaux n'ont strictement aucune raison de se rencontrer en temps normal.
3. Le corbeau et le renard ne possédant pas de cordes vocales organisées, il est particulièrement stupide d'envisager la moindre conversation. Dans le règne animal, à la rigueur, un perroquet (gris du Gabon) et un chimpanzé

pourraient communiquer, l'un par le son et l'autre par les gestes, mais toutes les études faites en milieu zoologique démontrent que cela n'est pas dans leur nature.

4. Le renard étant essentiellement carnivore ne peut en aucun cas être «alléché» par l'odeur d'un produit lacté fermenté, aussi forte soit-elle. L'odorat du renard, parfaitement développé, lui permet de faire la différence entre une odeur de viande même fortement rassie, et celle d'un fromage, même si celui-ci est très avancé. Pour ne pas dénigrer complètement l'œuvre de Jean de La Fontaine, on peut dire que, parfois, un renard peut être «alléché» par l'idée de nourriture s'il est mis en présence d'un corbeau. Mais c'est parce qu'il a envie de le bouffer!

Histoire générale du fromage, éditions Renard et Corbeau, Paris, 1999

Mugrasses: Obus de la guerre de 1914 transformé en vase, ou casque allemand de la même guerre utilisé comme pot de fleurs.

«Nous sommes allés voir le maréchal Pétain! Le pauvre vieux, il était pas en forme! Il n'arrivait même plus à bouger ses mugrasses.»

Témoignage des anciens du 7e d'artillerie

Mulgane: Crabe monégasque, rond et plat, utilisé au siècle dernier pour fabriquer les jetons du casino de Monte-Carlo. Ne pas confondre avec mulgasse (voir ce mot).

Mulgasse: Os de seiche monégasque rendu rectangulaire par limage et servant à fabriquer au siècle dernier les plaques de 1000 francs pour le casino de Monte-Carlo. Ne pas confondre avec mulgane (voir ce mot).

N

Narboule : Petite boîte destinée à contenir du poivre, fournie avec le paquetage des hussards du premier Empire. Ne pas confondre avec la narbouille qui était destinée à contenir du sel.

« Pendant la retraite de Russie, les armées napoléoniennes souffrirent énormément de ne pas pouvoir sortir leur narboule sans qu'elle gèle. »

Gault, Decaux, Castelot et Millau, *Guide pratique de la gastronomie militaire*, ouvrage collectif

Narzouine : Appareil servant à mesurer la largeur des verres à boire par rapport à la longueur moyenne des nez (voir barzouille).

« Nous devons regretter que, dans la fabrication industrielle des services à dégustation, le verre standard empêche souvent les plus grands sommeliers de pouvoir utiliser leur nez pour apprécier les grands crus, car celui-ci est bloqué par le bord du verre. Si l'on veut défendre nos bordeaux et nos bourgognes aux noms prestigieux, nous devons obliger la Commission de Bruxelles à imposer l'usage de la narzouine. »

Maurice Picrotal, *Bonjour les dégâts*, éditions Schlass et Bourré

Ngieng-tsi-mzong : Seul mot de la langue espagnole ressemblant à s'y méprendre à un mot chinois, entré dans la langue française en 1998 et figurant désormais dans tous les dictionnaires dignes de ce nom. Le ngieng-tsi-mzong désigne une danse que l'on peut situer entre le solo de flamenco et le pas de deux classique, à ceci près, pour le pas de deux, qu'on le danse seul.

« Le ngieng-tsi-mzong est extrêmement difficile à exécuter, et c'est une rude épreuve pour nos petits rats. En effet, les jeunes danseuses doivent en même

temps taper le sol avec le talon pour bien marquer le tempo du flamenco, et faire des pointes pour dégager la légèreté des figures de la danse classique. La principale difficulté réside dans le fait qu'il faut changer de chaussures entre chaque pas, passant du chausson à l'escarpin sans que le spectateur puisse s'en rendre compte, et sans que la mesure soit affectée.»

Claude Bessy, directrice de l'École de danse
de l'Opéra de Paris

NIBOLDOCHE : Nom désignant à la fois la célèbre danseuse unijambiste Denise Niboldducci (dite la Niboldoche) et la danse qu'elle créa en 1902 au Bal du Moulin-Rouge. La Niboldoche ne possédant qu'une jambe devait faire un très gros effort pour lancer celle-ci en l'air et retomber sur le sol sur la même jambe. Toute erreur la faisait s'écraser sur la piste. Peinte par Toulouse-Lautrec (*La Niboldoche*, musée de l'Acétate, Tel-Aviv), la courageuse jeune femme est le symbole de la persévérance et du dévouement à l'art chorégraphique. Elle inspira beaucoup de poètes et d'auteurs de chansons.

«Moi je dis que la Niboldoche
N'est pas moche
N'est pas moche
Si elle avait une jambe de plus
On verrait moins souvent ses pieds.»

Jacques Offenbach

NIBOLDOQUE (du breton niboldo'ch: nain géant): Dans l'histoire et les légendes de Bretagne, les niboldo'ch, gardes du corps de l'enchanteur Merlin dans la forêt de Brocéliande, étaient les seuls nains dont la taille dépassait 1,90 mètre. Ils se réunissaient le troisième vendredi de chaque mois, vêtus d'une tunique courte typiquement bretonne, le Tich'eurt, et d'un pantalon également traditionnel portant le même nom que les petits génies de la forêt, les Djinns.

Cf. *«Il était une fois un niboldoque qui vivait dans la forêt»*,
début d'un conte de Charles Perrault (1628-1703),
auteur imbécile, membre de l'Académie française

Niglobon : Petit carnet.

« Le niglobon était autrefois utilisé par les bûcherons du Yosemite Park (États-Unis). Chaque fois qu'un bûcheron coupait un arbre, il lui attribuait un numéro, et notait soigneusement le numéro sur la souche, et sur son carnet. C'est pour cette raison que le niglobon se nomme également "carnet à souches". »

Extrait de *Tous les bûcherons ne perdent pas leurs enfants dans la forêt*,
par Maurice Dubois

Nobluche : Eau déshydratée distribuée dans le désert aux légionnaires partant en mission loin des points d'eau traditionnels. L'avantage considérable de la poudre d'eau (en dehors du fait qu'elle ne s'évapore pas) est qu'il suffit, au moment de consommer, d'ajouter à l'eau en poudre de l'eau ordinaire ou tout autre liquide pour obtenir plus d'eau (ou de liquide à l'eau).

« J'ai vu, au bivouac, des hommes déposer de la poudre en lignes fines, et la respirer par le nez à l'aide d'une paille ! Ne me prenez pas pour un con. Je sais très bien ce que vous vous collez dans les narines. Ça n'est pas de la nobluche. »

Capitaine Lambier, compte-rendu de détail
de la quatrième section de la Légion étrangère, Fréjus

Nouwatapowa : Mot utilisé par les Indiens du Canada pour désigner un chapeau chauffant porté dans la région du lac Saint James (Québec).

« Autrefois, le nouwatapowa comportait dans sa coiffe une sorte de cage dans laquelle on enfermait un petit mammifère non rongeur à fourrure épaisse pour tenir chaud à la tête. Les temps ont changé, et ces animaux caloriques ont été remplacés par un système de résistances alimentées par des piles au cadmium. »

« L'énergie solaire est-elle en régression ? »,
article de la revue *Science et Vie*

Nuflette : Chipolata maçonnique consommée symboliquement pendant les assemblées du Grand Orient de France par les dignitaires Kadosh troisième dan avec palmes et fourragère.

> *« Frères, unissons-nous pour rendre hommage à la nuflette. Pour la nuflette : hip hip hip ! »*

Phrase rituelle d'ouverture des tenues blanches,
tirée du manuel *Trois points à l'endroit, trois points à l'envers*

Nuplon : Désigne la bouche qui donne le baiser de la mort (à moins que cela ne désigne autre chose, voir commentaire ci-après).

« Dans l'œuvre de Stéphane Mallarmé, poète incompréhensible fort heureusement tombé en désuétude et dont on a pu dire : c'était déjà pas mal chiant avant, mais avec le temps ça ne s'arrange pas, *apparaît la notion de "bouche taciturne" :* Ô mort, le seul baiser aux bouches taciturnes. *Si l'on admet (il n'y a aucune raison de ne pas le faire) que le nuplon peut être une bouche, nous ne dénaturons pas l'œuvre de Stéphane Mallarmé (voir plus haut) en disant :* Ô mort, le seul baiser aux nuplons taciturnes. *Reconnaissons que l'œuvre de Stéphane Mallarmé permet aux élèves des lycées et collèges d'apprendre à jouer avec les mots avec élégance et délicatesse, ce qui est toujours mieux que de jouer au pokémon ou regarder* The price is right *(le Juste prix) à la télévision.*

Revenons à notre sujet. Nous avons vu que la citation de Stéphane Mallarmé : Ô mort, le seul baiser aux bouches taciturnes, *pouvait fort bien devenir :* Ô mort, le seul baiser aux nuplons taciturnes. *Alors, nous nous posons cette question : l'élève, le lycéen, le collégien, l'étudiant et pourquoi pas l'instituteur ou le professeur peuvent-ils aller plus loin ? J'affirme que oui. La citation de Stéphane Mallarmé :* Ô mort, le seul baiser aux bouches taciturnes, *peut se transformer en :* Ô mort, le seul baiser aux amants taciturnes, *ou :* Ô mort, le seul baiser aux vieillards taciturnes, *sans que cela change quoi que ce soit à la beauté des vers. Vous me poserez cette question : "Mais alors, peut-on utiliser tous les mots du dictionnaire sans que cela puisse affecter le poème ?" car la grandeur de la phrase de Stéphane Mallarmé, elle n'est pas due au fait qu'il s'agisse d'une bouche, d'un nupion, d'un amant ou d'un vieillard. Ce qui importe, c'est qu'ils soient "taciturnes".*

Alors, n'hésitons pas à modifier le vers de Stéphane Mallarmé et insérons tour à tour les printemps taciturnes, les soleils taciturnes, les réveils taciturnes, les avions taciturnes, les oiseaux, les pingouins, les bretelles, les stylos, les flotteurs des cabinets, les entraîneurs de l'équipe de France de football (et un, et deux, et trois zéro), pourvu que tout ce monde-là soit taciturne. »
Conférence donnée dans le grand amphithéâtre de la Sorbonne par monsieur Antoine Clopiau, professeur agrégé de français, membre de l'Institut, officier de la Légion d'honneur.
Nota: Cette conférence fut la dernière que donna le professeur Clopiau. Très fatigué en sortant de la Sorbonne, le professeur se mit en caleçon et voulut à tout prix grimper dans un arbre en tenant dans ses bras madame Françoise Giroud, ministre de la Culture de l'époque, en criant: « Moi Tarzan, toi Jane. » Emmené par le Samu, et immédiatement interné, le professeur Clopiau termina ses jours, et une carrière hélas trop courte, en jouant aux osselets et en faisant des pâtés dans la cour de l'hôpital psychiatrique de la région Nord-Pas-de-Calais.

Nuquoite: Diatribe grandiloquente lancée par certains automobilistes, constatant sur leur véhicule une défectuosité irréparable.

> *« Ô nuit effroyable où la nouvelle éclata comme un coup de tonnerre! Ma batterie se meurt, ma batterie est morte! »*

Jacques Bénigne Bossuet. Meaux

Nutrapile: Caviar synthétique obtenu en Iran par traitement des dérivés du pétrole. Le procédé est intéressant car il permet de fabriquer des grains pesant 40 à 50 grammes. Le prix de revient est également avantageux mais n'a pu réussir, à ce jour, à séduire les amateurs d'osciètre ou de béluga traditionnels. En effet, en dehors du fait que le produit a un goût de mazout, ce caviar ne peut être consommé que sur des blinis mesurant au minimum 42 centimètres de diamètre ou des toasts de 40 centimètres de côté, que l'on trouve difficilement dans le commerce.

> *« Bien sûr, nous allons négocier à Téhéran avec les ayatollahs, comme nous le faisions autrefois avec le shah. Mais qu'allons-nous gagner? Le marché n'est*

plus ce qu'il était, et ne nous rapportera rien. À moins que nous n'acceptions de vendre des nutrapiles.»

Déclaration de Georges Berglu, attaché commercial chargé des conserves au consulat de France à Persépolis

Nyoplisme: Phrase admirable résumant toutes les autres.
«Si les triangles faisaient un Dieu, ils lui donneraient trois côtés.»

Montesquieu, 1734, Paris, code postal 75006

O

Ofion : Gilet de protection et de camouflage utilisé par la Légion étrangère. De couleur « sable », il comporte, dans le dos, un palmier brodé sur fond de ciel. Lorsqu'un groupe de légionnaires se déplace à pied dans le désert, l'ennemi a toutes les raisons de le prendre pour une oasis.

« Mes hommes sont beaux, ardents, fiers, forts et décidés. Le soir, au campement, j'admire leur calme et leur force tranquille. Et pourtant, je sais que la majeure partie d'entre eux a souvent pris un bon coup dans l'ofion. »

Général de Lattre de Tassigny, *Arrêtons-nous un moment pour souffler*, rapport sur le moral de la troupe, archives du Service historique de l'armée, Pavillon du roi, Vieux fort de Vincennes

Ograshimi : Mot très exceptionnel, à consonance nippone, qui offre la particularité de ne pas correspondre à son étymologie. En effet, il est né d'une contraction du mot istamboulien ougrachi, dont on ne trouve pas la moindre trace ni dans la littérature turque, ni dans la transmission orale de cette contrée, et du mot arménien ashimi, qui n'a absolument aucune signification dans cette langue.
Les logiciels de traduction utilisés par le ministère des Affaires étrangères signalent comme mot le plus proche ouchgrachmini, qui ne correspond à rien de connu. Les grands théoriciens de la culture Langue et Trotemane ont déclaré en commun au cours de la soirée de la Poésie urbaine de Saint-Tropez, qu'on pouvait prendre comme meilleur exemple une citation du grand poète français Pierre Corneille utilisant ce mot pour désigner le moment où le jour cède la place à la nuit, et inversement.

« Ô le triste et funeste soir où vient la nuit
Quand le soleil s'éteint et que la lune luit
Les ombres sont ainsi que le jour les a faites
Plus sombres que l'endroit où la clarté offerte
Projette un profil noir sur le sol endormi
Ô le triste et funeste soir d'ograshimi. »

Pierre Corneille, *La Fête orientale*,
spectacle offert à Sa Majesté le roi Louis XIV au cours de la Nuit
des vrais aristocrates par le superintendant Gistaing d'Escard

OKHOUYE : Gastéropode velu, vivant dans le nord de la Finlande et souvent appelé « limace à gros nez ». C'est le seul mollusque à posséder des narines garnies de dents qui lui permettent de mastiquer les aliments pendant qu'il respire par la bouche. Malgré l'action des écologistes, cet animal très doux est chassé pour la qualité de sa peau, utilisée en maroquinerie.

« Cinquante années au service des fumeurs me permettent d'affirmer qu'il n'y a que la peau d'okhouye pour conserver le tabac. »

Comte Sigismond Rubier von Schtafeunziel,
premier vendeur chez Davidoff, Genève

OMBELIPHORIQUE (adj.) : Qui concerne la mâchoire des requins lorsque celle-ci évoque, par sa structure, la forme d'un outil.

« Certes, chacun connaît le requin-marteau, mais n'oublions pas que le requin scie, le requin tenaille, le requin tire-bouchon, le requin presse-purée, le requin grille-pain et le requin poêle à frire sont également ombeliphoriques. »

Commandant Cousteau, *50 ans dans ma cabine*,
éditions Bonnet Rouge, Caïman island

OMÉLIGÈNE : Propriété de ce qui peut se coller aussi bien sur les doigts que sur les plastrons de chemises.

« La barbe à papa est oméligène. »

Onomite : Dilatation de l'oreille fréquente chez les individus possédant de gros doigts et qui tentent de s'essuyer après la douche avec des mouchoirs en papier. Par extension, irritation du conduit auditif donnant naissance à des furoncles extrêmement douloureux.

« Le point commun entre l'onomite (ou furoncle de l'oreille) et certaines communautés du nord de l'Inde est celui-ci : les deux sont intouchables. »

Denise Billot, rubrique médicale, Antenne 2

Onydragode : Mot d'origine indéterminée dont la double signification a souvent désorienté les linguistes. En effet, ce mot désigne à la fois une pommade à base de graisse de cheval utilisée pour soigner les allergies à la moelle de bœuf, et une pommade à la moelle de bœuf utilisée pour soigner les allergies à la graisse de cheval.

« On nous accuse d'avoir créé des emplois fictifs, d'avoir touché des pots-de-vin, de ne pas avoir su régler le problème de la vache folle. En bref, d'avoir mal servi la cause de l'Europe. On oublie un peu vite le rôle que nous avons joué, jour après jour et courageusement, en établissant la réglementation des onydragodes. »

Cf. Déclaration de monsieur Proxon, vice-président intérimaire des services annexes de section provisoire de la Commission de Bruxelles, *Figaro Magazine*

Onydrapide : Mot synonyme d'onydragode (voir ce mot). D'une façon générale, l'onydrapide a un rapport direct avec les produits gras (à l'exception au pétrole). L'onydrapide peut être oxatyle, oxélityle, oxéménique ou oxytomisinien (voir ces mots).

Cf. *Précis de pharmacie nouvelle*, édité par le CNRS, service du professeur Rasmolian, laboratoire de linguistique adaptée à la mécanique des fluides alimentaires

Oquilleux : Qui risque d'être en minorité dans les sondages concernant les émissions diffusées en *prime time* sur les chaînes non cryptées.

« Dans le feuilleton Amour Amour…, *le coït furtif entre le colonel commandant un régiment du train et l'officier supérieur responsable de l'École interarmes de Saint-Cyr a été jugé oquilleux. »*

Rapport de la Commission nationale de la communication libre et des libertés de communication, juin 1982

Ostripule : Os de baleine, situé dans le corps de ce mammifère entre le garloupin et la bosse du séburet (c'est-à-dire à gauche de la sixième lombaire).

« Cet os semble être plus gros chez les baleines petites que chez les grosses baleines. C'est faux ! En réalité, il a toujours le même volume et le même poids, mais évidemment il a l'air d'être plus gros chez les petites baleines et plus petit chez les grosses baleines, puisque, en fait, c'est l'importance de la baleine qui change, alors que la taille de l'ostripule est constante.

Dans certains cas, cet os peut être atrophié, ou hypertrophié. On constate alors qu'une petite baleine peut avoir un ostricule plus petit, ou plus gros, ou qu'une grosse baleine peut avoir un ostricule plus gros ou plus petit. Pour simplifier, on peut dire qu'une petite baleine peut avoir un ostricule aussi gros que celui d'une grosse baleine, ou qu'une grosse baleine peut avoir un ostricule aussi petit que celui d'une petite baleine. Mais dans ces cas, heureusement assez rares, c'est que les baleines, grosses ou petites, sont malades. »

Arthur Bulloche et Jules Grivolet, *Poissons des mers, des rivières, des fleuves, des étangs et des lacs*, collection « La chasse en Belgique »

Osuférodactyle : Phoque au ventre recouvert d'écailles rondes et qui possède des nageoires terminées par cinq doigts. En période de repos, l'animal se dresse sur la banquise et frappe sur ses écailles avec les doigts de ses nageoires, reproduisant à s'y méprendre le son d'une machine à écrire. Ce bruit a souvent désorienté les explorateurs persuadés de percevoir la présence de dactylographes au milieu du cercle arctique.

« C'était le soir… J'étais en train de manger un biscuit lorsque je fus agressé par le bruit d'une Remington. Assez, assez, criai-je à mon secrétaire. Vous taperez demain. – Mais ça n'est pas moi, répondit le pauvre garçon. C'est un osuférodactyle. »

Amiral Byrd, *Mémoires glacées*, 1926

Ousclabe : Affection bénigne également nommée « gratouille de Corse », car elle est générée par la consommation excessive de pâté de grives. L'ousclabe provoque d'intolérables démangeaisons derrière les coudes.

« Ah, mon cher Talleyrand, tout va mal ! Les Finances sont au plus bas, l'Autriche nous cherche querelle, et en plus, j'ai cette cochonnerie d'ousclabe qui me reprend. »

Phrase attribuée à Napoléon Bonaparte
au cours d'un pique-nique dans la forêt de Sénart

Oxatyle : Qui peut remplacer l'huile.

Exemple : *« Le beurre est oxatyle. »*

Rapport du 13 mars 1986, édité par le CNRS,
service du professeur Nogereau,
laboratoire de recherche fondamentale sur le beurre

Oxélityle : Qui peut remplacer le beurre.

Exemple : *« L'huile est oxélityle. »*

Rapport du 14 mars 1986, édité par le CNRS,
service du professeur Gnonfrin,
laboratoire de recherche fondamentale sur l'huile

Oxéménique : Qui peut remplacer le beurre et l'huile.

Exemple : *« L'oxytomisinien* (voir ce mot) *est oxéménique. »*

Rapport du 17 février 1991, édité par le CNRS,
service du professeur Klomp,
laboratoire de recherche fondamentale sur la cuisson

Oxytomisinien : Qui découle de oxytomisinisme (voir ce mot).

Oxytomisinisme : Théorie du professeur Lapontec, établissant que les graisses de cheval, de vison, de bœuf, de porc, de chèvre, de mouton, de caribou, de requin, de baleine, de poule, de condor, de ralape (voir ce mot) et, d'une façon générale, de presque tous les animaux marchant, volant ou nageant, peuvent servir à cuire les aliments lorsqu'on n'a ni beurre ni huile.

Rapport du service du professeur Visopiau,
Laboratoire de recherche fondamentale sur les recherches
fondamentales effectuées en laboratoire, édité par le CNRS

Ozemuche: Hôtesse de l'air ayant largement dépassé la cinquantaine et s'obstinant, après avoir pris du poids, à porter des uniformes deux tailles au-dessous de la sienne.

«Au cours de nombreux voyages effectués sur Air France, nous avons pu constater que la nourriture était excellente et les plateaux-repas remarquablement conçus. En revanche, on peut déplorer dans les équipages un pourcentage croissant d'ozemuches.»

Bulletin de l'Association amicale
des anciens ministres des Transports

Ozyphoïnie: Asphyxie provoquée au cours de rencontres sexuelles lorsqu'un des partenaires pratiquant le cunnilingus se trouve dans une position ne lui permettant plus de respirer.

«Je ne sais pas ce qui s'est passé. Je l'ai entendu tousser, et puis il est devenu froid. J'ai appelé Police secours. En arrivant, le commissaire a dit: "À tous les coups, on est en présence d'une ozyphoïnie."»

Tito Topin, *Navarro*, épisode 8256

P

Palchagre : Doigt artificiel que l'on fixe sur un crayon (du côté opposé à la mine) et qui permet aux fonctionnaires du service public de se gratter le nez ou de s'enfoncer un doigt dedans en ayant l'air d'écrire.

« Le Conseil supérieur de l'audiovisuel ? Une bande de ringards qui traînent aux frais du contribuable, et qui n'ont strictement rien à foutre qu'à se fourrer des palchagres où je pense ! »

Association des instituteurs téléspectateurs,
bulletin d'avril 1999

Patrafoin : Vêtement sacré que portaient les dames nobles de l'ancienne Égypte. Il ressemblait à la chasuble des prêtres catholiques, à cette différence près qu'au lieu de couvrir le corps du cou aux genoux, il allait de la taille aux chevilles. Découvrant les jambes jusqu'en haut des cuisses, le patrafoin était très lourd, car il était orné de broderies, de perles et de clochettes.

« Lorsque la belle Isis sortait de son palais
Au son des harpes douces et des violes de gambe
Son visage était pur, son corps était parfait
Son patrafoin pendait entre ses longues jambes. »

Guillaume de Machaut, *Poèmes antiques*,
éditions Club Med

Péligrote : Instrument agraire utilisé par les braconniers agricoles pour déterrer illégalement les céleris-raves. Cet instrument permet en effet de couper la racine du céleri et de la sortir de terre, tout en laissant les branches en surface, laissant le champ intact, alors qu'une moitié de la récolte a été faite.

« Le matin, dans le bleu camail des brouillards de l'aube, passaient dans la campagne des ombres fugitives et s'échappaient des rires. C'est qu'un braconnier agaçait quelque servante du bout de sa péligrote. »

Chateaubriand, *Atala, Natchez, René et les autres*

Perraultisation : Mot tirant son origine du nom de Charles Perrault (1628-1703), auteur idiot, membre de l'Académie française. Le mot désigne l'action ignoble consistant, pour un bûcheron, à abandonner ses enfants dans la forêt pour qu'ils soient dévorés par des bêtes sauvages, sous prétexte qu'on n'a pas assez d'argent pour les nourrir (voir <u>poucétisation</u>).

« La perraultisation ? C'est une honte ! Si les abrutis de bûcherons ne passaient pas plus de temps à sauter leur grosse qu'à aller couper du bois, ils n'auraient pas autant de mômes et pourraient leur donner à bouffer. »

Colbert, ministre de l'Économie, 1700 et quelques

Pétrique : Qui a rapport au système de poids et mesures ayant pour base le pètre, à la place du mètre dans les pays francophones où l'usage parlé veut que l'on remplace le M par le P. Cet usage est la transposition francophone de l'usage oral espagnol où le B remplace le V.

Exemple espagnol : *« Comment allez-bous, très vien, berci. »*

Exemple français : *« Je vous conseille de faire pétrer votre terrain. Le pètre carré coûte marticulièrement meu cher dans les régions pontagneuses. »*

Phagodextriculite : Principe médical découvert par le Dr Duchardon et nommé initialement duchardonochromisme.

« Ce principe tend à établir que la circulation sanguine peut présenter certaines analogies avec la réglementation automobile en vigueur dans les grands centres urbains. En effet, dans le corps humain, on constate que des globules

blancs ou rouges circulant dans des artères secondaires accordent la priorité à des globules de même nature arrivant par une artère à grande circulation. »

« La médecine du futur », in *Ne pas savoir grand-chose, mais tout seul*, par le Dr Duchardon, Montréal H3 M2 B5

Phrigonoménisme : Technique d'investigation psychologique utilisée par certains médecins et qui consiste à démoraliser le patient pour le rendre encore plus malade et pouvoir le soigner plus longtemps.

« Contrairement à la psychanalyse qui vise à la prise de conscience du refoulé en faveur de la cure, et où l'on recommande avant tout de laisser parler le patient, nous conseillons à nos psychiatres de ne pas le laisser en placer une. L'accueil étant très important, nous suggérons de dire au malade le plus souvent possible "mon pauvre vieux" ou "mon pauvre ami", "Oh là, là, ça ne s'arrange pas !", "De toute façon, au point où vous en êtes", etc. »

La Médecine du cerveau, par le professeur Gandin-Mouchard, chef de service à l'École vétérinaire de Maisons-Alfort

Pichon (Jean Benoît), 1826-1901 : Membre de l'Académie des sciences, docteur *honoris causa* de l'université de Glaamstörg, inventeur du cadran solaire assisté.

« Technologie : Un cadran solaire normal est composé d'un rectangle, ou d'un carré, divisé en quartiers. Pour être simple, la division est basée sur le principe du camembert mais il s'agit de la division d'un carré et non d'un rond[1]. Sur ce carré divisé en quartiers se trouve, au centre (en fait au-dessus du centre, mais un peu au-dessous du bord supérieur), une aiguille projetant son ombre sur les quartiers. Le quartier 1 lorsqu'il est 1 heure, le quartier 2 pour 2 heures, 3 pour 3 heures, etc. La principale difficulté d'emploi du cadran solaire, c'est qu'il ne fonctionne pas s'il n'y a pas de soleil. L'idée remarquable de Jean Benoît Pichon fut d'"assister" le cadran solaire en ajoutant une pendule en

1. Le camembert étant rond, on peut choisir comme exemple un autre fromage – comme le pont-l'évêque par exemple, qui est carré et que l'on peut quand même diviser en quartiers.

plein centre, ce qui permet d'avoir l'heure lorsqu'il n'y a pas de soleil et même la nuit, si l'on prévoit une pendule lumineuse.»

Les génies sont ainsi faits, éditions Bill Gates

Pigraton : Stylo spécial utilisé par les chefs d'État pour la ratification des traités d'alliance. Le réservoir de ce stylo ne contient que la quantité d'encre nécessaire à deux signatures (puisqu'il existe une copie pour chaque partie) et interdit au chef d'État de signer un acte supplémentaire annulant le premier.

«Dès son arrivée au Québec, le général de Gaulle a produit un très fort effet en exhibant son pigraton.»

Roger Fournier, L'Écho de Chicoutimi

Piloutre : Couvre-pieds comportant à l'extrémité opposée à l'oreiller une poche verticale soutenue par une armature, ce qui permet aux personnes chaussant du 48 et plus de dormir sur le dos sans soulever la literie et de couvrir les pieds du compagnon ou de la compagne de lit.

«Le service militaire n'est plus ce qu'il était! De mon temps, les petits gars, ils étaient soixante par chambrée. Ah, fallait entendre le boucan que ça faisait quand ils pétaient ensemble après l'extinction des feux! Et l'odeur des pieds. L'odeur de cent vingt pieds! On ne retrouvera jamais ça. À présent ils ne sont pas plus de six par chambre, et quand on entre là-dedans, ça sent l'eau de Cologne! Ah, c'est pas comme ça qu'on va en faire des hommes, de ces petits gars. Des gonzesses, oui. Maintenant, pour soulever leur couverture en étant sur le dos, il leur faut une piloutre!»

Général Bigeard, *Allez-y les petits gars!*, éditions Nul et Navrant

Pipoite : Sorte de carquois dorsal que portent les laveuses de baignoires portugaises dans les hôtels quatre étoiles de Macao. Les carquois contiennent des brosses à manche, trempant dans un liquide détersif.

«La jeune servante me précéda et entra dans la salle où l'on donnait les bains. Après tout ce temps passé en Chine, où je n'avais fréquenté que des Asiatiques,

la vue de cette Européenne me plongea dans un tel état d'excitation que je restai un long moment immobile, sans rien dire, les yeux rivés sur sa pipoite.»

Jacques Casanova de Seingalt, *Carnets*, archives de la bibliothèque de l'université Linda de Souza, Lisbonne

Pizoïque : Action qui consiste à abandonner ses enfants dans la forêt quand on n'a plus de quoi les nourrir.

«On constate avec effroi que la plupart des bûcherons sont pizoïques.»

Ministère du Travail, section des Arbres et Cailloux

Pizouine (du nom de l'illustre grammairien Louis Robert Pizouin) : Règle de grammaire indiquant les six mots de la langue française se terminant en on, in, an, al, ae et os, et qui au pluriel se terminent par quelque chose de tout à fait différent.

Singulier	*Pluriel*
Varvon	Varvouilles
Tramachin	Tramachepiques
Clapatran	Clapatrouzes
Lanfrizal	Lanfrizettes
Chapoumar	Chapoumites
Bilatros	Bilatropes

«Cette règle est évidemment stupide et particulièrement inintéressante. Le mérite de Louis Robert Pizouin est d'avoir souligné qu'elle n'était pas plus bête que chou, hibou, joujou, caillou, pou, genou et bijou qui font leur pluriel en x sans que personne n'ait jamais su pourquoi.»

Edmond Glipeau, *Précis de grammaire à l'usage des grammairiens précis*, 1903

Plégazouille : Appareil permettant de recueillir l'eau chaude des puits artésiens. Utilisée dans les chenils de grand luxe, l'eau des puits artésiens permet de faire la toilette des bassets du même nom.

«Avouons-le, la France ne brille dans le monde que dans les domaines du luxe et de la frivolité. Eh bien, acceptons-le! Que nos parfums enivrent, que

notre gastronomie enchante, que notre champagne pétille, et que se dressent fièrement nos plégazouilles!»

Maurice Teissier du Pingolon, président du Comité français pour la diffusion du thon en boîte

Plesquille: Appareil de mesure utilisé dans l'aviation civile et composé d'un cadran en fer-blanc sur lequel s'agite, de gauche à droite ou de droite à gauche selon le méridien, une aiguille torsadée. Cette aiguille indique si les autres instruments de mesure qui se trouvent sur le tableau de bord sont suffisamment bien réglés pour vérifier si la première aiguille marche bien ou pas.

«Ce jour-là, la ville, étendue sous moi, ressemblait à un arbre de Noël. Je songeais à ma mère et au commandant Rivière qui, à l'escale, dans l'ordre et la discipline, régnait sur les avions et sur les cœurs. Soudain, j'entendis le déchirant appel au secours de l'Aéropostale: "Allô, fox bravo lima sierra tango, ma plesquille ne marche plus."»

Antoine de Saint-Exupéry, *Plus c'est haut, moins il fait chaud*, collection «Banalités en altitude», éditions des Postes et Télécommunications

Poucailloutisation: Technique d'utilisation des cailloux pour marquer sa route, lorsqu'on est enfant de bûcheron et abandonné par ce dernier dans la forêt, afin de retrouver le chemin de la maison (voir perraultisation, poucétisation, poucetpanisation, prodilope).

Poucétisation: Technique dite «du Poucet» utilisée par les enfants de bûcheron lorsque leur père prétendant ne plus avoir d'argent pour les nourrir décide de les abandonner dans la forêt, pour rester tranquillement à la maison avec sa femme, à boire des coups en regardant la télé. La poucétisation consiste à semer des cailloux tout au long du parcours pour pouvoir retrouver facilement le chemin menant à la maison paternelle (voir poucailloutisation, perraultisation, poucetpanisation).

« Nous avons du mal à comprendre l'attitude particulièrement masochiste qui pousse les enfants à revenir vers le père qui les a abandonnés. Sigmund Freud donne comme d'habitude une explication vaseuse dans son livre Warum habe ich meine Würstle, *chap. 4, § 5 et 6.*

En dehors de l'intérêt qui peut être porté par les psychanalystes à la poucétisation, on constate que "techniquement" elle est très controversée. D'abord, elle ne peut être employée que dans les régions non caillouteuses, sans quoi les cailloux jetés à terre se confondent avec les cailloux qui se trouvent déjà sur le sol. Ensuite, dans les régions où il n'y a pas de cailloux sur le sol, il est évident que les cailloux jetés par les enfants se remarquent mieux, mais le fait qu'il n'y ait pas de cailloux dans la région empêche les enfants d'en trouver ! Ils ne peuvent donc posséder des cailloux que s'ils les ont ramassés, en d'autres temps, dans une région où il y a des cailloux (à l'occasion d'un voyage par exemple). Nous sommes cependant amenés à considérer que les bûcherons qui abandonnent leurs enfants dans la forêt parce qu'ils n'ont pas les moyens de les nourrir, *n'ont évidemment pas les moyens de voyager. Et même s'ils ont eu, à une époque donnée, les moyens de voyager il faut que ce voyage se soit déroulé* dans une région où il y a des cailloux, *sinon les enfants n'auraient pas pu les ramasser.*

Françoise Dolto, spécialiste de l'enfance, signale à juste titre dans son remarquable ouvrage Dors, mon petit Quinquin, *que l'enfant qui n'est pas au courant que son père a décidé de l'abandonner dans la forêt après leur retour d'un voyage dans une région caillouteuse n'a aucune raison durant ce voyage de ramasser des cailloux en quantité suffisante pour marquer son chemin dans une région où il n'y a pas de cailloux.*

Pour terminer, notons que la poucétisation ne désigne pas uniquement l'action de jeter des cailloux sur le sol afin de marquer un parcours, mais de jeter n'importe quoi pour jalonner la route (boulons, épingles à linge, coquilles d'huîtres, débris de porcelaine, vieux stylos, etc.).

Une étude approfondie de ce qui peut être jeté et les questions qui ne manqueraient pas d'être posées en se demandant comment un enfant pourrait se procurer de tels objets ou détritus solides nous entraîneraient trop loin. Signalons seulement que la plupart des enfants sur le point d'être abandonnés dans la forêt par un père bûcheron qui ne peut plus les nourrir tentent de marquer leur passage en utilisant des boulettes de pain.»

Extrait de l'étude «Comportement des bûcherons en période de disette et son influence sur le travail, la famille et la patrie», ministère de la Famille, Vichy, 1943

Poucétpanisation *(du français Poucet et de l'italien* pane: *pain)*: Action stupide consistant, pour les enfants abandonnés dans la forêt par un père bûcheron ne pouvant plus les nourrir, à jeter des boulettes de mie de pain pour retrouver sa route, sans penser que les oiseaux vont évidemment manger le pain. Cette action est d'autant plus idiote que les enfants feraient mieux de manger le pain, et marquer le chemin avec des cailloux (voir poucétisation et perraultisation).

«Dans les récits mettant en évidence la poucetpanisation (et notamment dans l'œuvre de Charles Perrault – 1628-1703 – auteur crétin membre de l'Académie française), on est surpris par la bêtise qui s'en dégage. Dans Le Petit Poucet, *par exemple, où le bûcheron décide de perdre ses enfants dans la forêt parce qu'il n'a plus rien à leur donner à manger, on peut se demander où le jeune héros a trouvé le pain.»*

Cours d'investigation numéro 12, école de police de Marseille

Poutoin: Protège-nez permettant de ne pas se brûler les narines lors de l'utilisation d'un dispositif antibuée pour lunettes (voir les mots riforzon et chublette).

Poutriche: Farine de compétition utilisée lors des championnats internationaux de boulangerie par les mitrons têtes de série.

«Question de monsieur Albert Muda: qu'est-ce que la poutriche?»

Philippe Bouvard, *Les Grosses Têtes*, 1999

Prodilope: Caillou.

«Nous recommandons aux enfants de bûcherons qui risquent d'être abandonnés par leurs parents dans la forêt lorsque ceux-ci n'ont plus d'argent pour

les nourrir de numéroter leurs prodilopes et de les jeter dans l'ordre afin de ne pas tourner en rond pendant des heures en tentant de retrouver la maison paternelle. »

Conseils à l'usage des enfants abandonnés dans la forêt,
www.bucheron.fr

Prolipète : Pâte spéciale contenant un produit éloignant les oiseaux, permettant de faire cuire au soleil des petites boulettes de pain susceptibles d'être jetées dans la forêt pour retrouver sa route si on est perdu, et s'il n'y a pas de cailloux dans la région.

« C'est une invention remarquable. On peut simplement regretter que la prolipète soit si chère et ne puisse être utilisée, à cause de son prix, par les fils de bûcheron abandonnés dans la forêt. »

Communiqué de l'Union mondiale des fils de bûcherons

Q

Quabolin : Lit à colonnes utilisé dans les appartements où l'on ne dispose que de peu de place. En effet, en plus de la couche principale (qui permet à deux personnes de s'étendre confortablement), les colonnes (au nombre de quatre), d'un diamètre de 0,80 centimètre, peuvent se rabattre à l'horizontale et être équipées d'une literie complète, ce qui permet de coucher quatre personnes de plus. Le matin la literie est rangée dans un tiroir placé sous le lit principal.

Les colonnes sont alors relevées et après que l'on a procédé à d'astucieux branchements (relatifs a l'eau et à l'électricité) peuvent devenir cabine de douche, placard à balais, penderie pour vêtements d'hiver (ou d'été) et, à la campagne, de huche à pain ou d'armoire à fagots. Il existe une version avec colonnes moins hautes pouvant servir de niches pour les possesseurs de meute.

Dans ce cas, les colonnes ne peuvent pas être utilisées pour accueillir des invités, et l'utilisateur doit supporter les aboiements des chiens dès le lever du jour.

Revue internationale d'architecture et de design

Qualipoide : Sorte de gant à moteur, actionné par des piles, utilisé par les alcooliques atteints de tremblements, afin de contrarier et compenser ceux-ci, et leur permettant de pouvoir tenir un verre en ayant la main stable.

« Il y eut un moment de panique lorsque le président russe tendit la main au président des États-Unis. Nous avons cru que notre président ne réussirait

jamais à la saisir. Et nous avons tous pensé : "Mais pourquoi le président russe ne porte-t-il pas une qualipoide ?" »

John B. Morgan, conseiller en poignées de main
à la Maison-Blanche, Washington D.C

Qualitoïde : Mot qui remplace le terme « pharaonique » pour désigner une action grandiose se déroulant au quotidien dans un contexte ordinaire.

« Le remplacement du papier peint dans la chambre et la façon dont Maurice répara les robinets de la salle de bains et le flotteur de la cuvette des w.-c. furent absolument qualitoïdes. »

Marguerite Yourcenar, *Vivre à deux au troisième*, roman

Quanibaouna : Fête africaine célébrant le retour du soleil après la pluie, et par extension le retour du camion qui revient de la ville avec des ampoules électriques.

« Quanini baounana
Abouna boubou
Quanibaouna ! »
(Le camion est revenu
Le soleil aussi
Mettons-nous tout nus !)

La Chanson sous les climats chauds et humides,
Mission Notre-Dame-de-la-Girofle

Quantiplunomie : Mot qui s'emploie pour terminer un discours ou une intervention orale lorsqu'on a perdu son sujet et oublié de quoi on parlait. Le terme est un des plus imprécis de la langue française. Il a été mis à la mode par les énarques en même temps que la phrase « ce qui m'interpelle », tombée en désuétude. Le mot « quantiplunomie » est souvent utilisé à l'Assemblée nationale lorsqu'il s'agit de contester ce que vient de dire un orateur, mais sans attaquer directement le sujet puisque, la plupart du temps, on n'a pas compris ni même entendu ce qu'il a dit.

«Je tiens à dire au ministre qui vient d'affirmer que les choses étant ce qu'elles sont, elles ont toutes les chances d'évoluer, que l'opposition ne se laissera pas entraîner sur ce terrain. Nous ne pouvons pas considérer comme une preuve de progrès le fait que la suite des événements peut motiver telle ou telle action. Il est clair que l'avenir ne doit pas systématiquement tourner le dos au passé, mais où en est le présent? Alors, je l'affirme au nom de l'opposition, nous ne supporterons plus cette quantiplunomie!»

Jean-Louis Debré, président de la Confédération
des porteurs d'entonnoirs

Quapilisme: Technique littéraire consistant à rendre la poésie moins ennuyeuse et plus moderne (donc plus compréhensible) en la traduisant en prose.

«Un corbeau perché sur une branche tenait un fromage dans son bec. Un renard, attiré par l'odeur, arrive et lui dit: "Si tu parles aussi bien que tes plumes sont belles, tu as toutes les chances d'occuper dans cette forêt une position sociale de premier plan." Le corbeau est content du compliment, il ouvre le bec pour répondre et le fromage tombe à terre. Le renard le ramasse et dit: "Que ceci te serve de leçon. Lorsqu'on écoute les flatteurs, on risque d'en devenir la victime."» (voir aussi quaplipisme).

La Fontaine rajeunie, par Allègre et Lang,
anciens ministres de l'Éducation nationale

Quaplipisme: À l'inverse du quapilisme (voir ce mot), technique littéraire consistant à transformer en vers les textes ennuyeux.

«Les hommes naissent en droit égaux
Ça fait du bien à leur ego», etc.

Déclaration des droits de l'homme

Quarticolémie: Méthode d'élevage des cochons, consistant à maintenir ces derniers dans une position tordue pour qu'au cours de leur engraissement le travers de porc soit redressé et qu'on obtienne ainsi du droit de porc.

« Certaines associations d'amis des animaux s'élèvent contre cette pratique et ont saisi la Commission de Bruxelles pour que celle-ci mette au point un ensemble de mesures, calquées sur la Déclaration des droits de l'homme, et établissent un projet de Déclaration du travers de porc. »

CNN, 28 avril 1991

Quatrinisme : Formule littéraire consistant à inverser les noms communs dans les locutions connues. Exemple : « Pouvez-vous me donner un coup de pied ? » à la place de « Pouvez-vous me donner un coup de main ? ». Cet élégant divertissement a été lancé par les membres de l'Académie française. En effet, les académiciens, qui fournissent un effort considérable dans l'exercice de leur tâche ont parfois besoin de se détendre et se passent des petits papiers avec des définitions amusantes au cours des discours de réception des nouveaux membres ou des séances de rédaction du dictionnaire.

« J'en trouve souvent, moi, des quatrinismes, dans les corbeilles à papier. Tenez, hier j'ai trouvé : "Il n'a pas l'oreille dans sa poche" au lieu de la langue, naturellement. Et "ventre affamé n'a pas de langue" à la place de l'oreille. Mais la plus drôle, c'est monsieur Dutourd qui l'a faite : "Je me vois déjà chez vous – Buvant du thé sur vos coudes." C'est marrant, non ? »

François Claudel, concierge de l'Académie française,
Quai Conti, Paris

Quatropide : Four à glace utilisé au cours des expéditions polaires pour faire fondre des morceaux d'iceberg afin d'obtenir de l'eau chaude pour le thé.

« Chaque jour, à 17 heures, je ne peux m'empêcher de penser à la quantité de thé que nous aurions pu faire avec l'iceberg qui a heurté le Titanic. *»*

Sir Lipetone-Yello, co-inventeur de l'eau chaude

Quipolinage : Chasse au renard. Le quipolinage est la seule chasse répertoriée qui fasse appel à l'intelligence. En effet, il consiste à dresser des corbeaux à tenir dans leur bec un fromage. Le corbeau est ensuite perché sur un arbre, et il suffit de s'emparer du renard lorsque celui-ci ne manque pas d'arriver, par l'odeur alléché (voir sélitophrénie).

« Certes, le quipolinage a moins d'allure que la chasse à courre. Les costumes sont moins élégants, il n'y a pas de chevaux, pas d'équipage, pas de belles amazones. Mais au moins on n'est pas obligé d'entendre le son lamentable et les airs nullissimes que nous infligent les joueurs de cor de chasse. »

Maurice Gauche et Paul Droit,
inventeurs de la stéréophonie

Quotoplon : Fond musical très rythmé à base d'instruments à percussion et d'accords de trombones, diffusé à l'aide de haut-parleurs étanches dans les piscines municipales, pour couvrir le bruit des pets dans l'eau.

« Ne vous laissez pas abuser lorsque vous verrez dans un bassin calme évoluer des nageurs tranquilles. Le philosophe russe Alexandre Ivanovitch Herzen l'a dit: "L'homme est ainsi fait qu'il pète dans son bain." Mais ce que l'on se permet dans le secret des salles d'eau familiales ne saurait être toléré dans les lieux de baignade placés sous la responsabilité de l'État. Je tiens à vous dire, avec toute la fermeté que requiert ma charge ministérielle, soyons vigilants! Même si le quotoplon couvre le son des pets dans les piscines de la République, il ne peut dissimuler les bulles que ceux-ci provoquent. Alors, j'ose le dire, si un monde sournois vous bouche les oreilles, ouvrez l'œil! »

Jean-Pierre Chevènement, ex-ministre de l'Intérieur,
circulaire sur le ténia, 1999

R

Rabluchette : Stylo contenant de la chair à saucisse utilisé le vendredi pendant les croisades par les cuisiniers accompagnant les pèlerins à Jérusalem. Le vendredi, en effet, la consommation de viande de porc étant interdite, les cuisiniers pouvaient, en faisant semblant d'écrire les menus, remplacer le haché de bœuf dans les merguez.

> *« Et puys nous nous arrangeons pour festoyer en galante compagnie. L'ambyance est joyeuse et le soir dans notre tente, nos gens et moy même usons avec bonheur de la rabluchette. »*

Lettre de saint Louis à son frère saint Maurice,
musée de la Poste, Annecy

Rabouse : Nom donné aux indices des prix basés sur le franc avant la mise en fonctionnement de l'euro, considérant que celui-ci occupe une place très particulière au sein des monnaies européennes. En effet, généralement, lorsqu'une monnaie est en hausse, les autres monnaies sont en baisse (ce qui est avantageux pour la devise forte). Or, même lorsque le franc est en hausse, les autres monnaies européennes permettent d'acheter plus de produits à un prix inférieur et de meilleure qualité qu'avec le franc.

> *« Si nous voulons, au milieu du concert européen, conserver une économie saine et équilibrée, il nous faut non seulement être attentifs aux fluctuations des monnaies de nos partenaires, mais il faut – et surtout – veiller à ce que personne ne vienne nous casser les rabouses. »*

Raymond Barre, cours magistral d'économie, classe du certificat
d'études primaires, école communale de Lyon-Bron

Radigué (ne pas confondre avec Radiguet, écrivain français auteur du *Diable au corps*) : Dans le Nord, mot désignant les toilettes.

« L'autre jour j'éto au radigué
J'avo ben bu et ben mangé
Et comme j'avo ben digéré
J'avo bien chié. »

Poèmes scatologiques de nos contrées et provinces,
par le professeur Buana Magluglu, universités jumelées
de Dunkerque et du Tchad

Ralape : Oiseau aquatique des bords du lac Manachiados (Basse-Californie). Le bec de cet animal est formé d'une sorte de tube séparé en deux parties égales dans le sens de la longueur et offre, quelle que soit la taille du volatile, la propriété de toujours conserver le même diamètre.
Les habitants des bords du lac Manachiados utilisèrent pendant des siècles cet animal, qu'ils dressaient pour calibrer les petits pois avec son bec. Mais les oiseaux se nourrissant de truites du lac, cette technique fut abandonnée au début du XXe siècle car le goût du public ayant évolué, les consommateurs de petits pois se plaignaient de ce que les féculents calibrés par les ralapes aient goût de poisson.

Librowski and Michonides, *Domestics Animals and Human Food*,
Smithsonian Institution, Washington D.C

Rapatipaton : Suite d'onomatopées imposées dans les écoles communales par les pédiatres du ministère de l'Éducation nationale, et destinées à égayer les chansons enfantines dont le texte, parfois compliqué, pourrait fatiguer de jeunes esprits. L'enfant, ayant assimilé les phrases poétiques servant à développer son intelligence, trouve, grâce au rapatipaton, une détente cérébrale compensatrice extrêmement bénéfique.

Exemple : *« Les petits oiseaux qui*
Dans la nuit font cui-cui
Sont pas les mêmes oiseaux
Qui la nuit font dodo.

Car les petits oiseaux
Qui la nuit font dodo
Peuvent pas évidemment
Faire cui-cui en même temps.
Rapatipaton, rarapatipaton
Rapatipaton, patipata patipaton. »

Devaquet et Monoury,
Enseigner l'enfant pour lutter contre le computer

Rapetzoï : Mur des Lamentations portatif démontable fourni avec le paquetage des soldats israéliens pour leur permettre de prier dans le désert.

« *Je sais que nos troupes sont bien entraînées et que leur moral est soutenu par l'utilisation quotidienne du rapetzoï, mais ma méfiance naturelle me pousse à ne dormir que d'un œil.* »

Général Moshe Dayan,
discours à la Knesset avant la guerre des Six-Jours

Raplichette : Raquette hygiénique utilisée par les joueurs de tennis de haut niveau lors des compétitions internationales se déroulant en été, afin de lutter contre les méfaits de la transpiration. Le manche de cette raquette contient un réservoir de déodorant, maintenu sous pression par de l'air comprimé. Au moment du service, lorsque le joueur lève la raplichette, un jet de déodorant sort de l'extrémité du manche et est projeté directement sous son bras dans la toison de l'aisselle.

« *Quelle folie dans les vestiaires de ce temple olympien qu'est devenu le stade Roland-Garros ! Les hommes, le cœur enfiévré, sous les casquettes multicolores, tentent de saisir la main des champions, tandis que les femmes, collées à leurs idoles, ne songent, dans une étreinte fugace, qu'à frémir un bref instant sous le jet de leur raplichette.* »

Extrait de « Un sport classé X »,
enquête sur la sociologie sportive de plein air, bulletin mensuel
du ministère des Sports économiques, avril 1984

Rapougnasse: Dame de la haute société aimant et pratiquant la chasse à courre.

> *« Nous fûmes mardi chez le comte Henri Courre le Cerf. Ce fut une délicieuse journée ! Parmi les dames qui suivirent la chasse, jamais je ne vis autant de rapougnasses ! »*

Compte-rendu de monsieur le duc Vargeot des Pinèdes du Larboin, « Les murs du Jockey Club ont la parole », mai 1968

Rapoule: Procédé linguistique consistant à utiliser, dans une phrase, un mot ou son contraire, sans que cela change la signification.

> *« Une fermeture Éclair peut très bien devenir une ouverture Éclair sans que le vêtement perde son efficacité. »*

Simon Langberg, *Manuel du confectionneur*, éditions du Sentier, Paris, 1977

Rascorbier: Sorte de cocarde tricolore ne comportant que deux couleurs, dont une amovible, et deux qui se rajoutent sauf si on en enlève une. Cette cocarde fut choisie comme symbole de la troisième Internationale clandestine communiste qui se déroula le 27 février 1936 dans l'arrière-salle du café Chez Gaston, au Vésinet.

> *« Dans le contexte idéologique des rapports de masse, les groupes ethniques exigent entre eux de plus en plus de barrières sociales, et le sens collectif se perd au profit de cette notion purement individuelle : "Manger, boire et le rascorbier." »*

Extrait de l'ouvrage du sociologue Jean Fourastié, *L'important c'est pas d'être beaucoup pourvu qu'on soit plusieurs*

Ratoplof: Genre de rapace diurne qui possède soit un gros bec crochu, soit un petit bec droit, vivant dans les plaines du Guestorbitcha (ex-URSS). Le ratoplof ne peut donc pas être identifié par son bec, mais il possède un œil, une patte et une aile du côté droit du corps, et un œil, une patte et une aile du côté gauche. Cette caractéristique lui permet souvent d'être confondu avec un poulet. En principe, le ratoplof n'est pas considéré comme une volaille comestible, mais on le consomme rituellement en Russie le soir de Noël car il figure dans la crèche aux côtés des autres animaux qui, eux, sont transformés en steaks ou en saucissons.

« Vive le Petit Jésus, il est né, c'est l'an neuf
Comme il n'y a pas grand-chose à manger chez Popoff
On doit pour se nourrir bouffer l'âne et le bœuf
Et c'est sûr il faudra becqueter le ratoplof. »

Chansons du monde pour les enfants maigres,
éditions de la Populace

Riforzon : Système permettant de consommer des boissons chaudes sans avoir de buée sur les verres de lunettes. L'ensemble est composé d'un générateur d'air chaud puisé et d'un thermomètre trempant dans la tasse. Lorsque l'exacte température de la boisson a été déterminée par le thermomètre, un jet d'air chaud de même intensité calorique est projeté sur les verres de lunettes, annulant ainsi le dépôt de buée. Le riforzon est fréquemment utilisé avec un <u>poutoin</u> (voir ce mot).

Riponard : Chaise à porteurs capitonnée en toile de Jouy qu'utilisaient les mousquetaires pour transporter les cols en dentelle qu'ils envoyaient chez les blanchisseuses.

« Le cardinal avait des projets secrets pour sa filleule, et décida que celle-ci quitterait, de nuit, le couvent dans ce véhicule insolite. Mais la pauvre enfant éclata en sanglots.
– "Je n'ai pas fait vœu de chasteté, dit-elle, et consacré ma jeunesse au Seigneur pour me retrouver à dix-huit ans dans un riponard." »

Extrait du livre d'André Castelot :
La Petite Nonne qui avait tout vu,
racontant la vie tragique de la filleule du duc de Richelieu

Rompinoptère : Petit animal de la famille des audio-marsupigènes. Il possède, comme tous les mammifères de cette espèce, une poche à l'intérieur des oreilles dans laquelle il accumule la nourriture. Le rompinoptère se déplace en faisant des bonds de roche en roche grâce à des pattes arrière remarquablement musclées, et en tenant ses pattes avant serrées contre ses oreilles pour empêcher les noisettes, graines et baies qu'il tient en réserve d'être expulsées pendant ce saut. Malheureusement, le fait que ses oreilles soient pleines en permanence et qu'il ait constamment les pattes dessus l'empêchent d'entendre venir les prédateurs (particulièrement le balouniame, ours à grosses lèvres) pour qui il est une proie facile. Pour cette raison, le rompinoptère a presque complètement disparu. Il en existe un au zoo de Slimgate, près de Londres, mais il ne présente aucun intérêt car ses poches d'oreilles ont été cousues par les vétérinaires britanniques à la suite d'une otite.

> *« Le RPR est un véritable rompinoptère. Il se bouche les oreilles et va se faire bouffer. »*

Tract circulant dans les usines. Origine inconnue

Rondibelle : Petit poème très goûté au XVIIe siècle dans les salons littéraires de province. Il ne comportait que deux alexandrins dont le premier devait se terminer par un prénom féminin et le second par le nom d'un plat cuisiné.
Exemple :

> *« Ah ! qu'elle était jolie la petite Poulette*
> *Savourant lentement ses poireaux vinaigrette. »*

Gilles Durieux, *Anthologie de la poésie rurale*

Roupatongue (du chinois roo-pa-tong) : sorte de filet à papillons aux mailles extrêmement fines, utilisé par les astronautes pour rattraper leur nourriture lorsque celle-ci, leur ayant échappé des mains, flotte dans l'air en apesanteur (voir les mots wouchimou et lipoussangue).
Le roupatongue est également utilisé en Hongrie pour la pêche aux yzibes (voir ce mot).

Roupiate : Terme utilisé dans le monde cinématographique pour désigner les critiques qui brillent par leur intelligence et leur efficacité.

« Ce Chapier, quelle roupiate ! »

Marc Albert Chivrelet, chef concierge au Carlton, Cannes

Roupiette : Sardine étalon en platine iridié conservée au musée des Arts et Métiers et servant à établir la taille type des poissons destinés à être mis en boîte. Elle mesure 6,07 centimètres de long sur 3,04 centimètres de large, ce qui permet d'aligner cinq sardines par boîte. Il existe un modèle spécial, visible au conservatoire des Arts et Métiers de Lisbonne, pour les sardines portugaises, un peu plus larges à cause du poil sous les ouïes.

« Ma chère maman, Je ne pourrai venir avec vous en vacances au Crotoy. Je dois terminer mon ouvrage sur la mécanique ondulatoire, et ne veux pas quitter Paris sans tout savoir sur les roupiettes. »

Lettre du prince de Broglie à sa mère

Routipèle : Gros insecte d'outre-Atlantique, également appelé « pou du pneu », vivant dans les cimetières de voitures de Floride.

« Les gens chic de Miami présentent souvent des routipèles grillées à l'heure des cocktails. Nous y avons goûté. L'animal se nourrissant presque exclusivement de chambres à air, nous avons trouvé que sa chair avait un très fort goût de caoutchouc brûlé. »

Philippe Couderc, *Le Nouvel Observateur*,
rubrique du « Fidèle gastro »

S

Salsacolita : Plat mexicain à base de haricots rouges, accompagnés d'une purée de haricots rouges, que l'on sert avec des crêpes de farine de haricots rouges, de la confiture de haricots rouges, et de la tequila. Ce plat a été rendu célèbre par la chanson qui porte le même nom :

« Con la salsa
Y con la lambada
Por el hombre, por la mujer
Se trata de beber
La buena tequila
Se trata de comer
La salsacolita. »

« La salsacolita est un peu lourde, écœurante, farineuse et plus que rustique, mais quel dépaysement ! Quelle détente, à l'escale, de se régaler d'une salsacolita. »

La Bonne Nourriture en altitude, par François Barzoulet,
directeur adjoint du service des plateaux-repas d'Air France

Saraboudjian : Marteau de girofle servant à enfoncer les clous du même nom dans les rôtis arméniens. Ne pas confondre avec le mot sourbadjian qui désigne une paire de tenailles de girofle servant à arracher les clous du même nom au moment de consommer le rôti en question.

« Viens mon amour sur la table de fête
Viens célébrer notre bonheur nuptial
Que le vin fort qui nous monte à la tête

Se mêle au son des violons de ce bal
Vite apportez les rôtis les volailles
Que les épices excitent notre sang
Et dans le chant le bruit de la ripaille
Amis dressons notre saraboudjian. »

Chanson de Charles Aznavour recueillie dans la corbeille
à papier de l'hôtel de la Coquille, Dieppe, 1965

Sargolin (Sébastien René): Écrivain français, véritable auteur de *La Marseillaise*. En 1788, Sébastien René Sargolin compose à Marseille une chanson destinée à être chantée à l'Alcazar, music-hall datant de la période romaine. Les paroles étaient légères, mais plaisantes:

« *Elle est jolie*
La Marseillaise
Quand on la voit
On se dit, vivement qu'on l'embrasse… »

La chanson aurait pu avoir un grand succès mais la Révolution entraîna la fermeture de l'Alcazar, qui servit de local au Comité phocéen de salut public. Rouget de Lisle, officier en permission à Marseille où il s'était rendu pour voir sa sœur Simone, brodeuse chez Mouchard et Broudet, 114, rue de Paradis, était allé à l'Alcazar et avait entendu la chanson. On ne peut pas dire qu'il a vraiment copié ses paroles, mais il est certain qu'il a « piqué » le titre. De retour à Paris, Rouget de Lisle écrivit la nouvelle version de *La Marseillaise*, et la fit entendre un soir à quelques amis, dont Maximilien de Robespierre. Robespierre l'aima beaucoup, il la chanta à Mirabeau, qui la fit entendre à Danton, qui la fredonna à Camille Desmoulins, à Saint-Just, et la chanson fit la carrière que l'on sait.
Encouragé par le succès, Rouget de Lisle, qui avait démissionné de l'armée, voulut se lancer dans le monde du spectacle. Il déposa 1257 titres à la Société des Auteurs: *La Toulonnaise, La Lyonnaise, La Bordelaise*, puis emporté par son élan, *La Japonaise, La Javanaise* et *La Gabonaise*. Suivirent *La Toulousaine, La Strasbourgeoise, La Dieppoise, La Parisienne*, mais trouver le titre n'est pas tout. Rouget de Lisle avait mis toute son énergie, toutes ses

idées, tout son talent dans *La Marseillaise*, il ne put jamais écrire les paroles correspondant aux 1257 titres qu'il avait déposés.
Bizarrerie et ironie de l'histoire, Sébastien René Sargolin, auteur de la première *Marseillaise*, était resté à Marseille pendant toute la Révolution. Il épousa en 1796 Simone, la sœur de Rouget de Lisle, et le couple racheta l'entreprise de broderie Mouchard et Broudet, 114, rue de Paradis. Leur fils, Louis, dit Loulou, qui leur succéda, réussit pour la première fois dans l'histoire du textile à broder un crocodile sur une chemise, idée qui fut reprise par Lacoste cent cinquante ans plus tard.

> *« Certes, le rôle de la critique n'est pas de dénigrer systématiquement les auteurs, mais pour moi, Rouget de Lisle n'est pas autre chose qu'un gros feignant. »*

Sainte-Beuve

Sélitophrénie : du latin *selitus* (dresser) et du grec *phrenitos* (posséder, serrer, maintenir, tenir un fromage). Art du dressage du corbeau utilisé par les bûcherons qui n'ont plus de quoi nourrir leurs enfants et qui ne souhaitent pas les abandonner dans la forêt. Pour gagner leur vie, les bûcherons se recyclent dans la chasse au renard, et pour ce faire, pratiquent le quipolinage (voir ce mot).

> *« La sélitophrénie consiste essentiellement à apprendre au corbeau à tenir dans son bec un fromage, ce qui n'est pas évident. Le corbeau possédant un bec plus petit que la plupart des fromages connus, les dresseurs commencent à travailler avec l'animal en lui faisant tenir des fromages très petits (Apéricubes) puis des quartiers de fromage (Vache qui rit), puis des demi-pont-l'évêque, et passent ensuite au camembert et au reblochon. La roue de gruyère est exclue.*
> *Pour ce qui concerne les fromages forts (genre roquefort), il est recommandé de les adoucir avec du beurre. On évite également l'utilisation du munster tel qu'il est consommé généralement car le corbeau n'aime guère le cumin. Lorsque le volatile a pris l'habitude de tenir dans son bec un fromage (ce qui peut prendre des mois, voire des années), il reste à résoudre un problème important : habituer le corbeau à être perché sur un arbre sans être déséquilibré par le poids du fromage, donc sans tomber, ou lâcher le fromage, ce qui flanquerait tout par terre.*
> *La dernière difficulté, pour les dresseurs de corbeaux, consiste à habituer*

l'oiseau à voir arriver un renard par l'odeur alléché sans s'enfuir en abandonnant le fromage. Pour ce faire, les dresseurs utilisent des renards en peluche ou en matière plastique, et, depuis quelques années, projettent au corbeau des images de renards à l'aide de cassettes vidéo ou C.D.-Rom.»

Techniques de pointe, écologie et fromage artisanal,
Presses universitaires de France

Séraphistolique : Qui a trait à la différence entre la phrase écrite et la phrase parlée, qui peuvent avoir des sens complètement différents à cause d'une majuscule.

Exemple de phrase séraphistolique :
«Le principe de Peter n'a rien à voir avec l'action de péter.»

Le Vocabulaire facile, par Lupale et Glandier, instituteurs

Sharaganisha : Ensemble des six noms indiens désignant les dieux dont le corps porte la tête d'un autre homme ou animal et ceux où la tête d'un homme ou animal est posée sur le corps d'un homme ou animal différent. Ganesh : homme à tête d'éléphant ; Naguesh : éléphant à tête de vache ; Nashga : vache à tête d'homme ; Guashna : vache à tête d'éléphant ; Gueguesh : éléphant à tête d'homme : Neshguesh : homme à tête de vache.

«L'homme à tête d'homme, l'éléphant à tête d'éléphant et la vache à tête de vache portent un nom normal : homme, vache et éléphant. Les noms indiens pour désigner l'homme, la vache et l'éléphant se trouvent dans tous les dictionnaires indo-français.»

Paul Poutard, *En route pour le Nirvana*

Shidorishawa : Massage de la main utilisant la même technique que le massage du pied (voir ubhnayangana).

Slachetrot : Grand manteau dont le bas est très large.

«Je ne saurais décrire l'émotion qui s'empare de moi chaque fois que je vois la photographie du général de Gaulle se promenant sur la lande irlandaise enveloppé dans son slachetrot. De loin, on dirait la tente du cirque Zavatta.»

Émile Fondreux, professeur à l'École du cirque

Solouzar : Chien affectueux d'origine portugaise et obtenu par croisement d'un épagneul du Caucase et d'une levrette. Ce chien est d'une haute taille et d'une grande bravoure.

« Mon père, ce héros au sourire si doux
Suivi d'un solouzar qu'il aimait entre tous. »

Victor Hugo

Soupiche : Rasoir extrêmement sophistiqué composé d'un manche magnifiquement ouvragé et d'une lame en acier de Damas fixée sur une pierre ponce. Cet objet permet aux Arabes nomades se trouvant loin d'un point d'eau de se raser à sec. La lame coupe le gros du poil, et la pierre ponce use ce qui reste et élimine les rugosités, ce qui donne à la peau une douceur incomparable et la fraîcheur du propre.

« J'ai vu hier soir monsieur Yasser Arafat à la télévision. Il faut pas être bien malin pour s'apercevoir qu'il y a un bout de temps qu'il ne s'est pas servi de sa soupiche ! »

Propos recueillis auprès de madame Moulard,
concierge au CNRS

Surgolin : Bateau à fond de verre opaque remplaçant les bateaux à fond de verre transparent dans les régions où les fonds marins sont sans intérêt.

« N'ont-ils pas honte, ces députés, ces sénateurs, d'offrir au pays le répugnant spectacle des crabes mous de la gauche, des méduses gluantes de la droite, des pieuvres sournoises du centre grouillant dans la vase nauséabonde des assemblées et qui masque l'admirable vision des grands fonds de la République ? Oui, il nous faut un chef. J'en appelle à la mémoire des Jean Bart, des Surcouf, des Cousteau ! Il faut qu'un capitaine prenne en main le gouvernail du Surgolin et dissimule aux yeux du monde l'affligeant tableau de la démocratie bafouée. »

Lucien Frizeau, secrétaire général
de l'Association mondiale des comités de soutien

T

Tagadagadisme : système musical mis au point par le célèbre mathématicien et compositeur de la cour de Vienne Adrecht von Wispergrantz, et qui consiste à découper une phrase mélodique selon un schéma extrêmement précis :

123 . 123 . 123 1 . 2

123 . 123 . 123 1 . 2

Cette formule est évidemment difficile à retenir. Pour s'en souvenir, les musiciens professionnels utilisent un moyen mnémotechnique. Au lieu de compter, ils chantent :

Tagada Tagada Tagada Tsoin Tsoin.

« Le tagadagadisme a véritablement changé les rapports entre musiciens. Quelle émotion lorsqu'on voit un chef d'orchestre coréen ou turc diriger l'orchestre philharmonique de Philadelphie, de Santiago du Chili, de Nouvelle-Zélande ou d'Auvergne et faire comprendre par ces simples syllabes Tagada, Tagada, Tagada, Tsoin Tsoin, le sens profond d'une œuvre et son message pour l'amour et la compréhension des peuples. »

André Pignon, membre de la Sacem

Tarpouine : Serviette éponge, bénie par la Curie romaine et envoyée par le pape, le jour de la fête des pères, aux rois de France ayant eu plus de trois enfants dans l'année. Elle était ornée de broderies représentant trois fleurs de lys entremêlées avec les armes du Vatican, et comportait également, en bas et à droite, une inscription « pur coton ». Cette serviette ne devait jamais être vue par les courtisans, à l'exception des princes de sang, et encore, jamais deux fois de suite.

« Je viens vous conter, ma toute bonne, la chose la plus incroyable, la plus merveilleuse, la plus insensée, la plus divine, la plus délicieuse, la plus surprenante, la plus inattendue, la plus imprévisible qui soit. Hier à Versailles, dans les petits appartements, Sa Majesté sortait de prendre son bain lorsque je la croisai dans le couloir. Me croirez-vous, ma toute bonne, j'ai vu sa tarpouine. »

Lettre de madame de Sévigné à sa fille,
madame de Grignan, dite Loulou

Trabidoine : Nourriture fade, sans originalité, mal cuite, mal réchauffée, présentée sans goût ni originalité dans un conditionnement extrêmement peu pratique. Par extension : chose immangeable.

Exemple : *« Les plateaux-repas d'Air France sont des trabidoines. »*

Trablote : Papier tue-mouches sans colle utilisé dans les pays extrêmement froids, donc sans mouches. L'absence de colle et surtout le fait que ces bandes de papier n'aient aucune utilité dans la destruction des diptères permettent aux autochtones de se servir des trablotes comme objets de divertissement. Peintes de couleurs vives et ornées de motifs géométriques ou fleuris, elles sont agitées par les consommateurs venus chercher un peu de chaleur dans les débits de boissons.

« J'entrai dans la grande salle du Golden Penguin, *et fus immédiatement transporté d'aise. De ravissantes jeunes femmes circulaient entre les tables, plaisantant avec les clients et leur servant des pintes de bière, en riant aux éclats à la vue des trappeurs qui tentaient d'attirer leur attention en exhibant leurs trablotes. »*

Paul-Emile Victor, *Terre Adélie by night*,
éditions Nouvelles Frontières

Trablougnard : Ingénieux dispositif utilisé par les cavaliers bourguignons à l'époque des croisades. Ce système était constitué d'un sommier pivotant, fixé à l'intérieur de l'armure et qui s'abaissait vers l'arrière, permettant au croisé de s'allonger sur la croupe du cheval, l'armure restant à la verticale, ce qui faisait croire qu'il était toujours assis.

« Il marchait, roi venu des pays d'Occident
Dressé sur son superbe et fougueux alezan
Et devant lui, soudain, s'estompaient les brouillards
Ah ! qu'est donc devenu son noble trablougnard ? »

Jean Chrétien Binot, *Chants épiques de Jérusalem*

TRAPALON : Mot d'origine anglaise (de *trap*, « piège »). Se dit lorsqu'un impôt supplémentaire est créé par l'État dans un but précis, et que l'argent sert à tout autre chose que ce pour quoi il avait été prévu.

« Moi, j'ai pas peur de le dire. La vignette pour les vieux et l'impôt sécheresse, c'est des trapalons ! »

Alfred Lombier, bar-tabac *La Gauloise*, Saint-Méletier-sur-Sauge

TRAPEZOUILLER : Régaler un invité en lui faisant déguster des pattes de crabes aux nouilles.

« C'est alors que je partis pour la Grèce, où je connus un jeune pêcheur qui me trapezouilla délicieusement. »

Roger Peyrefitte, *Du soleil sur ta peau moite*,
Gallimard et Gibert Jeune éditeurs

TRASHINIQUE (alphabet dit) : Alphabet qui depuis près de deux siècles passionne, divise et intrigue les linguistes, géographes et historiens du monde entier.

Cet alphabet fut découvert dans les ruines d'un temple inca, à Schmilodarnösc, en Pologne. La question que se posent surtout les géographes et historiens est évidemment celle-ci : comment un temple inca a-t-il pu être construit en Pologne ? S'agit-il d'un temple polonais inspiré de l'architecture inca ? Les Incas ont-ils, à un certain moment de l'histoire du monde, occupé la Pologne ? Y a-t-il eu des échanges entre les populations incas et polonaises ? Mais dans ce cas, pourquoi ne trouve-t-on pas d'églises ou de synagogues polonaises en ruine dans les Andes et au Pérou ? On peut avancer toutes les hypothèses, mais seules les hypothèses avancent.

Là où la situation se complique et là où interviennent les linguistes, c'est que cet alphabet découvert en Pologne dans les ruines d'un temple inca n'est ni un alphabet inca, ni un alphabet polonais.

Mais les signes, dira-t-on, les lettres? Elles peuvent servir à une recherche en profondeur. Champollion, lorsqu'il découvrit la signification des hiéroglyphes égyptiens, a travaillé par association d'idées, par déduction, par tâtonnements. Ne peut-on en faire autant? Hélas non. Car le manuscrit de cet alphabet trashinique, déposé à la bibliothèque du couvent de Saint-Gontran-des-Leggins en Écosse pour être confié à une équipe de moines parlant inca et polonais, fut détruit en 1834 lors d'un incendie. Les moines venaient de découvrir le son correspondant aux lettres et leur signification. Le tout avait été consigné sur trois feuilles de parchemin.

Le supérieur du couvent, Dom McGayver, ne réussit à sauver qu'une seule feuille. Celle-ci donne le son et la prononciation des lettres, mais les signes ont brûlé.

« Cet alphabet comporte 26 lettres, dont nous connaissons bien la prononciation, et qui ne nous sert à rien, comme tout le monde peut en juger:

Zap	*Trupel*
Kloch	*Fris*
Mil	*Guilib*
Nup	*Natroc*
Roz	*Vluch*
Tru	*Tib*
Vig	*Copiu*
Gotto	*Turlu*
Baluch	*Rigobel*
Pougnal	*Nanab*
Nataro	*Resu*
Anab	*Amat*
Bizoub	*Kinolo* »

Gontran von Mieschlick,
conservateur du musée du Livre, Hambourg

Trompiche : Tapis de mousse, poussant à l'ombre des chênes-lièges, sur les sols riches en argile et légèrement phosphatés des forêts situées au sud du 37e parallèle.

> *« Je sentis tout à coup un trouble m'envahir. Une sensation très forte me pénétra sans que j'en comprisse les raisons. J'allais m'abandonner à ce plaisir nouveau lorsque je découvris les raisons de cet étrange bien-être. Je m'étais assis sur une trompiche. »*

François René de Chateaubriand,
Atala, René, Natchez et les autres

Trompier : Prise de conscience de la toute-puissance de Dieu. Selon le trompier, Dieu est unique et multiple, bon et cruel et devrait pouvoir se placer dans la catégorie des welters (1,75 mètre, moins de 70 kilos).

> *« Qui suis-je en ma perverse et troublante espérance ?*
> *Mon espoir ? Le trompier, le trompier. Le trompier ! »*

Stéphane Mallarmé, *Poésies*, éditions La Déprime, 1904

Troupille : Indemnité réclamée par les armateurs lorsqu'ils ont à transporter dans la soute des bateaux à voile des marchandises contenues dans des caisses carrées. En effet, la coque des bateaux à voile étant arrondie, lorsqu'on empile des caisses carrées les unes sur les autres, il y a de la place perdue, ce qui n'est pas le cas lorsqu'on transporte du grain en vrac.

> *« Monsieur de Saint-Gévry réunit le conseil. "On vous demande, dit-il, d'acheter un navire pour transporter des caisses de billes." Le conseil délibéra et estima que cela ne valait pas la peine que l'on s'escrimât pour si peu et que l'on travaillât pour des troupilles. »*

Eugène Glabeux, *Deux cents familles qui ont fait la France*

Trumouard : Flûte à bec, comportant cinq trous, une vessie centrale et un rouleau à bras et produisant un son aigrelet. Le son aigrelet est utilisé par les bergers du Poitou pour faire tourner le lait sans avoir à user de produits chimiques.

«Le soleil, dans sa course fantasque, jouait d'ombres et de lumière sur les colonnes du temple de Psychios. J'entendais les bergers qui jouaient dans la plaine. En viendra-t-il un seul ? criait la voix de ma jeunesse, qui s'avance vers moi et pose entre mes mains son juvénile trumouard.»

Henry de Montherlant, *J'y pensais déjà tout petit*,
éditions Lospichios

U

Ubhnayangana : Massage des pieds utilisant les mêmes techniques que le massage des mains (voir shidorishawa).

Ubrovisation : Thérapeutique sexuelle consistant à vaporiser des produits à base de camphre et d'eucalyptus sur les poils pubiens des partenaires afin de dégager le nez pendant les rencontres.

« En apesanteur, nous avons souvent les narines bouchées. Mais comme nous flottons dans l'air, il nous est très difficile de pratiquer l'ubrovisation. »

Eugénie Svanarguine, cosmonaute russe, Mission nasale, 1981

Uclivette : Bouton-pression orthopédique installé par les chirurgiens de montagne sur les skieurs de haut niveau. La partie mâle se greffe derrière l'oreille, et la partie femelle sur l'oreille elle-même. Avant de s'élancer sur la piste, les sportifs appuient sur leurs oreilles et celles-ci, maintenues par le bouton-pression, offrent moins de résistance au vent, ce qui permet de gagner ainsi quelques centièmes de seconde au cours des compétitions.

« J'aurais pu gagner si on avait mieux réglé mes uclivettes. »

Henri Oreiller, Jeux olympiques d'hiver, Megève, mai 1963

Upatroune : Pelle sans manche, fixée sur la ceinture des soldats des brigades de terrassiers aéroportés pendant la dernière guerre. Elle permettait à ces hommes de troupe de creuser des tranchées en rampant sans risquer d'être abattus par l'ennemi.

«Les Allemands n'auraient jamais franchi la frontière si on avait consacré l'argent gaspillé à construire la ligne Maginot pour former des soldats sachant se servir de leur upatroune.»

Généraux Challe, Zeller, Jouhaud et Salan. Discours collectif prononcé le 29 mai 1962 pour l'inauguration du nouveau réfectoire de l'École interarmes de Saint-Cyr

URTICOLE : Qui possède des trous de nez plus larges que les doigts.

«Les analyses les plus poussées du pekinesis sinanthropus *et le fait qu'on ait trouvé trois phalanges de la main droite dans ses narines nous permettent d'affirmer que l'ancêtre de l'Homo sapiens était urticole.»*

Teilhard de Chardin, *Journal intime*

URZIBOLE : Qui concerne exclusivement les plumes du corbeau.

«Les poils de rat, de chat, de tigre, de furet, de lapin, de hamster, les écailles de rouget, la carapace de tortue, les plumes d'aigle, la peau de serpent, et d'une façon générale tout ce qui n'a rien à voir avec les plumes de corbeau n'est pas urzibole.»

Règlement de la douane au sujet des importations d'animaux marchant, nageant ou volant

URZOUILLE : Encre sympathique américaine, mise au point par les services de recherches psychologiques de la NASA. Cette encre est tellement «sympathique» que lors des périodes dépressives parfaitement prévisibles en altitude, il suffit aux astronautes de sortir leur stylo et d'écrire quelques mots pour être immédiatement de bonne humeur.

«Il est vrai que c'est très pénible de rester longtemps en apesanteur. Ni la lecture, ni la musique, ni les cassettes de télévision ne peuvent nous faire oublier cette sensation d'isolement. Alors, lorsque nous sommes déprimés, fatigués, abattus, nous sommes bien contents de nous servir de notre urzouille.»

Anne-Marie Levinsky, conférence de presse au retour de la capsule Mariner 3

Urzubile : Qui ressemble à un poil de chien.

« Les plumes du corbeau ne sont pas urzubiles. »

Message envoyé par Radio Londres en 1943

Urzubilogue : Qui est en contact étroit avec les poils de chien.

Exemple : *« La puce est urzubilogue. »*

Urzubolique : Qui est très proche de la puce.

« Le chien est urzubolique. »

Usbuche (Jean-Sébastien, marquis d') : Médecin du roi Louis XIV, qui mit au point la tisane laxative qui devait soulager le monarque à Versailles en 1715. Malheureusement, le souverain décéda alors que le marquis d'Usbuche était encore dans le couloir qui menait à la chambre royale. Ce retard fatal fit grand bruit à la cour, où l'on déplora que le marquis d'Usbuche n'ait pas suivi l'exemple de Vatel qui, en 1671, s'était suicidé en avalant un sabre car on n'avait pas livré le poisson à la cour du prince de Condé.
Excédé, le marquis d'Usbuche quitta Versailles et partit pour les Amériques où il mit au point une boisson à base de cola.

Isaac et Mallet, *L'Histoire de France pour rigoler avec les copains*

Usbucher : Être en retard pour satisfaire un besoin naturel. Ne pouvoir résister à une envie incoercible. *Vulg.* : faire dans son futal (voir usbuche).

V

Vabalombo : Ancien nom de la ville indépendante de Plifondichar, située à l'est de la presqu'île de Gombos, État du Chminala. Occupée par les Rombas, puis par les Sheistiliis, les Gargongiens, les Roupiols, la ville change de nom à chaque occupation. Au cours de guerres diverses et tout particulièrement celle de 1909 (connue sous le nom de guerre de 1908 car, en fait, elle a eu lieu un an plus tôt), beaucoup d'affrontements sont signalés et tout particulièrement ceux qui mettent aux prises les généraux Labasbroche et Pigrochinon (bataille de Crombazi). Reprise par les Rombas en 1982, la ville change encore une fois de nom et devient Laplachobrot. (On distingue deux parties à Laplachobrot : Laplachobrot Nord, qui se situe au nord, et Laplachobrot Sud, qui se trouve de l'autre côté.)
Malgré ses changements de noms successifs, la communauté internationale continue de la nommer Vabalombo, sans doute parce que les autorités du pays ont oublié de communiquer le nouveau nom aux ambassades[1].
Le statut particulier de Vabalombo justifie que beaucoup d'Occidentaux rêvent de s'y établir. Les avantages sont nombreux. On peut par exemple stationner dans les rues n'importe où et aussi longtemps que l'on veut. Il suffit pour cela d'acheter (en argent liquide) une autorisation. On peut également obtenir rapidement des licences d'importation, avoir des permis de construire, blanchir de l'argent, changer de nom, faire virer des fonds sur un compte numéroté, etc. Et ce, en vertu d'un principe éminemment

---

1. Un peu comme la ville de Toulouse, en France. En effet, depuis 1982, Toulouse s'appelle « Gradube », mais personne ne semble en tenir compte. (Note de l'auteur.)

démocratique qui se trouve inscrit dans la loi : *Les hommes naissent libres et égaux, et peuvent obtenir n'importe quoi, à condition d'avoir du pognon.*

« Franchement, cette ville de Vabalombo est fantastique ! Et en ce qui concerne les avantages dus à l'argent, c'est bien simple, on dirait la Suisse ! »

Simon de Rothschild, banquier

Vanitroïde : Phrase que les membres mâles de certaines sociétés religieuses se font tatouer sur le sexe pour affirmer leur profession de foi dans l'humilité, car on ne peut la lire que sous certaines conditions érectrices.

« J'aperçus un homme nu dont la verdeur m'affola. En effet, bien qu'il fût à plus de 5 mètres de moi, je pouvais lire sur son sexe cette vanitroïde : "Christ est venu pour sauver le monde, et son exemple nous permettra d'envisager l'avenir du futur avec sérénité." »

Révérend Père Clazembœuf, extrait de *Nudisme et Spiritualité*,
éditions Soutane et Loisirs, Fatima, 1956

Varoutique : Propriété de ce qui ne peut être expliqué d'une manière simple, et qui, au fur et à mesure qu'on tente de la simplifier, ne cesse de se compliquer.

« L'histoire de Vabalombo (voir ce mot) *est varoutique. »*

Précis de rhétorique pure et dure,
éditions de la Rigueur suisse, Bâle, 1875

Vatrabiane : Langue internationale, créée en 1932 par un groupe d'humanistes apatrides, dans le but de remplacer l'espéranto, jugé trop compliqué. Présenté à la Société des Nations au cours d'un dîner où furent servis symboliquement du couscous à la carpe farcie, des frites au soja et du requin frit, ce langage ne fut pas adopté car il ne comportait qu'une seule phrase : « YAJ RAPLOTE MULULU CONOCHE » (Ton copain le journaliste n'a pas fermé la fenêtre), avec un certain nombre de variantes.

Encyclopédie : la Vatrabiane est composée d'une seule phrase, mais celle-ci peut se décliner. L'expression RAPLOTE MULULU *(littéralement : refuser de fermer une fenêtre à coulisse) ne s'applique que dans le cas où l'action est menée par un sujet exerçant*

une profession libérale (exemple: un journaliste) ; si la fenêtre est fermée par un ouvrier d'usine (RATOPLO, *l'ouvrier poseur de boulons),* KAPALICH *(conjugaison au mode présent à la troisième personne du singulier du verbe kapaloch: prendre à pleine main une poignée),* MULULU *(de la fenêtre),* CONOCHE *(dans le but de la fermer). La déclinaison normale pour une fenêtre fermée par quelqu'un qui n'est pas un journaliste devient donc:* YAJ RATAPLO KAPALICH MULULU CONOCHE. *Si le sujet qui ferme la fenêtre n'est pas un copain de celui qui détermine l'événement, il convient de remplacer le mot YAJ (ton copain) par* LABAZU MELINI KOKO PULATIC *(qui signifie: celui que tu ne connais pas). Donc, dans le cas où c'est un inconnu qui ferme la fenêtre, la phrase correcte est:* LABAZU MELINI KOKO PULATIC KAPALITCH MULULU, CONOCHE *(toujours s'il s'agit d'un ouvrier poseur de boulons), ou* LABAZU MELINI KOKO PULATIC RAPLOTE MULULU CONOCHE *(s'il s'agit d'un journaliste).*
Si personne ne ferme la fenêtre, il convient de dire: GRA BLATOMEK *(dans le cas où elle est déjà fermée), et* LULU MAKINI *(dans le cas où elle est ouverte).*

VÉTARZE: Sorte de fouet constitué par des lanières plombées fixées sur une clarinette, et qu'utilisaient les jésuites mélomanes pendant l'Inquisition. Cet instrument leur permettait de faire de la musique pendant l'application des sentences, ce qui couvrait les cris des victimes. Après la Déclaration des droits de l'homme, il ne fut plus utilisé que dans un contexte érotique.

«Je n'étais au service de monsieur le marquis que depuis deux journées lorsque, passant devant son boudoir, j'entendis qu'il maltraitait une soubrette à grands coups de vétarze.»

Témoignage de Francis Béroulet-Giblon, valet de chambre du marquis de Sade, lors du procès de 1768

VIRZOUTE: Boussole ronde et plate utilisée par les astronautes.

«Les images transmises par Arabsat étaient d'une telle netteté que le chef de la mission, le commandant Malotin, a pu nous montrer en détail la cabine spatiale et comment s'organise la vie à bord. À un moment, l'image était si précise que nous avons pu voir sa virzoute.»

Communiqué à la presse de monsieur Malodeau, directeur du Centre de Kourou, Guyane

Vrombadon : Également nommé «rigolo des branches». Oiseau dont le comportement singulier stupéfie les ornithologues. Le vrombadon hurle de rire chaque fois qu'il fait des petites crottes en chapelet.

Vrombizèle : Qui concerne les excréments des vrombadons, des vroubales, des vrombiches et des vrombizotes (voir ces mots). Il s'agit d'oiseaux exotiques dont le comportement très particulier étonne depuis des siècles les ornithologues. En effet, les vrombadons, les vroubales, les vrombiches et les vrombizotes émettent des sons et gloussements que l'on peut comparer à des éclats de rire, et semblent vraiment s'amuser comme des fous lorsqu'ils font leurs besoins.

> *«On dit que la France a choisi le coq comme symbole car c'est le seul oiseau qui chante dès le matin avec les pieds dans la merde. Que dire alors des vrombizèles pour qui rien ne semble plus drôle que d'aller à la toilette?»*
>
> Buffon, *Histoire générale des mammifères, insectes et volailles qui rotent et qui pètent*

Vrombiche : Également nommé «poilant des feuillages». Oiseau dont le comportement est une véritable énigme pour les ornithologues. Le vrombiche ramène ses ailes sur son ventre, et se tient les côtes pour rire à gorge déployée en expulsant d'énormes étrons.

Vrombizote : Également nommé «marrant des sous-bois». Oiseau dont le comportement unique a provoqué beaucoup de réactions dans le monde de l'ornithologie. Le vrombizote est le seul oiseau de la catégorie des vrombizèles qui ne semble pas éprouver de plaisir particulier en déféquant. En revanche, il rira jusqu'à la suffocation en urinant, allant jusqu'à tourner sur lui-même pour arroser son environnement.

Vroubale : Également nommé «joyeux des arbustes». Oiseau dont le comportement ne cesse de passionner les ornithologues. Le vroubale lance des cris de bonheur dès qu'il a la diarrhée.

W

Washabishi : Sommet de l'art culinaire japonais consistant à ne faire cuire que ce qui est cru.
« Les cuisiniers qui préparent les repas pour notre compagnie ont beau faire partie de l'élite des grands chefs, nous sommes obligés de reconnaître qu'aucun d'eux ne peut égaler la maîtrise et le raffinement des chefs japonais et de leur washabishi. »

Adrien Gonflot, sous-directeur du service des plateaux-repas à Air France

Watapooka : Mot esquimau, désignant les outils de la catégorie des pieds-de-biche.

« Le mot originel est ouat apouka, littéralement: nageoire de phoque. Interprétation bien compréhensible car les Esquimaux n'ayant jamais vu de biche ont remplacé le mot "biche" par "phoque", et les phoques n'ayant pas de pieds, le mot "pied" par le mot "nageoire". Cela dit, le terme "watapooka – nageoire de phoque" est très peu souvent employé, et l'outil ne l'est pas non plus. En effet, un pied-de-biche étant un levier à tête fendue servant à arracher les clous ou forcer les coffres, les Esquimaux n'ont aucune raison de l'utiliser, puisque dans leurs igloos, ils n'ont ni coffres, ni clous. »

Paul-Émile Victor, *La Cervelle au-dessous de zéro*, Häagen Dazs éditeur

Wâtrenien : Défenseur et partisan de la théorie de Wâtre (Jean Gabriel, 1726-1802) qui démontra que tout principe permettant d'établir une loi

quelconque dans un domaine déterminé ou non est inversement proportionnel au principe qui démontre le contraire.
« Giscardiens, chiraquiens, rocardiens, tout ça est à mettre dans le même panier. On ne construira pas une France forte ayant un avenir assuré avec des wâtreniens pareils ! »

Francis Giboton,
président du mouvement Virez-les tous !

Wifing : Appareil américain utilisé dans la préparation des hot dogs et permettant de raccourcir les saucisses pour que celles-ci ne dépassent pas des petits pains lorsqu'ils ne sont pas assez longs. Il existe une version dite « roll around » pour aménager le diamètre des hamburgers selon que la rondelle de steak haché est plus large, ou plus étroite, que le pain rond destiné à la contenir.

« Listen, asshole, if you don't give me the number of bottles of boose I ordered, I'll put your dick in the wifing ! » (Écoute, trou du cul ! Si tu ne me donnes pas le nombre de bouteilles d'alcool que je t'ai commandées, je te fous la queue dans le wifing !)

Phrase attribuée à Al Capone après le massacre de la Saint-Valentin,
au cours d'une conversation à bâtons rompus avec Frank Nitti,
dans le débit de boissons clandestin de Joë Liquors, Chicago, 1937

Wigrochkraïa : Dispositif mis en place avant la disparition de l'URSS par les savants soviétiques spécialisés dans l'étude de la faune sous-marine et consistant à conditionner des requins à nez courbe et pointu (dits requins-faucilles) – principalement répandus dans la mer d'Azov – pour les associer dans les aquariums d'État avec des requins-marteaux. Les touristes occidentaux pouvaient ainsi, au cours des visites de musées océanographiques, constater par la vue de ces couples de requins-faucilles et requins-marteaux qu'à tout instant, à tous les postes et en tout lieu, la doctrine révolutionnaire était toujours présente.

Cf. Archives France-URSS

Wilopiau : Sucreries disposées en pyramide lors des réceptions officielles que donnent les diplomates français à l'étranger.

« Monsieur l'ambassadeur, avec votre wilopiau, vous nous avez gâtés. »

« Scène de la vie diplomatique », télévision française, 1995

Wo (Chan Pee Chieng) : Le plus célèbre des cuisiniers chinois du XXe siècle. Sa cuisine nuancée, son art subtil des mélanges, sa recherche des saveurs inspirèrent presque tous les grands chefs contemporains : Roger Vergé, Paul Bocuse, Alain Senderens, Guy Savoy, Joël Robuchon, Alain Chapel, Wolfgang Puck. Tous ces chefs reconnaissent en lui un maître et un novateur. Wo tenait à Shanghai un restaurant particulièrement prisé par la haute société chinoise et la riche clientèle internationale.

« Le décor est splendide et la nourriture divine. Nous vous recommandons particulièrement le sauté de wo. »

Guide du Routard, 1934

Wooglo : Pâte épaisse d'origine africaine utilisée pour faire des pâtisseries longues et minces recouvertes de chocolat.

« Le serveur noir tendit le plateau de wooglos.
– Ah, des wooglos, dit le nonce apostolique en saisissant une pâtisserie.
– Ah, non, dit le serveur noir avec un grand sourire, ça, c'est mon doigt ! »

« Réceptions, noces, banquets en Afrique »,
brochure éditée par le ministère des Affaires étrangères

Woooo : Terme symbolique que les joueurs de Scrabble utilisent pour désigner un mot pratiquement impossible à placer. En effet, il n'y a pas quatre O dans les lettres du jeu de Scrabble.

« Tout jeu de Scrabble possédant cinq ou six O et permettant ainsi de contourner le woooo est considéré comme la preuve d'une action illicite et frauduleuse. »

Ministère de l'Intérieur, circulaire du Service des Jeux, 1975

Wouchimou (du chinois wu-shi-moo) : Gâteau de riz de la région de Shanghai représentant la participation chinoise à la coopération internationale dans le domaine de la recherche spatiale. Les États-Unis apportent leur technologie dans le domaine des carburants et de l'ensemble des forces motrices, l'Europe fournit l'essentiel des techniques de pointe pour ce qui concerne le matériel d'observation et d'analyse. La Russie et l'Inde contrôlent la sécurité au niveau de la stratosphère et la Chine a mis au point le wouchimou, gâteau de riz contenant tous les éléments nécessaires à l'alimentation en apesanteur (produits lactés, sucre, amidon, vitamines, fer, cuivre, sodium, etc.).

« Après une journée de travail, nous pouvons alors nous détendre, écouter de la musique et déguster notre wouchimou. Personnellement, je le préfère avec une sauce à la vanille. Malheureusement, en apesanteur, je suis souvent obligée de rattraper ma sauce avec mon roupatongue » (voir ce mot).

Hélène Chambrignard, cosmonaute française,
Cité du Soleil, Bungalow 77 A, Russie

WURSTERBLAQUE (triptyque de) : Célèbre triptyque alsacien ornant le mur dit « de la dévotion » (à droite en entrant) de la cathédrale Sainte-Gertrude-du-Henné, patronne des shampouineuses. Il est l'œuvre du peintre florentin Giacomo Savati, et représente, au centre, la Vierge en tenue de cheval jouant au polo, à gauche, Joseph rabotant une chaise longue, et à droite, l'enfant Jésus en train de manger une banane.

« Ce matin, le cardinal Francesco de Vinci, descendant du peintre Léonard du même nom, s'est longuement arrêté devant le triptyque de Wursterblaque. Mgr de Vinci, qui parle dix-sept langues, a déclaré en français : "C'est beau." »

Le Figaro, édition de Strasbourg, pages religieuses

WZIBROQZKI (règle de) : Règle mathématique à laquelle le célèbre mathématicien polonais a donné son nom, et selon laquelle la hauteur d'un pied de chaise doit toujours être inférieure à la hauteur d'un pied de table si, assis sur la chaise, on veut avoir la place de glisser les genoux sous la table.

« Nous devrons indiquer aux élèves que cette règle peut être modifiée, selon l'épaisseur du plateau de la table et l'existence éventuelle d'un coussin rehaussant le siège. »

Traité de trigonométrie panazoïque et de géométrie simplifiée, publié
par le comité d'Étude des études de comités

X

Xapelisovu (méthode du) : Technique mise au point par les chercheurs du ministère de l'Éducation nationale pour aider les jeunes enfants à mieux parler dès l'école maternelle.

« En principe, l'usage veut que l'on apprenne à l'enfant à parler en prononçant les sons B.A. BA.

Le B.A. BA a du bon, mais il est avant tout enseigné par la famille. Dès que l'enfant a été inscrit dans une crèche on indique au jeune le BA.BE.BI.BO.BU. La phrase n'est pas rébarbative, mais elle peut être lassante chez un sujet sensible.

Aidés de pédiatres, de linguistes, de psychologues et d'éducateurs, les chercheurs du ministère de l'Éducation nationale ont effectué des tests sur plus de 10 000 enfants. Si l'on remplace le BABEBIBOBU par LALELILOLU, ou MAMEMIMOMU, on atteint très vite le seuil de patience des petits garçons et des petites filles. Ceux-ci ne supportent pas plus RARERIRORU, PAPEPIPOPU, FAFEFIFOFU ou DADEDIDODU.

L'idée est donc venue à deux chercheurs, André et Paul Siamois (que l'on nomme avec beaucoup d'humour au ministère de l'Éducation nationale les frères Siamois), de mélanger et utiliser diverses consonnes avec les voyelles AEIOU.

Les résultats sont étonnants : l'utilisation de VALERISOTU, RAPETIZOLU, SAKENITOPU, etc., fait progresser l'enfant 50 à 100 % plus vite.

Signalons que la combinaison la plus efficace est XAPELISOVU. Elle a permis à plusieurs enfants ainsi éveillés de pouvoir jouer aux échecs dès l'âge de deux ans, et de suivre Des chiffres et des lettres *à la télévision. »*

« Personne ne sait encore pourquoi, mais les recherches continuent. »

« Les enfants ont la parole », *Magazine du futur tagueur*

Xelibette : Coiffure médiévale que portaient les femmes médiévales dans les villes médiévales à l'occasion des fêtes médiévales.

« La xelibette, j'adore ça, c'est, comment dirais-je, c'est médiéval ! »

Annette Richois, finaliste de l'élection Miss Poitou-Charentes

Xéniglobal : Qui concerne la formule mathématique permettant de calculer la surface de dix-sept triangles isocèles possédant plusieurs angles aigus adjacents à un certain nombre de côtés inégaux.

« Pendant des années, nos architectes ont passé des nuits entières, usant leurs pauvres yeux à aligner des chiffres, calculer des axes, et tracer des plans tant il fallait passer de temps pour résoudre les problèmes xéniglobaux. Fort heureusement, l'apparition de l'ordinateur a changé tout cela. »

Maurice Bligeois-Bouchard,
Comment construire une maison de maçon,
éditions Bouygues

Xéphalo : Abréviation de xéphalophrigianisme, effroyable mal de tête dont souffrent les buveurs invétérés lorsqu'ils sont privés de boissons alcoolisées et en contact permanent avec l'eau.

« Dans Venise qui bouge,
Pas un seul verre de vin rouge,
Pas une fine à l'eau,
XÉPHALO. »

Alfred de Musset, *Le Voyage sans alcool*

Xéphizoïde : Terme évoquant les difficultés rencontrées dans la traduction des grands textes, dans les pays où les différences sont trop grandes pour que ces textes soient compris. Par exemple, en langage eskimo, les *Fables* de La Fontaine sont xéphizoïdes.

« Prenons la fable de La Fontaine Le Corbeau et le renard :

"Maître corbeau sur un arbre perché
Tenait dans son bec un fromage."

Voyons quelles difficultés nous allons rencontrer en traduisant ce texte en eskimo !

1. Sur la banquise, il n'y a ni vaches, ni moutons, ni chèvres susceptibles de donner du lait. Donc, ne disposant pas de produits lactés, l'Eskimo ne sait pas ce que c'est qu'un fromage.
2. Sur la banquise, il n'y a pas d'arbre où pourrait se percher un corbeau.
3. Sur la banquise, il n'y a pas de corbeau.
4. Sur la banquise, il n'y a pas de renard.

La question qui se pose alors est celle-ci : faut-il adapter les grands textes, de telle sorte que les enfants eskimos puissent profiter des œuvres littéraires étrangères ? Doit-on écrire :

Maître Pingouin sur un iceberg perché
Tenait dans son bec une sardine ?

La question est posée. »

Alain, cours magistral de sémantique franco-eskimo, Collège de France

Ximinite : Escargot colombien que l'on trouve dans le Nord sur les plages du Sud, et dans le Sud sur les plages du Nord, ce qui prouve sa préférence pour le climat tempéré. Ce gastéropode possède une surprenante particularité. Comme le aï, animal paresseux, qui ne peut se nourrir que de feuilles d'eucalyptus, le ximinite ne se nourrit que de feuilles de cannabis. On retrouve donc dans sa chair toutes les substances propres à cette drogue douce, et sa consommation produit les mêmes effets.

Le ximinite, également nommé pour cette raison « escargot pétard », se prépare comme les escargots ordinaires (avec de l'ail et du persil). Le légume idéal pour l'accompagner est le champignon, hallucinogène ou non.

« Nous progressons de jour en jour dans notre lutte contre les passeurs de drogue. Dans les aéroports, pour détecter le cannabis dans les bagages, nous utilisons de moins en moins les chiens, et de plus en plus les ximinites. Ceux-ci sont sans égal pour repérer les suspects. Malheureusement, comme tous les escargots, le ximinite est souvent trop lent. »

Jean-Pierre Chevènement, ex-ministre de l'Intérieur,
du Coma et des Affaires étrangères

Xivèle : Maladie de l'orteil, et plus précisément du petit doigt du pied gauche. Selon un processus mal expliqué par la médecine, ce doigt de pied se développe anormalement et peut mesurer de 10 à 14 centimètres. Cette anomalie était considérée au Moyen Âge comme une manifestation du diable. On pensait que cette malformation de l'orteil était le premier stade avant l'apparition du pied de bouc.
De nos jours, on opère très facilement la xivèle, et depuis 1975 les banques d'organes cherchent à récupérer ces doigts de pied anormalement longs pour les greffer à la place des doigts de la main chez les accidentés du travail.

> *« Je souffrais de xivèle. Ma vie a changé depuis qu'on m'a greffé un doigt de pied sur la main gauche, ce qui me permet de jouer normalement du piano. »*

Yvette Menuhin, extrait du magazine *Marie-France*,
« Soyez heureuse en chaussant du 54 »

Xomule : Sorte d'huître dont la chair entoure une coquille interne. Elle est extrêmement difficile à préparer pour la consommation car il faut ouvrir la coquille interne et faire basculer la chair extérieure à l'intérieur de la coquille interne pour pouvoir la manger comme une huître ordinaire.
En revanche, la xomule présente un avantage inexistant chez les autres mollusques : elle porte en permanence, attachée sur le bord externe, une algue parasite extrêmement dure, en forme de fourche à trois dents, qu'il suffit de détacher pour obtenir une véritable fourchette à huître.

> *« La consommation régulière de xomules est particulièrement recommandée aux joueurs de volley-ball. Elle stimule les bras et augmente la vigueur des jambes. »*

Lucette Mouge, *Comment bien manger en vacances*,
éditions Calories et Loisirs

Xonoglabien : Disciple du philosophe sourd et muet Xonoglabe, qui mit au point la doctrine de l'importance du non-dit dans la conversation non écoutée. Xonoglabe prodiguait son enseignement dans une pièce isolée, et restait des heures sans prononcer une parole tandis que ses élèves, dans un salon voisin, étaient dans l'impossibilité absolue d'entendre (et par conséquent de noter) ce que leur maître ne disait pas, de toute façon. Le philosophe ne rencontrait ses élèves qu'à l'heure des repas, et exigeait d'eux un parfait silence. Puis il allait se coucher sans une parole. Xonoglabe s'éteignit en 82 av. J.-C. et il ne reste évidemment aucune trace de ses théories.

« Les hommes politiques n'ayant généralement rien à dire, et ne répondant pas aux questions qu'on leur pose, mieux vaut se taire et ne pas les écouter. Nous en sommes arrivés au règne des xonoglabiens. »

Hubert Crampon, *La Politique molle*, Fronfron éditeur

Xulmidonique : Propriété d'un liquide antimoustique dont les Indiens Rapatoumas s'enduisent les jambes pour éviter les morsures de serpents, ce qui est, à l'évidence, absolument inefficace. Par extension, chose ou action qui n'a servi à rien.

« La présence de madame Cresson au poste de Premier ministre fut xulmidonique. »

Un anonyme

Xulminical(e) : Qui n'a strictement rien à voir avec l'aviation commerciale.

« La pêche à la ligne est xulminicale. »

Huguette Plon née Gallimard, *Précis de langue française*

Xuminique : Qui peut être transporté dans une poche.

« Le bébé kangourou et la montre-gousset sont xuminiques. »

Cours de sciences naturelles, classes CE1-CE2

Y

Yaste : Mot d'origine étrangère dont on ne connaît pas l'origine, dont on ne trouve trace dans aucune autre langue et dont par conséquent on ignore absolument la signification. Par extension : note, sigle, langue ou phrase qu'on ne comprend pas.

« Alors moi je vais vous dire, UNR, RPF, PC, PS, SFIO, SDRM, PPDA, SDN, UNESCO, ONU, etc., tout ça c'est des yastes ! »

Simon Trompier, candidat au jeu
Questions pour un champion, 1998

Ycméniptère : Propre à inverser les tendances sexuelles des individus. L'ycméniptérisme conduit les lesbiennes à n'aimer que les hommes et les homosexuels mâles à ne supporter physiquement que les personnes du sexe opposé. Le phénomène est d'autant plus singulier qu'il apparaît chez les adolescents bien avant que ceux-ci aient découvert leur véritable tendance.

« Il est remarquable de constater que tant de gens faisant preuve d'ycméniptérisme n'ont jamais, au cours de leur vie, l'occasion de le savoir. »

Communication du professeur Ménate,
chef du service psychiatrique à l'infirmerie d'Antenne 2

Ydiloptère : Qui a la propriété de posséder une propriété.

« DÉFENSE D'ENTRER
PROPRIÉTÉ PRIVÉE
SIGNÉ : L'YDILOPTÈRE. »

Panneau d'interdiction lu dans la Creuse

Ydosole : Terme s'appliquant aux hôpitaux, cliniques, établissements hospitaliers ou centres de soins, où l'on n'accepte que des malades guéris, et pouvant le prouver.
La presse a beaucoup reproché aux directeurs de ces établissements d'agir ainsi pour n'avoir que des réussites, aucun décès et une excellente réputation. Mais la Direction générale de la Santé publique n'a pas tenu compte, à ce jour, des reproches ainsi énoncés.

« Nous sommes certains que cette situation honteuse ne s'arrêtera pas. Le directeur général de la Santé publique en France a son beau-frère, ses deux cousins, le second mari de sa mère et le fiancé de sa fille qui sont ydosoles. »

Magazine *Défense du consommateur*, juin 2000

Yfrigène : Qui a rapport avec un stimulus sexuel uniquement provoqué par des objets en bois exotique.

« On peut remarquer, chez certains collectionneurs, une tendance aboutissant fréquemment à l'introduction dans l'orifice anal de pélicans senophos (statues d'art primitif africain). Cela nous pousse à supposer que ces personnes considèrent l'art nègre comme un excellent yfrigène. »

L'évolution des arts, des mœurs, des maisons closes et de la marine à voile, des statues de l'île de Pâques à nos jours,
« Le monde à l'envers », collection dirigée par Zizou Patounet

Ygazipes : Désigne les synonymes qui n'ayant ni la même orthographe, ni la même signification, sont considérés comme tels.

« Glériplote et flitograte sont des ygazipes. »

Bien causer le français même sans l'écrire,
brochure du ministère de l'Intégration, 1985

Ygroliptère : Animal transparent et plat, également nommé « méduse des vergers », qui se fixe sur les cerises lorsqu'elles sont très mûres. Les insectes qui veulent déguster le suc des fruits ne les voient pas, se posent sur l'animal et se font dévorer. Les ygroliptères ne peuvent nuire longtemps aux arbres fruitiers car étant transparents on ne peut les distinguer du fruit lui-même, et ils se font dévorer par les oiseaux.

L'ygroliptère est également nommé « marmotte du poirier » car il ne se montre que pendant la saison des cerises et dort sur les branches de cet arbre pendant le reste de l'année sauf en décembre. En effet, pendant ce mois, l'ygroliptère, également nommé « pou du canard », se fixe sur les pattes des canards migrateurs pour se faire transporter sous des cieux plus cléments, notamment en Égypte.

> *« C'est triste, mais l'ygroliptère est en voie de disparition. En effet, il ne peut se nourrir que pendant la saison des cerises qui est très courte, il a du mal à hiberner dans les poiriers à cause du gel, et la plupart des canards migrateurs évitent de se poser dans les vergers car ils craignent d'être abattus par les gens qui ont voté Chasse, pêche et tradition. »*

L'Écologie, mais qu'est-ce ?, par Mamère et Voynet,
éditions C'est vert mais juste

Yptérulosaure : Animal préhistorique dont on signale l'apparition à la période azoïque, c'est-à-dire avant la cristallisation du feldspath, dans la région des grands lacs d'Auvergne.

L'yptérulosaure était environ douze fois plus gros qu'un canard et quatre fois plus petit qu'un zèbre. Il survécut jusqu'au Moyen Âge. Les derniers spécimens furent aperçus dans le Béarn et disparurent, sans que l'on puisse s'expliquer pourquoi, après la mort de Ravaillac.

> *« Je vous communique le désyr de nostre bon roi Henry de voir les François manger de la poule au pot chaque dimanche. Par ailleurs je vous rappelle que pendant les mois en R la chasse à l'yptérulosaure est interdite. »*

Lettre de Sully aux seigneurs de la région de Pau, mentionnée
dans l'introduction de *La Volaille dans l'alimentation occidentale*,
chap. X, § 2, *« Histoire générale de la Protéine »*

Ytrabique : Terriblement inconfortable.

> *« Sur Air France, en classe économique, les sièges sont vraiment ytrabiques. »*

Albert van der Blunt, président de l'AIO
(Association internationale des obèses)

Yvrogonie : Malformation constatée chez certains individus dont les os des bras et des jambes sont inversés. Les bras possèdent un fémur, un tibia et un péroné, les jambes un humérus, un radius et un cubitus.
Dans la plupart des cas, à part la présence de bras beaucoup plus longs que la taille normale, et celle de jambes particulièrement courtes, le malade atteint d'yvrogonie ne se distingue pas des autres individus.

> *« Nous nous efforçons de faire comprendre à nos adhérents que la présence de travailleurs atteints de certaines malformations ne les empêche pas de s'insérer dans l'entreprise. Il suffit de s'adapter. Dans nos services, par exemple, nous avons résolu le problème posé par certaines secrétaires atteintes d'yvrogonie. Nous avons placé les bureaux dans le sens de la hauteur pour que, bras tendus, leurs mains atteignent facilement le clavier. »*

Ernest Lichois, directeur des Ressources humaines à Antenne 2

Ywatakashi : Poupée en plastique gonflable munie d'un système d'animation par computer extrêmement compliqué. Des capteurs transmettent à un cerveau artificiel les caresses faites sur le corps en plastique, déclenchant ainsi un magnétophone. La poupée se met immédiatement à crier, en japonais : « Ah, c'est bon, c'est bon, mets-la-moi ! »
Cet objet rencontre un très grand succès au Japon, mais n'a pas encore séduit le public européen, car il n'existe aucune version parlant une langue des pays du Marché commun.

> *« Quand je vais en vacances avec mon épouse, je dois prendre deux billets de train ou d'avion. Quand je pars avec mon ywatakashi, je la mets dans ma valise ! »*

Matula Kashuawa, *Tout sur les voyages économiques*,
Office du tourisme nippon

Yzibe : Mollusque de la famille des luptavorides, que l'on trouve dans les lacs de Hongrie pendant la période du Guestarban, c'est-à-dire fin mai.
Comme la seiche qui peut projeter de l'encre dans l'eau pour se dissimuler aux yeux des prédateurs, comme le hérisson qui peut se rouler en boule pour se protéger avec ses piquants, l'yzibe possède un système de défense

absolument unique dans le monde animal : il peut actionner une glande chauffante extrêmement puissante qui chauffe l'eau autour de lui. Cette eau peut atteindre 80 degrés Celsius. Dès que l'yzibe a ainsi créé de l'eau chaude, il s'échappe, stoppant ses poursuivants qui risquent d'être brûlés. Malheureusement, les pêcheurs des lacs hongrois connaissent depuis longtemps ce système de défense de l'yzibe. Ils immobilisent l'animal dans un filet à mailles fines, également utilisé par les astronautes (voir le mot roupatongue). Celui-ci chauffe l'eau, et ne pouvant fuir, cuit dans ce bouillon qu'il a lui-même créé. Les pêcheurs le sortent de l'eau et le consomment sur place. En effet, au dire des consommateurs, l'yzibe n'est pas bon lorsqu'il est réchauffé.

« Beaucoup de gens se demandent pourquoi les pêcheurs d'yzibes portent toujours à la ceinture un pot à couvercle hermétique et une sorte de cuillère. C'est tout simplement pour transporter la mayonnaise et l'étaler sur le mollusque cuit. »

Manger chaud sans grossir, Revue française ichtyophagique

Z

Zabros : Ville de Grèce où ont lieu tous les huit ans les rencontres nippo-grecques de sumos maigres.

« Ici le stade international de Zabros où, à l'instant où nous prenons l'antenne, se déroule ce qui sera sans doute le combat du siècle. Stavros Mikaelidès, sumo de 42 kilos, qui n'a que la peau sur les os et dont la maigreur fait craindre à tout instant que ses membres ne se brisent, tente de déséquilibrer Matsuhisha Kinakawa qui ne pèse, lui, que 41 kilos pour 1,92 mètre, et que l'on a surnommé à juste titre le "sumo fil de fer". Mais que se passe-t-il ? Ah là là… Stavros Mikaelidès vient de perdre son caleçon et sera, selon la règle, disqualifié. »

Antenne 2, *Journal des sports*, reportage en direct du 14 juin 1982

Zaibreu : Nom propre, devenu commun, désignant une célèbre famille de menuisiers bretons dont les membres fabriquèrent pour la première fois au XVe siècle des tables de salle à manger.

Historique : jusqu'à la fin du Moyen Âge (15 octobre 1453) les repas se prenaient sur des planches recouvertes d'une pièce de tissu, et qui reposaient sur des coffres ou des tréteaux. L'invention de la table à quatre pieds est généralement attribuée à un nommé Laloy, qui la conçut dans une clairière des environs de Vitré (Ille-et-Vilaine) où travaillaient des sabotiers. Ces artisans avaient enfoncé des pieux dans le sol, dans le but d'y fixer des cloisons latérales, afin d'obtenir une caisse inamovible pour y entreposer les sabots terminés et les protéger des attaques des piverts. Avant que les cloisons latérales ne fussent posées, Laloy eut l'idée de placer une vieille porte sur les quatre pieux : la table venait de voir le jour. Laloy perfectionna son invention (en donnant notamment différentes formes aux pieds) et montra ses modèles à un colporteur ambulant du nom de Mohyse, qui vendait des chaises aux collectivités. Enthousiasmé, Mohyse acheta le brevet et passa un accord avec les meilleurs menuisiers de la région, membres de la famille Zaibreu, qui en entreprirent la fabrication semi-industrielle.

> *« On peut affirmer que le vrai début de la civilisation moderne, basée sur la convivialité, le cercle de famille et le respect de la vie collective, commence le jour où Mohyse apporta les tables de Laloy chez les Zaibreu. »*

Histoire générale du confort urbain, par Martechique et Loubignard, éditions Poutres apparentes, 1985, Paris, Bordeaux, Le Mans

Zélitique : Instrument d'optique servant à observer le fond de l'œil, le centre de l'œil, les côtés de l'œil, à droite et à gauche de l'œil, le dessus et le dessous de l'œil, et la face de l'œil.
Inventé par le professeur slave Anatole Moldevic en 1996, cet instrument fut vivement contesté. L'autorisation d'exploitation du brevet fut refusée par l'administration américaine et par la Commission de Bruxelles car il ne pouvait fonctionner que lorsqu'on avait arraché l'œil, ce qui était fort utile pour la science mais extrêmement désagréable pour le patient.

Cf. *Histoire générale des brevets méconnus*, par Laffont et Fayard

Zichelot : Couteau à lames multiples, mis au point par la Communauté européenne, pour lutter contre l'hégémonie suisse dans ce domaine. Le zichelot possède 18 lames et notamment un ouvre-huîtres, une pince à escargots, une lame rotative pour trancher les poils de nez, un fil à couper le beurre, un pied à coulisse pour calibrer les orteils, un fer à repasser les moufles, des pinces à vélo et un thermomètre digital.

> *« Lorsqu'on atteint un certain âge, on a le droit de se donner du plaisir. Hier j'ai acheté deux zichelots, un pour ma femme et un pour moi. »*

Pierre Bellemare, *Trente ans de shopping*

Zigole : Liqueur médicinale à base de rhubarbe et de chou rouge, distillée au XVIIe siècle par les moines de la congrégation de Saint-Jean-du-Traumatisme.

Cette liqueur était utilisée dans les archevêchés pour soigner une maladie des genoux fréquente chez les ecclésiastiques : la goutte du contemplatif ou arthrose jésuitique.

« Ma bien chère mère,
Je ne fais que penser à ce que vous m'avez dit lors de notre dernière rencontre. Vous êtes bien seule à Port-Royal et vos jambes ne tiennent pas en place. Il faut soigner cette impatience et vaincre cet ennui. Sautez dans un carrosse, et venez me visiter, ma bien chère mère. Je vous ferai tâter de ma zigole. »

Lettre adressée par Ignace de Loyola à la mère Angélique Arnauld, supérieure du couvent de Port-Royal

Zigoliter : À la campagne, action de marcher à cloche-pied en évitant les flaques d'eau. Sur les plages, marcher à cloche-pied en évitant les trous dans le sable.

« En rêvant de vin doux, de fortes salaisons,
Je zigoliterai, sans l'aide de personne,
J'irai par les sentiers, en été, en automne.
En hiver, au printemps, qu'importe la saison !
Le vent dans les cheveux, je zigoliterai,
Zigoliteras-tu, si Dieu nous le permet ? »

Arthur Rimbaud, *Le Marcheur solitaire*

Zitronquet : Fixe-chaussette spécial pour cul-de-jatte. S'accrochant sur les omoplates, il permet de faire tenir les chaussettes sur les avant-bras sans que celles-ci glissent jusqu'aux poignets.

« Il est parti pour la bataille
Il est parti le fier tambour
Et quand, touché par la mitraille
Ses jambes furent coupées court
Il cria : "Je jouerai encore
Et puisque je ne suis pas mort
À vos côtés je marcherai.
Que l'on me donne un zitronquet." »

Léon Déroulède (frère de Paul), *Le Tambour blessé*

Zkoorkepook (Joachim Gabriel) : Peintre flamand (1682-1734). Il est surtout connu pour un ensemble de trois toiles : *Femme debout auprès d'un jeune homme assis ; Femme assise auprès d'un jeune homme debout*, et *Femme couchée auprès d'un jeune homme à genoux*. On connaît également un certain nombre d'œuvres de moindre importance, dont se détachent cependant *Femme à genoux auprès d'un jeune homme assis*, et *Homme debout auprès d'une jeune femme accroupie*.

« L'œuvre de Zkoorkepook est unique. On ne sait si sa première œuvre est supérieure à la deuxième ou à la troisième, ou si c'est l'inverse car on ne sait pas dans quel ordre il les a peintes. Mais on peut tout de même établir un classement : il suffit de savoir dans quel ordre on les place. »

Gabriel Sumeau,
critique d'art, *Le Petit Savoyard*

Zlavozèle : Qui pousse les buveurs de bière à uriner abondamment.

« Lorsque nous préparons la fête de la bière à Munich, nous devons prévoir l'installation de canalisations d'appoint. Nous savons, en effet, que nous allons devoir faire face à une augmentation considérable de liquide dans les tuyaux d'écoulement. À Munich, on le sait bien, pendant cette fête de la bière, la population entière est zlavozèle. »

Ernst Schlaffen von Müggerslick,
ingénieur en chef des égouts munichois

Zuquéron : Instrument en forme de main aux extrémités adoucies, fixé sur un manche légèrement courbé, et dont se servent les jeunes cireurs arabes pour rattraper les lacets lorsque ceux-ci ont glissé à l'intérieur de la chaussure, sous la plante des pieds, sans provoquer d'intolérables chatouilles.

« Le soleil était ardent et jetait ses chauds rayons sur le sable.
Le petit cireur arabe me fit un charmant sourire. Je ne sais les raisons de ce désir soudain, mais une envie folle me vint de m'emparer de son zuquéron. »

Extrait du célèbre ouvrage d'André Gide,
La Paire de ciseaux que l'on croyait perdue

Zylitonnie : Mode consistant à « féminiser » des noms d'ecclésiastiques célèbres pour en faire des prénoms féminins.

« Cette soirée réunissant toutes les jeunes femmes écrivains du moment était très réussie. Il y avait Mazarine, Richelieuse, Curédarse, Jeanvingtroise, Pidouze. La jeune Jeanpauldeuse s'était fait excuser. »

Madame Figaro

Zzyz : Nom donné au dernier mot d'un dictionnaire établi par ordre alphabétique, par opposition au premier mot AABA.

« Nous ne saurions trop recommander au lecteur de se procurer le plus vite possible le dernier dictionnaire paru chez Plon. Le minutieux travail de recherche, la qualité des textes, la conscience professionnelle, la science du didactique et du pédagogique avec lesquels cet ouvrage a été conçu forcent l'admiration. Tout y est passionnant, et ce de AABA à ZZYZ. »

Magazine *Culture 2000,*
Comment se cultiver en lisant dans le métro

Pensées et textes
(2)

– Les élèves des Beaux-Arts ont beaucoup d'imagination.
– Ben oui, il leur en faut beaucoup pour croire qu'ils vont trouver du boulot en sortant de l'école.

*

– À l'origine, « copain » signifie « partager son pain »
– Et donc on sait maintenant ce qu'est une copine...

*

– Il paraît que Sacha Guitry faisait une croix à chaque fois qu'il trompait sa femme – et qu'au bout de dix, il lui faisait un énorme cadeau...
– C'est le principe de la carte de fidélité, non ?

*

J'ai vu, aux États-Unis, les trois requins qui ont servi à faire *Jaws*, le requin des *Dents de la mer*. Il y avait trois requins électroniques : un qui tournait à gauche, un qui tournait à droite, c'est d'ailleurs un peu le régime électoral qu'on a en ce moment, et un qui allait de haut en bas, et chaque requin coûtait quelque chose comme un milliard. On ne peut pas le faire en France ça. Chez nous, qu'est-ce qu'on peut faire ? Construire une bébête qu'on remonte avec une clé ?

*

Je ne suis pas du tout un comédien. Je suis devenu comédien pour rigoler, au départ, parce que j'avais des copains metteurs en scène qui avaient des rôles d'êtres abjects que les acteurs ne voulaient pas jouer. Moi, ça me faisait marrer.

*

On ne pouvait raconter des salades à un monsieur comme Gérard Sire, qui lisait tous les journaux, tous les magazines, qui savait qui étaient les médecins, qui avait lu tous les livres et à qui on n'allait pas raconter qu'il avait une petite douleur dans l'épaule. C'est comme pour moi. Le jour où j'aurai mal dans la poitrine et qu'on me dira : « Ben c'est rien, mon vieux, c'est qu'un petit rhumatisme mais on va quand même vous emmener à Villejuif », je dirai : « Ah bon, d'accord, j'ai compris. »

*

Je n'ai pas refusé mon prix au festival de Cannes, je n'étais pas là. Premièrement, comme je n'étais pas là, je n'avais pas le loisir d'accepter ou de refuser et deuxièmement, mon prix a été remis à quelqu'un mais je n'ai jamais su à qui, et je ne l'ai jamais eu. Jean-Claude Brialy qui présentait le spectacle, comme tous les spectacles d'ailleurs puisque c'était toujours Brialy qui présentait tout, avait mis son petit habit de lumière et il a dit : « Jean Yanne est absent. Mais nous ne manquerons pas de lui transmettre, à Paris, sa Palme d'or... » Alors, il y a quelqu'un qui a dit : « Je lui donnerai... » Quelqu'un est donc monté sur scène, a pris le prix mais on ne me l'a jamais donné. Je n'ai d'ailleurs jamais su ce que c'était, si c'était une statue ou un pied de lampe...

*

La confession d'un homme

Je m'appelle Antoine Duval, je suis un Français moyen. J'ai quarante ans, je mesure 1,70 mètre, je pèse 80 kilos. Je suis fonctionnaire, je suis marié, j'ai deux enfants. J'habite un appartement de trois pièces que j'ai obtenu grâce au Crédit foncier. J'ai souscrit une police d'assurance vie, je possède la télévision équipée deuxième chaîne, j'ai un compteur bleu et tous mes meubles portent l'estampille NF. Je n'aime que la cuisine au beurre, je mange du pain d'épice. Quand je fais cuire des nouilles à la semoule de blé dur, je les goûte, je les goûte souvent. Je bois de la chicorée, je fais régulièrement la cure orange. Je bois du jus de raisin, je bois du jus de pomme, je fais la pause-café, je mange du fromage en portion. Enfin, je fais tout ce que la télévision me conseille de faire et j'm'emmerde !...

*

Il y a des présidents de la République qui ont dit beaucoup de conneries mais qui sont morts. Celui dont nous parlons est encore en vie. Il s'appelle monsieur Giscard d'Estaing et il a déclaré : « Tout le monde doit être bilingue dans une langue et en parler une autre. » Quand on est bilingue dans une langue, c'est-à-dire qu'on parle le français et le français, si en plus on parle l'anglais, ça fait trois.

*

Alain Robbe-Grillet, écrivain et cinéaste de pointe, a prononcé cette phrase : « Rien c'est n'importe quoi mais ce n'est pas rien pour autant. » Vous voulez que je vous la redise ? « Rien c'est n'importe quoi mais ce n'est pas rien pour autant. » La connerie est sans limite.

*

Johnny Hallyday a dit en 1992 : « Je vis avec moi-même tous les jours. » En 1993, il a déclaré : « Pour faire un couple, il faut être deux. » Il n'a pas tort.

*

Dans *La Vie catholique* du 5 janvier 1966, il y a un article sur la marmotte : « La marmotte ne dépense que peu de calories pendant sa léthargie hivernale. Ses seules activités consistent à ouvrir l'œil de temps en temps pour éliminer les urines et expulser les excréments. »
Première réflexion : comme elle n'a aucune activité pendant l'hiver sauf dormir, elle ne mange pas, elle ne boit pas, on se demande comment elle fait pour rejeter de l'urine et des excréments. Bon.
Seconde réflexion : si je comprends bien, les amis, ouvrir l'œil pour uriner et éliminer, ça veut dire que ça lui sort par les yeux ! Ah ben, c'est un article de *La Vie catholique*, il peut y avoir des miracles !

*

– La façon dont une fille croise ses jambes peut en dire beaucoup sur ses sentiments à l'égard de son interlocuteur…
– Oui. Par exemple, si elle croise les jambes sur vos épaules, en général, c'est qu'elle vous apprécie.

*

– Jean, vous connaissez la fameuse question: « Qu'emporteriez-vous sur une île déserte ? »
– Oui, et je me suis toujours demandé pourquoi personne ne répondait jamais: « Un bateau. » C'est pas plus bête que les œuvres complètes de Bach quand on y réfléchit un peu…

*

– Vous prenez souvent le TGV ?
– Dès que je peux. C'est une superbe invention. Ça permet d'arriver plus vite en retard… fallait y penser.

*

Si vous voulez être pris à votre entretien d'embauche à la SNCF, le moyen le plus sûr, c'est d'arriver en retard.

*

Ce que j'aimerais qu'on m'explique, c'est quel intérêt a eu Noé à embarquer un couple de moustiques...

*

– *Jean, vous semblez perdu dans la contemplation muette d'Alice Sapritch...*
– Oui. J'étais en train de me dire que si Darwin la voyait, il fondrait en larmes...

*

Ils me font rire moi, les mecs, au 20 heures, ils commencent par te dire bonjour, et après pendant une demi-heure, ils t'expliquent pourquoi la journée n'a pas été bonne...

*

Un film qui se ramasse c'est un film qui n'a pas réussi à intéresser les gens. C'est pas la peine d'aller chercher des excuses. Il ne faut pas dire: «Ah, mais c'est parce que j'ai fait un film de droite et y a que des salauds de gauche» ou «J'ai fait un film de gauche et y a que des salauds de droite», il ne faut pas dire que c'est de la faute à Jules... Non, c'est de la faute au type qui a fait le film, point.

*

Vous êtes actuellement sur la Croisette un des personnages dont on parle le plus et qu'on voit le plus.
Qu'on voit le plus, non sûrement pas; parce que je suis plus à jouer aux boules dans l'arrière-pays que sur la Croisette.

*

Mai 68 a été une grande farce donc on ne peut pas en parler maintenant avec émotion.

*

Dieu est au ciel, Allah est aux enzymes!

*

Pendant Mai 68, j'étais un des seuls à ne pas faire grève. J'avais d'ailleurs une bonne raison qui était que si je faisais grève, je n'étais pas payé. Par conséquent, j'avais trouvé plus confortable de ne pas être gréviste. Et pendant que tous les confrères et collègues se réunissaient dans des plates-formes où ils se jugeaient et s'accusaient mutuellement, moi, je continuais tranquillement mes émissions, ce qui fait que quand ça a été fini, eux ont été virés et moi, je suis resté.

*

– L'alcool reste donc la première cause de mortalité.
– Oui, de natalité, aussi.

*

L'égalité des sexes, moi, je trouve ça très bien. Avant c'était toujours moi qui payais le restaurant !

*

– Avouez que c'est quand même difficile pour une femme de rendre un homme heureux...
– Qu'elles s'y mettent à plusieurs alors !

*

– Jean, vous savez reconnaître les champignons vénéneux ?
– Voilà encore une belle idée reçue ! On peut manger tous les champignons ! Tous les champignons sont comestibles, certains ne le sont qu'une fois, c'est tout !

*

Un jour, j'ai vu un écriteau dans un bar : « Ceux qui boivent pour oublier sont priés de payer d'avance, merci. »

*

C'est assez étonnant, quand un homme dit des obscénités à une femme c'est un pervers. Quand une femme dit des obscénités à un homme, c'est 10 francs la minute !

*

Le syndicalisme est évidemment un pouvoir dangereux mais, heureusement, il est compensé par le fait que les syndicalistes passent plus de temps à manifester qu'à agir.

*

Nous devons à Brigitte Bardot la déclaration suivante : « Un chat, c'est un cœur avec du poil autour. » Je ne me livrerai à aucun commentaire.

*

Parmi les grands commis de l'État, il y en a un dont on connaît le nom, c'est un certain inspecteur général Macon. Je ne sais pas si un inspecteur général est plus inspecteur que général. Qu'est-ce qu'il inspecte? C'est dans l'armée, inspecteur général? Bref, en févier 1964, l'inspecteur général Macon demanda que soient constitués trente jours de stock alimentaire pour nourrir la population française en cas de guerre atomique. Or, il n'existe aucun abri atomique en France, sauf un. Il est prévu pour la présidence, les ministres, les généraux, et leurs familles. Donc, pour tout ce petit monde, ça va et pour les autres, c'est pas la peine de stocker de la bouffe pour pas mourir de faim parce qu'ils sont déjà mourus d'autre chose… L'inspecteur général Macon, il devrait écrire son nom au masculin!

*

Je suis du genre optimiste

mais ce dont nous allons parler maintenant, ça fait franchement froid dans le dos. Le 7 août 1999, sur LCI, monsieur André Langaney, généticien attaché au Muséum d'histoire naturelle, déclarait tranquillement: «Si vous prenez un gène qui détermine un œil chez la souris et que vous le greffez un peu partout dans un asticot, vous fabriquez, comme ça a été fait, (comme ça a été fait!!!) une mouche qui a des yeux partout, sur les ailes, sur le thorax, etc.» Alors moi, je vous le dis, j'ai les flubes! Parce que si en ce moment, des généticiens français disposant de moyens considérables et d'une technologie de pointe passent leur temps à fabriquer des mouches avec des yeux sur les ailes, on peut craindre le pire. Ça veut dire qu'ils peuvent faire une vache avec douze pis sur le dos pour qu'on puisse la traire sans se baisser, un cheval avec des pattes avant plus longues pour qu'on puisse rester à l'horizontale dans les descentes! Jean Rostand avait déjà commencé à faire des grenouilles à cinq pattes, ce qui intéressait beaucoup les restaurateurs et, il y a quelque temps, un type annonçait qu'il avait pu créer, à la suite de croisements, des poulets ayant quatre cuisses. Mais là, on restait dans le domaine de l'alimentaire! Qu'on réussisse à nourrir des herbivores avec de la farine de poisson et des truites avec du foin, moi je veux bien. Qu'on fasse des recherches et qu'on provoque des mutations pour que les cochons chient des hot dogs pour qu'on n'ait plus qu'à fabriquer des petits pains, je veux bien aussi. Mais frankensteinnéiser les mouches, alors là non, je dis non! Déjà, à la campagne, pour s'en débarrasser, c'est la croix et la bannière. On passe notre vie à ranger le camembert dès qu'on a coupé une tranche, on ne peut pas préparer un plat de charcuterie sans que ces saletés de diptères viennent pondre un millier d'individus sur la rosette de Lyon ou la rondelle de Jésus… Je dis non, non, et non! Et si les généticiens avec nos sous s'amusent à mettre des yeux de souris sur les ailes, le thorax et le train arrière des mouches pour qu'elles voient mieux et échappent à nos papiers collants, alors là, on est mal! Mais qu'est-ce qu'on peut faire pour résister? Franchement, il y a des jours où la connerie est dure à supporter.

*

Je n'ai jamais participé à un mouvement de grève mais j'ai participé à un mouvement de gauche. Un jour, sur le plateau de tournage de «Moi y'en a vouloir des sous», les gens du syndicat sont venus pour me demander l'autorisation de vendre L'*Humanité Dimanche* et je leur ai dit que ce n'était pas la peine de se fatiguer. Je les ai tous achetés pour les distribuer au personnel, ce qui faisait gagner du temps. Donc, je trouve que j'ai participé à une opération de gauche.

*

Aux États-Unis, on paie beaucoup d'impôts mais on les paie plus intelligemment. C'est-à-dire qu'on paie des impôts quand on gagne de l'argent. En France, on en paie même quand on ne gagne pas d'argent, alors ça, c'est moins bien...

*

Deux heures moins le quart avant Jésus-Christ a coûté 4 milliards environ. Moi, j'ai fait un film de 4 milliards mais, si on veut, on peut faire huit films à 500 millions ou on pourrait même faire quarante films à 100 millions : par exemple, on peut filmer deux personnes dans une pièce, ou un dialogue avec un chien, ou alors l'histoire d'un type qui se promène dans les bois, ou encore la vie de l'entomologiste Fabre à quatre pattes en train de regarder les fourmis ! Ça coûterait beaucoup moins cher, mais ce n'est pas le cinéma que j'ai envie de faire.

*

– Vous aimez le travail, vous, Jean?
– J'adore ça. Ça me fascine. Je peux rester assis des heures à regarder un mec qui travaille.

*

– Qu'est-ce qui vous énerve?
– Qu'on me demande de me calmer.

*

– Savez-vous où a été inhumé Marcel Proust?
– À l'église de la Madeleine?

*

– Vous savez gérer votre colère?
– Oui, quand mes interlocuteurs savent gérer leur connerie.

*

C'est incroyable le nombre d'efforts que je peux déployer juste dans le but de ne rien foutre!

*

– Vous prenez l'apéritif, vous, Jean.
– Oui, par égard pour ma femme.
– Comment cela?
– Faut bien lui laisser le temps de mettre la table!

*

– Si vous faites rire une femme, elle est déjà à moitié séduite, non?

– Oui, encore faut-il qu'elle rigole ***après*** **que vous avez parlé et pas** ***avant*****.**

*

Jean Yanne: La qualité que je déteste le plus chez les gens, c'est celle de faux-cul. Je ne dis pas défaut mais qualité car, pour réussir, il faut être faux-cul et moi, j'aime pas beaucoup les faux-culs.

Claude Villers: Mais vous avez réussi!

Jean Yanne: Je n'ai pas vraiment réussi comme j'aurais pu réussir si j'avais été faux-cul!

Claude Villers: Vous pouvez donner un exemple de ce que ça aurait pu être si vous aviez été faux-cul?

Jean Yanne: Eh bien, par exemple, pour faire *Les Chinois à Paris,* j'étais associé à Marcel Dassault, et quand le film a été terminé, il m'a dit qu'il voudrait bien que je fasse d'autres films avec lui et qu'il allait écrire les sujets. Si j'avais été faux-cul, j'aurais dit: «Vos sujets sont absolument admirables» et j'aurais tourné les sujets de Marcel Dassault. Je n'ai pas voulu les faire et j'ai eu tort car c'est toujours bien d'avoir un associé riche!

Claude Villers: Vous avez tous les deux gagné ou perdu de l'argent?

Jean Yanne: Lui en a perdu et pas moi. On était 50-50. (*Rires*) Mais il y a quand même une explication à cela, c'est-à-dire que j'avais fait intervenir, dans le capital du film, mon travail.

Lui n'avait donné que de l'argent et moi, j'avais donné de la sueur, du sang et des larmes...

*

Mon rêve de bonheur ? C'est un rêve ordinaire. Je voudrais être dispensé pendant deux ans de toute activité alimentaire.

*

L'homme que j'admire le plus, c'est évidemment Julio Iglesias qui traverse la vie avec une inconscience absolue, qui est beau, grand, qui a des maisons à Miami, qui écrit sa vie et qui la distribue aux gens. Moi j'ai lu son livre, c'est absolument admirable. Donc il faut admirer Julio Iglesias...

*

Le fait militaire le plus important que j'ai connu, c'est mon départ sous les drapeaux. Je me suis tapé trente-deux mois ! Et en plus ça n'a servi à rien car je suis parti pendant la guerre d'Algérie et on n'a même pas gagné !

*

Les seules choses qui m'amusaient à l'armée, c'était l'arrivée du général. Les premières choses que l'on apprend en arrivant à l'armée, ce sont les versions sur les sonneries, c'est-à-dire que toutes les sonneries militaires ont des paroles. Tout le monde les connaît. Alors, quand le général arrive, on joue « un général, c'est une légume, ça mange, ça boit, ça chie, ça fume ». Il n'y a pas un seul militaire qui ne connaisse pas ça et le général le sait très bien lui aussi, ce qui fait qu'il arrive devant 1 500 types qui sont en train de penser ça et il ne peut que se dire « il y a 1 500 types qui sont en train de se foutre de ma gueule »...

*

J'ai fait des trucs alimentaires qui ne sont pas très recommandables, comme des textes pour la publicité par exemple. J'ai même fait un jingle pour Coca-Cola mais j'avais mis « sain et délicieux » et les types voulaient pas que je mette « sain », ils disaient qu'il valait mieux mettre « frais ». Mais « frais », c'est bien quand c'est frais, mais c'est pas toujours frais ; s'il est tiède, il est quand même sain !

*

Il faut bien comprendre que les femmes pardonnent *toujours*. Sinon la race humaine serait éteinte depuis bien longtemps déjà.

*

L'hexagonal, c'est le langage parlé dans l'hexagone français et qui consiste à utiliser des mots compliqués à la place des mots simples. Par exemple, pour être à la mode, il faut ajouter « ité » à la fin de presque tous les mots. On dit la sinistralité, la pénibilité, la lamentabilité, la ridiculité. J'ai vu l'autre jour à propos de l'histoire de la paillote : « La Corse doit assumer sa napoléonité. » Alors nous, il faut évidemment qu'on assume notre Chiraquité, notre Jospinité. Sédar Senghor, il y a quelques années, nous avait déjà parlé de sa « francité » qui complétait sa négritude.

Si vous le voulez bien, pour que vous n'ayez pas l'air bête quand vous êtes au milieu de gens qui pensent et qui parlent hexagonal, voici quelques indications sur ce qu'on dit et ce qu'on ne dit pas :

On ne dit plus la mort. On dit le processus biologique terminal.

Si on apprend une langue étrangère, on dit qu'on s'initie à la grammatologie d'une ethnie.

On ne dit pas : les oranges séchées sont une nouveauté. On dit : les agrumes lyophilisés sont une novation.

On ne dit pas d'un môme qu'il supporte mal la discipline mais qu'il est allergique aux conditions contraignantes.

La Bretagne, c'est l'Armoricité.

Eh oui, tout cela n'est pas réjouissant. Alors je vais vous chanter Carmen :

« L'amour est enfant de Bohême, il n'a jamais jamais connu de loi. »

Eh bien ça, ça devient : le tropisme biologique est un ressortissant tchèque d'expression germanique spécifiquement autodéterminé. Vous voyez ! Nous luttons tous contre la connerie mais elle est fortiche !

*

NOËL

Je ne suis pas fainéant de nature. Je n'aime pas me servir d'un même texte deux ou trois fois de suite, mais en cherchant tout ce qui avait été écrit sur Noël et le jour de l'an, je pense sincèrement que le meilleur article traitant de la question, c'est moi qui l'ai fait.

C'est Noël! On a déjà installé le sapin, triste conifère imbécile, et l'on a gaspillé des heures d'efforts pour réussir à le faire tenir debout en mobilisant tous les objets lourds de la maison. Plus les bottins, des tonnes de vieux journaux, le tout enfoncé autour des racines dans une marmite (dont on aura justement besoin pour faire cuire les marrons) et on a enveloppé le tout de papier d'argent (ce qui est, on s'en doute, d'une incommensurable laideur). On a déguisé les maigres branchages d'un tas de cochonneries brillantes et lumineuses, d'angelots en matière plastique, de bougies qui coulent sur la moquette, et autres horreurs. Pendant trois semaines, cette débauche de verroterie sur un arbrisseau déniché va donner l'impression de vivre aux côtés d'une dame du Fémina. C'est Noël. C'est la coutume, réjouissons-nous. Il est né le divin enfant.

Mais les lendemains. Vous y avez pensé aux lendemains? Je ne parle pas de la vaisselle sale ou cassée, des taches de vin sur les rideaux, des frais de blanchissage, du parquet souillé, tout ça n'est rien.

Mais les aiguilles du sapin! En voilà des saletés qui se piquent partout, dans les tapis, dans le tissu des fauteuils.

Au 14 Juillet, on en ramasse encore. Et les boules de verre qui se cassent immanquablement, et que les invités piétinent. En voilà des cochonneries que vous maudirez longtemps quand votre chien va les manger et attraper la colique. Et le feu ! Vous y avez pensé au feu ! Il est bien évident qu'on ne peut pas mettre impunément des bougies allumées dans un arbre pourri de résine sans qu'une bougie sur deux ne devienne un foyer, et se mettre à flamber, évanouissant en un instant des années d'effort et de soins attentifs, passés à accumuler les bibelots et les meubles attachants dans un décor conçu avec amour.

Ah, vous serez bien avancé lorsque vous vous retrouverez à l'asile de l'Armée du Salut, quelques maigres hardes sous le bras, et votre police d'assurance, à moitié cramée dans votre main crispée.

Ah ah… ah mon beau sapin, roi des forêts.

POISSON

Je ne terminerai pas cette série sur la connerie sans vous raconter celle-là.

Elle date du mois de mai dernier et s'est déroulée à Kinshasa, capitale de la République démocratique du Congo (ex-Zaïre). Il s'agit de l'invraisemblable histoire, rapportée par la télévision officielle, d'une femme ayant « accouché d'un poisson ». Dans le titre « des choses qui n'arrivent pas tous les soirs », c'est le moins qu'on puisse dire, le quotidien *Le Palmarès* (proche du pouvoir) a annoncé « des révélations sur l'accouchement d'un poisson par une jeune femme », dans une clinique de la ville. Tandis que le journal *Le Potentiel* (proche de l'opposition) s'interrogeait sur « cette incroyable histoire » qui s'est déroulée sous les yeux du docteur Romain Makolo (médecin chef de la clinique Bio-Médical).

Les milieux scientifiques sont évidemment intéressés par le côté magique de cet évènement. La télévision a diffusé un long reportage sur la jeune femme à qui le docteur Makolo avait affirmé, après une échographie, qu'elle avait « quelque chose de mystérieux dans le ventre ».

Alors maintenant ça n'est plus mystérieux, il s'agissait d'un poisson Nzombo.

Selon les dires du médecin, madame Omba Ocha (c'est le nom de la jeune femme) n'était pas enceinte, mais elle avait contacté différents féticheurs pour des problèmes de stérilité. Alors télévision, journal de l'opposition, journal de la majorité, tout le monde est d'accord, il y a eu accouchement de poisson. La question qu'on se pose, si on est malin (et je sais que vous l'êtes) c'est : « Quel genre de poisson ? Petit, gros, rond, plat ? Genre sole ou turbot, ou plutôt merlan, rascasse (non pas rascasse ça lui aurait fait mal) ? » Moi je ne tire aucune conclusion. La télévision a souligné le caractère magique et religieux de l'action des féticheurs.

C'est vrai qu'en période de Noël, on ne peut s'empêcher de penser à des choses. La jeune femme n'était pas enceinte ! Mademoiselle Omba.

Je vous salue Omba pleine de grâce. Le Seigneur est avec vous et Nzombo, qui était dans vos entrailles, est béni.

DÉPÊCHE

Hier soir, j'étais chez moi, tout seul, peinard, envie de rien faire. Les programmes à la télé, pas terribles. Les magazines, je les avais tous lus. J'étais dans mon canapé, j'avais pas à me lever pour aller chercher des plats à la cuisine, vu que je me tapais du jambon dans le papier et du céleri rémoulade dans la barquette. Avec une petite bière que je buvais directement dans la canette...

> Je réfléchis, je me dis: «Je vais faire le point.» Je ne sais pas si vous faites ça, vous, des fois. Le point, l'introspection, la recherche de soi, la distanciation. La réponse à ces questions essentielles: «qui suis-je?», « où vais-je?», « combien je vais toucher?». Et en faisant ce point, à quoi pensais-je? Dans trois mois, quatre jours, c'est l'an 2000, je ne serai pas là pour parler des conneries du siècle passé, je ne vous ai pas dit le quart de ce que j'ai recueilli pour vous, amassé, préparé, annoté, mis de côté dans des bouquins... trouvé dans des dépêches.

Des dépêches, j'en ai un tas haut comme ça, sur mon bureau. Qui concernent la politique, les arts, les lettres, le monde moderne, la bouffe. Alors je vais vous les lire, comme ça, en vrac. Tenez, les nouvelles politiques, en 1997, le président Clinton remercie le président du sénat roumain pour le magnifique poncho qu'il lui a offert. On lui fait savoir que ce qu'il a pris pour un poncho était en réalité le drapeau national roumain. Bravo, les Affaires étrangères. Mais à la Maison-Blanche, ils en font des sévères. En mai 1991, la reine d'Angleterre rend visite au président. Elle doit prononcer un discours. Le pupitre était réglé à la taille de George BUSH et arrivait à la hauteur du front de Sa Majesté. On n'a vu que son chapeau. Vous me direz, c'est ce qu'elle a de plus rigolo, mais quand même, au Protocole, ils sont très forts. Et d'une façon générale, aux Affaires étrangères, tous pays confondus. Dans la décolonisation de l'Afrique noire, la Guinée devenue indépendante était d'obédience soviétique. Et l'URSS a voulu faire un cadeau. Ils ont envoyé une cargaison de chasse-neige. En Guinée, 40 °C à l'ombre. Encore ! Encore ! Oui, oui, j'en ai d'autres. 99, Paris-Dakar, qu'est-ce qu'on trouve dans les objets officiels, genre paquetage, qu'on offre aux participants ? Des charentaises en cuir fourrées, ça c'est bien, le soir, dans le sable. Encore ! Encore ! Bon, une dernière. Des chercheurs australiens viennent t'établir que par le phénomène de l'assemblement génétique, l'accouplement est souvent précédé de phénomènes basés sur le principe de la fermeture Éclair, que l'ouverture d'une fermeture Éclair précède l'accouplement, c'est pas nouveau.

ARMÉE

Aïe, aïe, aïe ! Je perds la boule ! Vous vous rendez compte, je vous parle depuis quatre mois des conneries qui ont marqué les cent dernières années, je m'aperçois que je n'ai jamais parlé de l'armée. Et pourtant, s'il existe un symbole de la connerie, c'est bien celui-là !

> Albert Einstein, ce n'est pas un débile mental, disait : « Je la hais ! Si un homme peut éprouver quelque plaisir à défiler en rang au son d'une musique, je méprise cet homme. »

Ça, c'était en 1934. En 1928, Louis Aragon affirmait : « J'ai bien l'honneur de dire consciemment que je conchie l'armée française dans sa totalité. »

Toujours un peu excessif, Aragon. (En 1939, dans la revue *Esprit*, on disait que ses actes relevaient de la fessée ou de la cellule. La fessée ça ne devait pas lui déplaire.) Mais je m'égare. Je parlais de l'armée, et c'est vrai que tout le monde est attendri par le défilé du 14-Juillet. C'est joli sur les Champs-Élysées, quand on voit la garde républicaine, avec les casques bien astiqués, les bottes biens cirées, les chevaux bien étrillés tagada tagada… Et l'ordre, la discipline, l'allure, l'organisation. Les voitures, qui suivent la garde républicaine, pour ramasser les crottins de cheval.

Ah ben oui, c'est que derrière, il y a les polytechniciens, les saint-cyriens, avec leur truc en plumes, les paras avec leurs gros bras et leur moral d'acier. Tout ça ne peut pas se permettre de patauger dans la crotte. Sinon, c'est comme les dominos, on les range sur une table. Vous en touchez un seul, tout tombe. Les paras, un seul qui pisse, et tout le monde a le nez dessus. Le nez dedans, le militaire a l'habitude. Mais il ne s'en rend pas compte. « Parfois les militaires, s'exagérant l'impuissance relative de l'intelligence, négligent de s'en servir », Général de Gaulle. Ça vous la coupe, même Lyautey. L'estimé Lyautey. Il disait : « Quand les talons claquent à mon apparition, j'entends les cerveaux se fermer. »

C'est vrai que l'armée, c'est avant tout le règlement. Je ne citerai que deux choses : 1935, *Le Figaro* : « Nouvelle tenue de l'armée de l'Air : l'uniforme comprendra une vareuse remplaçant la culotte et les bandes molletières. » La culotte remplaçant la vareuse. C'est tunique !

La dernière : bulletin des Armées, concernant la marche. « Le pied qui est en arrière ne doit abandonner le contact avec le sol que lorsque celui qui est devant y repose déjà. »

Qu'est-ce qu'on peut ajouter à une pareille connerie !

BLAIREAUX

Je voudrais dire bravo à mes amis couturiers, chausseurs, restaurateurs, scénaristes, animateurs, etc. Bravo. Nous arrivons au 3e millénaire, et nous en avons bien croqué. Nous avons fait marcher les blaireaux pendant cent ans. Et c'est très bien.

Oui, bravo, amis couturiers, qui avez créé des robes en ferraille, et un coup on serre la taille et un coup on la libère, et je rétrécis, je rallonge, et je raccourcis, et je lance les chaussettes qui s'arrêtent l'une au-dessus du genou et l'autre au-dessous de la cuisse, et je te fais des jupes pour homme et des soutanes pour femme, des pantalons avec une seule jambe pour aller avec des vestes avec une seule manche. Bravo ! Vous les avez eus, les blaireaux.

Bravo, les chausseurs qui avaient élevé le pied-bot à la hauteur du talon bas, qui avaient réussi à inventer les chaussures plates pour les petits gnomes et les talons hauts pour les grands maigres. Bravo, les blaireaux, vous les avez bien eus !

Bravo, les restaurateurs, et vos copains les chroniqueurs gastronomiques, distributeurs de toques qui avaient lancé la cuisine nouvelle et réussi à faire bouffer des tranches de tétine au kiwi et des testicules d'escargot au jus de praire. Bravo. Comment que vous les avez eus, les blaireaux.

Et... bravo, les scénaristes et les gens du cinéma, vous leur avez fait avaler deux heures dans un camion, trois heures à regarder un mec qui joue aux dames tout seul, des films parlant où l'on dit rien, quelle merveille ! Qu'est-ce que vous leur avez mis dans la vue, aux blaireaux. Et vous, les mecs de la radio et de la télé, bravo ! Vous avez mis le paquet, le jeu des 1000 francs, question pour un champion, le cékoidon, le schmilblick, la valise, Bravo !

Ah, on jette un œil en arrière, on est content. On a tort. On est battu ! Les couturiers, les scénaristes, les restaurateurs, les animateurs, on est battus. On est des minables à côté des politiques. Ils ont pris nos sous. Ils ont piqué dans les caisses, touché des pots-de-vin, acheté des maisons, brulé des paillotes, fait sauter des bateaux en Nouvelle-Zélande, distribué du sang contaminé, amnistié des députés, créé des emplois fictifs...

Bravo ! C'est les meilleurs. Ils savent vraiment, eux, comment avoir les blaireaux. Et nous, on les laisse faire. C'est nous, les blaireaux.

C'est pas de la connerie, ça !

SNCF

Vous connaissez, bien sûr, la dernière trouvaille de la SNCF. « Elle va nous faire aimer le train ! » C'est pas beau ça ? (*Rires*)
Le Canard nous signale que lorsqu'un voyageur veut prendre ses vacances en Europe à part la Suisse et l'Allemagne, la SERNAM organisme SNCF qui achemine les bagages, ne dessert aucun autre pays d'Europe.

Si l'on habite Lille, on ne peut pas envoyer sa valise à Bruxelles. Pratique pour la commission. Par contre, de Bayonne, on peut envoyer une malle à Berlin. C'est ça, l'Europe. Ah, la SNCF. Je me souviens à Los Angeles, un jour, je cherchais une adresse dans le Bottin. Je vois : SNCF, qu'est-ce que ça fout là, ça ? J'ai appelé. Je suis tombé sur un type qui m'a dit : « Si un Américain veut aller de Paris à Coulommiers, les compagnies aériennes vendent un billet pour Los Angeles-Paris. Mais après, c'est nous qui assurons Coulommiers-Paris. »

Je ne vous dis pas la tête de l'Américain de Californie, avec sa petite femme, quand il prend le train Paris-Coulommiers. Mégots, papiers gras, bouteilles vides. À l'Américain, on va pas lui faire aimer le train. Et pourtant, les dirigeants de la SNCF, ils en ont dans le ciboulot.

Le règlement, c'est pas n'importe quoi ! J'ai là, sous mes yeux éblouis, une circulaire SNCF de 1952. « Le nombre de voyageurs descendus dans une gare ne peut être supérieur au nombre de voyageurs existant dans le train au départ de la gare précédente» (en revanche, on a le droit d'en avoir moins, s'il y en a un qui est tombé par la portière).

Évidemment, quelquefois, la SNCF a des ennuis. Le 16 septembre 1946, dans *La Nouvelle République du Centre*, on peut lire: «La SNCF recherche une locomotive expédiée le 11 avril 1946 par le dépôt de Hansbergen, au dépôt de Saint-Dizier, et qui n'est jamais arrivée à destination.» Le célèbre voleur de locomotives a encore frappé.

On ne va pas parler des accidents, mais quand même, évoquant sa région en mars 1961, monsieur Delouvrier, sénateur, déclare: «Les accidents sont si nombreux sur le réseau que le voyageur partant sain de corps et d'esprit ignore totalement s'il rentrera mort dans les bras de sa femme éplorée.»

Que dire pour conclure? La SNCF, c'est duraille!

MOTS PARENTS

Le ministre de l'Éducation nationale est un réformateur. Vous remarquerez que je ne dis pas son nom, pas si bête, si cette rubrique repasse à la radio dans vingt ans, elle sera toujours d'actualité, car dans vingt ans, celui qui sera ministre de l'Éducation nationale annoncera des réformes comme l'ont fait les ministres de l'Éducation nationale il y a vingt ans et il y a quarante ans.

> L'Éducation nationale ne cesse d'être réformée. Et chaque année, les parents d'élèves reçoivent un petit bouquin du genre « bien comprendre l'école » et en lisant, que constate-t-on ? Que malgré les ordinateurs, le portable, les distributeurs de préservatifs, ce qui est le pilier de l'éducation sur lequel s'appuient les relations parents d'élèves et instituteurs, c'est le mot.

Si votre enfant manque l'école, s'il doit aller chez le dentiste, s'il a perdu son cartable parce qu'il était dans votre voiture emmenée en fourrière, vous devez lui donner un mot d'excuse pour l'instit, la directrice ou le prof de gym.

> Monsieur Pierre Ferrand vient de publier un livre, *Excusez les parents*, dans lequel il a rassemblé d'authentiques mots envoyés par les parents. Il a trouvé ça dans les écoles. Alors je vais vous les soumettre.

> Mademoiselle, puisque vous rentrez avec le car de ramassage, faites un peu de discipline avec les filles et les

garçons, au lieu de vous occuper que des chauffeurs. Vu que vous êtes autant la maîtresse des uns que des autres.

Les parents sont xénophobes, c'est-à-dire qu'ils n'aiment pas beaucoup les étrangers et surtout que leur môme parle une langue étrangère.

« Madame, n'ayant pas la possibilité d'acheter les livres d'anglais dont vous êtes professeur, cette dépense est inutile du fait que mon enfant passant en 5e ne fera plus d'anglais. Nous sommes français. Apprenez aux enfants leur langue d'origine et non la langue des ennemis de la France (Jeanne d'Arc, Napoléon). Attention, pas de sanction envers mon enfant. Votre savoir ne fait pas partie de la langue française. Salutations. »

« Monsieur, je vois pas pourquoi Suzanne a ramené un zéro pour un exercice qu'elle peut pas faire. Vous avez demandé ce que ça voulait dire les lettres URSS. On sait tous que l'URSS, c'est la Russie, mais vu qu'on connaît pas le russe, les lettres, ça nous dit rien. Ôtez-y son zéro car elle pleure et si vous connaissez le russe, pas nous, sinon j'en parlerai à la prochaine réunion des parents d'élèves. Et la politique, les parents n'aiment pas ça non plus. »

Alors c'est vrai, le ministre de l'Éducation nationale doit réformer. Mais est-ce qu'il peut réformer la connerie ?

Sketches

joués
non joués
à jouer
ou injouables

Introduction

Depuis des années, des gens m'arrêtaient dans la rue, dans les aéroports, les avions, au bord des piscines, dans les halls des palaces, au marché aux puces, à la sortie de la messe, à l'entrée des bobinards de la Grosse Freiheit de Hambourg ou du Quartier rouge d'Amsterdam, et parfois (rarement, je dois l'avouer) au cours de randonnées champêtres, dans des petits sentiers de la montagne suisse, ou sur les chemins de halage du Marais poitevin, pour me poser cette question: «Où peut-on trouver vos sketches?»

Ceux qui me demandaient cela? Des personnes de toute extraction et de toute appartenance: des charmants organisateurs de Club Méditerranée, des prêtres directeurs de colonies de vacances, des associations d'avocats et d'autres à but non lucratif, des responsables de la réinsertion dans les prisons… Enfin, quantité de gens susceptibles de jouer ou faire représenter des saynètes, afin de mettre de bonne humeur leurs élèves, leurs confrères, leurs ouailles, leurs clients ou leurs amis.

Parfois, je répondais évasivement: «Oh… je ne sais pas. Peut-être en a-t-on imprimé deux ou trois, il y a longtemps, dans des magazines!»

Parfois, j'étais brutal: «Mais fichez-moi la paix! J'en sais rien! Les sketches, c'est fait pour être joués, pas pour être lus!»

Et parfois, j'étais émouvant, à la limite du pathétique: «Hélas! Aucun éditeur ne m'a jamais proposé de les publier…»

La première réponse était fausse: nul magazine n'a jamais proposé le moindre de ces sketches. La deuxième aussi: tout sketch est fait pour être lu avant d'être joué, sans cela, comment le jouerait-on? Et la dernière également puisque aujourd'hui, ce livre existe.

Pourquoi des sketches joués, non joués, à jouer ou injouables?

Les «joués» l'ont été en public, ou dans des émissions de variétés à la télévision. Certains n'ont pas été diffusés. Lorsqu'ils le seront, nous ne manquerons pas de vous le faire savoir.

Les sketches «à jouer» et «non joués» attendent simplement d'être incorporés à des spectacles futurs.

Enfin, les sketches «injouables» étaient trop coûteux ou trop difficiles à réaliser. Ils le sont de moins en moins. Les progrès techniques et l'utilisation du «virtuel» font que ces sketches injouables ne le seront bientôt plus. Je m'en réjouis.

Un mot maintenant sur mes collaborateurs, Guénolé Azerthiope et Christian Peirera.

Pendant tout le temps où nous avons travaillé ensemble, nous ne nous sommes pratiquement jamais vus. Sur notre lieu de travail, ils arrivaient lorsque j'étais parti. J'étais à peine de retour qu'ils s'en allaient.

Ils me laissaient des textes que j'appréciais modérément. Je les modifiais, les corrigeais et leur adressais la version définitive qu'ils trouvaient à chier.

Ces rapports furent divins.

Maintenant, mes yeux s'embuent. Ces sketches sont livrés à votre jugement.

Une dernière phrase: si, parmi vous, certains producteurs riches et fiables sont intéressés, qu'ils prennent contact avec mon agent.

Joués et inédits

Le permis de conduire

L'examinateur: Lawrence RIESNER
Le candidat: Jean YANNE

Une voiture auto-école.
Un examinateur attend en consultant ses fiches.

EXAMINATEUR: Examinateur, c'est pas un métier. Tous les candidats veulent avoir leur permis, ils ne se donnent même pas la peine d'apprendre le code de la route.
Enfin, avec moi, pas question de passe-droit. (*Il crie*:) Premier candidat!

Un seul homme assez efféminé monte dans la voiture.

EXAMINATEUR: Dépêchons-nous. Bonjour, monsieur, asseyez-vous.

JEUNE HOMME: Bonjour, monsieur.

EXAMINATEUR: Bonjour, asseyez-vous, monsieur, vous vous trouvez sur une route à grande circulation, vous croisez une route départementale dont la largeur est double de celle d'un chemin vicinal qui la prolonge au sud-ouest d'une ligne médiane tracée par le bas-côté d'une route secondaire parallèle à celle que vous venez d'éviter en empruntant le trajet inverse de celui inscrit sur un panneau indicateur placé derrière vous, il pleut, votre essuie-glace tombe en panne, que faites-vous ?

JEUNE HOMME : Vous me parlez avec brutalité...

EXAMINATEUR : Monsieur, je vous ai posé une question précise, je vous prie de répondre !

JEUNE HOMME : Non ! Vous m'avez psychiquement traumatisé. Je suis complètement retourné, maintenant.

EXAMINATEUR : Oui, bien, pour l'instant, vous allez retourner chez vous, si vous ne savez pas. Recalé !
Poussez votre genou.

JEUNE HOMME : Sadique, va !

Le jeune homme sort de la voiture.

EXAMINATEUR : Candidat suivant. Candidat suivant... Suivant... !

On entend une voix dans le lointain.

CANDIDAT : Ah, une seconde ! Y a pas le feu, non ?

Un candidat arrive.
C'est une énorme brute.
Il s'installe dans la voiture, et prend toute la place.

EXAMINATEUR : Il y a d'autres candidats, monsieur, dépêchez-vous, je vous prie…

CANDIDAT : Une seconde, on vous dit, quoi !
On a le temps de prendre un petit remontant avant l'examen, non !

EXAMINATEUR : Bien sûr, mais…

CANDIDAT : Faut pas pousser quand même !

Il regarde l'examinateur, l'air mauvais.

CANDIDAT : Va falloir en rabattre, avec moi, parce que… il faut pas jouer avec l'homme !

EXAMINATEUR : Asseyez-vous, prenez vos aises ! Je vous demande pardon, vous êtes bien installé ?

CANDIDAT : Ça va, oui, ça va, sauf les genoux ça me gêne un peu, les genoux, là.

EXAMINATEUR : C'est une petite voiture…

CANDIDAT : Ben oui, puis j'ai des gros genoux, alors ça me gêne les genoux, quoi.

EXAMINATEUR : Oui, c'est ça, la prochaine fois, on prendra un autocar.

CANDIDAT : Ben y a intérêt, parce que je changerai pas mes genoux.

EXAMINATEUR : Bon. Monsieur, première question.
Vous montez dans votre voiture, celle-ci ne veut pas démarrer, que faites-vous ?

CANDIDAT : Est-ce que je sais, moi !

EXAMINATEUR : Vous feriez bien de le savoir ! Vous montez dans votre voiture, elle ne démarre pas, qu'est-ce que vous faites.

CANDIDAT : Euh... Redites-moi ça, un peu... pour voir ?

EXAMINATEUR : Vous êtes un peu dur d'oreille, vous tournez la clé, rien ne se passe, qu'est-ce que vous faites ?

CANDIDAT : Eh ben, je descends.

EXAMINATEUR : Les fusibles, vous vérifiez...

CANDIDAT : Non, je descends, et je file un grand coup de pompe dans cette saloperie de bagnole. Après, je prends ma clé à molette, j'ouvre le capot et je casse le moteur en mille morceaux. Je frappe, je cogne parce que je suis pas du genre à me laisser emmerder par un tas de ferraille... Et puis pas par autre chose non plus, d'ailleurs... suis-je assez clair ?

EXAMINATEUR : Bon, autre chose, monsieur.

CANDIDAT : Oui...

EXAMINATEUR : À présent, vous arrivez à un carrefour.

CANDIDAT : Oui.

EXAMINATEUR : Un agent de la force publique vous fait signe de vous arrêter...

CANDIDAT : Oui...

EXAMINATEUR : Qu'est-ce que vous faites ?

CANDIDAT : Je passe ! Et puis je me débrouille pour l'attraper avec mon aile gauche et j'y roule sur le buffet, et au passage, j'ouvre ma portière et j'y balance un bon coup de latte dans la gueule, par la même occasion. Parce que c'est pas un flic qui va faire la loi, non ! Prenez pas tout le siège.

EXAMINATEUR : Bon, maintenant, vous êtes sur une route départementale...

CANDIDAT : Ah, ça m'étonnerait, alors !

EXAMINATEUR : Qu'est-ce que vous dites ?

CANDIDAT : Je dis ça m'étonnerait... que je sois sur une route départementale. J'y vais jamais sur les routes départementales, c'est plein de boue, et ça sent mauvais.

EXAMINATEUR : Oui, j'entends bien, monsieur, mais c'est une supposition, vous êtes sur une route départementale...

CANDIDAT : Non, je suis pas sur une route départementale, je viens de vous dire que j'y mettais jamais les pieds sur les routes départementales. J'aime pas ça, les routes départementales. Je hais les routes départementales, les routes départementales, rien que de m'en causer, ça me donne envie d'envoyer des mandales dans la tronche à tout ce qui remue.

EXAMINATEUR : Mais... Mais en admettant...

CANDIDAT : AAAh... Je vais me le farcir ! Ah, je vais être obligé de me le farcir, le petit asticot !

EXAMINATEUR : Mais enfin, monsieur...

CANDIDAT : Vous commencez à m'énerver avec vos questions... Est-ce que je vous en pose des questions, moi ?

EXAMINATEUR : Non, mais...

CANDIDAT : Est-ce que je vous en pose ?

EXAMINATEUR : Absolument pas.

CANDIDAT : Est-ce que je vous demande qu'est-ce que vous faites si il se passe ceci, qu'est-ce que vous faites si il se passe cela ?

EXAMINATEUR : Pas du tout...

CANDIDAT : Est-ce que je vous oblige à aller sur une route départementale, moi ?

EXAMINATEUR : Qu'est-ce que j'irais y faire !

CANDIDAT : Est-ce que je vous demande pourquoi vous avez cette tête d'abruti, et pourquoi ça fait un bruit d'évier quand je la remue ? Hein ! La seule chose que je vous demande, c'est si vous me le donnez, mon permis, oui ou non ?

L'examinateur, terrorisé, lui tend la feuille.

CANDIDAT : Ah ! là ! là !... Qu'est-ce qu'on peut perdre comme temps en formalités !

Les routiers

Bébert: Jean YANNE
Frédo: Paul MERCEY

Deux routiers, dans la cabine d'un énorme bahut.
C'est la nuit.

BÉBERT: Eh, t'endors pas, Frédo, on a encore de la route à faire.

FRÉDO: T'en fais pas, j'ai fait la pause-café. Je peux tenir le choc jusqu'à Montélimar.

BÉBERT: Pourvu qu'il y ait pas de brouillard.

FRÉDO: On verra bien. Tiens, en attendant, mets toujours «Route de nuit», ça nous fera passer le temps.

Bébert met la radio.

RADIO: Et, amis routiers, souvenez-vous que les camions SOUCHEBIR sont les seuls camions équipés de sièges Louis XVI à pieds galbés, camions SOUCHEBIR, un vrai plaisir!
Et maintenant, amis routiers, un peu de musique.
Nous allons écouter le premier mouvement du quatuor numéro six en *si* bémol majeur, opus 18, de Ludwig van Beethoven.

On l'entend. Peu à peu, les routiers fredonnent la musique.

BÉBERT : *La la la... sol la... sol la... La la...*
Tu diras ce que tu voudras, Frédo, mais dans cet allegro de Beethoven, eh ben, on sent encore vachement l'influence de Mozart !

FRÉDO : Ah ! faut dire que c'est la période charnière de l'évolution beethovénienne.

BÉBERT : Je suis d'accord avec toi, Frédo, mais avoue que c'est plus sensible dans l'allegro que dans l'adagio, c'est en filigrane, quoi !

FRÉDO : Ben par le fait, c'est sa deuxième manière, à Beethoven. Dans le premier thème, il fait un large exposé, alors forcément, dans l'allegro ma non troppo, quand le premier violon et le violoncelle ils attaquent à l'unisson, on sent que ça va s'épanouir en contrepoint.

BÉBERT : C'est vrai ce que tu dis, Frédo !

FRÉDO : Tu sais, comme le disait Delacroix, « dans le Beethoven des quatuors on respire déjà la mélancolie qui trahit un feu intérieur ». Il a pas fini de faire du slalom avec son scooter, celui-là !

BÉBERT : Ah... Les deux-roues, faut se les goinfrer.

FRÉDO : Ah, c'est pas vrai ! Tiens. Tiens, écoute le pianissimo, si c'est enlevé...

Ils chantent sur la musique et sont coupés dans leur élan.

RADIO : Nous interrompons ce quatuor, amis routiers, pour vous rappeler que Beethoven ne connaissait pas la gamme. Non, il ne connaissait pas la gamme, la gamme des camions SOUCHEBIR, bien entendu. Et, souvenez-vous, camion SOUCHEBIR, un vrai plaisir !

On entend « Jésus, que ma joie demeure ».

BÉBERT : Ah... Tu sais qu'ils commencent à nous bassiner avec leur publicité !

FRÉDO : T'as raison, ils ont coupé au moment de la montée chromatique, le plus beau passage !

BÉBERT : Ben je pense bien, c'est le passage en *la* bémol mineur, alors ! Deux altérations à la clé !

FRÉDO : Exactement.

BÉBERT : Enfin, c'est comme ça, c'est comme ça !

FRÉDO : Eh ouais.

BÉBERT : Tiens, c'est du Bach, maintenant.

FRÉDO : Ouais, c'est du Bach. Qui c'est qui joue là ? C'est François Chombier, ça, hein ?

Bébert hurle de rire.

BÉBERT : T'as vraiment pas de feuille !
François Chombier ! Mais tu reconnais pas l'attaque ?
C'est Adrienne Flombart. Chombier, il joue plus délié dans les aigus.

FRÉDO : Ouais... T'as peut-être raison.

BÉBERT : Je veux, oui.

FRÉDO : Tiens, samedi dernier, j'ai de nouveau emmené les mômes à Saint-Louis-des-Invalides. Pour entendre Dupré.

BÉBERT : Ah, il est bien, Dupré, il fait le poids, Dupré, moi, je trouve qu'il a une bonne persistance rythmique.

FRÉDO : Ah ouais…

BÉBERT : Mais tu vois, y a un truc qui me chiffonne chez Dupré quand même… Comme dit Gavoty, il est bien, mais il sait pas se servir de la pédale. Et tu sais, Gavoty, c'est un connaisseur.

FRÉDO : Oui, ça des fois, il a la régistration touffue, mais quand il a un bon instrument, comment qu'il se défend ! Tiens, l'année dernière, avec mémène, on est allés l'écouter à Notre-Dame, il nous a fait chialer !
Il les éteindra pas ses phares, cet abruti !

BÉBERT : Ah, le salaud !

FRÉDO : Ça va pas la tête, non. J'y ai dit !

BÉBERT : T'es pas fatigué, Frédo ? Tu veux pas que je te reprenne un peu ?

FRÉDO : Penses-tu, tu peux roupiller, si tu veux.

BÉBERT : Ah non, maintenant que tu m'as causé, j'ai plus sommeil, je vais lire un peu, tiens !

FRÉDO : Qu'est-ce que c'est que tu lis ?

BÉBERT : Péguy. Club français du livre.

FRÉDO : C'est chouette, Péguy ! Hein ?

BÉBERT : Ben, je vais te dire, surtout, c'est pas lassant.
C'est Tutur qui m'a donné ce bouquin. Tu connais Tutur ?

FRÉDO : Je vois pas, non !

BÉBERT : Tutur ! Le grand rouquin, qui fait Paris-Strasbourg avec son 11 tonnes !

FRÉDO : Ah ouais, ça y est, je vois...

BÉBERT : Dans un routier, j'y avais réparé son démarreur, eh ben, pour me remercier, il m'a filé tout Péguy.

FRÉDO : Ben, il s'est pas foutu de toi, hein !

BÉBERT : T'as raison, douze volumes. Qu'est-ce que je me régale !

FRÉDO : Dis donc, Bébert, tu serais chouette, tu sais ce que c'est que tu ferais ?

BÉBERT : Non.

FRÉDO : Tu m'en lirais un peu, tout haut.

BÉBERT : Ben, si tu veux.

FRÉDO : Ouais !

BÉBERT : « Je suis la servante du Seigneur », dit Jeanne la pucelle.
Je suis frêle comme le roseau caressé par les vents. Je suis un ciboire dressé vers le royaume des ombres.

FRÉDO : T'interprètes bien Péguy, Bébert !

BÉBERT : Je marche pieds nus vers toi, Éternel.
J'use mes pieds sur la pierre des chemins, sur la route de Tes cathédrales,
j'écorche mes mains aux épines dressées vers Ta sérénité.
Je suis le calice de Ta douleur ô Roi céleste !

Frédo se met à pleurer.

FRÉDO : Oh... Oh Oh Oh...

BÉBERT : Ben, qu'est-ce qui t'arrive, Frédo ?

FRÉDO : C'est tellement triste, ton Péguy...

BÉBERT : Ben, j'ai choisi le passage le plus marrant !

FRÉDO : Ouais, mais il vaut mieux que t'arrêtes parce que je vois plus clair.

BÉBERT : Ben, mets les essuie-glaces.

FRÉDO : Excuse-moi, ça va me passer, mais faut que je me ressaisisse, c'est tout. Vaut mieux que t'arrêtes.

BÉBERT : Oh, ben mince alors...

Un temps interminable.

BÉBERT : Frédo...

FRÉDO : Oui...

BÉBERT : Tu m'aimes ?

La circulation à Rome

Messala : Jean YANNE
Ben Hur : Paul MERCEY
Le flic : Lawrence RIESNER

Une rue de Rome, deux heures moins le quart avant Jésus-Christ. Deux conducteurs de char.

MESSALA : Eh...

BEN HUR : Oh...

MESSALA : Eh... Ben Hur...

BEN HUR : Que dicce Messala ?

MESSALA : Eh ben avancum, eh ringardoum avec tuam charus de mes fessum !

BEN HUR : Ou minutum, pater ecrasum.

MESSALA : De quam ? Repetum osum repetare !

BEN HUR : Non me genare per repetare, non mais des fouam obtonare tuam permissionem de conduirare per pistonem, ou dans unum pochetum surprisum !

MESSALA : Ah, tuam interare à la bouclarum, hein sinonus descendus et fichus coup de pompeum dans les michoum !

BEN HUR : Provocationem ?

MESSALA : Ah ouais, mon potoum !

BEN HUR : Pas bougum !

MESSALA : Pas bougum ?

BEN HUR : Pas bougum !

MESSALA : Refusare avancam ?

BEN HUR : Refusare !

MESSALA : Cherchum la bagarum !

BEN HUR : Oh, tienus, fumus, c'est du belgum !

MESSALA : Du belgum !

BEN HUR : Du belgum !

MESSALA : Insultam ! Grossierum !

BEN HUR : Oh ecraseum !

MESSALA : Tienus !

Il lui rentre dedans avec son char.

BEN HUR : Vade retro, satanas avem emboutis parechocum !

MESSALA : Ah… Avenus prevnus ! Chercham la bagarum, rentram dans le lardoum !

BEN HUR : Non mais tournus pas rondus…

MESSALA : Cassam pas les burettum !

BEN HUR : Meritare prisonem ! Grainus d'assassineum ! Appelare Flicum !

MESSALA : Flicum !

BEN HUR : Parfaitementus !

MESSALA : Flicum ! Degonflem ! Deballonus ! Flicum…

BEN HUR : Agentus… Centurionem !

Arrive un flic (romain).

FLICUM : Eh là ! Eh là !… Quad discutionnem ? Qued se pasetiloum ?

BEN HUR : Agentus Temoinem…

FLICUM : Ouais…

BEN HUR : Imbecilum enfoncem parechocum !

MESSALA : Ah… Conduisus comme un mancheum !

BEN HUR : Faisoum exprem !

MESSALA : Mais boucham la rue avec son gros ventrum !

BEN HUR : Attentionem, repetum...

MESSALA : Gros ventrum !

BEN HUR : Repetum !

MESSALA : Gros ventrum !

BEN HUR : Approcham ! Arracham les oreillus !

MESSALA : Eh ben, essayam !

FLICUM : Oh Oh... Calmous !

MESSALA : Obsedum sexualis !

BEN HUR : Injuriam !

FLICUM : Silencum !

BEN HUR : Commencam...

FLICUM : Silenceum ! Reculare. Constatem degatum.

Messala recule et roule sur les pieds du flic.

FLICUM : Aïe... Pas fairum attentionem !

MESSALA : Eh ben, flicum... Plancus ripatonus !

FLICUM : Papirum !

BEN HUR : Papirum ?

FLICUM : Papirum !

BEN HUR : Mezigum ?

FLICUM : Oui, Tezigum !

BEN HUR : Voilam.

FLICUM : Cartum grisem.

BEN HUR : Cartum grisem, voilam.

FLICUM : Vignettus.

BEN HUR : Vignettus, vignettus… voilam.

FLICUM : Attestationem assurançam.

BEN HUR : Attestationem assurançam.

FLICUM : Depechoum !

BEN HUR : Minutem, chercham… Voilam.

FLICUM : Curriculum vitae.

BEN HUR : Voilam toutus le paquetus !

FLICUM : Non in reglum.

BEN HUR : Non in reglum ?

FLICUM : Vignetum perimem.

BEN HUR : Ou ben oubliam.

FLICUM : Ah oui, oubliam... Assurançam non aquitem.

BEN HUR : Ou pas gravum !

FLICUM : Pas gravum ? Contraventionem !

BEN HUR : Contraventionem ?

FLICUM : Contraventionem.

BEN HUR : Alorem, c'est la meilleurem. Ah, ben, merdum.

Messala intervient en faux-cul.

MESSALA : Flicum... Dicce merdum...

FLICUM : Esgourdam ! Que dicce ?

BEN HUR : Merdum !

FLICUM : Merdum !

BEN HUR : Merdum merdum merdum merdum !

FLICUM : Insultam policem !

BEN HUR : Pas per policem, per Messala !

FLICUM : Grosserum avecum gardienus pacce. Suivam commissariam.

MESSALA : Ah… Commissariam, rigolam. Fendus la gueulum… appelare flicum et possedare.

FLICUM : Allez, postum policem.

BEN HUR : Minutem, me plaindrum prefectus policem paponus.

BEN HUR : Sui decorem legionnibus d'honorem ! Scandalum, in partibus martyrum !

Messala reste seul.

MESSALA : Ah, rigolam. Appelare flicum.
Flicum, Flicum. Flicum.
Venus, mille ballus dans le fouindum.

Il regarde sa roue.

MESSALA : Oh… Merdum, crevam.

Les cigognes

Marie-Armelle: Dominique Lavanant
Le professeur: Thierry Lhermitte
Fritz: Martin Lamotte
Hansi: Jean Yanne

Les toits d'une ville alsacienne.
Au premier plan, sur une cheminée, un nid de cigognes.
Dans le nid, apparemment nus, le célèbre professeur d'ornithologie, Alexandre Gouffe, et son assistante, Marie-Armelle.

Marie-Armelle: Professeur, vous savez l'admiration que j'ai pour vos travaux, et à quel point je suis heureuse d'être votre assistante, mais cela fait maintenant trois jours que nous sommes dans ce nid de cigognes...

Professeur: Et alors?

Marie-Armelle: Eh bien... franchement, c'est dur!

Professeur: Ma petite Marie-Armelle, vous avez décidé de devenir ornithologue. Je sais, c'est difficile. Mais pour observer et étudier les animaux, il n'y a qu'une seule méthode. Vivre en osmose totale avec les sujets à observer, dans leur milieu ambiant. Alors, bien sûr, les nids de cigognes étant essentiellement faits pour les cigognes, il est normal que nous y fussions mal à l'aise.

Marie-Armelle fait la gueule.

PROFESSEUR : Qu'est-ce qu'il y a d'autre ?

MARIE-ARMELLE : J'ai faim.

PROFESSEUR : Il y a une gamelle pleine de vers de terre...

MARIE-ARMELLE : Ça me dégoûte.

PROFESSEUR : Eh bien, si vous n'aimez pas les lombrics, essayez les grenouilles.

MARIE-ARMELLE : Crues !

PROFESSEUR : Ma petite fille, être dans le milieu ambiant, ça veut dire adopter la même façon de vivre, et par conséquent, la même nourriture. Et puis, nous n'avons pas le temps de discuter. Passez-moi plutôt les jumelles.

MARIE-ARMELLE : Voilà, professeur.

Le professeur observe un nid de cigognes éloigné, sur une autre cheminée.

PROFESSEUR : Oh... Un couple de cigognes se réveille... Notez... Le mâle caresse le cou de sa femelle avec son bec... De sa poche revolver, il sort un gros ver de terre qu'il donne à sa compagne... Attendez, j'essaie de grossir l'image. Ah, ça alors, c'est extraordinaire !

MARIE-ARMELLE : Quoi ? Qu'il ait une poche revolver ?

PROFESSEUR : Mais non, notez... C'est la première fois que cette race de cigogne mange un némathelminthe. Comme quoi, on en apprend tous les jours.
Attention, elles nous regardent. Marie-Armelle, remettez votre bec.

Marie-Armelle : Vous y tenez vraiment ? Le bec, ça me fait parler du nez...

Professeur : Vous n'avez pas à parler. D'ailleurs si vous la fermiez un peu, ça ne serait pas plus mal.
Attention... Je vois la femelle qui se lève. Elle s'apprête à venir dans notre direction. Vite, branchez la cassette et envoyez le chant d'amour.

Elle le fait.
Le chant d'amour s'élève.

Professeur : Bon, maintenant, montez sur le bord du nid et faites le mâle.

Marie-Armelle monte sur le bord du nid. On s'aperçoit qu'elle a des petites ailes dans le dos et une touffe de plumes à cul fixée sur un bikini.

Marie-Armelle : Professeur, j'ai peur de tomber.

Professeur : Ne regardez pas en bas. Faites comme les cigognes. Droit devant vous, le regard. Mettez-vous sur une patte.

Marie-Armelle : Professeur, je vous jure que je vais tomber.

Professeur : Mais non, je vous tiens.

Il la tient par la cheville. Marie-Armelle est sur une jambe, et fait la cigogne.

Professeur : Tenez, Marie-Armelle, montrez-lui cette grenouille, ça va la faire venir.

Marie-Armelle tient la grenouille par une patte et l'agite.

MARIE-ARMELLE : Elle ne bouge pas, professeur, la cigogne.

PROFESSEUR : Mangez la grenouille alors. Elle va comprendre qu'il y a de quoi bouffer ici, et que c'est bon.

Marie-Armelle se met la grenouille dans le bec. Le professeur lui tend une poignée de vers de terre.

PROFESSEUR : Tenez, essayez avec ça aussi.

MARIE-ARMELLE : Elles ne bougent toujours pas, professeur. J'ai même l'impression qu'elles se foutent de moi.

PROFESSEUR : Mais non, mais non, les cigognes n'ont pas le sens de l'humour. Elles ne sont guidées que par leur instinct et leur estomac.
Mangez les vers, mastiquez bien, qu'elles puissent voir de loin que vous vous régalez. Je suis sûr que ça va les appâter.

Marie-Armelle mange les vers, ce qui fait remuer son faux bec.

MARIE-ARMELLE : Beurk, c'est gluant...

PROFESSEUR : Ça prouve qu'ils sont frais. Remuez les ailes maintenant, pour montrer que vous êtes contente... Remuez... remuez... merde, elles sont parties !

Le professeur ôte les yeux des jumelles et regarde Marie-Armelle qui est toujours en train de remuer les ailes.

PROFESSEUR : Mais vous les remuez dans le mauvais sens, vos ailes. Enfin, Marie-Armelle, où avez-vous donc la tête ? Vous leur avez fait peur. Une journée à l'affût pour rien !

MARIE-ARMELLE : Je suis désolée. Je peux redescendre, professeur ?

PROFESSEUR : Oui, redescendez.

Elle redescend.
Le professeur continue à scruter tous azimuts avec ses jumelles.

MARIE-ARMELLE : Professeur, j'ai un peu froid. Je peux remettre mon soutien-gorge ?

PROFESSEUR : Vous avez déjà vu une cigogne avec un soutien-gorge ? Attention ! Voilà un nouveau couple qui s'installe. Ma parole, ce nid, c'est une maison de rendez-vous. Oh, je les vois magnifiquement. Je distingue parfaitement tout ce qu'elles font. Je vais voir si je peux filmer.

Le professeur pose ses jumelles et prend la caméra.

PROFESSEUR : Ah, c'est trop loin, même avec le zoom. Je vois moins bien. Bon, je vais regarder avec les jumelles, et nous allons reconstituer la scène. Je branche la caméra sur nous. Là... voilà... allons-y.

Le professeur accroche la caméra sur la cheminée pour qu'elle les filme. Puis il reprend les jumelles.

PROFESSEUR : Oh ! là là !, c'est formidable. Suivez bien... Marie-Armelle, mettez-vous bien devant moi. Là, comme ça. Penchez-vous en avant. Posez votre bec sur le bord du nid... comme ça. Bougez lentement les ailes...

Le professeur est debout derrière Marie-Armelle légèrement penchée (position n° 3 du Kama-Sutra*).*

MARIE-ARMELLE : Mais qu'est-ce que vous faites, professeur ?

PROFESSEUR : J'observe l'accouplement. Je ne l'ai jamais vu aussi nettement. Vous avez votre bloc, Marie-Armelle ? Notez... Ce mâle a l'air très sûr de lui. Il picore le cou de la femelle.

Le professeur regarde si la caméra les prend bien et picore le cou de Marie-Armelle.

MARIE-ARMELLE : Mais vous me faites mal, professeur.

PROFESSEUR : Ne gigotez pas inconsidérément ! C'est d'une importance scientifique capitale !

MARIE-ARMELLE : Mais c'est sérieux, professeur ! Vous me faites vraiment mal.

PROFESSEUR : Mais taisez-vous, bon Dieu. Moi je ne dis rien. Et pourtant vous ne savez pas ce que vous me faites subir avec votre plumeau.
Attention, la femelle se retourne pour voir le mâle. Mais retournez-vous, nom de Dieu !

MARIE-ARMELLE : Pour voir le mâle ?

PROFESSEUR : Oui, pour voir le mâle.

MARIE-ARMELLE : Mais c'est moi, le mâle !

PROFESSEUR : Comment c'est vous, le mâle ?

MARIE-ARMELLE : Vous m'avez bien dit de faire le mâle tout à l'heure en mangeant des vers de terre.

PROFESSEUR : Tout à l'heure ! Mais ça fait dix minutes que vous faites la femelle. Vous êtes bouchée ou quoi !

MARIE-ARMELLE : Je suis désolée. Je ne m'en étais pas rendu compte.

PROFESSEUR : Ben ma petite, pour les études sur le comportement, chapeau ! Et après ça, vous voulez que je vous aide à soutenir votre thèse !

MARIE-ARMELLE : Je suis vraiment désolée, professeur. À l'avenir, je ferai attention...

Elle se retourne et donne un coup de bec dans les jumelles du professeur. Celui-ci les lâche et elles tombent du nid.

PROFESSEUR : Ah, mais c'est pas vrai ! Comment pouvez-vous être maladroite à ce point !

MARIE-ARMELLE : Oh, je suis navrée. Je peux ôter mon bec ?

PROFESSEUR : Oh, oui, ôtez votre bec. De toute façon, qu'est-ce que vous voulez qu'on fasse maintenant que nous n'avons plus de jumelles pour observer ces échassiers migrateurs ? La journée est foutue. Il n'y a qu'à partir.

MARIE-ARMELLE : Bon, je rassemble le matériel.

Le professeur regarde quelque chose au loin.

PROFESSEUR : Vous avez vu ? Quand la cigogne s'envole, elle ne se sert pas de ses ailes tout de suite. C'est d'abord une question de jambes. Elle plie les genoux, et hop ! C'est la poussée qui la fait décoller. Comme le *Concorde*. Et c'est seulement après que les ailes interviennent. Pour planer...

Marie-Armelle : Ah oui ?

Professeur : Écoutez, c'est le moment ou jamais de vérifier.

Marie-Armelle : Ben oui. Pendant qu'on est dans le milieu ambiant.

Professeur : Nous allons sauter sur le toit d'en face. Vérifions notre équipement. D'abord je mets mes ailes...

Marie-Armelle : Faut que je remette mon bec ?

Professeur : Mais non. Essayez de suivre un peu. Nous vérifions un problème de pattes, pas de bec ! Bon, venez avec moi sur le bord du nid. Mettez bien le dos dans le prolongement du cou. Vous y êtes ?

Marie-Armelle : Oui.

Professeur : Bon. Fixez bien le point où nous voulons arriver. Le bord de la gouttière, en face. OK ?

Marie-Armelle : OK.

Professeur : Bon, alors, je résume. On plie les jambes, on laisse ses ailes au repos. On donne une détente, on décolle, et seulement lorsqu'on sent qu'on est dans le vide, on tend ses ailes. C'est compris ?

Marie-Armelle : Oui.

Professeur : Alors attention, un, deux, trois...

Ils s'élancent dans le vide.
Sur une petite place de village du Haut-Rhin, le professeur et Marie-Armelle sont étendus, légèrement aplatis.
Deux ou trois Alsaciens passent devant eux.

FRITZ : AS-TU FU, HANZI, IL Y A TÉCHA TES BARIZIENS QUI PRONZENT…

HANZI : YA, FRITZ. LES TOURISTES SONT EN AFANCE, ZETTE ANNÉE.

Ils se dirigent vers le café de la place, « Aux deux cigognes ».

Le Martien

Armstrong: Gérard JUGNOT
Brasfort: Jean YANNE

Une capsule spatiale assez grande (on doit pouvoir s'y déplacer debout). Écrans, objets divers, combinaisons classiques.
Et dans un coin, un Martien. Il est vert, et très mou.

ARMSTRONG : D'après les calculs, on devrait arriver dans trente heures.

BRASFORT : Putain ! Encore trente heures dans cette cabine de merde. Et avec l'autre zouave en plus !

ARMSTRONG : Trente heures, c'est pas long. Le plus dur est fait.

BRASFORT : Ah... Il se balade partout. Il tripote tout. Il a vomi sur l'ordinateur ! T'aurais pas dû le détacher.

ARMSTRONG : C'est un être humain. C'est pas parce qu'il ressemble à rien qu'il ne faut pas le respecter.

BRASFORT : C'est pas un être humain. Il n'a rien d'humain, par définition, puisque c'est un Martien.

ARMSTRONG : Oui, ben, c'est comme les animaux. Si c'est pour les maltraiter, c'est pas la peine d'en avoir.

BRASFORT : Après tout, c'est ton problème, hein. C'est toi qui as voulu le ramener.

ARMSTRONG : Je l'ai ramené pour mon gosse.

Un temps.

BRASFORT : Je vais te dire... Quand on est partis, on avait quarante ans. Ta femme, elle avait quarante ans aussi, et ton fils, vingt ans. Avec la relativité, maintenant, ta femme, elle a soixante piges et ton fils, quarante. Il a le même âge que toi !

ARMSTRONG : Qu'est-ce que tu racontes...

BRASFORT : Einstein : « L'écoulement du temps n'est pas le même pour deux observateurs qui se déplacent l'un par rapport à l'autre. » On t'a bien prévenu au départ de la NASA.

ARMSTRONG : Jamais de la vie.

BRASFORT : Je suis tranquille que oui. Tu devais être parti pisser quand le moniteur nous a appris ça.

ARMSTRONG : Ben merde alors. Ah, on est vraiment des cobayes...

BRASFORT : Calme-toi. On est des héros de l'humanité. On va être reçus comme des surhommes. On va être riches et célèbres.

On entend un haut-parleur qui crépite. Les écrans clignotent. Voix métallique.

VOIX : Allô, ici la Terre. Orbite 24, coefficient espace-temps 5238V515. Objet volant non identifié. Décrivez-vous.

BRASFORT : Réponds, Jeannot.

ARMSTRONG : Allô, la Terre ? C'est nous. Vous nous reconnaissez pas, merde ?

VOIX : Donnez des détails.

ARMSTRONG : C'est nous. Jeannot Armstrong et Roger Brasfort. Capsule satellite Sam'suffit. Matricule 39-46. Mission spéciale sur Mars.

VOIX : OK. Vous êtes pris en compte par notre ordinateur. Préparez-vous à entrer dans la stratosphère. R.O.G.E.R.

ARMSTRONG : R.O.G.E.R. Bon. On est en pilotage automatique. Maintenant c'est à eux de jouer.

Il se lève et s'étire. L'autre se masse les cuisses. Le Martien rampe sur les commandes de pilotage. Ses petits tentacules s'enroulent autour des boutons et des manettes.

BRASFORT : Eh, touche pas à ça, le Martien. C'est pas le moment d'inverser les commandes.

ARMSTRONG : Arrête de l'engueuler. Tu le fais pleurer.

BRASFORT : Où tu vois qu'il pleure, toi ?

ARMSTRONG : Y a des gouttes sur le programmateur.

BRASFORT : C'est pas des gouttes. C'est une flaque. Il a pissé, oui. Viens ici, toi, le Martien.

Il essaie d'attraper le Martien qui s'échappe visqueusement.

ARMSTRONG : Dis donc, ce qui m'inquiète, c'est qu'ils nous ont pas reconnus tout de suite, sur la Terre. J'ai peur qu'on soit pas accueillis comme des héros de l'humanité.

BRASFORT : Qu'est-ce qui se passe ? On tourne. On change de cap !

ARMSTRONG : Merde. C'est pas normal, ça. On devrait être en automatique.

BRASFORT : C'est l'autre taré de Martien. Il touche à tout. Il tripote tout. Il a tout inversé.

ARMSTRONG : Pas touche. Sage. Pas touche.

BRSFORT : Attrape-le...

Le Martien s'échappe en gluant (du verbe gluer).

ARMSTRONG : J'y arrive pas. Il est trop gluant.

BRASFORT : Attends, je vais lui faire peur avec ma ceinture.

Il retire sa ceinture et s'en sert comme d'un dompteur avec son fouet.

BRASFORT : Allez, viens ici, le Martien.

ARMSTRONG : Viens, le Martien... Viens, petit Martien.

BRASFORT : Ici, le Martien. Saloperie, va. Le Martien, ici, au pied !

AMSTRONG : Attends, je vais le rabattre.

Armstrong passe de l'autre côté de la cabine. Il se plie en deux et tente de pousser le Martien vers son collègue, comme les poules dans une basse-cour.

Armstrong
(imite la poule) : Co co co co...

Le Martien repte sur le sol (du verbe repter de l'adjectif latin reptile).
Il donne un coup de tentacule dans un vase d'une grande laideur qui se trouvait dans un coin.

Armstrong : Ah, merde ! Le vase que j'avais ramené pour ma belle-mère. Il me l'a cassé.

BRASFORT : Oh, avec la relativité, ta belle-mère, ça doit bien faire dix ans qu'elle a cassé sa tige, hein... Ah, l'enfoiré, il m'a mordu !

ARMSTRONG : Ça y est, je l'ai. Essaie de le tenir une minute, je vais lui foutre une laisse.

BRASFORT : Ah, non, non, tu te débrouilles, c'est ton Martien. Moi, j'y touche pas...

Armstrong prend le Martien comme un petit chien qui a fait une bêtise. Il le tient devant lui pour le gronder.

ARMSTRONG : Tu as cassé mon vase, hein, le Martien... Tu as cassé mon vase, tiens...

Il lui donne quelques petites tapes, comme à un chiot.

BASFORT : Quelle idée aussi d'aller sur Mars pour ramener un vase !

ARMSTRONG : Oh, toi, évidemment, tu n'as aucun sens de la famille. Et toi, le Martien, tu ne touches plus à rien... Compris... Oh, regarde-le, il me caresse, maintenant.

BRASFORT : Ah, ouais. Il est affectueux avec toi.

ARMSTRONG : Il met ses petits tentacules autour de mon cou.

BRASFORT : Il est pas rancunier, au moins.

ARMSTRONG : Oh... Il m'embrasse.

BRASFORT : Beurk !

ARMSTRONG : Oh, non... C'est pas désagréable.

BRASFORT : Oh, dis donc, il te laisse des traces de rouge à lèvres vert. T'as vu les marques que t'as ?

ARMSTRONG : Ça s'en va ?

BRASFORT : Non, elle va être contente, ta femme.

ARMSTRONG : Ça se voit beaucoup ?

BRASFORT : Dis donc, tu sens rien ? Partout où il t'a touché, t'es tout vert.

ARMSTRONG : Non, je sens rien. Mais c'est bizarre qu'il m'embrasse comme ça.

BRASFORT : C'est peut-être une Martienne, mon vieux !

ARMSTRONG : Oh, oui. C'est une Martienne, c'est sûr. Elle me caresse. C'est agréable...

Armstrong est couché sur le poste de pilotage, la Martienne le couvre et le tentaculise.

BRASFORT : Eh… Te laisse pas faire.

ARMSTRONG : Ah, je peux plus bouger. Ça me paralyse.

BRASFORT : Fais un effort, merde ! Dégage-toi. Je peux pas diriger le vaisseau tout seul, moi. C'est toi le pilote.

ARMSTRONG : Oh, elle m'a glissé un truc dans l'oreille… Aide-moi à me dégager. Attrape-la à bras-le-corps.

BRASFORT : À bras-le-corps. Mon cul, oui. Je veux pas devenir tout vert, moi.

ARMSTRONG : Aide-moi, salaud !

BRASFORT : Non, non… T'as voulu un Martien souvenir, tu l'as. C'est ton problème. Dis donc, t'es devenu complètement vert maintenant…

ARMSTRONG : Ah, c'est bon, c'est bon.

BRASFORT : Jeannot… Tes cheveux.

ARMSTRONG : Quoi ?

BRASFORT : Ils sont tombés. T'as le crâne tout vert et t'as plus un cheveu… Et tes oreilles.

ARMSTRONG : Quoi, mes oreilles ?

BRASFORT : Elles sont tombées aussi, tes oreilles. Oh ! là là ! ça aussi.

ARMSTRONG : Quoi ? Qu'est-ce qui est tombé aussi ?

BRASFORT : Non, non, regarde pas par terre.

ARMSTRONG : Pourquoi ?

BRASFORT : Je veux pas que tu regardes. Mais dis donc, tu te transformes ! Mais, ma parole ! Tu mutes, Jeannot... Tu mutes.

ARMSTRONG : Je peux plus bouger. J'ai les articulations qui se bloquent.

BRASFORT : T'as pas que ça, mon pauvre vieux.

ARMSTRONG : Qu'est-ce que j'ai, Roger, dis-le-moi.

BRASFORT : Ben, tu mutes Jeannot. Tu mutes de plus en plus. Tu commences vraiment à lui ressembler. Tu deviens martien, Jeannot.

ARMSTRONG : Roger, me laisse pas tomber.

BRASFORT : Ah, moi, je peux rien faire. Je veux pas te toucher. Ça me fout les jetons. J'ai pas envie de muter, moi. Surtout qu'on est pas loin !

Brasfort regarde par le hublot.

BRASFORT : Dis donc, Jeannot, on approche de la Terre. Je vois ta femme sur la piste.

ARMSTRONG : Je veux pas rentrer sur Terre.

BRASFORT : Comment, tu veux pas rentrer ? Encore un tour et on va se poser. Et on va te soigner. T'inquiète pas.

ARMSTRONG : Je veux pas rentrer. Je veux repartir avec ma Martienne. Avec ma petite Martienne chérie...

BRASFORT : Déconne pas, Jeannot, on arrive.

ARMSTRONG : Allez, on inverse la poussée et on repart.

BRASFORT : Eh, mollo. Je veux pas repartir, moi..

ARMSTRONG : Si, viens avec nous. Tu vas voir comme c'est bien, Roger. Allez, aide-moi, la Martienne…

Jeannot, le nouveau Martien, et la Martienne sautent sur Roger et le maintiennent. Celui-ci commence à devenir vert.
(Pour la réalisation, je vous dis pas comme on va se faire chier. Note de Jean Yanne.)

BRASFORT : Laissez-moi… Lâchez-moi…

ARMSTRONG : Oh, Roger, regarde. Elle fait déjà des tas de petits. Dis donc, c'est du rapide. Y a plein de petits Martiens partout.

En effet, y en a.

ARMSTRONG : Allez, les enfants, du calme !

BRASFORT : Eh, ils me montent sur la tête. Eh, dis-leur de se calmer. Après tout, c'est tes gosses, merde !

ARMSTRONG : Allez, les petits… Tout le monde au lit… Eh, dis donc, Roger, toi aussi, tu mutes !

BRASFORT : Non, je veux pas… Je veux pas devenir martien.

ARMSTRONG : Laisse-toi faire. Tu vas voir, c'est délicieux.

BRASFORT : Jeannot, on va bientôt se poser. Les Terriens, ils vont croire qu'on est des vrais Martiens, ils vont nous tuer.

ARMSTRONG : Mais non... Attends, j'appuie sur deux ou trois boutons... Là, on repart dans l'autre sens. On va être heureux, Roger.

BRASFORT : Mais Jeannot, on n'a qu'une Martienne pour deux.

ARMSTRONG : Mais les petits vont grandir.

BRASFORT : C'est horrible ce que tu dis.

ARMSTRONG : Non. Il faut plus penser terrien, Roger. Il faut penser... Glup.

BRASFORT : Quoi ?

ARMSTRONG : Il faut GLUP, penser BIP, mar, BLOUP, tien.

BRASFORT : Oui. Effec BIP, tive, GLUP, ment, GLUP.

ARMSTRONG : GLOUP, BIP.

BRASFORT : GLIP, BOUP, BLUP.

Dans la capsule qui va vers Mars, il n'y a plus qu'une grosse masse verte gélatineuse qui fait des bulles.

Les moustiques

Gégé: Dany COWL
Jeannot: Daniel PRÉVOST

Deux moustiques sont sur un parasol. Ils regardent la plage. Elle est noire de monde.

GÉGÉ: Eh… Jeannot.

JEANNOT: Ouais.

GÉGÉ: T'as vu. Ils sont tous arrivés. La plage est noire de monde.

JEANNOT: On va s'en faire quelques-uns?

GÉGÉ: Ouais. Je commence à avoir une petite faim.

JEANNOT: En escadrille?

GÉGÉ: En piqué, comme Superman.

Les moustiques foncent. Trucage, ils survolent la plage, comme Superman, en effet.

GÉGÉ: Quel temps aujourd'hui!

JEANNOT: T'as raison. Dans toute ma vie de moustique, j'ai jamais vu un soleil pareil.

GÉGÉ : Oh… T'as vu la plage ? Ils sont serrés comme des sardines.

JEANNOT : Oh, dis donc, toute cette viande blanche !

GÉGÉ : Ah, mais c'est vrai qu'on est à Pampelone. Ils sont tous à poil.

JEANNOT : Quel panard ! Comme ça on peut piquer où on veut. Y a pas de limite.

GÉGÉ : Ben, tu commences ou je commence ?

JEANNOT : On tire à pile ou face.

GÉGÉ : Ils sont des milliers. On va pas s'emmerder à tirer à pile ou face, on fonce dans le tas.

JEANNOT : Non, justement parce qu'ils sont des milliers, on va pas foncer dans le tas. On peut se permettre de choisir.

GÉGÉ : T'as raison… Voyons voir… Oh, le gros là-bas qui se passe de l'huile.

JEANNOT : Ah, j'aime pas l'huile solaire, c'est dégueulasse, t'en as plein la trompe.

GÉGÉ : Ah, je déteste pas…

JEANNOT : Ah, t'es un vicieux, toi. T'es le genre moustique pervers.

GÉGÉ : Non, mais j'aime bien les trucs gras.

JEANNOT : Tu sais ce que j'aime, moi ? Quand c'est tout rouge. Quand le mec a pris un coup de soleil.

GÉGÉ (*il rigole*) : Ah ouais. J'aime bien aussi. Le mec, tu le piques. Il veut t'écraser, il se fout une baffe sur son coup de soleil, ça lui fait deux fois plus mal…

JEANNOT (*il hurle de rire*) : Ah, c'est bien, c'est bien… C'est rouge, ça fait une cible. Tu fonces, tu piques… Paf, ça devient tout blanc à l'endroit où t'as piqué. Et là, tu vois ton œuvre. Au milieu du rouge, tu vois le blanc.

GÉGÉ : Ah, t'es marrant, toi ! quand tu piques, après tu regardes où t'as piqué ! Alors, remarque, t'as raison, ça double le plaisir. T'es un malin.

JEANNOT : Un peu. Tu sais comment on m'appelle, moi ?

GÉGÉ : Non.

JEANNOT : Grosse cloque.

GÉGÉ : Quoi, c'est toi, grosse cloque ?

JEANNOT : Je veux ! Je suis le roi de la cloque. Bon, on y va.

GÉGÉ : OK. Regarde le gros qui se passe de l'huile. Tu vas voir le travail. Je le pique à l'épaule gauche. Tu me suis ?…

JEANNOT : Ouais.

GÉGÉ : Il veut m'écraser avec sa main droite. Pour frapper son épaule gauche, il lâche sa bouteille d'huile et, à tous les coups, elle tombe sur le casse-croûte du môme !

Ils rigolent.

JEANNOT : Ah, c'est grand, ça ! Attends, je vais avec toi. Tu piques le gros huileux à l'épaule gauche, et pendant qu'il essaie de t'écraser, moi, je le pique sous l'aisselle droite.

GÉGÉ : Ah ouais, c'est bien.

JEANNOT : Et comme il veut m'écraser aussi, il lève le bras droit et il fout son coude dans le blair à sa gonzesse…

GÉGÉ : Qui se relève d'un bond sans comprendre et qui marche sur la bouteille d'huile.

JEANNOT : Et qui glisse, et qui tombe sur le môme.

GÉGÉ : Qui lâche sa tartine qui tombe dans le sable.

JEANNOT : Du côté du beurre… quel pied !

GÉGÉ : Bon, allons-y.

Ils volent au-dessus des gens.

JEANNOT Ó GÉGÉ : Bzz Bzz Bzz Bzz…

On voit les moustiques atterrir sur le dos d'un gros mec huilé.

GÉGÉ : Pas de bruit. Tu vois, c'est bon sur le gras.

JEANNOT : Vas-y, Gégé.

GÉGÉ : Attention, je pique !

Il pique et s'envole.

JEANNOT : À moi…

Il s'envole également.
On voit vaguement un corps de gros huilé bouger.
Et l'on retrouve les deux moustiques qui regagnent leur parasol.

GÉGÉ : Eh... regarde, Jeannot, ça a marché. Le môme, il chiale. Il a lâché son casse-croûte dans le sable.

JEANNOT : Oh, la bonne femme, elle saigne du pif.

GÉGÉ : Ah, je suis content de travailler avec toi...

JEANNOT : Dis donc, il faut pas les lâcher ceux-là...

GÉGÉ : Regarde, ça fait marrer les gens d'à côté.

JEANNOT : Dis donc, si on allait piquer le gosse ?

GÉGÉ : OK. Fesse de gauche ou fesse de droite ?

JEANNOT : Comme tu veux.

GÉGÉ : Bon, je prends la gauche. Allez. Formation serrée.

On voit les moustiques s'envoler. Ils foncent dans la caméra.
On entend un hurlement de gosse.
Et l'on voit revenir les deux moustiques sur le parasol.

GÉGÉ : Ça a encore marché.

JEANNOT : Regarde le petit con. Il hurle.

GÉGÉ : Ben tiens, il souffre. Oh, sa mère lui fout une fessée...

JEANNOT : Et le père qui met une tarte à la mère !

GÉGÉ : Eh… le voisin qui tape le père parce qu'il a battu sa femme.

JEANNOT : Ça y est, ils se tapent tous sur la gueule. Oh, elle est bien, cette plage, qu'est-ce qu'on se marre !

GÉGÉ : Dis donc, tu vois le prof de gym là-bas… Le grand baraqué. J'ai envie de me le faire.

JEANNOT : Fais gaffe, c'est souvent des mecs qu'ont fait parachutistes, ces types-là, c'est des rapides.

GÉGÉ : Je me le fais vite fait, en passant. Après on retourne sur le gros. Je vais le piquer sur la joue, ça lui fera un gros bouton.

Gégé s'envole. On reste sur Jeannot qui suit la manœuvre de son pote. Il a l'air inquiet. Gégé revient.

JEANNOT : Dis donc, tu l'as échappé belle.

GÉGÉ : Ouais. Il a failli m'avoir, le salaud ! T'as vu la cloque ?

JEANNOT : Magnifique. J'aurais pas fait mieux. Bon, à moi. Je vais piquer la grosse là-bas…

GÉGÉ : Où ça ?

JEANNOT : Sur les nibards.

Il s'envole. À l'inverse de précédemment, on reste sur Gégé qui suit, inquiet, la trajectoire de Jeannot. Puis on entend une claque. Et la petite voix de Jeannot.

JEANNOT : Gégé… Elle m'a eu… Je vais caner.

GÉGÉ : J'arrive, Jeannot. Tiens bon.

JEANNOT : Non, ne viens pas. Elle est très rapide. Elle a dû faire l'Afrique.

GÉGÉ : Je vais te venger.

On voit Gégé qui décolle.
On le retrouve en train d'atterrir sur une peau de dos de grosse dame. À côté de Jeannot à moitié écrasé.

GÉGÉ : Je vais te venger, Jeannot. Je vais piquer cette grosse vache.

JEANNOT : Non va-t'en. C'est dangereux.

GÉGÉ : T'en fais pas.

Il pique. On voit une masse s'abattre sur Gégé et on entend une claque retentir.

GÉGÉ : Ah, Jeannot, elle m'a eu aussi. Je meurs, Jeannot.

JEANNOT : Moi aussi, Gégé, je meurs. Je suis couvert d'ambre solaire.

GÉGÉ : Adieu, Jeannot.

JEANNOT : Adieu, Gégé. On meurt, mais ça fait rien, on s'est bien marré.

GÉGÉ : C'étaient quand même des sacrées vacances.

On entend des râles.
Noir.

École anticrime n°1

Chef: Daniel Prévost
Narpi: Christian Pereira
Mourmelingue: Luis Rego
Ginette: Olivia Brunaux

Un commissariat bien franchouillard, tables, chaises, classeurs assez bas. C'est là qu'ont lieu les cours pour les élèves inspecteurs.
Deux élèves attendent, Ginette et Mourmelingue.
Le chef instructeur entre, il a un sac plastique Prisu plein de bouteilles.

Chef : Bonjour. Tout le monde est là ? Aujourd'hui, nous allons voir...

Entre Narpi, en retard.

Narpi : Salut, Ginette.

Chef : Aujourd'hui, nous allons étudier le comportement...

Narpi : Salut, Mourmelingue. Ça va ?

Chef : Dites donc, vous n'allez pas dire bonjour à tout le monde !

Narpi : C'est fait, chef. Y a plus personne. Salut, chef.

Chef : Salut. Soyez attentifs. Vous savez que l'examen a lieu à la fin du mois.

Alors je reprends. La leçon d'aujourd'hui va nous permettre d'étudier le comportement du policier dans les lieux publics.

NARPI : C'est quoi, un lieu public, chef ?

CHEF : Un lieu public, c'est un lieu qui reçoit du public. Ça va du débit de boissons à la banque, en passant par le métro ou le cinéma. Partout où il y a du public.

NARPI : Le commissariat, c'est un lieu public, chef ?

CHEF : Le rez-de-chaussée, oui. Bon. Dans un lieu public, il peut y avoir des gens qui ont un comportement bizarre.

MOURMELINGUE : Mon père il a ça, chef.

CHEF : Quoi ?

MOURMELINGUE : Ce que vous avez dit, là. Un comportement bizarre. En tout cas, c'est ce qu'ils ont dit à l'hôpital.

CHEF : Ici, il ne s'agit pas de votre père. Donc, il peut arriver que vous croisiez, dans un lieu public, des gens qui ont un comportement bizarre. Dans ce cas…

MOURMELINGUE : Il faut leur faire de l'électricité dans la tête.

CHEF : De l'électricité dans la tête ! D'où vous sortez ça ?

CHEF : Mon père, chef. À l'hôpital ils ont dit : « On va lui faire de l'électricité dans la tête. » Parce qu'il avait un comportement bizarre.

CHEF : Bon. On s'en fout de votre père. Nous sommes ici pour étudier les cas généraux.

MOURMELINGUE : Ah, bon. Ben mon père, il est pas général, ça c'est sûr.

CHEF : Vous allez la boucler, oui ! Alors, lorsque vous rencontrez dans un lieu public des gens qui ont un comportement bizarre, qui sont énervés, agités, excités, en tant que représentants de l'ordre, vous êtes là pour les calmer. En cas de débordement, vous réprimez. Mais retenez bien cela : « On ne réprime pas avant d'avoir tout fait pour calmer. » C'est bien clair ?

TOUS : Oui.

CHEF : Bon. Ce matin, en travaux pratiques, nous allons étudier le café.

GINETTE : Le marc de café, chef ?

CHEF : Non, le café, en tant que lieu public. Le bistrot, si vous préférez. Alors, mettons les deux classeurs, là, pour faire le comptoir. Mourmelingue, vous êtes devant le comptoir. Vous faites le client qui a un peu bu, mais qui n'est pas soûl.

Le chef prend les bouteilles qui sont dans le sac Prisu et les distribue sur les classeurs.

CHEF : Narpi, vous allez faire le jeune inspecteur qui sort du commissariat et qui va boire un coup avant de rentrer chez lui.

NARPI : Oh, non, chef ! Je vais jamais au bistrot avant de rentrer chez moi, parce que ma femme, elle travaille à la Préfecture, elle a piqué des ballons, et elle me fait souffler.

CHEF : Narpi, vous êtes en train d'apprendre votre métier en simulant les situations.
Vous simulez. C'est compris ?

NARPI : Compris.

CHEF : Donc, vous rentrez au bistrot...

NARPI : Non, chef. Même quand je simule je vais jamais au bistrot parce que ma femme...

CHEF : Ça suffit, Narpi. Vous faites comme si. Vous faites semblant. Alors vous rentrez au bistrot.

NARPI : Je peux prendre un jus de fruit ?

CHEF : Vous prenez ce que vous voulez. Bon, Ginette, vous faites la serveuse.

GINETTE : Chef, je peux pas faire une cliente ? Parce que... quand on va bientôt devenir inspectrice, on n'a pas envie de jouer les larbins.

CHEF : Mes chers élèves, mes chers enfants... vous n'avez pas encore passé vos examens, et pour vous y préparer, nous devons passer en revue toutes les situations que vous rencontrerez au cours de votre carrière... Je suis là pour vous éduquer...

Il s'énerve, il prend une bouteille par le goulot et la casse sur le bureau.

CHEF : Et quand je dis « Ginette tu feras la serveuse », Ginette fait la serveuse. C'est enregistré, ça ?

GINETTE : Bien, chef. Bien, chef. Qu'est-ce que ça sera pour vous, chef ?

CHEF : Bon, allons-y, on commence. Allez, Mourmelingue, faites le client...

MOURMELINGUE : Bien chef. Qu'est-ce que je bois. Un pastis ?

Chef : Vous buvez ce que vous voulez.

Mourmelingue : S'il vous plaît, mademoiselle, un pastis.

Elle le sert. Il boit.

Mourmelingue : S'il vous plaît, un pastis encore, s'il vous plaît. (*Au chef :*) Ça va comme ça, chef, je suis assez méchant ?

Chef : Faut pas que vous soyez méchant tout de suite.

Mourmelingue : Ah bon (*il vide son verre*) eh… mademoiselle, un autre…

Ginette : Déjà ? Tenez !

Mourmelingue (*se tournant vers Narpi*) : Alors, ça va, petit con de flic ?

Narpi : Chef, vous avez vu, il m'a reconnu, il m'a dit que j'étais un petit con de flic !

Chef : C'est une faute.
Mourmelingue, vous, vous jouez un client qui a un peu bu. Narpi, lui, joue un flic en civil qui rentre chez lui, vous ne savez pas qu'il est inspecteur de police. Vous ne le connaissez pas. Réagissez en tant que civil. Comme si vous étiez un voyageur de commerce, ou un ouvrier maçon. Allez, on recommence.

Mourmelingue : S'il vous plaît, mademoiselle, un pastis pour moi, et vous donnez ce qu'il veut au gars d'à côté que je ne connais pas…

Chef : Mais vous n'avez pas à lui offrir quoi que ce soit ! Vous faites un ouvrier maçon.
Vous n'avez aucune raison d'offrir à boire à tous les gens que vous rencontrez.

MOURMELINGUE : Ah, bon. Pourquoi, chef ?

CHEF : Parce que vous jouez un ouvrier maçon radin. Là. Allez, recommencez.

MOURMELINGUE : Un autre pastis, mademoiselle, et rien pour le mec (*il regarde Narpi*). Je vous offre rien parce que le chef m'a interdit de vous offrir quelque chose.

CHEF (*épuisé*) : Mais il est pire qu'un gendarme, ce con de flic ! Mourmelingue, je vous répète que vous ne connaissez pas Narpi !

MOURMELINGUE (*commence à être beurré*) : Mais si je connais Narpi. C'est mon copain de promotion.

CHEF : Nous faisons un exercice de simulation. Vous ne connaissez pas Narpi. Vous êtes un client qui a bu et qui risque de faire de l'esclandre, c'est compris !

MOURMELINGUE : Et Ginette, je la connais ?

CHEF : Ginette, oui !

MOURMELINGUE : Eh, Ginette, un pastis, sinon je casse tout.

NARPI : Chef, il sait pas que la serveuse elle s'appelle Ginette...

CHEF : Taisez-vous. Continuez, Mourmelingue.

MOURMELINGUE : Un pastis, ou je casse tout !

GINETTE : Qu'est-ce que je fais, chef ? Il a dit qu'il cassait tout. C'est une menace.

CHEF : Non, non, c'est seulement verbal. Vous le servez, mais vous essayez de le modérer...

GINETTE : Écoutez, monsieur, c'est le huitième pastis que je vous sers en dix minutes. Ça commence à faire beaucoup !

MOURMELINGUE : Eh toi, la grosse. Tu t'écrases sinon je te mets deux taquets dans la gueule !

CHEF (*doucement*) : Eh, Narpi, vous intervenez...

NARPI : J'interviens, chef ? J'interviens ?

CHEF : Oui, c'est l'exemple idéal. Il n'y a pas encore eu de violence, mais ça commence à chauffer.

NARPI : Monsieur, je vous prie d'être poli. Que vous mettiez deux baffes dans la gueule à cette serveuse, passe encore, mais vous pourriez lui dire mademoiselle. (*Au chef :*) Ça va, chef, comme intervention ?

CHEF : Ça n'est pas très musclé.

NARPI (*il dégaine en hurlant*) : Alors haut les mains, fumier ! Haut les mains. Allez bois ton pastis et je te descends après !

MOURMELINGUE (*débeurré brusquement*) : Eh, chef ! Vous avez vu ce qu'il me fait ? (*À Narpi :*) T'es pas marteau, non ? T'es jobard ou quoi ? Ginette, donne-moi un autre pastis. Faut que je boive un coup pour me remettre de ce que je viens de voir...

CHEF : On se calme... Narpi, c'est pas possible. On va inverser les rôles. Narpi, vous allez faire le consommateur éméché et Mourmelingue va faire l'inspecteur incognito.
Allez, on y va...

NARPI (*imitant Mourmelingue*) : Eh toi, la grosse pétasse, tu me sers à boire, oui ou non ?

MOURMELINGUE (*il lui donne une claque*) : On ne traite pas une gonzesse de pétasse devant moi !

NARPI : De quoi que tu te mêles, petit flic de mes deux.

Il sort son pétard et tire.

MOURMELINGUE : Mais il me tire dessus, ce con-là. Je vais t'apprendre à viser, moi, poulet de merde.

Ginette sort son pétard.

GINETTE : Mais ils vont nous faire prendre une balle dans la gueule, ces tocards-là. Je vais vous en coller une, de praline, moi...

Le chef sort son flingue et tire en l'air.

CHEF : Arrêtez... Arrêtez, bon Dieu. C'est une simulation... On fait semblant... Arrêtez ou je vous flingue... Tous autant que vous êtes, bande de merdeux.

On continue à entendre des injures, une épaisse fumée monte et envahit l'écran sur lequel on peut lire :

« Cette séquence rend hommage à la Police nationale qui n'hésite pas à entraîner ses hommes dans les conditions les plus difficiles afin d'éviter les bavures du futur. »

École anticrime n° 2

Chef: Daniel Prévost
Narpi: Christian Pereira
Mourmelingue: Luis Rego
Ginette: Olivier Brunaux

Le commissaire Franchouillard,
Le chef,
Narpi,
Mourmelingue,
Ginette.

Chef : Tout le monde est là ?

Narpi : Ouais. Salut, chef. Salut, Ginette.

Chef (*à Narpi*) : Bon, je peux m'exprimer ?

Narpi : Oui. Pardon, chef. Je disais bonjour à Ginette parce que c'est la plus belle femme de la classe.

Ginette : Merci, Narpi.

Narpi : De rien, Ginette.

Entre Mourmelingue.

MOURMELINGUE : Salut, chef. Salut, Rambo. Salut, Ginette.

CHEF : Bon, vous avez fini, oui ?

MOURMELINGUE : Excusez, chef. Je disais bonjour à Ginette...

CHEF : Parce que c'est la plus belle femme de la classe...

MOURMELINGUE : Non. Parce que je la connais. Pas vrai, Ginette ?

CHEF : Ça suffit. Votre examen aura lieu dans moins d'un mois. Gardez bien ça en tête. Aujourd'hui, notre entraînement par simulation va porter sur un sujet délicat. Nous allons aborder le viol, et tout particulièrement le viol en automobile. Une femme au volant de sa voiture s'arrête à un feu rouge. Un individu en profite pour sauter dans la voiture et essaie de violer la conductrice.

MOURMELINGUE (*il hurle de rire*) : Ah... il faut qu'il fasse vite, chef... faut qu'il soit fort le mec...

CHEF : Pourquoi, Mourmelingue ?

MOURMELINGUE : Parce que le temps qu'il ouvre sa braguette, qu'il saute sur la bonne femme et qu'il commence à lui faire son affaire, le feu rouge, il passe au vert et avec les voitures qui klaxonnent derrière, le viol, il est mal barré...

CHEF : Mourmelingue ! D'abord, je n'ai pas dit l'individu « viole » la conductrice, mais « essaie de violer ». Ensuite, le feu rouge n'a rien à voir avec l'affaire. Disons que, pour une raison quelconque, une femme est immobilisée dans sa voiture et qu'un individu y pénètre pour tenter de la violer. C'est clair, dans votre esprit ?

TOUS : Ouais... Ouais...

CHEF : Avant que nous commencions la séance de simulation, pas d'autres questions ?

NARPI : Chef, est-ce que je peux faire le violeur ?

CHEF : Oui... Enfin... Pourquoi ?

NARPI : Ça me plairait, c'est vrai, avec ma femme, j'ai pas mal de problèmes. Alors, pour une fois...

CHEF : Non. Je ne pense pas que vous ayez l'étoffe d'un violeur.

MOURMELINGUE : Alors c'est moi, c'est moi qui le fais... chef.

CHEF : Forcément, il n'y a plus que vous.

MOURMELINGUE : Oh, Ginette, Ginette tu vas voir... Tu vas voir.

GINETTE : Ouais, si je comprends bien, c'est moi qui fais la violée ?

CHEF : Ben oui. Statistiquement y a plus de femmes que d'hommes qui se font violer. C'est comme ça. C'est pas moi qui fais les sondages.

GINETTE : Bon... Bon...

CHEF : Alors, distinguons bien et précisons bien les rôles. Narpi, comme représentant de l'ordre, vous êtes là pour éviter, empêcher le viol. Mourlemingue, vous êtes là pour essayer de violer. Une précision importante, compte tenu des réactions que vous avez habituellement lorsque nous faisons des exercices de simulation. Vous essayez de violer. Vous ne violez pas, compris ? Bon. Prenez des chaises pour faire la voiture.

Ils font une voiture avec des chaises.
Mourmelingue place la chaise qui sera le siège de la conductrice.

MOURMELINGUE : Allez. Assieds-toi, ma poule.

CHEF : Mourmelingue, pas de familiarité. Vous ne la connaissez pas. Allez, asseyez-vous, Ginette, et faites la conductrice.

Ginette s'assied et fait semblant de conduire.

NARPI : Et moi, chef, qu'est-ce que je fais ? Le feu rouge ?

CHEF : Vous attendez que la tentative de viol ait lieu pour porter aide et assistance à la victime. Bon. Allez, on y va. Allez-y, Mourmelingue. Entrez dans la voiture, voyons !

Mourmelingue fait semblant d'entrer dans la voiture, et, très play-boy, il dit :

MOURMELINGUE : Alors, Ginette. Ça va ? Allez, écrase... toi le joufflu. Et écarte les cuisses que je te fasse reluire.

CHEF : Mourmelingue... Franchement. Est-ce que vous savez ce que c'est que le viol ?

MOURMELINGUE : Ben...

CHEF : Et vous, Narpi ?

NARPI : Pas vraiment.

CHEF : C'est bien ce que je craignais. Le viol est une relation sexuelle imposée par la contrainte. En fait, tout individu qui pénètre un autre individu sans son consentement est un violeur.

MOURMELINGUE : Chef, si je mets mon doigt dans le nez de Narpi, c'est un viol ?

CHEF : Oh ! là là !... Aucun d'entre vous n'a la moindre idée de ce qu'est le viol ?

NARPI : Ben, chef, il faut dire que c'est pas souvent qu'on voit quelqu'un avoir des relations sexuelles avec quelqu'un qui veut pas. Moi, à part mon père avec ma sœur, franchement... j'ai pas vu ça souvent.

CHEF : Bon, nous nous éloignons de notre cours. Reprenons, Mourmelingue, vous êtes le violeur. Vous montez dans la voiture.

MOURMELINGUE : Bonjour, madame.

CHEF : Mais non, Mourmelingue, vous n'êtes pas dans une boulangerie ! Vous êtes comme fou, assoiffé de désir. Recommencez...

MOURMELINGUE : Salut la grosse. Je suis assoiffé de désir. Alors roule ! Première à gauche, deuxième à droite, encore à droite et... stop. Je vais te sauter derrière la gare.

Il lui met la main sur les seins.

GINETTE : Arrête, Mourmelingue, n'en profite pas ! Vire tes grosses pattes, pasque moi j'vais te tordre les...

CHEF : Ginette, nous sommes en train de simuler pour mettre au point la technique que les officiers de police doivent utiliser pour lutter contre les violeurs. Donc, vous, qui faites la violée, devez avoir une attitude faible, frêle, soumise et effrayée.

GINETTE : Eh, chef, je voudrais vous y voir en train de vous faire peloter par ce taré.

MOURMELINGUE : Quoi ? Taré, moi ?

CHEF : Assez ! Votre examen est dans un mois. Alors vous faites ce que je vous dis ou je vous colle un triple zéro pointé et vous vous retrouvez à faire la circulation rue de Bièvre où il passe jamais personne. Alors, Mourmelingue, recommençons. Entrez dans la voiture et essayez de la violer.

Mourmelingue s'assied sur la chaise et met sa main sur la bouche de Ginette.

MOURMELINGUE : Allez, bouge pas. T'as pas intérêt à moufeter, sinon...

CHEF : Allez, Narpi, c'est à vous.

NARPI : Comment ?

CHEF : C'est à vous, intervenez !

NARPI : Ah, bon. (*Il frappe au carreau* :) Toc toc, bonjour, messieurs dames, excusez-moi de vous déranger, c'est moi l'inspecteur Narpi, qu'est-ce que vous faites ?

CHEF : Narpi, un peu de nerf, nom de Dieu. Vous découvrez tout à coup qu'une femme se fait violer sous vos yeux. Votre sang de policier ne fait qu'un tour. Vous sortez votre flingue.

NARPI : Je ne l'ai pas.

CHEF (*excédé*) : Vous n'avez pas à avoir un vrai flingue puisque nous simulons un faux viol avec un faux violeur et une fausse violée dans une fausse voiture. Est-ce que je me fais bien comprendre ?

TOUS : Oui.

CHEF : Bon. Alors tout le monde en place, on recommence. Allez-y !

MOURMELINGUE : Ah, la belle gonzesse. Je vais me la farcir.

GINETTE (*lui fout une baffe*) : Je t'avais prévenu.

NARPI : Toc toc. Qu'est-ce qui se passe ? On viole une nénette là-dedans !

MOURMELINGUE : Eh, Narpi, je suis en train de me farcir une minette. Si tu veux en croquer, t'es le bienvenu.

CHEF : Mais nom de Dieu, est-ce que vous allez comprendre que vous ne vous connaissez pas !

MOURMELINGUE : Ah, pardon, chef.

CHEF : Allez, continuez.

MOURMELINGUE : Ah tu me plais, je te veux.

GINETTE (*fatiguée*) : Non, non, au viol, au viol !

CHEF : Narpi, vous intervenez.

NARPI : Ah, Ginette ! Ben qu'est-ce qui t'arrive ?

GINETTE : Je suis en train de me faire peloter par un gros dégueulasse.

NARPI : Eh, vous, haut les mains !

MOURMELINGUE : Bravo, Narpi. Tu m'as eu.

CHEF (*découragé*) : Oh ! là là !...

Mourmelingue laisse Ginette et se lève.

MOURMELINGUE : Chef, Narpi, il peut pas remplacer Ginette ?

NARPI : Oh, non, chef !

MOURMELINGUE : Chef, ça me dérange un peu de violer Ginette. J'aimerais mieux violer Narpi. Je serais plus à l'aise. C'est un copain, on fait du basket, on prend nos douches ensemble. Et puis ça permettrait à Ginette d'apprendre à arrêter les violeurs.

CHEF : Bon. Je veux bien faire un essai. Bon alors. Asseyez-vous, Narpi. Allez-y Mourmelingue, violez-le...

Mourmelingue se jette sur Narpi.

MOURMELINGUE : Oh, toi... toi...

CHEF : Allez, Ginette, intervenez !

GINETTE : Si ces messieurs veulent bien mettre les mains en l'air...

CHEF : Mais non, Ginette, vous ne pouvez pas dire « messieurs », puisque Narpi joue une femme !

GINETTE : Excusez-moi, chef, mais j'ai du mal à imaginer Narpi en vierge innocente.

CHEF : Il n'y a qu'à le féminiser un peu. Narpi, mettez un foulard sur votre tête.

NARPI : Oh, non, chef !

Ginette prend un foulard et le noue sur la tête de Narpi qui ressemble à une veuve corse.

GINETTE : Bouge pas. Ah, c'est mieux comme ça !

CHEF : Bon, allez. Dernier essai, viol.

Mourmelingue se jette sur Narpi.

MOURMELINGUE : Ah, viens là, toi. Tu sais que tu me plais avec tes yeux de braise !

CHEF : À vous, Ginette.

GINETTE : Qu'est-ce qui se passe dans cette voiture ?

NARPI : Au secours, on me viole, inspectrice, on me viole. Aidez-moi.

GINETTE : Ben dites donc, avec la gueule que vous avez, vous faire violer, c'est la seule chance que vous avez de connaître le...

CHEF : Bon Dieu, Ginette, vous êtes censée défendre une pauvre fille attaquée dans sa chair ! Vous n'avez pas à faire de commentaires sur l'aspect physique de la victime !

MOURMELINGUE : N'empêche que si toutes les femmes avaient la tronche de Narpi, c'est sûr qu'il y aurait moins de viols !

NARPI : Et toi, tu crois que t'es fait pour l'amour avec ta gueule en biais ?

CHEF : Ça suffit. On n'a jamais vu une bande de nullards pareille, même pas foutus de simuler un viol, c'est pourtant pas sorcier. Je vais vous montrer. Ginette, mettez-vous dans la voiture.

GINETTE : Mais, chef... c'est Narpi.

CHEF : Non. C'est plus Narpi. C'est moi... c'est moi, le chef.

Le chef se précipite sur Ginette.

CHEF : Ah, je te veux, je t'aurai par la force s'il le faut. Donne-moi ton corps juvénile et ardent.

GINETTE : Non, lâchez-moi, chef, lâchez-moi. Non pas la culotte, pas la culotte.

CHEF : Si, la culotte, bien sûr que si...

NARPI : Ah, vous le faites bien, chef.

MOURMELINGUE : Ça oui, on voit bien que vous êtes chef, chef.

CHEF : La petite culotte en soie sauvage, sur la petite sauvage en culotte...

GINETTE : Au secours, Narpi, Mourmelingue, au viol, au viol...

Dans un bruit horrible de viol et d'action sexuelle intense, un panneau s'inscrit :

« Cette séquence rend hommage à la Police nationale qui n'hésite pas à entraîner ses hommes dans les conditions les plus difficiles afin d'éviter les bavures du futur. »

École anticrime n° 3

Chef: Daniel Prévost
Mourmelingue: Luis Rego
Narpi: Christian Pereira
Ginette: Olivia Brunaux

Le commissariat-salle de classe.
Le chef,
Narpi,
Mourmelingue,
et la belle Ginette.

Chef: Mes chers enfants, aujourd'hui nous allons étudier…

Mourmelingue: Nous allons quoi, chef?

Chef: Étudier. Vous ne comprenez pas le mot «étudier»?

Mourmelingue: Non, chef.

Chef: Bon. Nous allons apprendre, non, «apprendre» ça n'a pas le même sens. Nous allons étudier…

Mourmelingue: Nous allons quoi, chef?

Chef: Vous n'allez pas dire «nous allons quoi» chaque fois que je vais dire le mot «étudier»?

MOURMELINGUE : Non, chef.

CHEF : Nous allons donc étudier une situation très simple, que vous serez sans doute amenés à rencontrer dans l'exercice de votre futur métier de policier.

MOURMELINGUE : C'est quoi, chef ?

CHEF : Attendez, j'y arrive.

NARPI : Vous arrivez où, chef ?

CHEF : À la situation que nous allons simuler. Aujourd'hui nous allons simuler le vol d'une mobylette.
Distribuons les rôles. En général une mobylette est volée par un jeune. Narpi, vous allez faire le jeune. Vous, Mourmelingue, vous ferez l'officier de police qui rentre chez lui et assiste, par hasard, au vol de mobylette et intervient.

NARPI : Et Ginette, chef, elle va faire la mobylette ?

GINETTE : Tu sais ce qu'elle te dit, Ginette ?

CHEF : Ah... Vous n'allez pas commencer, hein ! Ginette va faire la copine du voleur qui fait le pet quand il vole la mobylette.

MOURMELINGUE : Moi, c'est ça que j'aurais voulu faire, chef, le pet. Je suis sûr que pour le pet je suis meilleur que Ginette.

NARPI : Moi, j'aimerais mieux faire l'inspecteur qui rentre chez lui, chef. Ça je sais bien le faire, vu que je rentre chez moi tous les soirs...

GINETTE : Moi, je veux bien faire la jeune qui vole la mobylette ; d'abord parce que je suis plus jeune qu'eux...

CHEF : Ça suffit ! Vous allez faire ce que je vous ai dit de faire. Et si ça vous plaît pas, c'est pareil ! Compris ?

TOUS : Oui, chef.

CHEF : Bon, prenez deux chaises et un tabouret pour faire la mobylette.

TOUS : Oui, chef.

Ils vont chercher les objets et les installent n'importe comment.

CHEF : Non... Non... pas comme ça ! Mettez une chaise devant et une chaise derrière pour faire les roues. Là. Et le tabouret pour faire le cadre. Voilà.

NARPI : Et le moteur ?

CHEF : Quoi, le moteur ?

GINETTE : Eh oui, chef, si on veut que ça soit une mob, il faut mettre quelque chose pour faire le moteur. Parce que deux roues et un cadre sans moteur, c'est un vélo.

NARPI : Et un jeune, il s'emmerde pas à voler un vélo...

MOURMELINGUE : Et un officier de police qui rentre chez lui et qui intervient s'il y a un vol de mobylette, si c'est un vélo, y a pas de raison qu'il bouge.

GINETTE : Faut un moteur, chef.

CHEF : Bon. Prenez l'attaché-case là, pour faire le moteur.

NARPI : Eh... c'est mon attaché-case ! C'est là-dessous que je mets mon imperméable.

CHEF : On va pas vous l'abîmer. Mettez l'attaché-case comme moteur...

Ils le font.

GINETTE : Et le guidon ?

CHEF : Quoi, le guidon ?

GINETTE : Des roues, un moteur et pas de guidon, c'est pas une mobylette, c'est une tondeuse à gazon !

NARPI : Et un jeune, une tondeuse à gazon...

MOURMELINGUE : Et un officier de police qui rentre chez lui...

CHEF : Oui ça va... ça va ! Prenez le portemanteau pour faire le guidon et arrêtez de m'emmerder. C'est clair ?

TOUS : Oui, chef !

Un temps.

GINETTE : Et l'essence ?

CHEF (*qui va éclater*) : Prenez une bière dans le frigo et faites le plein de l'attaché-case.

Mourmelingue va chercher une bière et la verse dans l'attaché-case.

Narpi : Mon attaché-case ! Tout va être mouillé.

CHEF : Ça fait rien puisque c'est pour mettre votre imperméable.

Un temps.

MOURMELINGUE : Chef. Et l'antivol ? Faut qu'il y ait un antivol, chef. Parce que sans ça l'officier de police qui rentre chez lui, il peut pas se rendre compte qu'on vole la mobylette... Moi, par exemple, sur ma mobylette...

CHEF : Quoi, sur votre mobylette ? Vous avez une mobylette, vous ?

MOURMELINGUE : Bien sûr, chef. Elle est dehors, sur le trottoir. Et elle a un antivol, c'est pour ça que je vous dis...

CHEF : Ce que vous me dites pas, c'est que vous avez une mobylette et qu'on s'emmerde depuis une demi-heure à en faire une fausse avec des chaises et un portemanteau. Allez chercher votre mobylette...

MOURMELINGUE : D'accord, chef. Ça sera peut-être un peu long parce que j'ai deux antivols.

CHEF : Oui, allez, allez.

MOURMELINGUE : Tout de suite, chef. Je ferais n'importe quoi pour mon chef quand il est dans ses besoins.

Mourmelingue sort.

NARPI : Qu'est-ce qu'il a voulu dire quand il a dit dans ses besoins, chef ?

CHEF : Bon. Reprenons donc. Narpi est le jeune voleur et Ginette sa copine.

NARPI : On est français, chef ?

CHEF : On s'en fout. Oh, je vous vois venir. Essayez pas de me faire passer pour un vieux raciste, hein !... Il s'agit pas de savoir si vous êtes noir, jaune, arabe ou belge, hein !... Vous êtes jeune, un point c'est tout.

GINETTE : Vous avez raison, chef. Jeune, c'est déjà une sale race en soi.

CHEF : Donc, la mobylette est là... qu'est-ce qu'il fout Mourmelingue ?

GINETTE : Il faut le temps, chef, il a deux antivols.

Mourmelingue entre sans la mobylette, un papier à la main.

CHEF : Ne me dites pas qu'on vous a volé votre mobylette ?

MOURMELINGUE : Non, chef, mais y a un message de votre femme, y a votre fils qui s'est fait prendre à voler des disques dans un grand magasin, faudrait aller le chercher au commissariat du 13ᵉ.

Le chef porte la main à sa gorge.

CHEF (*il suffoque*) : ...

MOURMELINGUE : Pour aller plus vite, vous voulez que je vous prête ma mobylette, chef ?

Sur l'écran :

« Cette séquence est un hommage aux chefs de la Police nationale qui, dans les circonstances les plus difficiles, continuent à faire preuve d'abnégation et de courage en entraînant leurs hommes afin d'éviter les bavures du futur. »

Comment résorber le chômage (I)

Le porte-savon
Paul : Rufus
Georges : Jean Yanne

Une salle de bains. Il est 6 heures du matin. Georges entre. Allume la lumière, se fait deux ou trois grimaces devant la glace, puis tire le rideau de la douche.
Un homme est là, en costume croisé strict, cravate bon genre. Il tient un savon à la main. C'est Paul.

Paul : Bonjour, monsieur.

Georges : Bonjour. Encore un nouveau !

Paul : Oui, monsieur. Je suis arrivé hier soir vers 23 heures. L'agence pour l'emploi m'a envoyé pour remplacer votre précédent porte-savon, monsieur Boulardeau, qui est tombé malade. J'ai attendu toute la nuit. Au cas où…

Georges : Ouais, ouais… hier soir, je suis rentré tard. J'étais crevé. Je me suis couché sans prendre de douche.

Georges ouvre le robinet et un jet d'eau très chaude (vapeur) se met à couler sur Paul qui hurle.

Paul : Aïe… C'est chaud…

GEORGES : Oui, ben... Faut bien que je règle.

PAUL : Mais ça m'a brûlé !

GEORGES : Ah bon. Je vois ce que c'est. Ils m'ont encore envoyé une poule mouillée.

PAUL : Je voudrais bien vous voir à ma place.

GEORGES : Je vais y aller, à votre place, dès que j'aurai dosé l'eau chaude et l'eau froide. C'est incroyable. C'est bien la France et les Français, ça. Quatre millions de chômeurs. On se décarcasse pour leur trouver du travail, deux ou trois gouttes d'eau chaude et ils se mettent à gueuler !

PAUL : Si on peut appeler ça un travail. Porte-savon !

Georges entre sous la douche. Il pousse Paul dans le coin. L'eau *(désormais tiède)* coule. Elle mouille Paul toujours autant.

GEORGES : Bon, alors, vous me passez le savon ?

PAUL : Ah, non. Je suis désolé. Syndicalement je suis chargé de « porter » le savon. Et non de le « passer ». Autrement dit, je suis « porte-savon » et non « passe-savon ». C'est encore trop chaud, monsieur !

GEORGES : Moi, j'aime bien comme ça.

PAUL : Mais ça brûle. Vous-même vous allez vous brûler.

GEORGES : Et ta connerie, elle brûle ?

PAUL : Monsieur, vous n'avez pas le droit de me traiter ainsi. C'est humiliant. Je ne suis pas n'importe qui. Je suis physicien. Vous devriez être fier et heureux d'avoir un physicien pour porter votre savon.

GEORGES : Je vois pas pourquoi. J'aurais préféré un horse-guard ou un garde républicain. Ces tenues-là, ça doit faire bien dans une salle de bains.

PAUL : Je me demande comment vous pouvez supporter une eau aussi chaude.

GEORGES : C'est pas de la peau que j'ai. C'est de la couenne. Ça, on peut dire que j'ai la peau dure.

Paul regarde le dos de Georges d'un air dégoûté.

PAUL : Dure et sale. Surtout dans le dos.

GEORGES : C'est normal. C'est parce que je travaille dans l'urbanisme.

PAUL : Je ne vois pas le rapport.

GEORGES : Je suis terrassier. Alors, bien sûr, j'ai pas le cul sur une chaise toute la journée devant un ordinateur. Je transpire, moi, mon vieux.

PAUL : Vous dites ça sur un ton de reproche. Ça n'est pas de notre faute s'il y a du chômage dans la catégorie des cadres supérieurs. Vous croyez que c'est agréable, lorsqu'on a occupé un poste à haute responsabilité, d'être ravalé à une tâche aussi subalterne qu'être un porte-savon ?

GEORGES : Oh, eh... D'abord il n'y a pas de sot métier. Et puis vous, les cadres supérieurs, comme vous dites, vous n'avez pas à vous plaindre. Si vous perdez votre boulot, on vous recycle comme porte-savon, ou comme porte-serviettes, ou comme porte-je-ne-sais-quoi, mais toujours des choses jolies et qui sentent bon. Tandis que nous, les ouvriers, si on devient chômeurs et qu'on nous recycle, c'est dans quelque chose d'encore plus sale et encore plus dur. Tenez, mon beau-frère, il était porteur de pianos ; y a eu suppression d'emplois. Vous savez où il est maintenant ? Porteur de germes à l'Institut Pasteur. Vous trouvez ça moral ?

PAUL : Vous essayez de faire diversion. La situation des cadres décadrés est terrible. Le porte-savon qui m'a précédé, monsieur Boulardeau, un énarque, haut fonctionnaire dans l'audiovisuel, les meilleurs et les plus compétents, comme chacun sait ; bon il a été licencié pour raison politique. Eh bien, après avoir passé quinze jours ici, chez vous, à porter votre savon, on a dû l'interner. Il a fait une dépression.

GEORGES : Oh, mais vous présentez les choses comme ça vous arrange ! Vous savez pourquoi il a fait une dépression ? Il voulait que je lui laisse la lumière allumée dans la salle de bains quand je partais au boulot. Mais j'ai pas les moyens. Je suis payé au SMIC, moi.

PAUL : Eh bien, même payé au SMIC, vous n'êtes pas malheureux. La preuve. Vous pouvez vous payer un porte-savon.

GEORGES : Tu parles. C'est parce que c'est obligatoire. Obligation d'État pour résorber le chômage. Impôt solidarité, comme ils disent. Bon, ben, c'est pas tout, faut aller au boulot.

Georges sort de la douche. Se met une serviette autour des reins et se sèche.

GEORGES : Vous savez, on n'est pas si mauvais. Si vous voulez aller dans la salle à manger, pendant que je ne suis pas là...

PAUL : Non, merci. Je préfère rester ici. De toute façon, l'équipe de solidarité syndicale va passer tout à l'heure, pour m'apporter mon panier-repas, et mon courrier.

GEORGES : Bon. Eh bien, au revoir. Vous êtes prévenu, hein, j'éteins.

PAUL : Je vous en prie.

GEORGES : Au fait, comment vous appelez-vous ?

PAUL : Paul.

GEORGES : Alors, au revoir, Paul.

PAUL : Au revoir, monsieur.

Georges éteint la lumière. Noir.

Comment résorber le chômage (II)

Placebo Kid
La mère : Valérie Lemercier
Le père : Jean Yanne
Le chômeur : André Gaillard

Un couple dans une cuisine de Français moyens. Le père et la mère sont en train de s'occuper d'un nourrisson hors champ.

Mère : La bouillie est prête.

Père : Attends, il a pas fini.

Mère : T'as pas fini, mon poussin. Pousse… pousse.

On entend un pet énorme.

Mère : Oh, il a fait un pet, le poussin !

Père : Ça prouve qu'il est en bonne santé. Allez, on va lui remettre sa culotte.
Ne touche pas à ton zizi.
La culotte est mise.
Remonte sur ta chaise.

Le nourrisson apparaît dans le cadre, il a quarante ans et est visiblement excédé.

MÈRE : Allez, dépêche-toi, mon chou, ta bouillie va être froide.

PÈRE : Mets ton bavoir.

Il met un bavoir autour du cou de l'« enfant », et ne peut pas le nouer.

MÈRE : Coince-le. Tu vois bien qu'il est trop petit. Il est trop petit, ton bavoir, hein, mon chéri. C'est qu'il est gros, ce bébé-là… Bon, Charles, donne-lui sa bouillie.

PÈRE : Oh… la voilà, la bonne bouillie.
Il est grand, le bébé. Il va la manger tout seul, sa bouillie.

Il donne au bébé une cuillère. Celui-ci tape dans l'assiette et éclabousse partout.

PÈRE : Mais arrête de taper avec ta cuillère, connard ! Il est en train d'en foutre partout ! Je vais te foutre une torgnole, moi…

L'« enfant » encaisse le coup et résiste visiblement à coller un marron au père.

MÈRE : Je t'en prie, Charles, ne lui parle pas mal. Pour une fois qu'on en a un…

PÈRE : Les mômes, faut les dresser. Moi je suis de la vieille école. Les chiards, faut leur serrer la vis. Alors toi, mon petit bonhomme, arrête tes conneries. Maintenant tu manges ta soupe, ou je t'en colle deux dans la poire !

MÈRE : Sois pas méchant, Charles. S'il ne mange pas sa soupe aujourd'hui, il mangera mieux demain.

PÈRE : Avoir des enfants, c'est une responsabilité. Ce sont les parents négligents qui font les enfants malnutris. On laisse son gosse refuser sa soupe, un jour, deux jours, trois jours, et on se retrouve avec une progéniture de squelettes, comme au Sahel...

MÈRE : Sois tolérant, Charles, ta mère m'a toujours dit que quand t'étais gosse, tu mangeais rien.

PÈRE : Tiens, cette connerie, c'était la guerre ! Y avait rien à bouffer. (*Au môme :*) Bon, toi, tu vas finir ton assiette, sans quoi je vais me fâcher et va y avoir promesse de mariage entre le bout de ma godasse et la largeur de ton cul !

MÈRE : Tu devrais pas lui parler comme ça, Charles. Tu lui mets des gros mots dans la tête, quand on va le rendre, il va les répéter. Tu sais que par contrat on doit le restituer dans l'état où il était en arrivant. Elle est pas bonne la bouillie, mon poussin ?

CHÔMEUR : Excusez-moi, madame. Si l'on considère les règlements de l'Agence nationale pour l'emploi, je dois occuper cette place de nourrisson sans dire un mot pendant toute la durée du contrat, mais franchement, cette bouillie est dégueulasse. Non seulement c'est immangeable, mais en plus c'est gelé. Alors je sais que contractuellement je suis tenu de faire un rot après chaque repas, mais là, je vous préviens, je vais gerber !

PÈRE : Dites donc, mon vieux, vous allez pas commencer à faire du syndicalisme à la mords-moi le doigt, parce que je suis un brave mec, mais faut pas me prendre pour un Américain, hein.

CHÔMEUR : Vous y avez goûté, à la bouillie ?

PÈRE (*il goûte*) : C'est vrai que c'est dégueulasse. Et que c'est gelé. (*À la mère :*) Pourquoi tu l'as pas fait réchauffer ?

MÈRE : Je peux pas tout faire. Je le surveillais pendant qu'il était sur le pot. Je vais la remettre dans le micro-ondes.

La mère va vers la cuisine.

CHÔMEUR : Non, ça va laissez, vous savez, quand on a été dans la merde comme je l'ai été, on peut manger froid...

PÈRE : Oh, eh... vous n'allez pas nous raconter votre vie ! Vous êtes payé pour faire le nourrisson. Faites le nourrisson et nous cassez pas les noix. Je vous souhaite de toujours tomber sur des parents comme nous. Je sais que c'est la crise, mais la solidarité a des limites.

CHÔMEUR : Dites donc, c'est vous qui avez voulu un gosse à tout prix, c'est pas moi ! Elle est belle, celle-là ! Si vous êtes pas foutu d'en faire, c'est pas de ma faute. J'en ai quatre, des mômes, moi. C'est même pour les nourrir que je suis obligé de faire le nourrisson. Si vous savez pas faire les mômes, je peux m'occuper de votre femme, si vous voulez.

PÈRE : Salaud !

Il lui donne une gifle. Le chômeur l'attrape par le plastron et lui cogne la tête contre le mur.

CHÔMEUR : Toi, je vais te fracasser la tête ! Je vais te faire manger ta merde, moi !

La mère revient avec la bouillie chaude.

MÈRE : Voilà la bonne sousoupe toute chaude... mais... qu'est-ce qui se passe ? Qu'est-ce que tu lui as fait ?

Les deux hommes se calment.

MÈRE : Tu l'as brutalisé.

PÈRE : Moi, pas du tout.

MÈRE : Tu as dû le brutaliser pour qu'il soit grognon comme ça !

PÈRE : Non, je t'assure...

MÈRE : Écoute, Charles, on ne l'a que pour deux jours. Je t'en prie, ne trouble pas ce moment de bonheur. Hein, mon poussin ?

Le chômeur, qui ne peut pas faire autrement, regagne sa chaise.

MÈRE : Le poussin va manger sa sousoupe, sa sousoupe bien chaude. Allez, papa, donne le miam-miam au poussinet...

PÈRE : Ouvre la bouche... une cuillère pour maman.

CHÔMEUR : Putain ! faites attention, merde, vous m'en foutez plein les moustaches...

MÈRE : Pousse-toi, Charles, je vais le faire manger. Regarde, mon poussin chéri, on va faire l'avion, on va jouer au canadair. La cuillère vole... Elle vole... Elle plonge dans la soupe, elle se remplit, elle décolle... elle vole, dans la boubouche du poussin... il ouvre bien la bouche, le poussin...

Elle fait le bruit de l'avion et lui fourre la cuillère dans la bouche.
Le chômeur suffoque.

CHÔMEUR : Aah...

PÈRE (*à la mère*) : Mais tu es malade ! (*Au chômeur :*) Excusez-la. Elle est en pleine crise de maternisme exacerbé.

Le chômeur a la cuillère enfoncée dans la gorge.

Père : Attendez, je vais essayer de la faire sortir...

Le père tire sur la cuillère qui sort avec un bruit de bouteille qu'on débouche.

CHÔMEUR : Mais vous êtes débile ou quoi ! Vous allez me faire crever !

PÈRE : Excusez-nous vraiment, excusez-la.
(*À la mère :*) Essaye d'être un peu plus douce, maman.

CHÔMEUR : Oui, s'il vous plaît, plus doucement.

MÈRE (*qui craque*) : Doucement ! Doucement ! Je voudrais vous y voir, vous. Être une mère douce et tendre avec un bébé qui a une moustache. Je vais leur écrire demain à l'ANPE. J'ai jamais demandé de moustaches, moi ! Jamais de moustaches ! J'ai rien dit jusqu'à présent mais je sais que je vais finir par piquer ma crise...

PÈRE : Calme-toi, Lucette...

MÈRE (*au chômeur, devenant hystérique*) : Rasez-vous. Tout de suite ! Rasez-vous !

CHÔMEUR : Ça va pas, non ! Déjà que je suis sous-payé.

PÈRE : Écoutez, comprenez les choses. C'est vrai que pour une mère, c'est dur, avec la moustache, elle n'arrive pas à se mettre dans l'ambiance.

CHÔMEUR : Oui, ben j'en ai rien à foutre. On sait que le chômage pousse les gens à faire n'importe quoi, mais y a quand même des limites. Moi j'en ai marre, je me barre.

Le chômeur se lève et se prépare à partir. La mère est effondrée.

PÈRE : Non, ne partez pas, s'il vous plaît ! Je m'excuse, qu'est-ce que je peux faire de plus ! Je m'excuse. C'est pas pour moi, c'est pour elle. Ça la travaille de pas avoir d'enfant. Vous qui pourriez être son père, soyez compréhensif. Continuez à faire semblant d'être son fils.

CHÔMEUR : Bon d'accord, mais je veux plus bouffer la bouillie, hein, ni me raser les bacchantes !

PÈRE : D'accord… D'accord. Allez, Lucette, viens faire un gros poutou au bébé qui a bien mangé sa sousoupe.

MÈRE : Oh, mon bébé, mon bébé.

Elle prend le chômeur dans ses bras.

MÈRE : Oh, mon bébé…

PÈRE : Bon, ben, le bébé a mangé, moi, je vais voir ce qu'il y a à la télé.

Le père sort. La mère câline le chômeur.

MÈRE : Oh, il a bien mangé, le bébé ! Il va aller au dodo maintenant, on va lui enlever sa petite culotte.

CHÔMEUR : Encore !

MÈRE : Il faut lui mettre une couche pour la nuit.

Elle couche le chômeur sur la table.

MÈRE : Maman va mettre la coucouche… Elle retire la petite culotte…

CHÔMEUR : Vous croyez pas que je peux faire ça tout seul, non ?

MÈRE : Non, il est trop petit, le poussin. Allez, il va ouvrir ses petites jambes. Oh, le joli kiki, le joli kiki qui grandit. Il faut pas qu'il grandisse comme ça, le kiki.. Il faut pas qu'il… grandisse… Il faut pas qu'il… Il faut pas… Il faut… Il…

NOIR

Suivi d'un panneau :
« NE SOYEZ PAS ÉGOÏSTE, AIDEZ LES CHÔMEURS ».

Les vampires

Dracula : Jean YANNE
Georges : Christian CLAVIER

Décor draculesque classique. Tombes, croix, toiles d'araignée…
On entend les douze coups de minuit. Dracula sort de son tombeau. Il attend un petit moment. Regarde sa montre. S'impatiente.

DRACULA : Qu'est-ce qu'il fout, le nouveau. C'est l'heure, merde !

Il attend encore un peu en faisant les cent pas puis… cogne sur une tombe.

DRACULA : Eh, Georges… réveille-toi, c'est l'heure. Il faut y aller.

Le couvercle de la tombe se soulève.

GEORGES : Oh, dis donc, tes dents… Qu'est-ce qu'elles sont longues ! Elles sont comme ça aussi, les miennes ?

DRACULA : Évidemment. C'est des dents de vampire classique.

Georges se passe la langue sur les dents.

GEORGES : Ah, oui… Dis donc, c'est pas facile pour fermer la bouche.

DRACULA : C'est vrai. Dans les débuts, ça gêne.

GEORGES : C'est que, moi, je suis mort que depuis hier, hein ! Mort, je m'y fais, mais j'arrive pas à réaliser que je suis vampire.

DRACULA : Oh, tu verras, tu t'y feras vite. Bon, faut pas traîner sans quoi on va pas faire de vieux os.

GEORGES : Qu'est-ce qu'on doit faire ?

DRACULA : Ben, aller bouffer.

GEORGES : Boire du sang ?

DRACULA : Ben bien sûr, c'te connerie !

GEORGES : Mais où ?

DRACULA : En ville.

GEORGES : Dis donc, la ville, c'est loin.

DRACULA : On va prendre ma caisse. Tu sais qu'il faut qu'on soit rentré avant le jour, sinon...

Ils sortent du cimetière et montent dans une voiture.

GEORGES : Où on va ?

DRACULA : Écoute, t'es mort que depuis hier. Tu dois mieux te rappeler la ville que moi. Y a pas un endroit ouvert la nuit ?

GEORGES : Y a un Big Burger à l'entrée de la ville.

DRACULA : Y a du monde ?

GEORGES : Au Big Burger, ah ouais, c'est tout le temps plein... Des jeunes...

DRACULA : Bon, ben, vas-y.

Ils roulent en silence un petit moment.

GEORGES : Dracula ?

DRACULA : Quoi ?

GEORGES : Tu vas me montrer comment faut faire, hein ?

DRACULA : T'auras qu'à faire tout ce que je fais.

GEORGES : Tu veux que je te dise, le sang chaud, comme ça, j'ai peur de pas aimer.

DRACULA : T'as pas le choix ! Si tu veux pas crever, il te faut tes 6-7 litres par jour.

GEORGES : 6-7 litres ! Mais un être humain, ça contient pas plus de 6-7 litres.

DRACULA : Ben oui. C'est pour ça que quand t'en trouves un bon, t'as pas besoin de courir, tu fais tout ton plein d'un seul coup.

GEORGES : Faut tout sucer ?

DRACULA : Pas sucer. Pomper. Faut pomper. Bien aspirer à grands jets. Tu plantes tes crochets juste là, à la base du cou. Y a une grosse artère, là, faut pas la rater.

GEORGES : J'espère que j'y arriverai.

DRACULA : T'en fais pas.

Le Big Burger. Musique d'ambiance. Dracula et Georges entrent et vont au comptoir.

GEORGES : Deux big macs avec frites et deux Coca, s'il vous plaît.

DRACULA : Qu'est-ce que c'est que cet endroit ?

GEORGES : C'est ce qui plaît aux jeunes, mon vieux. Regarde la petite, là-bas.

DRACULA : La serveuse ?

GEORGES : Ouais.

DRACULA : Ah, elle a un beau petit cou.

GEORGES : Avec une grosse veine…

DRACULA : Ouais. Ce cou-là, c'est un bon coup. Bon, suis-moi bien. Je vais te montrer.

GEORGES : Eh, attention, elle va voir tes dents.

DRACULA : Je vais les cacher derrière mon Kleenex. Bon, viens.

GEORGES : Attends, je bois mon Coca.

Il boit et se tord de douleur.

GEORGES : Ah… ça me brûle.

DRACULA : Quel con. T'es un vampire ! Faut que tu te mettes dans la tête que maintenant y a plus que le sang que tu peux supporter… Bon, elle va vers les toilettes. Regarde comment je fais.

Dracula, suivi de Georges, rejoint la serveuse dans les W.-C.

DRACULA : Mademoiselle, s'il vous plaît.

Il la coince contre le mur et lui mord le cou.

DRACULA : Slurp, slurp, slurp…

Puis il recule. Il n'a plus entre les bras qu'une poupée gonflable vide.

GEORGES : Eh, laisse-m'en une goutte… Oh… t'es vache. T'as tout bu.

DRACULA : Chacun sa proie, mon pote. Tu te feras la prochaine. Tu sais, quand on est bien crocheté, c'est dur de s'arrêter. Et puis c'était juste ma dose. Tiens, accroche-la au portemanteau.

GEORGES : Ça va se voir.

DRACULA : Bon, ben mets-la dans le seau. De toute façon elle est vide.

Ils mettent la serveuse vide dans le seau et sortent des W.-C. Ils sont à nouveau dans le Big Burger, vide également.

GEORGES : Oh, merde, y a plus personne !

DRACULA : Ça fait rien, on trouvera dans la rue.

Ils sortent dans la rue.

GEORGES : Oh, regarde là-bas. Le couple qui s'embrasse sous le porche.

DRACULA : C'est bon pour toi, ça.

GEORGES : Oh, non. C'est trop. Faut que tu m'aides.

DRACULA : Bon, d'accord. Je saigne le mec, et tu t'occupes de la gamine. T'as bien vu comment il faut faire.

GEORGES : Oui…

Ils s'approchent du couple.

DRACULA : Pardon, messieurs dames, pour aller à…

Dracula saute sur le mec. Georges sur la fille. On les voit de dos. On serre sur eux. Puis on recule. Ils ont chacune une poupée gonflable vide dans les bras. Dracula se lèche les lèvres.

DRACULA : Alors ?

GEORGES : Super ! Pour une première fois, c'était extra.

DRACULA : Bon, ben, fous-les dans la poubelle.

GEORGES : Hou ! là là ! dis donc, je suis beurré…

DRACULA : Bon, c'est moi qui vais conduire pour rentrer.

GEORGES : Je suis bourré. C'était sucré.

DRACULA : Elle avait sûrement du diabète, ça pardonne pas, ça…

GEORGES : Ah, dis donc, je suis pété…
Goûtons voir, oui, oui, oui,
Goûtons voir, non, non, non,
Goûtons voir si le sang est bon !

DRACULA : Arrête tes conneries. V'là les flics.

GEORGES : Dracula…

DRACULA : Dis pas mon nom… merde.

GEORGES (*chantant*) : J'ai sucé le sang de la gamine…

DRACULA : Tais-toi, bon Dieu…

Les flics approchent.

FLIC : Eh bien, il est beau, lui. Papiers, s'il vous plaît.

GEORGES : J'ai soif.

DRACULA : Tais-toi.

FLICS : Vos papiers.

DRACULA : Écoutez, nous sommes des touristes…

GEORGES : Eh, le petit flic, viens voir par ici.

Georges saute sur le flic et lui plante les dents dans la gorge.

GEORGES : Slurp, slurp, slurp.

Dracula à l'autre flic.

DRACULA : Il est très affectueux. Voyez, il fait pas de mal, il embrasse votre camarade dans le cou, c'est tout. Il s'amuse, quoi. Voyez, il l'a pris comme ça.

Dracula prend le second flic et le mord.

DRACULA : Slurp, slurp, slurp.

Dracula et Georges lâchent les deux flics poupées gonflables vides.

DRACULA : Hou ! là là ! J'en peux plus, moi. Avec tes conneries tu m'as fait bouffer trois fois, j'ai mal au cœur.

GEORGES : Ah, je me suis régalé !

DRACULA : Bon, tant qu'on rentre avant le soir, sinon on est cuit.

Noir.
On retrouve Dracula et Georges entrant dans le cimetière.

DRACULA : Bon, le jour se lève, faut se magner.

Ils courent vers leurs tombes. Dracula entre dans la sienne.

GEORGES : J'arrive pas à ouvrir mon cercueil.

DRACULA : Bon, viens dans le mien, grouille-toi, il fait jour.

Georges entre dans le cercueil de Dracula.

DRACULA : Oh, t'es dégueulasse, t'es plein de sang. T'en fous plein mon costard.

GEORGES : Excuse-moi… Referme le couvercle. J'y arrive pas.

Le couvercle se referme.

GEORGES : Oh ! là là… Ça tourne, je suis malade…

DRACULA : Tu vas pas vomir, non !

GEORGES : Je suis pas bien. T'as pas un Alka Seltzer ?

DRACULA : Écoute, il est temps que tu te mettes dans la tronche que tu es un vampire. Tu dois boire du sang et rien d'autre.

GEORGES : Te fâche pas, Dracula, je m'excuse. Tu m'excuses, Dracula ?

DRACULA : Oui, bon allez, dors !

Un temps.

GEORGES : Dracula…

DRACULA : Oui…

GEORGES : Je m'excuse.

DRACULA : Oh, merde. Tu vas pas t'excuser toute la journée. Faut dormir, maintenant. Sans ça, cette nuit, on va pas tenir sur nos cannes.

GEORGES : Bon, je dors. Mais je veux que tu saches qu'aujourd'hui, c'est parce que c'était la première fois. Ce soir je ferai pas de bêtises, je te le promets.

DRACULA : OK. Dors.

Un temps.

GEORGES : Dracula.

DRACULA : Ah, quel emmerdeur ! Qu'est-ce qu'il y a encore ?

GEORGES : T'es le meilleur instructeur vampire qu'on puisse rencontrer.

DRACULA : Bon, merci beaucoup, dors.

Un temps.

GEORGES : Dracula…

DRACULA : Ah, quel casse-couilles ! Si t'étais pas immortel, je te tuerais…

GEORGES : Je voudrais pas que tu sois embêté à cause de moi. Je te jure que je ferai plus l'andouille. Tu me crois ?

DRACULA : Je te croirai si tu roupilles.

Un temps.

GEORGES : Dracula ?

DRACULA : Oh, putain !

GEORGES : Je voudrais pas que tu te fasses du mauvais sang.

La caméra recule : effet spécial vidéo.

Les rats des villes et les rats des champs
ou
le jugement de Dieu

Friedrich: Jean YANNE
Bénédict: RUFUS

Un homme marche dans la campagne. C'est Friedrich.

FRIEDRICH: Les minutes, les longues minutes additionnées ont-elles déjà formé des heures depuis qu'il m'a fallu fuir? Depuis combien de temps ai-je quitté la route? Voici que je foule la terre, voici que me heurtent les cailloux, les racines, les odeurs et les bruits, frayeurs associées dans la nuit hostile.

Il heurte une forme étendue qui se redresse. C'est Bénédict.

FRIEDRICH: Ah... voici qu'une ombre se dresse devant moi, ombre de ma propre taille, large comme ma peur...

BÉNÉDICT: Holà, monsieur! Quel danger vous pousse à courir ainsi dans la campagne, au point de piétiner les gens? Le clair de lune ne vous suffit-il pas pour me désigner à vos yeux?

FRIEDRICH: Mes yeux étaient fermés, monsieur. Je les avais fermés pour échapper aux terreurs de la nuit. Mais je vous vois, maintenant, et me voilà rassuré.

BÉNÉDICT : Monsieur, ce que vous me dites me fait bien du plaisir. D'habitude, les hommes qui me voient ne songent qu'à fuir en poussant des cris. C'est que je suis un rat, monsieur, un rat. Ma salive contient, paraît-il, les germes de la peste bubonique.

FRIEDRICH : Monsieur... Monsieur, ce ne sont que les hommes qui ont peur de vous. Ouvrez les yeux à votre tour et vous comprendrez pourquoi, loin de m'effrayer, votre vue me rassure. Je suis également un rat. Jusqu'à présent, je vivais dans les égouts, sous la bibliothèque de la ville. J'étudiais la philosophie. Mais la peur des hommes m'a fait fuir. Savez-vous que les hommes veulent exterminer tous les rats ? Est-il normal, monsieur, que le peuple des rats soit victime d'un pareil génocide !

BÉNÉDICT : C'est Dieu qui a voulu cela, monsieur. C'est simple. Dieu a fait l'homme à son image et il n'était pas rat !
Si Dieu avait fait l'homme à son image en étant rat, la situation serait tout à fait différente !
L'homme serait rat et inversement. Cela dit, les choses ne sont pas si mal faites. L'homme vous fait peur. Il est grand, il est fort. Et pourtant les rats peuvent l'effrayer. Il faut se contenter de cet équilibre. On ne peut rien faire contre la volonté divine.

FRIEDRICH : Évidemment... Pourtant, philosophiquement...

BÉNÉDICT : Oh, monsieur, ne parlons pas de philosophie. D'abord, comment voulez-vous qu'un rat fasse de la philosophie ? À l'évidence, Dieu ne l'a pas voulu. Regardez vos pattes. Vos pattes ne vous permettent même pas de tenir un stylographe.

FRIEDRICH : D'abord, monsieur, la philosophie n'est pas une question de stylographe. Et puis vous parlez de Dieu sans réfléchir. Si nous discutons en ce moment, vous et moi, qui sommes des rats, c'est que Dieu autorise les rats à faire de la philosophie.

BÉNÉDICT : Effectivement…

FRIEDRICH : Alors philosophons. Vous me dites que Dieu a fait l'homme à son image et qu'il n'était pas rat. Qu'en savez-vous ? Qui vous dit que Dieu n'a pas fait le rat à son image ! C'est l'homme qui a fait Dieu à son image, car l'homme n'avait pas envie que Dieu soit un rat.

BÉNÉDICT : C'est possible.

FRIEDRICH : C'est certain. Dieu est dans toute chose. Dieu *est* toute chose. Donc Dieu est rat !

BÉNÉDICT : Monsieur, j'admets votre discours et votre logique. Cependant, il faut admettre que si Dieu est dans toute chose, il est dans les hommes comme dans les rats.

FRIEDRICH : Sans aucun doute !

BÉNÉDICT : Comment expliquer, alors, que Dieu, qui est dans les rats comme dans les hommes, laisse les hommes exterminer les rats ?

FRIEDRICH : Mais parce que les rats ne savent pas s'organiser ! Dans les villes, avec l'aide de Dieu, les hommes organisent la DÉRATISATION. Pourquoi les rats, avec l'aide de Dieu, n'organisent-ils pas la DÉSHUMANISATION ?

BÉNÉDICT : Voulez-vous que je vous dise, monsieur ? Les rats n'ont pas à vivre dans les villes ! Les rats sont faits pour vivre à la campagne, avec l'aide de Dieu. Pourquoi vivre comme les hommes, là où vivent les hommes ? Que les hommes restent dans les villes et les rats à la campagne ! Et tout sera pour le mieux dans le meilleur des mondes, avec l'aide de Dieu !

FRIEDRICH : Vous avez sans doute raison. À force de vivre en ville et de faire de la philosophie, je ne sais plus où j'en suis.

BÉNÉDICT : Rat, mon bien cher frère, oubliez donc la philosophie et venez avec moi à la campagne. Dieu, qui est en nous, nous aidera à y vivre heureux, sans aucun doute.

Ils marchent côte à côte, puis…

FRIEDRICH : Ah… Mon Dieu !

BÉNÉDICT : Qu'avez-vous, mon frère ?

FRIEDRICH : Ô misère ! Ô malheur ! Inutile d'aller plus loin, mon frère. Dieu nous a abandonnés !

BÉNÉDICT : Expliquez-vous. S'agit-il encore de philosophie ?

FRIEDRICH : Mon frère rat, nous avons bien dit que si les hommes organisaient la DÉRATISATION des villes, c'est que Dieu voulait que les rats s'en fussent à la campagne ?

BÉNÉDICT : Nous l'avons dit.

FRIEDRICH : Eh bien, Dieu a bien fait l'homme à son image et il n'était pas rat ; nous voici arrivés à la campagne et voyez ce qui nous attend.

On voit un panneau : « CAMPAGNE DE DÉRATISATION ».

Faut pas prendre les enfants du bon Dieu pour des canards sauvages

Friedrich : Jean YANN
Bénédict : RUFUS
Le Dominicain : Guénolé AZERTHIOPE

Un homme s'avance le long d'une route. Il porte une valise. C'est Friedrich.

FRIEDRICH : Celui qui, un matin, ferme les portes de sa maison et s'en va droit devant lui sur la route ne saura jamais si chaque pas additionné, chaque mètre parcouru n'a pas avancé le cours de ses jours vers un destin plus sombre. Mes pieds me font mal. Ma carcasse me pèse, et la faim me torture.

Il passe devant un homme, assis sur le talus : Bénédict.

BÉNÉDICT : Monsieur... Monsieur, je vous vois passer devant moi, sur cette route. Vous soliloquez. Vous n'accordez aucun regard aux choses qui vous entourent. Vous avez les jambes lourdes. Pourquoi ne vous asseyez-vous pas à mes côtés ? La compagnie d'un semblable est quelquefois source de repos.

FRIEDRICH : En effet, excusez-moi, je ne vous avais pas vu. Je suis étourdi de nature mais n'ayant pas mangé depuis de longs jours je suis en plus étourdi par la faim.

BÉNÉDICT : Je sais ce que c'est, monsieur. Puis-je vous offrir une partie de mon repas ? Vous me pardonnerez, je ne mange que des vers de vase.

FRIEDRICH : Que l'existence est singulière. Je marche sur cette route depuis des mois, et le seul être qui me tende la main et m'offre de la nourriture me propose un menu que je ne puis supporter.

BÉNÉDICT : Je vous ferai remarquer que je ne vous ai pas tendu la main. Regardez, je ne possède que deux petites pattes palmées.

FRIEDRICH : Comment est-ce possible ?

BÉNÉDICT : Tendez votre main vers moi. Saisissez mon cou, sentez-vous comme il est long et doux au toucher ? Eh oui, monsieur, je suis un palmipède ! Je suis un canard sauvage.

FRIEDRICH : C'est vrai. Suis-je au centre d'un rêve ? Depuis un quart d'heure nous échangeons des propos. Comment puis-je tenir une conversation avec un canard ?

BÉNÉDICT : Seul Dieu pourrait répondre à cette question, monsieur. Toutes les créatures de la Terre sont Ses enfants. Pourquoi les enfants du bon Dieu ne seraient-ils pas des canards sauvages ?

FRIEDRICH : La faim, sans doute, qui me tenaille, me fait subir cette hallucination. Réveillez-moi, monsieur. Je viens de vous prendre, durant quelques secondes, pour un canard.

BÉNÉDICT *(en colère)* : Mais je suis un canard. Dieu m'a-t-il mis sur cette terre pour qu'on ignore mon existence ? Je vis, monsieur. Je vis. Voyez mes plumes, voyez mon dos dodu, voyez mes cuisses grasses et potelées. Je suis un très beau canard.

Friedrich : Est-il possible qu'un canard soit un enfant du bon Dieu ? Dieu n'a-t-Il pas fait ses enfants à Son image. Dieu est-Il un canard, monsieur? Les enfants du bon Dieu ne sont-ils pas autres que le bon Dieu Lui-même?

BÉNÉDICT: Certainement, canard ou pas.

FRIEDRICH: Le bon Dieu n'a-t-il pas dit «prenez et mangez, ceci est mon corps»?

BÉNÉDICT: Il l'a dit.

FRIEDRICH: Monsieur, j'ai très faim. Si vous êtes un enfant du bon Dieu, l'exemple du Seigneur ne doit-il pas m'inciter à vous manger? Soyez franc.

BÉNÉDICT: Monsieur, théologiquement, je vous approuve. En tant que canard, évidemment, mon opinion est différente.

FRIEDRICH: L'opinion d'un canard compte moins pour moi que celle d'un enfant du bon Dieu. Je suis désolé, mon frère, il me faut vous saisir par ce cou doux et long...

Il l'attrape par le cou et le serre.

VOUS PLUMER...

IL ÉCARTE SES VÊTEMENTS ET LE MAINTIENT SUR LE FEU.

VOUS RÔTIR ET VOUS MANGER!

Il se couche sur l'homme et commence à lui dévorer la poitrine.

Arrive un père dominicain.

Dominicain: Halte là, monsieur! Je suis un pèlerin. En route vers Saint-Jacques-de-Compostelle. J'ai tout vu. Vous avez étranglé un pauvre homme, vous l'avez fait cuire d'une façon sommaire, et vous êtes en train de le dévorer. N'est-ce pas une fin inadmissible pour un enfant du bon Dieu ?

FRIEDRICH : Monsieur le pèlerin, mêlez-vous de ce qui vous regarde ! Je mourais de faim. Cet homme a voulu faire de la théologie avec moi. Mais ventre affamé n'a pas d'oreilles. Monsieur le pèlerin, enfant du bon Dieu ou pas, je n'ai jamais mangé un aussi bon canard !

L'ambassadeur

Ambassadeur : Mike MARSHALL
Président : Billy KEARNS

Le bureau du président de la République. Face à celui-ci, un homme. Il porte un costume de base-ball, une casquette LOS ANGELES DODGERS, *des baskets. Il mâche du chewing-gum.*

AMBASSADEUR : Je suis venu vous voir, Mister President, parce que je traverse une sorte de crise de conscience. *I think*, je crois, que je ne suis plus en mesure d'assurer mes fonctions auprès de votre gouvernement.

PRÉSIDENT : Allons… Qu'est-ce qui se passe ?

AMBASSADEUR : Je ne sais pas quoi penser… Je souis victime d'obsessions… Je souis désemparé… J'ai tellement besoin de me confier.

PRÉSIDENT : Allez-y… Je vous écoute…

AMBASSADEUR : Voilà… Quand je vois le drapeau américain, je ne sais pas ce qui se passe en moi. Je ressens une immense fierté… Je ne peux m'empêcher de penser à cette lutte grandiose entre les États du Nord et du Sud, qui a débouché sur la naissance de cette si grande belle nation ! *That so beautiful nation !*

PRÉSIDENT : Oui…

AMBASSADEUR : Quand j'entends l'hymne américain... Oh, Mister President, si vous saviez. J'ai le cœur qui bat... J'ai envie de pleurer...

PRÉSIDENT : Ça n'a rien d'anormal. Ça prouve que vous êtes sensible...

AMBASSADEUR : Attendez ! Je ne peux boire que du Coca-Cola. Les autres boissons me dégoûtent. Je mâche du chewing-gum toute la journée... Tous les jours, je vais voir des westerns.

PRÉSIDENT : Oui, et alors ?

AMBASSADEUR : Alors ! Alors je connais par cœur les œuvres de Jefferson. J'ai lu toutes les biographies de tous les présidents. Je suis un fan du président actuel. J'ai mis sa photo partout, dans ma chambre, dans ma salle de bains, dans ma cuisine... Je chante sans cesse les chansons de Prince, de Sinatra, de Michael Jackson. Et pouis, c'est terrible ! Écoutez mon accent !

PRÉSIDENT : Mais ça n'a rien d'extraordinaire, mon vieux. Des millions d'Américains sont comme vous !

AMBASSADEUR : Oui, mais moi... je suis l'ambassadeur de Russie.

Ciel, mon mari

Marie Curie : Stéphane Audran
Pierre Curie : Jean-Luc Bideau

Pierre et Marie Curie sont dans leur maison. Laboratoire des années 1900. Salon franchouillard, bon chic d'époque.
Ils prennent le thé.

Pierre : Votre thé est délicieux, ma très chère...

Marie : Je vous remercie. Mais je vous signale que c'est le même depuis vingt ans.

Pierre : Je le sais bien, ma douce. Comme je sais que tout ici est délicieux depuis vingt ans. Très exactement depuis l'instant où je vous ai rencontrée.

Il se lève et vient s'agenouiller près d'elle.

Marie : Calmez-vous, Pierre. L'heure n'est pas au souvenir, ni à la tendresse... mais à nos recherches.

Pierre : Marie, vous êtes la raison même. Ma passion pour vous m'égare ; je dois m'en arracher.

Il regarde sa montre gousset.

PIERRE : 15 heures. Je vais de ce pas au Collège de France faire ma communication sur la piézo-électricité.

MARIE : Et moi, je retourne à mon microscope. À ce soir, mon ami.

PIERRE : À ce soir, ma tendre compagne.

Pierre Curie met son manteau et sort.
Marie entre dans son laboratoire-buanderie mitoyen de la salle de séjour.
Des fioles, des flacons, une débauche de trucs en verre.
Plus une lessiveuse, des baquets, et du linge qui sèche. (Chemises, calebards, chaussettes…)
Marie se penche sur son microscope.

MARIE : Tu es là, mon chéri. Je t'ai fait attendre, hein, mon biquet. Je me tapais de l'eau chaude avec mon prix Nobel… Tu n'as pas froid, dans ta petite lamelle ? Mais tu bandes, cochon ! C'est le départ de mon mari qui t'excite, hein ? Oh, mon chéri, toi aussi tu m'excites. Je voudrais que tu me prennes sur la paillasse en porcelaine comme une laborantine… Attends, que je te caresse avec ma pipette…

Retour au salon.
Pierre Curie a visiblement oublié quelque chose, et le cherche dans différents meubles. Soudain, il entend la voix de Marie.
Il colle son oreille à la porte. Voix off de Marie.

MARIE (*off*) : Oui, je vais te prendre avec ma pipette, et nous allons nous vautrer dans un bouillon de culture.
Je serai ta chienne lubrique, ton travelo brésilien, ta poinçonneuse des Lilas. Tu seras mon neutron fissible, ma turgescence radioactive, mon bouzou, bouzou d'amour. Oh oui, chéri, tu vas m'irradier de ton flux électro-magnétique…

La porte s'ouvre. Pierre Curie apparaît.
Il regarde partout avec des yeux de fou.

PIERRE : Ma très chère, je suis revenu chercher mon dossier que j'avais oublié. Je ne sais plus où j'ai la tête en ce moment. Sans doute est-ce parce que je pense trop à vous. Je ne vous dérange pas, au moins ?

Il ouvre tous les placards. Regarde sous les paillasses.

PIERRE : Il m'a semblé que vous parliez à quelqu'un... que vous aviez même une conversation... comment dirais-je... très poussée.
Très franchement, j'ai même cru que vous aviez une conversation sentimentale. Vous ne cherchiez pas à me tromper, n'est-ce pas ?

Marie fait non de la tête.

PIERRE : Elle dit non ! Elle dit non, mais moi, je sais qu'elle veut me tromper...

Il commence à s'énerver et à crier.

PIERRE : Ah, on veut faire pousser des cornes sur la tête de son vieux prix Nobel...

Il casse quelques cornues et autres éprouvettes.

PIERRE : Mais le vieux prix Nobel ne se laissera pas faire. Vous me prenez pour un âne ! Où est-il ? Hein ? Où est-il, ton bouzou, bouzou d'amour, ton neutron fissible. Où elle est, ta relativité érectile ?

Il attrape Marie par le cou et commence à serrer.

PIERRE : Tu vas me le dire, où il est, hein ? Tu vas parler, résidu du CNRS ?

Marie est à moitié étranglée.

MARIE : Il est... Il est... sur le microscope...

Pierre se précipite vers le microscope. Il regarde.

PIERRE : Mais c'est un microbe nu !

Il veut prendre la lamelle. Celle-ci lui échappe et tombe sur la paillasse.

PIERRE : Il s'est sauvé !

Pierre prend sa chaussure et commence à frapper sur la paillasse.

PIERRE : Ah, je t'aurai. Ça, je te prie de croire que je t'aurai...

MARIE : Non, arrêtez, Pierre, je vous en supplie. Vous allez le tuer !

PIERRE : Un peu, mon neveu, que je vais le tuer ! Je vais l'écrabouiller comme une petite merde de protophyte dans une anchoïade !

MARIE : Pierre, Pierre, au nom de notre amour, au nom de nos travaux, au nom de la science, soyez indulgent. Ne devenez pas un criminel.

PIERRE : Et me tromper, ça n'est pas criminel ? Tromper un prix Nobel, ça n'est pas criminel ? Qui trompe un prix Nobel trompe l'avenir de la science.

Mais ça, l'avenir de la science, vous vous en foutez, madame Curie. Vous ne pensez qu'à vous envoyer en l'air avec un petit protozoaire sans avenir. D'autant plus sans avenir que je vais lui écraser la tronche à coups de savate.

Il continue à taper avec sa chaussure sur tous les trucs en verre du laboratoire.

MARIE : Par pitié, Pierre. Cessez ce génocide de vaisselle. Ça n'est qu'un pauvre microbe, un pauvre petit microbe sans défense. Un être unicellulaire peut-être, mais c'est un être humain !

PIERRE : Alors qu'il se conduise en homme, au lieu de se planquer sous les éprouvettes. Comment s'appelle-t-il ? Marie, je vous ordonne de me dire son nom.

MARIE : Gontran.

PIERRE : Gontran, je vous somme de répondre. D'homme à homme. Aimez-vous ma femme ?

On entend une petite voix, venant des débris sur la paillasse.

GONTRAN : Oui, je l'adore.

PIERRE : Mais encore...

GONTRAN : Elle m'attire comme un aimant. Je suis son corps magnétique.

PIERRE : Continuez.

Il se déplace dans le laboratoire avec sa godasse à la main en essayant de repérer où se trouve le microbe.

GONTRAN : Votre femme et moi, nous sommes deux cristaux symétriques.

MARIE : Taisez-vous, Gontran. Le monstre vous fait parler pour vous localiser, et vous détruire.

GONTRAN : Il n'y arrivera pas. Prix Nobel ou pas, il est trop vieux. Vous êtes trop vieux, cher maître. Vos insuffisances musculaires et organiques ne peuvent plus combler les cellules ô combien vivaces de votre femme.

Pierre semble avoir repéré le microbe.

GONTRAN : Tandis que moi, qui ne suis qu'une cellule neuve...

Pierre Curie lève sa chaussure.

PIERRE : Salopiot !

Il frappe un grand coup. Explosion.
On voit la maison exploser. Puis un nuage s'élève, tel celui d'Hiroshima.
En surimpression, on peut lire : « LA RADIOACTIVITÉ EST UNE DÉCOUVERTE FRANÇAISE. »

Le crime ne plaît pas

Le commissaire: Martin Lamotte
L'inspecteur: Christian Pereira
La veuve: Olivia Brunaux
Le metteur en scène: Jean Yanne

Une rue du 16e arrondissement.
Une voiture avec gyrophare arrive à toute bride.
Un commissaire en descend. Il est attendu par un inspecteur.

Commissaire: Bonjour, inspecteur.

Inspecteur: Bonjour, monsieur le divisionnaire.

Ils entrent dans l'immeuble.

Inspecteur: La bonne espagnole est entrée dans la cuisine pour y prendre une boîte de Passal, le récurant vert qui gratte l'émail sans rayer les doigts…

Commissaire: Oui, ça va, ça va…

Inspecteur: Et elle a trouvé son patron…

Les flics montent l'escalier.

INSPECTEUR : Elle a trouvé son patron, le professeur, un poignard dans le dos, et la tête pratiquement séparée du corps. Avant de succomber, la victime a eu le temps d'écrire avec son sang « l'assassin est... », mais il n'a pas eu le temps d'écrire le nom.

Les flics sont arrivés sur le palier. L'un d'eux est à la porte. Ils pénètrent dans l'appartement du crime. Une femme les accueille.

COMMISSAIRE : Bonjour, madame. Vous êtes la veuve ?

VEUVE : Oui, monsieur.

COMMISSAIRE : Comment avez-vous été avertie ?

VEUVE : C'est affreux, monsieur le commissaire. La bonne est venue et m'a dit : « Monsieur vient d'être sauvagement assassiné. Il a dû horriblement souffrir. La crispation de son visage indique que le meurtrier s'est acharné sur le pauvre corps pantelant avec une rare violence. Monsieur a les yeux révulsés et la langue verdâtre... »

COMMISSAIRE : Bon, merci... merci. Je voudrais interroger votre domestique. Allez la chercher, Bruzard.

INSPECTEUR : Bien, monsieur le commissaire.

On entend un cri de femme épouvantable.

Commissaire : Qu'est-ce que c'est ?

L'inspecteur se précipite. Il regarde par une porte.

INSPECTEUR : Commissaire... Venez voir... La bonne est morte.

Le commissaire, en gros plan, regardant la bonne.

COMMISSAIRE : Quelle horreur ! On l'a décapitée, elle aussi. On lui a coupé les mains, et on l'a pendue au séchoir. Son pauvre ventre porte les traces d'une effroyable lacération. Bruzard, personne n'a quitté l'appartement ?

INSPECTEUR : Non.

On entend un horrible cri de femme.

COMMISSAIRE : Qu'est-ce que c'est encore ?

L'inspecteur court à l'autre porte.

INSPECTEUR : Commissaire, venez voir.

Le commissaire approche.

INSPECTEUR : Regardez la femme du professeur. Pendant que nous examinions le cadavre atrocement mutilé de la domestique, on vient de lui trancher la gorge. Et voyez sa pauvre poitrine déchiquetée et ses membres broyés. Quel monstre peut être assez sauvage pour faire ça ?

COMMISSAIRE : Je me le demande.

On entend une voix d'homme.

HOMME : Au secours, au secours… Ah… Ah…

COMMISSAIRE : Qu'est-ce que c'est, Bruzard ?

INSPECTEUR : Là-bas… un homme.

L'inspecteur court.

INSPECTEUR : Trop tard, c'est le gardien de la paix qui surveillait l'entrée. Il est mort. Il a un tournevis dans l'œil.

Le commissaire réfléchit.

COMMISSAIRE : Décidément, tout ce qui se passe ici est bien étrange. Qu'est-ce que vous en pensez, Bruzard ? Bruzard, je vous parle.

On entend un râle. La caméra panote. L'inspecteur est affalé dans un angle de la pièce. Il a une hache dans la tête.

COMMISSAIRE : Mon Dieu !

L'image se fixe. On fait un lent travelling dans l'appartement du crime.

UNE VOIX : L'assassin continuera-t-il à s'acharner sur les occupants de cet appartement bourgeois ? La liste de ses crimes s'allongera-t-elle ? L'odieux criminel poursuivra-t-il ses monstrueux forfaits ?

Apparaît le metteur en scène.

METTEUR EN SCÈNE : Vous voudriez bien le savoir, hein ? Ça vous plairait, hein, ça vous plairait d'en voir encore, et encore ?
Vous êtes bien des sadiques. Dès qu'il y a du sang, des meurtres, vous n'êtes jamais rassasiés.

Et vous croyez qu'on est là pour assouvir votre goût du crime et de la violence ? Mais on n'est pas des malades, nous !

Tous les techniciens, les cameramen, les assistants, les accessoiristes, la scripte apparaissent dans le champ. Ils regardent les téléspectateurs.

TECHNICIEN : Mais ils n'aiment que ça...

ASSISTANT : À l'audimat, ils sont formels. Y a que ça qui leur plaît.

SCRIPTE : C'est que des vicieux.

ACCESSOIRISTE : Des dégueulasses, oui.

ASSISTANT : Ça me débecte.

ACTEUR : Arrête, je vais gerber.

L'équipe se groupe.

METTEUR EN SCÈNE : Je crois me faire l'interprète de tous mes camarades en affirmant que nous sommes tous ici pour vous distraire, mais pas pour assouvir vos instincts morbides. Soirée policière, d'accord. Mais cochonnerie équivoque, sûrement pas.
Alors, téléspectateurs, un peu de tenue, et un peu d'allure, bordel de merde.

La mode

Clodo 1 : Jean-Luc Bideau
Clodo 2 : Jean Yanne

*Sur les quais, deux clodos (pardessus, chapeaux crados, litrons...) sont en train de feuilleter des magazines chics (*Vogue Homme, Harper's Bazaar...*)*

CLODO 1 : Dis donc, qu'est-ce qu'il est mal sapé, le prince de Galles !

CLODO 2 : Fais voir... T'as raison. Pourtant, d'habitude, les Anglais...

CLODO 1 : Oh, les Anglais... Dans le temps, les Anglais... mais plus maintenant. Tu vois, les Anglais... Comment je te dirais... Les Anglais, les tissus, ça va encore. Mais la coupe, c'est plus ça ! Ils ont pas des bons designers. Quand tu vois ce que font les Japonais !

Il tend le magazine à son pote et feuillette les pages.

CLODO 1 : Regarde les Japonais. Regarde ça. C'est moderne, ça fait jeune. Regarde-moi comment que c'est déstructuré, ça !
Et puis l'invention ! Les Miyaké, les Yamamoto, les Kumagaï, ils arrêtent pas d'inventer. Les Anglais, ça fait cinquante ans qu'ils font la même chose.

Le clodo 2 a pris le magazine et est revenu en arrière.

CLODO 2 : Ah, c'est quand même pas mal l'anglais classique. Regarde le raglan, par exemple. C'est pas mal, le raglan.

CLODO 1 : Ouais… mais enfin, c'est sport…

CLODO 2 : D'accord, c'est sport, mais c'est pas plus mal. On peut pas toujours être habillé soir. Parce que, dis donc… quand tu dois te coucher sur une bouche de métro. Excuse-moi, mais t'es quand même plus à l'aise en raglan !

CLODO 1 : Ah ben, je t'arrête tout de suite. Si c'est pour choisir des fringues que tu dois te coucher par terre avec, alors prends tout de suite un designer japonais. Pour la bonne raison que les Japonais, ça fait deux mille ans qu'ils vivent par terre !

Il hurle de rire. L'autre est un peu vexé.

CLODO 2 : Ouais, ouais, ben justement… Le japonais, c'est toujours fripé, tandis que l'anglais, en raglan, c'est décontracté. Mais si tu choisis bien la matière, ça garde sa tenue.
D'ailleurs, j'vais te dire… Y a trois ans, j'ai vu passer un hiver entier sous le pont Alexandre-III, avec un raglan qu'on m'avait filé au Secours populaire de Passy. Eh bien, arrange-toi, au printemps, il était comme neuf. Faut dire que c'était du tweed.

CLODO 1 : Ah ben, bien sûr, le tweed ! Enfin le tweed, d'accord, mais c'est surtout bien l'hiver, hein ! Parce que, en demi-saison, le tweed… Je vais te dire ; en demi-saison, et même dans n'importe quelle saison, d'ailleurs, le meilleur truc, c'est le velours côtelé. Au point de vue chic et classe, y a rien de mieux que le velours côtelé.

CLODO 2 : Mouais… On s'en lasse aussi…

CLODO 1 : Charrie pas ! Le velours côtelé c'est le top niveau. Tu veux que je te dise, l'avantage, avec le velours côtelé, c'est que c'est aussi distingué le soir que le jour.

CLODO 2 : Ah ouais...

CLODO 1 : Un peu, mon neveu ! Tiens, suppose que tu sois n'importe où... Au golf tiens, jusqu'à 7-8 heures du soir. Bon, le soir, tu dois aller bouffer dans un grand restaurant. À la Tour d'Argent. Eh ben, si t'es en velours côtelé, t'as pas besoin de repasser par chez toi pour changer de veste.

CLODO 2 : Non, mais là, je suis d'accord. Encore que le velours côtelé c'est bien, mais faut qu'il soit sombre. Parce que je vais te dire : le velours côtelé, y a des rainures. Et suppose que tu te fasses tomber du manger sur le plastron. Ça s'accroche dans les rainures. Alors si c'est sombre, ça se voit pas.

CLODO 1 : Déconne pas. Quand tu vas manger dans un grand restaurant, tu te salis pas le plastron. Pour la bonne raison que t'as une serviette...

CLODO 2 : Dans un grand restaurant, c'est sur les genoux que tu te la mets, la serviette. Pas dans le col. Alors, ta serviette sur les genoux, elle protège pas ton velours côtelé...

Un temps. Le clodo 1 est vexé à son tour. Le clodo 2 pense à quelque chose et éclate de rire.

CLODO 2 : Eh, Momo... Tu te vois dans un grand restaurant... t'es là, avec ton velours côtelé... tu frimes et SCHPLACK, tu t'envoies un grand coup de caviar dans les rainures... Ah, le plan !

Il rigole, et finalement l'autre aussi.

CLODO 1 : Ah, la vache, c'est vrai ! Les coups qu'il peut t'arriver, dans les grands restaurants...

Un temps.

Clodo 1 : Dis donc, Popaul... t'en as déjà mangé, toi, du caviar ?

Clodo 2 (*hésitant*) : Ouais... une fois.

Clodo 1 : C'est bon ?

Clodo 2 : Boh...

Clodo 1 : Quel goût que ça a ?

Clodo 2 : Oh... on dirait... on dirait du thon.

Clodo 1 : Et comment que ça se mange ?

Clodo 2 : Ben... Avec des couverts à poisson.

Le clodo 1 prend un litre dans le cageot qui se trouve à côté d'eux.

Clodo 1 : Tu veux un coup ? (*Ils boivent :*) Bon, ben, je vais dormir.

Il installe un carton par terre, retourne le cageot pour faire un oreiller et se couche.

Clodo 1 : T'as pas sommeil ?

Clodo 2 : Non, je vais encore lire un peu.

Le clodo 1 s'endort. Le clodo 2 feuillette Vogue Homme.

Clodo 2 : Putain ! Qu'est-ce que ça fait vulgaire, les chaussettes à rayures !

La leçon

La mère : Macha Méril
Le père : Jean Yanne
L'enfant : Fabien Chombard

Une loge de concierge. Quelques sardines rissolent sur un réchaud.

Le père, gardien de prison, boit du gros rouge comme un salingue.

PÈRE : Ah, que je me régale... Que je me régale ! Quand je pense que si j'aurais étudié jusqu'à trente ans, maintenant je serais docteur, ou ingénieur. Au lieu qu'en étant gardien de prison, quand j'ai fini mon service, je peux passer ma journée à boire du vin rouge...
Ah, que je me régale...

MÈRE : T'as pas honte, non... Dis... T'as pas honte ! Que tu bois en faisant couler du vin rouge sur ta chemise... Une chemise que je t'ai lavée y a huit jours à peine.

PÈRE : Tais-toi, la vieille... Et donne-moi un autre litre, que je me régale.

ENFANT : Papa... Tu veux pas retirer ton verre de dessus la table, et essuyer la toile cirée avec ton coude pour que je puisse poser mon cahier. Faut que je fais mes devoirs.

PÈRE : Quoi ! Faire tes devoirs ! Tu vas pas me déranger avec tes livres et ton plumier pendant que je me régale à boire un coup, non, sale mouflet !

ENFANT : Mais la maîtresse, elle dit que…

Il lui file une baffe.

PÈRE : Tiens… Ça t'apprendra à m'emmerder pendant que je bois, avec tes histoires de maîtresse. Moi, la seule maîtresse que je connais, c'est la grosse Lulu, que je vais retrouver, des fois, le soir, pour boire avec elle. Qu'est-ce qu'on se régale !

MÈRE : Alexandre ! Tu devrais pas parler de ça devant le petit… Par respect pour la famille. Et par respect pour moi, également.

PÈRE : Du respect pour toi ! Non mais des fois… Tu crois que t'es belle à regarder… Allez, donne-moi plutôt un litre… Ah, mon foie… J'ai mal au foie…

Il se tord de douleur.

MÈRE : Tu bois trop, Alexandre, un jour, t'auras une crise de delirium.

ENFANT : Papa… Pousse ton litre, un peu, que je mette mon livre… Oh…

PÈRE : Ah… Il a renversé mon pinard, le petit imbécile ! Tiens.

Il lui file une baffe.

PÈRE : Mon vin rouge… Mon vin rouge.

ENFANT : C'est pas de ma faute, papa, je voulais étudier…

PÈRE : Étudier ! À quoi ça sert d'étudier, andouille !

Le sel de la vie, c'est le vin rouge et c'est pas dans les livres que ça s'apprend… Aïe… Mon foie…

MÈRE : C'est une cirrhose que t'as, oui… S'il étudie et si y devient docteur, tu seras peut-être content qu'il te soigne un jour.

PÈRE : Tu ferais ça ? Tu me soignerais si t'étais docteur, devenu grand.

ENFANT : Oui, papa… Je te donnerais des médicaments pour soigner ton foie… Et tu pourrais boire sans avoir mal…

MÈRE : Laisse-le faire ses devoirs, Alexandre.

PÈRE : Bon, allez, vas-y, fais tes devoirs. Moi, je vais boire un coup chez le bistrot.

Il se lève.

ENFANT : Papa…

PÈRE : Quoi encore ?

ENFANT : Tu veux pas me dicter un problème. Faut que je sois fort en calcul si je veux être docteur !

PÈRE : Non, mais ça va pas, non ! Non seulement faut que j'arrête de boire mon litre, mais faut que je travaille avec lui, maintenant.

ENFANT : Dicte-moi un problème, papa.

Il lui en file encore une.

PÈRE : Tiens ! C'est dicté, ça ! Ah… Mon foie… Mon foie…

Mère : Si tu lui dictais un problème, peut-être qu'il deviendrait docteur et qu'il te soignerait ?

Père : Ouais… Tu ferais vraiment ça ?

Enfant : Oui, papa… Si je suis fort en calcul et si je deviens docteur, je te soignerai.

Père : Bon… Ben je vais te dicter un problème, alors.
T'as ton crayon ?

Enfant : Oui, papa.

Père : Alors… Énoncé…
Un père boit par jour deux litres et demi de vin rouge 12° à 8,50 francs le litre, plus deux litres de vin d'Algérie 14° à 12 francs le litre. Calculez premièrement…

Fondu au noir.

Conte de Noël

Le récitant: Jean Yanne
La jeune fille: Olivia Brunaux
Alex: Jesse Garon
L'oncle: Christian Pereira
Le Père Noël: Guenolé Azerthiope

Un récitant lit le conte. Les acteurs jouent ce qui est raconté.

RÉCITANT : Il était une fois, dans une grande ville, un petit bar-tabasque. Dans ce petit bar-tabac, une pauvre jeune fille habitait avec son méchant oncle qui était propriétaire du bar-tabasque.

On voit le bar-tabac, et la jeune fille style Cosette qui entre avec un seau.

RÉCITANT : Il la faisait travailler tout le temps, et elle n'avait pas le temps de dormir, sauf deux heures par nuit, quand elle arrêtait de travailler à nettoyer le bar-tabasque, la pôvre !

La jeune fille se met à genoux et lave le carrelage.

RÉCITANT : Elle était donc ce soir-là à quatre pattes en train de passer la serpillière sur le froid carrelage, au milieu des mégots et des crachats malsains. Quelle pitié de voir le pôvre petit corps décharné plié en deux en train de passer sur le sol dégoûtant la serpillière trouée qui en plus était la seule robe qu'elle avait à se mettre quand elle va au bal, la pôvre.

Mais tout à coup, on sonne à la porte.

On entend une sonnette.

Récitant : La pôvre elle se dit comme c'est bizarre que ça sonne car il y a pas de sonnette à la porte, mais elle va quand même ouvrir.

La Jeune fille : Qui est-ce ?

Voix off : C'est moi.

Elle va ouvrir. Entre un rocker avec une banane.

Récitant : C'était lui. Alex la banane, l'idole des serveuses du bar tabasque. Lui qui arrivait pour la sauver. Ce prince charmant avec sa banane, ses santiags et sa sonnette portative. Elle l'avait reconnu tout de suite, d'autant plus qu'il avait un badge avec sa tête et son nom dessus sur son blouson. Elle en fut toute retournée. Rappelons qu'elle était très fatiguée vu qu'elle ne dormait que deux heures par nuit, et encore les jours de marché, elle dormait seulement une demi-heure. Donc, elle était toute retournée par la vue d'Alex la banane qui commanda un panaché bien blanc.

La jeune fille sert un panaché à Alex.

Récitant : La pôvre petite lui servit un panaché bien blanc, blanc comme la neige qui tombait dehors, vu qu'on était un soir de Noël.
La pôvre petite regardait Alex la banane et pensait : « Il va m'emporter sur sa grosse moto vers des pays lointains et ensoleillés. » Mais vu le froid et la neige, Alex la banane était venu en taxi. Donc, ils devront partir à pied.

C'est au moment où elle enfilait son manteau pas très chaud pour sortir qu'Alex la banane mit machinalement une pièce dans le flipper, et commença une partie.

Comme toujours, cela provoqua en lui une érection monumentale, mais surtout l'empêcha d'entendre quoi que ce soit, car la boule faisait beaucoup de bruit dans le flipper.

Le bruit était tel que la petite serveuse se boucha les oreilles. Donc ils n'entendirent pas le méchant oncle qui descendait à potron-minet l'escalier en colimaçon.

Alex la banane, qui avait fini de jouer, voulut aller se soulager aux toilettes.

Le méchant oncle colla son œil devant le trou de la serrure des toilettes pour voir qui était l'homme qui venait de parler à sa nièce, la pôvre petite serveuse.

Mais Alex la banane, qui venait de se soulager, poussa la porte des toilettes si violemment que la poignée de celle-ci entra dans l'œil du méchant oncle qui mourut sur-le-champ.

Alex la banane, l'idole des serveuses, était devenu un assassin de Noël.

La petite serveuse prit peur lorsqu'elle vit son oncle qui était mouru.

Elle le cacha sous la serpillière trouée qui lui servait de robe de bal, et les jeunes gens décidèrent de s'enfuir.

Dehors il faisait froid. Alex la banane prit le manteau de la petite serveuse et l'enfila. Elle ne prit rien. Son seul autre vêtement était la serpillière trouée, mais elle ne pouvait pas la prendre car elle cachait le corps de l'oncle mouru.

La serveuse et Alex sortent du café. Et se retrouvent dans la rue sous la neige.

RÉCITANT : Elle sortit en chemisier dans la rue. Elle tremblit de partout, et ses pôvres os faisaient un bruit d'enfer.

Le couple marche sous la neige. On entend les os de la serveuse claquer.

RÉCITANT : Ils marchaient tous les deux dans la neige quand tout à coup au bout de la rue déboucha le Père Noël sur son traîneau tiré par des rennes. Mais ne voyant pas une plaque de verglas, le Père Noël dérapa et ne put éviter le couple au milieu de la rue. Dans un effroyable crissement de sabots, il écrasa Alex la banane, l'idole des serveuses. Une plaque de sang se répandit dans la rue et gela immédiatement.

On eût dit un sorbet cassis. C'est la réflexion que se fit la pauvre petite serveuse en atterrissant sur le traîneau du Père Noël car elle avait été éjectée dans la collision.

Le Père Noël, qui était très gentil, ne freina même pas pour s'occuper du corps mouru d'Alex la banane, l'ex-idole des serveuses. Il continua sa route et emporta la jeune fille vers un monde meilleur.

Maintenant, elle vit avec lui. Elle astique ses petits jouets, ses petites locomotives, ses petits soldats de plomb. Le jour de Noël, elle ne dort que dix minutes, mais le reste de l'année elle ne fait rien.

Bien sûr, sexuellement, avec le Père Noël, c'est pas terrible, mais la morale de ce conte de Noël, c'est que quand on est une pauvre petite serveuse issue d'un milieu modeste, il vaut mieux vivre avec un petit vieux gentil et riche qu'avec un rocker méchant et qui marche à côté de ses pompes ; car comme on le dit pas suffisamment dans les contes de Noël, y a pas que le cul qui compte dans la vie !

À jouer

La semaine de bonté

Un bistrot minable. Le patron essuie les verres et le zinc avec le même torchon. Entre un client, genre brute épaisse, qui se dirige vers le comptoir, puis se ravise et va s'asseoir à une table.

PATRON : Ah... Salut, Jeannot ! Dis donc, ça fait une paye qu'on t'a pas vu !

Le client (Jeannot) répond avec une voix toute douce qui ne colle pas du tout avec son physique.

JEANNOT : Oui, Loulou... Une semaine. Une semaine bien remplie.

PATRON : Et t'es tout seul aujourd'hui ?

JEANNOT : Ben, oui, Loulou. Comme vous voyez. Mais mon ami Roger ne va pas tarder à arriver.

PATRON : Oh... Qu'est-ce qui se passe ? Tu me vouvoies, maintenant. Et puis tu te mets plus au comptoir ?

JEANNOT : Non. Maintenant je m'assois calmement à une table. Et je vous vouvoie. Et si vous le permettez, cher Loulou, j'aimerais, à l'avenir, vous appeler « monsieur Loulou ».

PATRON : Ah bon. Comme tu veux...

La porte s'ouvre. Entre un second client, même allure patibulo-vulgaire que le premier. Lui aussi a une voix douce qui contraste avec son aspect. C'est Roger.

ROGER : Bonjour, cher Jeannot. Bonjour, Loulou.

JEANNOT : Bonjour, mon cher camarade. Assieds-toi, je te prie.

ROGER : Merci grandement.

PATRON : Oh ! là !... Qu'est-ce qui vous arrive, à tous les deux...

ROGER : Rien, Loulou. Nous avons changé, c'est tout...

JEANNOT : Et nous aimerions bien changer le monde autour de nous...

ROGER : Il y a tant de violence, partout sur la terre, tant de gens qui s'affrontent...

JEANNOT : Tant de gens qui se combattent ou tout simplement s'ignorent, que nous devons, nous, lutter pour imposer la douceur...

ROGER : C'est notre gourou qui nous l'a dit.

PATRON : Ah. Parce que vous avez rencontré un...

ROGER : Vous savez, monsieur Loulou, la vie en société nous oblige à être calmes.

JEANNOT : À être courtois.

ROGER : Serviables.

JEANNOT : À respecter notre prochain.

ROGER : Donc à être polis.

JEANNOT : D'ailleurs, cher Roger, je viens de dire à monsieur Loulou que nous le vouvoierons, dorénavant, et que nous l'appellerons monsieur.

ROGER : Très bien. C'est une très bonne idée, cher compagnon. Nous appellerons Loulou, monsieur Loulou. Que prendras-tu, brave ami ?

JEANNOT : Une menthe à l'eau, mon cher copain.

ROGER : Monsieur Loulou, s'il vous plaît, pouvons-nous avoir une menthe à l'eau et un thé, avec un nuage de lait.

PATRON : Oh ! là ! là !...

ROGER : Pardon.

PATRON : Rien... Rien...

Le patron prépare les boissons. Les deux clients se font des sourires très doux, et sortent chacun un carnet de leur poche.

ROGER : Bon ! Sortons nos carnets. Est-ce que tu as fait de bonnes actions, cette semaine, cher camarade ?

JEANNOT : Certes. Lundi, j'ai fait traverser la rue à une vieille dame.

ROGER : Très bien. Cela te fait donc... Attends, je vérifie...

Il consulte un barème dans son carnet.

ROGER : Cela te fait trois points.

JEANNOT : Mais pour ne pas gêner les automobilistes, je l'ai fait traverser dans les clous.

ROGER : Oh, c'est mieux ! Alors cinq points.

JEANNOT : Et en plus, j'ai porté son cabas.

ROGER : Oh, six points. Tu as vraiment bien démarré la semaine. Alors je marque... Jeannot... six points.

JEANNOT : Et toi ?

ROGER : Moi, lundi, j'ai donné mon pardessus à une pauvre jeune fille qui pleurait seule dans le froid.

JEANNOT : Oh... Comme c'est gentil. Mais tu as dû souffrir ensuite de la neige et du vent, en veste légère...

ROGER : Tu sais comme le fait de faire une bonne action réchauffe. Donner le pardessus, ça me fait huit points.

JEANNOT : Est-ce qu'il lui allait ?

ROGER : Quoi ?

JEANNOT : Le manteau. Est-ce qu'il lui allait ?

ROGER : Non... Il était trop grand.

JEANNOT : Alors il faut t'enlever deux points. Parce que, lorsque l'on fait un cadeau, il faut que cela aille à la personne. Tu comprends ?

ROGER : Tu as raison, brave ami. Six points seulement, alors. Mardi, j'ai vu une contractuelle laide et bête.

JEANNOT : Comme elles le sont toutes, ces grosses connasses.

ROGER : Jeannot, comment oses-tu parler ainsi de ton prochain, mon ami.

JEANNOT : Excuse-moi, ça m'a échappé. C'est vrai que je peux pas les blairer…

ROGER : Tu ne dois dire du mal de personne. Même de ces pétasses…

JEANNOT : C'est vrai. Je m'enlève un point.

ROGER : Donc, cette contractuelle n'arrivait pas à trouver la moindre voiture en infraction. Alors je me suis garé exprès dans les clous pour qu'elle puisse faire son travail. J'estime que cela me fait quatre points.

JEANNOT : Oui, mais dans les clous, peut-être que tu as empêché des gens de traverser en toute sécurité. Trois points seulement.

ROGER : Oui, tu as raison de me reprendre, gentil copain, trois points.

JEANNOT : Tu sais, cher Roger. Lorsque l'on fait une bonne action, il faut qu'elle soit bonne pour tout le monde.

ROGER : Bien sûr.

Le patron apporte les consommations. Il les regarde comme s'ils étaient des Martiens.

PATRON : Voici votre thé et votre menthe à l'eau.

JEANNOT : Merci, monsieur Loulou.

PATRON : C'est incroyable ce que vous avez changé, tous les deux. J'en reviens pas !

ROGER : Nous avons eu la révélation de la sagesse et de la bonté.

JEANNOT : Cela peut vous arriver à vous aussi, vieux fumier. Oh, pardon, monsieur Loulou... Pardon Roger...

PATRON : Ouais. Je suis bien comme je suis, moi...

Le patron s'en retourne derrière son comptoir. Les deux braves clients hochent la tête avec commisération.

ROGER : Alors, qu'est-ce que tu as fait mardi ?

JEANNOT : Mardi, j'ai fait la vaisselle, à la maison.

ROGER : Bien.

JEANNOT : Le lendemain, j'ai fait le ménage.

ROGER : Très bien.

JEANNOT : Et le soir, j'ai fait la lessive.

ROGER : Encore mieux. Cela mérite trois points. Depuis combien de temps es-tu marié ?

JEANNOT : Je suis pas marié. Tu sais bien que je suis seul.

ROGER : Alors tu ne mérites pas le moindre point. De toute façon, tu devais faire la vaisselle et le ménage.

JEANNOT : Oui, c'est vrai.

ROGER : Ça n'est pas bien d'essayer de t'attribuer des points que tu ne mérites pas.

JEANNOT : J'ai honte.

ROGER : Si tu te repens, ça va. Veux-tu une autre menthe à l'eau ?

JEANNOT : Non, je voudrais une limonade-cassis.

ROGER : Et moi, je vais prendre un soda à l'orange. S'il vous plaît, monsieur Loulou, un soda à l'orange et une limonade-cassis...

Le patron encaisse le coup et prépare les verres.

JEANNOT : À ton tour. Qu'as-tu fait mercredi ?

ROGER : Au supermarché, il y avait une pauvre mère qui avait rempli son Caddie, et qui n'avait pas assez d'argent pour payer la nourriture de ses cinq enfants. Alors je l'ai aidée à décharger la moitié du Caddie.

JEANNOT : Comme tu as été gentil ! Ça mérite au moins cinq points !

ROGER : Tu sais, je crois que je vais te battre cette semaine. Car en sortant du supermarché, j'ai vu un pauvre aveugle qui ne trouvait plus son chemin. Alors je me suis mis à quatre pattes, et j'ai fait le chien pour le guider. J'ai même pissé contre sa jambe avant de partir pour qu'il croie que c'était un vrai chien.

JEANNOT : Ça n'est pas bien, cher Roger. Maintenant, tous les chiens du quartier vont venir renifler sa jambe, au risque de le faire tomber. De plus, qu'est-ce qui t'a pris de te transformer en bête ? Tu dois faire le bien sous ton apparence. Celle d'un humain bon et sensible comme tu l'es devenu.

ROGER : Tu as raison, brave et cher ami.

JEANNOT : Tu n'auras aucun point.

ROGER : D'accord. Je reconnais avoir eu tort.

Le patron apporte les consommations.

PATRON : Voilà. Une limonade-cassis, un soda à l'orange.

ROGER : Continue, toi. Jeudi ?

JEANNOT : Jeudi, j'ai rencontré une dame très gentille. Elle m'a abordé dans la rue, et m'a dit : « Bonsoir, mon poussin. »

ROGER : C'est charmant.

JEANNOT : Ensuite, elle m'a dit : « Tu montes chez moi ? » Comme elle avait l'air très doux je suis monté.

ROGER : Tu as bien fait. Il ne faut pas refuser les invitations des gens gentils.

JEANNOT : Je lui ai demandé si elle invitait souvent des gens inconnus à venir chez elle, elle m'a dit : « Aujourd'hui, tu es le vingt-huitième. »

ROGER : Quelle brave personne !

JEANNOT : Ensuite, elle m'a dit : « Tu ne veux pas mettre 500 francs sur la cheminée ? » Elle était si gentille que je les ai mis...

ROGER : Comme tu as bien fait, cher Jeannot, car elle devait avoir des frais à inviter tant de monde chez elle ! Cela mérite au moins dix points.

JEANNOT : Oh, que je suis content. Veux-tu boire autre chose ?

ROGER : Oui. Je voudrais un cocktail de jus de fruits avec de l'eau pétillante.

JEANNOT : Moi, je vais prendre un lait-fraise. Monsieur Loulou, s'il vous plaît : un lait-fraise et un cocktail de jus de fruits avec de l'eau pétillante...

Le patron s'approche.

PATRON : Eh... Vous allez pas me faire faire la navette toute la journée et changer de commande toutes les cinq minutes.

ROGER : Mais, monsieur Loulou...

PATRON : Qu'est-ce que c'est que ce nouveau genre ! Avant vous restiez des heures au comptoir à vous taper des petits blancs, comme des clients normaux...

JEANNOT : Qu'est-ce qui lui prend ?

PATRON : Maintenant c'est lait-fraise, limonade, jus de fruits...

Il repart en pétard vers le comptoir.

ROGER : Quelle violence !

JEANNOT : Quelle agressivité !

ROGER : Il ne connaît pas la gentillesse. Comme il doit être malheureux.

JEANNOT : C'est à cause de son travail. Et de son environnement.

ROGER : C'est certain. Toute la journée au milieu de gens qui ne boivent que du vin blanc...

JEANNOT : Sans avoir rien d'autre à faire que de laver les verres.

ROGER : Essuyer le comptoir.

JEANNOT : Vider les cendriers.

ROGER : Nettoyer les tables.

JEANNOT : Balayer le sol.

ROGER : Quelle existence horrible !

JEANNOT : Aidons-le à en sortir… D'abord faisons un peu le ménage.

ROGER : Bonne idée. Ça lui rendra bien service. Et puis ça va nous faire beaucoup de points !

Ils se lèvent et vont vers le comptoir. Roger passe derrière, prend une bouteille, et balaye toute une rangée de verres.

PATRON : Mes verres ! Mais qu'est-ce qui vous prend ?

ROGER : Et voilà. Plus de verres à laver. Deux points.

Jeannot prend une chaise et la casse.

PATRON : Eh là !... mes chaises !

Jeannot en casse une deuxième, puis une troisième.

JEANNOT : Vous n'aurez plus à les astiquer. Trois points !

Roger casse les bouteilles.

PATRON : Mes bouteilles...

ROGER : Vous n'aurez plus à supporter les commandes des ivrognes, cher monsieur Loulou. Dix points...

Jeannot casse la glace qui se trouve derrière le comptoir, tandis que Roger démolit la vitre de la façade, les appliques, les lustres...

PATRON : Mon bistrot...

JEANNOT : Vous n'aurez plus à l'ouvrir. Vingt-cinq points chacun.

Le patron s'effondre dans un coin et pleure.

ROGER : Qu'est-ce qu'il a... Il pleure !

JEANNOT : Cher et brave monsieur Loulou. Il avait l'air bourru comme ça, mais tu vois comme il est sensible. Il ne peut s'empêcher d'être ému par notre bonne action.

ROGER : Comme quoi, tous les êtres humains, même les plus durs, sont sensibles à la gentillesse.

JEANNOT : Bon. Faisons nos comptes. Alors toi, Roger, cinquante-six points... et moi... soixante-huit.

ROGER : Tu as gagné, mon cher copain. Bravo.

Il l'embrasse.

JEANNOT : Merci. Mais tu gagneras la semaine prochaine.

ROGER : Bien sûr. Que faisons-nous ?

JEANNOT : Il n'est pas tard. Allons boire un verre chez Lucien.

ROGER : D'accord. Au revoir, monsieur Loulou.

JEANNOT : Au revoir, monsieur Loulou. À la semaine prochaine.

Réanimation

La cour d'un hôpital. Le docteur arrive en voiture et se gare en face d'un panneau. Emplacement réservé au docteur Taupin.

Le docteur sort et entre dans l'unité de réanimation. Toutes les portes sont ouvertes, et sur des lits une dizaine de malades reliés par des électrodes à des moniteurs où l'on peut suivre leur rythme cardiaque. Les moniteurs sont, eux, reliés à un ensemble central d'où l'on peut suivre en une seule fois tous les infarcis. Les infarcis sont sous perfusion.

Devant les moniteurs, une belle infirmière. Elle a l'air en pétard. Le docteur, lui, a tout l'air d'avoir passé la nuit dehors.
Il retire sa veste et enfile une blouse blanche.

DOCTEUR : Tout va bien ?

INFIRMIÈRE : Pourquoi ça irait mal ? La vie n'est pas belle ? Tu n'as pas passé une bonne soirée ? Peut-être que la nuit a été un peu dure.

DOCTEUR : Oh, ça va !

INFIRMIÈRE : Ça va ! C'est tout ce que tu trouves à dire ?

DOCTEUR : Oui, ça va. Qu'est-ce que tu voulais ? Que j'arrive avec un bouquet de violettes et des excuses.

INFIRMIÈRE : Oh, j'en espérais pas tant ! Mais au moins avec une explication.

DOCTEUR : Y a pas d'explication.

INFIRMIÈRE : Ah, y a pas d'explication ?

DOCTEUR : Non.

INFIRMIÈRE : Y a pas d'explication ! Eh bien, moi, j'en ai marre. J'en ai marre, tu comprends !

DOCTEUR : Geneviève, ça suffit, ça suffit. Hein ! Il y a des malades.

Il sort de la salle de monitoring et entre dans une salle où se trouvent trois malades.

INFIRMIÈRE : Je m'en fous de tes malades. Michel, quand je te parle, tu pourrais avoir la politesse de rester en face de moi.

DOCTEUR : Je te dis qu'il y a des malades, bon Dieu !

INFIRMIÈRE : J'en ai rien à faire de tes malades. Tu vois ce que j'en fais de tes malades. Hein, tu vois ce que j'en fais !

Elle attrape les bocaux de perfusion et les fout par terre. Les infarcis se secouent sur les lits. Le docteur essaie de la maintenir, mais elle se débat, et tous deux s'entortillent dans les fils et les tubes qui s'arrachent. Les infarcis se secouent de plus belle.

Plan sur le central monitoring où les courbes s'affolent.

Elle hurle. Sur les écrans, le rythme cardiaque des infarcis s'accélère.

Infirmière : Tu as encore passé la nuit à traîner les boîtes avec des pétasses. Et évidemment, c'est normal !

Docteur : Oui, c'est normal. Tu crois pas que j'ai le droit de m'étourdir un peu, non, après douze heures en milieu hospitalier ?

Infirmière : Non mais tu te fiches du monde ! Moi, j'attends debout toute la nuit, je dois me lever à 5 heures du matin. Pour venir piquer des culs et vider des bassins...

Docteur : Tu n'as pas besoin de te lever, si tu es restée debout.

Elle devient hystérique et hurle encore plus. Les moniteurs se secouent.

Infirmière : Ah, n'exagère pas, hein... N'exagère pas ! Parce que moi, je vais te laisser tomber avec tes myocardes, tes coronaires, tes infarctus et ton milieu hospitalier qui me dégoûtent.

Il l'attrape à bras-le-corps et lui tord les bras dans le dos pour l'immobiliser (comme les policiers américains).

Docteur : Mais tu es folle ! Tu es sonnée, non ! Je vais te calmer, moi. Je vais te calmer !

Ils sortent de la première salle et arrivent dans une autre salle à trois lits.

Docteur : Tu ne crois pas que tu vas faire la pluie et le beau temps ici, hein. Parce que c'est vrai que tu n'es qu'une piqueuse de culs et une videuse de pots de chambre. C'est parce qu'on te permet de distribuer des thermomètres que tu vas te prendre pour Marie Curie, hein !

L'infirmière continue à se débattre. Le docteur essaie de la ligoter en arrachant les fils et les tubes des infarcis de la seconde salle, mais elle réussit à tout arracher, ce qui n'est pas bon pour les allongés.

INFIRMIÈRE : Et toi, pauvre type, tu te prends pour un prix Nobel, tu fais rigoler tout le monde !

DOCTEUR : Geneviève, tais-toi !

INFIRMIÈRE : Non, je ne me tairai pas. Non, je me tairai pas. Je vais te le dire ce qu'on dit de toi dans ton « milieu hospitalier ».
On dit qu'on t'a collé dans un service de réanimation parce que tout est électrique, et que t'as rien d'autre à foutre qu'à surveiller les écrans.

DOCTEUR : Ne me pousse pas à bout, Geneviève.

INFIRMIÈRE : Regardez-le, le célèbre cardiologue. Regardez-le !

Plan du docteur écumant sur fond de moniteurs qui déconnent de plus en plus.

INFIRMIÈRE : Regardez-le ! Il roule des mécaniques le « milieu hospitalier ». Il en fiche pas plus que s'il travaillait aux Galeries Lafayette pour surveiller les voleurs au rayon des slips.

DOCTEUR : Ah, ne sois pas vulgaire, Geneviève ! Ne sois pas vulgaire, parce que ton slip, moi, je vais te le virer, et je vais te foutre une belle raclée jusqu'à ce que la peau de ton cul devienne une pièce de collection !

INFIRMIÈRE : Ben, essaie… essaie donc… Lâche… Raté… Tocard… Vétérinaire…

Ils se poursuivent dans toutes les salles et se lancent tout à la gueule, les malades sautent, se tordent, se crispent, se contractent, deviennent verdâtres ; bref, ça va pas bien pour eux.

On voit les moniteurs qui deviennent fous.

Ils entrent dans une salle où il n'y a qu'un lit.

Le docteur vire le malade qui s'y trouvait, couche l'infirmière à plat ventre, la tourne et commence à lui flanquer une fessée. Elle hurle.

DOCTEUR : C'est un traitement de choc, qu'il te faut ! Un traitement de choc ! Ça te va, ça, hein, ça te va ?

Après l'avoir copieusement rossée, il s'arrête. L'infirmière s'assied. Elle se masse les fesses en reniflant.

INFIRMIÈRE : Oh… Ce que tu m'as fait… Ce que tu m'as fait…

Elle continue de renifler. Sur ses sanglots, on fait le tour des salles… Les malades sont agités de soubresauts, ils sont en travers des lits, les yeux retournés.

Le dispatching.
Les moniteurs ont des courbes incohérentes.

On revient dans la chambre où sont le docteur et l'infirmière. Celle-ci continue de pleurer doucement.

DOCTEUR : Tu vois où tu nous mènes avec tes colères à la noix.

INFIRMIÈRE : Ce que tu m'as fait…

DOCTEUR : Bon… Excuse-moi.

Il s'approche d'elle.

INFIRMIÈRE : Ah, ne me touche pas !

DOCTEUR : Puisque je t'ai demandé pardon.

Il la prend dans ses bras.

INFIRMIÈRE : Ce que tu m'as fait... Devant tout le monde.

Le docteur tourne la tête.

DOCTEUR : T'en fais pas, va... Personne n'en parlera.

On découvre le dispatching et les moniteurs.

Les courbes sont plates.

Les loups

Le Canada, l'hiver, par - 60°. Deux trappeurs avancent dans une tempête de neige. Bruit du vent. Hurlements de loups.

TRAPPEUR 1 : T'entends ?

TRAPPEUR 2 : Ouais... C'est les loups.

TRAPPEUR 1 : T'es sûr ?

TRAPPEUR 2 : Certain. Ça, c'est des loups.

TRAPPEUR 1 Ah, j'aime pas ça !

TRAPPEUR 2 : Personne n'aime ça. Déjà, en soi, les loups ça fait peur, mais quand il fait froid, c'est pire.

TRAPPEUR 1 : Et là ça caille... Il fait au moins - 60.

LE TRAPPEUR 2 SORT UN THERMOMÈTRE DE SA POCHE.

TRAPPEUR 2 : - 62. C'est pas chaud. Ah, regarde, tu as une oreille qui vient de tomber. Elle est toute bleue.

Dans la neige, gros plan sur une oreille bleue.
Le trappeur 1 ramasse son oreille.

TRAPPEUR 1 : Merde alors. Qu'est-ce que je vais en faire.

TRAPPEUR 2 : Mets-toi-la dans la bouche. Ça la réchauffera...

Il regarde derrière lui. On entend les loups plus proches.

TRAPPEUR 2 : On n'aurait pas dû laisser des boulettes de viande derrière nous pour marquer la route.

TRAPPEUR 1 : Fallait bien trouver quelque chose. Les cailloux blancs, ça se voit pas sur la neige.

TRAPPEUR 2 : Ouais, mais les loups vont jamais nous lâcher.

TRAPPEUR 1 : Les voilà... Tu les entends... ? Ils se rapprochent.

Ils s'arrêtent et regardent l'horizon.

TRAPPEUR 2 : Oh, regarde là-bas... Là-bas... un snack-bar !

TRAPPEUR 1 : Calme-toi... C'est un mirage.

TRAPPEUR 2 : Non, regarde : « Hot dogs, café, boissons chaudes à toute heure... »

Il lève le bras et heurte la tête du trappeur 1.

TRAPPEUR 1 : Aïe... c'est malin, t'as arraché mon autre oreille.

TRAPPEUR 2 : Excuse-moi. C'est parce que ma main est gelée. Je sens plus ce que je fais.

Les trappeurs arrivent à un bois de sapins. Il y a quatre sapins. Le trappeur 1 regarde la main du trappeur 2.

TRAPPEUR 1 : À mon avis, faut qu'on te la coupe, ta main. Sinon, tu vas avoir la gangrène.

TRAPPEUR 2 : Tu crois ?

TRAPPEUR 1 : C'est sûr. Et puis avec le sang qui va couler, ça te réchauffera.

TRAPPEUR 2 : Bon, d'accord. Attends, je vais la poser sur le tronc d'arbre, là… T'as la hache ?

TRAPPEUR 1 : Ouais. Regarde pas. Je vais y aller d'un coup sec.

TRAPPEUR 2 : Une seconde. J'vais boire un coup de whisky pour m'anesthésier.

Il boit un coup.

TRAPPEUR 1 : Bon, c'est prêt.

Il coupe sa main d'un coup de hache.

TRAPPEUR 2 : Aïe.

TRAPPEUR 1 : Je t'ai fait mal ?

TRAPPEUR 2 : Non, ça va. C'est le choc qui m'a surpris.

Il tient sa main coupée avec son autre main et la frappe sur le sapin.

TRAPPEUR 2 : Ah, dis donc, elle est dure, hein !

On entend les loups de plus en plus fort.

TRAPPEUR 2 : Qu'est-ce qu'on entend bien les loups ! On dirait qu'ils sont dans les buissons.

Le trappeur 1 s'agite.

Trappeur 1 : Ils y sont, dans les buissons. Y en a un qui me bouffe le pied. J'm'en étais pas aperçu !

Le trappeur 2 tape sur le loup avec sa main gelée coupée.

TRAPPEUR 2 : Fous le camp, sale bête.

On entend le loup partir en hurlant de douleur.

TRAPPEUR 2 : Ah, bah merde, Roger. T'as plus de pied !

TRAPPEUR 1 : T'as raison. Il me l'a becqueté. Dis donc, comment je vais marcher ?

TRAPPEUR 2 : T'as qu'à sautiller.

TRAPPEUR 1 : Jeannot... Y a des sapins là, fais-moi une béquille.

TRAPPEUR 2 : Eh, j'ai qu'une main ! Comment tu veux que je fasse ? Ah, ça se réchauffe pas, dis donc. Je sens que je vais éternuer.

Il sort son mouchoir et éternue.

Trappeur 2 : Ah, merde, y a mon nez dans mon mouchoir.

Trappeur 1 : Ah, t'es marrant, nez en moins.

Trappeur 2 : Néanmoins quoi ?

Trappeur 1 : Sans nez, quoi.

Trappeur 2 : Ah ouais... Je vais le garder. Ça fera toujours un projectile pour lancer aux loups. Ah, c'est pas facile, il faut que je mette mon nez et ma main dans ma poche pour tenir le bâton...

Il enveloppe le nez dans le mouchoir, met celui-ci dans sa poche avec la main.

Trappeur 1 : Dis donc. J'ai envie de pisser...

Trappeur 2 : Non, non, ne sors rien ! Quoique, au point où tu en es... Allez, appuie-toi sur moi...

Trappeur 1 : Ah ! Ça fait du bien. T'as vu, dans la neige ça fait des petits trous... c'est rigolo.

Trappeur 2 : Ouais, c'est marrant... Eh, fais attention !

Le trappeur 1 a son sexe gelé dans la main.

Trappeur 1 : Ah, bon, ça y est. Ça a cassé comme du verre. Dis donc, je vais les garder, ça fera des projectiles pour les loups.

Il met ses attributs sexuels dans sa poche. On entend à nouveau les loups très proches.

TRAPPEUR 2 : Les loups, ils approchent, les sales bêtes...

TRAPPEUR 1 : Y en a deux devant nous. Regarde le gros, là...

TRAPPEUR 2 : Attends, je vais lui lancer ma main, à ce fumier.

Il lance la main. On entend un bruit de coup, et un hurlement de douleur du loup.

TRAPPEUR 2 : En pleine gueule. L'autre, je vais lui lancer mon nez.

Il lance le nez, même bruit, cri du loup.

TRAPPEUR 1 : Bravo ! en plein dans l'œil...

TRAPPEUR 2 : Il se tire ! Ah, non, il se bat avec l'autre pour bouffer mon nez...

TRAPPEUR 1 : Dis donc, je commence à faiblir. Je crois que j'ai la gangrène dans ma jambe coupée...

TRAPPEUR 2 : Attends... Tiens bon ! Y a une cabane, là-bas...

TRAPPEUR 1 : C'est encore un mirage, mon vieux. Te laisse pas avoir... Aïe... ça me fait mal.

Hurlements de loups.

TRAPPEUR 2 : Ah, les loups, ils reviennent... Lance-leur ton service trois pièces, Roger...

TRAPPEUR 1 : OK. Adieu mes petites.

Il lance ses attributs gelés sur les loups qui hurlent, puis il tombe.

TRAPPEUR 1 : Ah… j'en peux plus, c'est la fin…

TRAPPEUR 2 : Non… là-bas, y a une cabane, je te dis.

TRAPPEUR 1 : Non, laisse-moi, je suis foutu.

TRAPPEUR 2 : Un moment de cafard, vieux, ça va passer…

TRAPPEUR 1 : Non, c'est trop tard… Écoute, laisse-moi geler. Et sers-toi de moi pour te défendre. Simplement, garde un petit morceau de moi, en souvenir… mon coude, par exemple.

TRAPPEUR 2 : Dis pas de bêtises. On approche de la cabane… Dépêche-toi, les loups nous talonnent.

TRAPPEUR 1 : Je suis fini. Lance-leur ma jambe.

TRAPPEUR 2 : Non, elle tient encore.

TRAPPEUR 1 : Plus beaucoup, tiens, prends.

Il arrache sa jambe et la tend à son compagnon qui la jette aux loups.

TRAPPEUR 2 : Tiens, sale bête. Mange ça et n'y reviens plus…

On entend les bruits que fait le loup qui se régale.

TRAPPEUR 1 : Oh, Jeannot. J'avais raison ! C'est une vraie cabane. Avec une vraie porte…

TRAPPEUR 2 : Attends. Je vais frapper avec le bras qui me reste.

Il frappe.

TRAPPEUR 1 : Vite… vite, les loups s'approchent.

TRAPPEUR 2 : Y a quelqu'un… Holà, dans la cabane, y a quelqu'un ?

La porte s'ouvre. Apparaît Line RENAUD.

Line : Bien sûr qu'il y a quelqu'un…

Début chanson : « Ma cabane au Canada ».

Le cirque

La ménagerie d'un cirque ringard.
Ringards, également, deux individus, Momo et Paulo, sont en train d'enfiler des costumes de lion.

MOMO : Eh, Momo, t'as pas chaud avec ton costard ?

PAULO : Pour l'instant, pas trop. Seulement, je sais pas qui l'a porté avant, mais ça gratte !

Le directeur du cirque arrive.

DIRECTEUR : Eh, les lions, vous êtes prêts, les clowns ont bientôt fini.

MOMO : Oh, y a pas le feu, hein. Paulo, tu veux pas tirer ma fermeture Éclair ?

PAULO : Ouais... Ah, elle est coincée...

MOMO : Fais gaffe, tu me coinces la peau... Ah, ça y est.

DIRECTEUR : Alors, vous êtes prêts, oui ou merde !

MOMO : Paulo, redéfais ma fermeture Éclair. J'ai envie de pisser...

DIRECTEUR : Non, non, on pissera plus tard. *The show must go on.* En piste ! Et attention, c'est un deal entre nous. Le dompteur ne sait pas que vous êtes des faux lions. Alors pas d'impair, sinon je vous vire.

Momo : Ouais, mais faut pas non plus qu'il nous traite comme des chiens...

Directeur : Il est très vieux. C'est un de ses derniers passages avant la retraite. Il est sourd et il ne voit plus clair. Alors vous n'avez pas à vous en faire. C'est d'ailleurs pour ça qu'on ne lui donne pas des vrais lions.

Paulo : Attends, tu perds ta queue. Je vais te la remettre. Ah, merde, c'est dur, l'agrafe est à l'envers.

Directeur : Non mais, qu'est-ce que vous foutez, nom de Dieu !

Paulo : Y a Momo qui perd sa queue, patron. Et sans queue dans la vie, on vaut pas grand-chose (*il hurle de rire*).

Momo : T'as raison.

Directeur : Vous vous foutez de moi ou quoi ?

Paulo : Non mais, sérieux, sans queue, il va se faire repérer tout de suite. Mais ça va pas être long. Ça y est ! Quel talent !

Directeur : Bon, allez-y. Et surtout rugissez bien en entrant dans la cage.

Les lions qui marchaient comme des humains se mettent à quatre pattes et entrent dans le couloir-tuyau qui mène au centre de la piste, dans la cage. Ils restent à l'entrée.
Monsieur Loyal fait l'annonce.

Monsieur Loyal : Public adoré, voici le moment que vous attendez tous. La venue de l'homme le plus courageux du monde, Marcus Springbill. Le dompteur hémophile, qui vient directement de Kansas City. On l'applaudit bien fort !

Le dompteur arrive au centre de la cage et salue, en faisant claquer son fouet. Il est vieillissime, à moitié miro. Il est sourd et titube. Salve d'applaudissements. On revient à l'entrée de la cage où les deux faux lions attendent toujours.

DIRECTEUR : Allez, entrez. Mais entrez, nom de Dieu.

Il leur pique le cul avec une canne cloutée.

MOMO : Aïe. Eh, c'est pas prévu dans le contrat, ça !

PAULO : Avance, contrat ou pas, on l'a dans le cul. Y a aucun syndicat pour défendre les faux lions.

Ils avancent au centre de la cage. Le dompteur claque son fouet.

DOMPTEUR : Allez, Wanda... Wanda sur le cube, sur le cube, s'il vous plaît...

MOMO : Il m'appelle Wanda. Comme si j'étais une fille, c'est ridicule. Aïe, mais il me frappe, ce con.

Effectivement, le dompteur lui a collé un bon coup de fouet.

DOMPTEUR : Sonia... Sonia, assis.

MOMO : Va t'asseoir sinon il va te filer un coup de trique.

Paulo court, presque debout, et va s'asseoir. Le dompteur n'a rien vu.

DOMPTEUR : Assis, Sonia... Voilà.

Le dompteur salue le public qui l'applaudit.
Les deux faux lions sont assis côte à côte.

PAULO : T'as pas trop mal, Momo.

MOMO : Ben, ça fait pas du bien, mais il perd rien pour attendre !

DOMPTEUR : Allez... debout, Wanda... debout, Sonia... sur les pattes arrière... voilà.

Le dompteur salue. Le public applaudit. On serre sur les deux ringards.

PAULO : Écoute-moi ces autres cons. C'est bien la première fois qu'on nous applaudit parce qu'on se lève.

Un garçon de piste apporte un cercle que le dompteur enflamme.

MOMO : Putain ! À tous les coups, va falloir sauter là-dedans. Il nous a pas prévenus, ce fumier de directeur.

Le dompteur pose le cercle de feu sur un support et vient chercher les lions.

DOMPTEUR : Allez, Wanda... Allez...

Momo s'avance vers le cercle de feu, mais se dégonfle de passer au travers.

DOMPTEUR : Mais tu vas sauter, nom de Dieu !

Il lui balance un méchant coup de fouet. Momo hurle de douleur et saute à travers le cercle de feu.

Paulo qui se trouvait derrière se débine en courant à l'autre bout de la cage. Le dompteur le poursuit, et le ramène à grands coups de fouet jusqu'au cercle de feu dans lequel Paulo finit par sauter tant bien que mal.

PAULO : Aïe, mon cul. Dis donc, enfoiré, je te retiens avec ton boulot « sympa et bien rémunéré ». La prochaine fois, c'est moi qui choisirai les petites annonces.

Le dompteur voit cette conversation animale d'un mauvais œil.

DOMPTEUR : Allez, Sonia, Wanda. Debout. Ah, vous ne voulez pas travailler, fauves de mes fesses !

Il leur file des coups.

DOMPTEUR : Allez, au pied. Au pied, j'ai dit.

En ayant marre de prendre des coups, les deux lions bidons s'exécutent.

DOMPTEUR : Sur le dos, maintenant, les pattes en l'air...

MOMO : Il est vraiment vicieux, ce mec-là !

DOMPTEUR : Allez, Wanda, allez, Sonia. Ouvrez la bouche.

Momo et Paulo ouvrent la bouche. Le dompteur leur fourre à chacun un bout de barbaque.

PAULO : Beurk. C'est de la chèvre, et y a encore les poils.

MOMO : Tais-toi, moi y a carrément un os.

Momo et Paulo sont toujours sur le dos, avec leur gros bout de viande dans la bouche.
Sur le côté de la cage, micro en main, arrive monsieur Loyal.

MONSIEUR LOYAL : Cher public, voici le moment que vous attendez tous : « Le baiser de la mort ».

DOMPTEUR : En place, Wanda, sur le cube.

Paulo se retourne et se dirige à quatre pattes vers le cube. En passant, il marche sur la queue de Momo, qui se détache.

MOMO : Ma queue, connard ! J'ai l'air de quoi maintenant. Sans ma queue je me sens manchot.

Momo prend sa queue et marche à reculons pour ne pas être vu du dompteur. Il vient se placer devant Paulo.

PAULO : Fous le camp, je dois faire le baiser de la mort.

MOMO : Remets-moi ma queue.

PAULO : Fous le camp, je te dis.

MOMO : Je bougerai pas tant que tu m'auras pas remis ma queue.

Le dompteur, complètement gâteux, n'a rien vu. Il s'approche de Paulo.

DOMPTEUR : Allez, on ouvre bien sa boubouche.

Le dompteur glisse sa tête dans la bouche du lion. En même temps, Momo frétille du croupion et Paulo essaie de lui remettre sa queue.
Paulo glisse du cube, abandonnant sa tête de lion autour de la tête du dompteur qui s'écroule.
Momo et Paulo se redressent et sortent en courant sous les sifflets de la foule.
Le directeur les attend.

DIRECTEUR : Bravo, beau boulot, espèces d'abrutis ! Maintenant, j'ai plus de dompteur ! Je suis ruiné.
J'ai plus qu'à aller travailler en usine. Ce soir, il va falloir que je rembourse la location.

Le directeur s'assied sur un cube et pleure.

MOMO : On s'excuse, patron.

PAULO : On est désolé. On peut rien faire pour vous ?

DIRECTEUR : Non. Vous êtes sympas. Mais c'est foutu.

MOMO : Vous savez, ce soir, on peut refaire les lions. Si on répare ma queue.

DIRECTEUR : Mais le dompteur, vous pouvez pas le réparer. La seule chose que vous pourriez faire, ce soir, c'est un autre numéro. J'ai deux costumes de phoques dans la roulotte aux accessoires.

PAULO : D'accord. Pour vous dépanner, on veut bien faire les phoques. Mais on veut pas que le dompteur nous oblige à bouffer du poisson cru !

MOMO : Ah, non. Parce qu'avec les écailles et les arêtes, on va crever.

DIRECTEUR : Il faut bien qu'il vous donne quelque chose comme récompense. Sinon, ça fera pas vrai.

Momo : Eh ben, des saucisses !

Paulo : Ou des merguez !

Momo : De loin, ça se verra pas.

Directeur : D'accord. Merci, les gars. Vous êtes gentils. Le cirque c'est quand même une grande famille.

Président

SÉQUENCE 1 : STUDIO.

En fond d'image, le décor qui a été utilisé pour la photographie officielle du président de la République.
Le présentateur regarde la France au fond des yeux.

PRÉSENTATEUR : La France ! Cinquante-cinq millions de sujets, sans compter les sujets d'inquiétude. Et particulièrement celui-ci : « Comment va le Président ? » Le Président, les Français l'estiment, le respectent, l'aiment, et, bien souvent, sont inquiets à son sujet.

SÉQUENCE 2 : RUE-SONDAGES.

Une succession de personnes interrogées.

Une dame au marché.

La dame : Ah ! J'ai toujours peur qu'il lui arrive quelque chose !

Une autre dame dans la rue.

Autre dame : Je me demande s'il mange bien… s'il dort suffisamment.

Un garçon de café.

Garçon : J'ai peur qu'il se surmène. Jamais une minute de repos. Jamais le temps de s'asseoir à une terrasse pour boire un coup.

Un médecin, dans son bureau à l'hôpital, devant un grand panneau représentant un intestin.

Médecin : La question qui m'interpelle est celle-ci : « Est-ce qu'il va bien à la selle ? »

Un travelo au bois de Boulogne.

Travelo : Est-ce que ça ne l'empêche pas d'avoir une vie sexuelle normale ?

Un prêtre, fort accent du Sud-Ouest.

Prêtre : Putain, je prie pour lui chaque jour. Chaque jour, nom de Dieu, je me dis, putain, pourvu que le Seigneur, dans son infinie bonté, le protège, ce con !

SÉQUENCE 3

Retour au présentateur dans le studio.

Présentateur : Vous le constatez, les Français sont inquiets pour le Président. Eh bien, qu'ils se rassurent, celui-ci est bien protégé, et bien surveillé. Dans toutes les pièces, tous les couloirs, tous les recoins du palais de l'Élysée, dans la voiture comme dans l'avion présidentiels, des caméras sont sans cesse braquées sur lui. Ces caméras sont reliées à une régie finale, installée dans les locaux de la Direction générale de la gendarmerie.

Une régie de télévision revue par les gendarmes : lits de camp, tables avec baguettes, restes de camembert, litres de rouge…
Le réalisateur (capitaine de gendarmerie) est aux manettes.
À ses côtés, la scripte en uniforme de lieutenant.
Trois ou quatre gendarmes surveillent les écrans.

CAPITAINE : Où il est, je l'ai perdu.

SCRIPTE : La quatre. Dans la salle de bains.

CAPITAINE : Ah oui… La quatre… Serre sur les chiottes… Bien…

On ne voit pas les écrans, mais seulement les techniciens-gendarmes, de face.
OFF, on entend une chasse d'eau.

GENDARME 1 : Il a fini…

GENDARME 2 : Il va sortir…

GENDARME 3 : Il sort…

GENDARME 4 : Il est sorti…

SCRIPTE : Il est dans le couloir. La deux.

CAPITAINE : Élargis sur le couloir.

SCRIPTE : Il est dans son bureau.

Le capitaine-réalisateur s'appuie sur son siège, se passe la main sur les yeux.

CAPITAINE : La vache ! J'espère qu'il va pas ressortir avant un bout de temps, qu'on puisse souffler un peu !

SÉQUENCE 4

Le bureau du Président. Le Président vient de s'asseoir. Un énarque obséquieux lui présente le courrier à signer.
Sur un perchoir, un perroquet. Il est noir, jaune et rouge.
Le Président signe.
On ne verra jamais son visage.

ÉNARQUE : Monsieur le Président...

PRÉSIDENT : Oui...

ÉNARQUE : Vous...

PRÉSIDENT : Quoi ?

Le Président regarde l'énarque.

ÉNARQUE : Vous êtes en train de... Vous êtes en train de... signer...

PRÉSIDENT : Ben oui... Je le sais !

ÉNARQUE : Non, mais... Vous êtes en train de signer... sur votre main.

Le Président regarde sa main couverte d'encre.

PRÉSIDENT : Ah oui...

Le Président s'essuie la main avec sa cravate.

PRÉSIDENT : Je suis un peu distrait aujourd'hui...

ÉNARQUE : C'est bien normal, monsieur le Président. Vous êtes surmené.

PRÉSIDENT : Sur qui ?

ÉNARQUE : Sur personne. Vous êtes surmené. Vous en faites trop.

PRÉSIDENT : C'est vrai. J'en ai plein les bottes. Mais il faut accepter la dure épreuve du destin national !

Le Président finit de signer. Il se lève. Il ouvre une boîte qui se trouve sur son bureau, en sort un biscuit, et va le donner au perroquet.

PRÉSIDENT : Oh, il a faim Coco ! Mais il est trop gourmand. Il va éclater ce Coco-là...

L'énarque s'approche du Président. Il parle très bas, dans sa barbe. À la limite du compréhensible.

ÉNARQUE : À propos... Monsieur le Président... Si j'ose me permettre. Au sujet de votre perroquet... Parmi les personnalités que vous recevez... Certaines réflexions...

PRÉSIDENT : Quoi, certaines réflexions...

ÉNARQUE : Concernant votre perroquet... Les couleurs...

PRÉSIDENT : Quoi, les couleurs ? Il est magnifique !

ÉNARQUE : Oui, sans aucun doute. Mais les couleurs...

PRÉSIDENT : Eh bien, qu'est-ce qu'elles ont, les couleurs ? Elles sont très belles !

ÉNARQUE : Ce sont les couleurs allemandes, monsieur le Président. Alors, pour un président français… Il faudrait peut-être… Il serait mieux de… changer…

PRÉSIDENT : Changer les couleurs de mon perroquet !
Voulez-vous que je fasse teindre Coco !

ÉNARQUE : Non… Mais il faudrait peut-être changer de perroquet… ou vous en séparer… D'autant qu'il… qu'il chie partout.

PRÉSIDENT : Écoutez, Saugereau, la raison d'État, c'est une chose. Mais les sentiments, ça compte aussi ! J'avais ce perroquet quand j'étais simple militant. Je l'avais lorsque j'étais obscur député. Il ne m'a jamais quitté. Alors je ne vais pas m'en séparer maintenant sous prétexte que deux ou trois peigne-culs de la politique internationale se permettent de faire des réflexions !
Et la déclaration des Droits de l'homme, qu'est-ce que vous en faites !

ÉNARQUE : Ça ne concerne pas directement les perroquets… Mais si vous tenez à le garder…

PRÉSIDENT : J'y tiens, oui !

ÉNARQUE : Je vous prie de bien vouloir m'excuser… Si vous n'avez plus besoin de moi…

PRÉSIDENT : Non. Merci, Saugereau.

L'énarque sort, larvaire. Le Président donne un autre biscuit au perroquet.

PRÉSIDENT : Tu te rends compte, Coco ! Couleurs allemandes ! Qu'est-ce qu'ils vont pas chercher. Tu es pourtant un bon petit Français, hein Coco ?
En plus, il ose dire que tu es sale…

SÉQUENCE 5

On est à nouveau dans la régie finale de la gendarmerie. Sur le capitaine-réalisateur et son équipe, de face. On continue d'entendre, OFF, *le Président.*

PRÉSIDENT : Hein, Coco. Que tu es sale, que tu fais partout... Un grand garçon comme toi ! Ah, merde !

La scripte-gendarme se penche vers les écrans.

SCRIPTE : Ah, ça y est !

CAPITAINE : La cinq... Serre sur le perchoir, sur le perroquet... Descends... Descends... Ah oui, y a pas de doute !

Le capitaine-réalisateur se tourne vers un des gendarmes.

CAPITAINE : Prévenez la Sécurité !

Le gendarme concerné appuie sur un bouton et parle dans le micro d'ordres.

GENDARME : Sécurité... Régie finale à Sécurité... Un tapis à nettoyer immédiatement, dans le bureau du Président...

Le square

Lui : On ne s'était pas vus depuis si longtemps.

Elle : C'est vrai.

Lui : Si on ne s'était pas rencontrés dans ce square.

Elle : Si nos enfants, en sortant ensemble, ne nous avaient pas fait nous rencontrer à nouveau.

Lui : Nos enfants qui vont à la même école que nous, qui sont amis à la même place que celle que nous occupions, qui ont les mêmes jeux que ceux que nous avons eus il y a vingt ans.

Elle : Ton fils fait jouer ses petits doigts sur la cuisse de ma fille, en faisant la bébête qui monte qui monte, comme tu le faisais sur ma cuisse.

Lui : Et ta fille, comme tu le faisais il y a vingt ans, éclate de rire en disant la bébête va escalader la zigougnette de mon toto…

Elle : Ces enfants que nous aurions pu avoir ensemble.

Lui : Mais la vie nous a séparés.

Elle : Mais nous nous sommes retrouvés.

Lui : C'est vrai. Nous allons nous revoir.

ELLE : Je le souhaite ardemment.

LUI : Qu'est-ce que tu fais dans la vie ?

ELLE : J'ai fait une licence de droit, puis Sciences-Po. Puis j'ai fait l'ENA, de la politique, et je crois que je vais être élue au Parlement européen. Et toi ?

LUI : Tu sais comme j'aimais la moto, alors j'en ai fait mon métier.

ELLE : Quelle merveille, tu es coureur ?

LUI : Non, comme j'aimais aussi les animaux, je suis devenu ramasseur de merde en moto, dans les rues de Paris.

ELLE : Ah bon…

LUI : Tu sais… j'ai un peu peur, te revoir, après toutes ces années.

ELLE : T'as raison, vaut mieux qu'on s'oublie.

La plus belle femme du monde

Roger est assis dans un endroit indéterminé.
Arrive Jeannot.

JEANNOT : Eh, Roger... Tu devineras jamais ce que je viens de voir.

ROGER : Laisse-moi chercher.

JEANNOT : Tu trouveras jamais.

ROGER : Une voiture qui roule toute seule.

JEANNOT : Non !

ROGER : Un troupeau d'éléphants.

JEANNOT : On est à Paris, Roger. Dans une ville normale. Y a pas d'éléphants.

ROGER : Des chameaux.

JEANNOT : Pas de chameaux.

ROGER : Un flic et un chien qui copulaient derrière une voiture. Un évêque qui faisait pipi du haut du métro aérien.

JEANNOT : Tu peux pas trouver, je te dis.

ROGER : Bon ben, dis-le, c'est agaçant !

JEANNOT : La plus belle femme du monde !

ROGER (*sceptique*) : Ah ouais !

JEANNOT : La plus belle femme du monde, je te dis. Tout à l'heure, en venant. Elle était devant la vitrine d'un marchand de chaussures. Elle regardait les chaussures pour hommes.

ROGER : La plus belle femme du monde ! Elle regardait les chaussures pour hommes !

JEANNOT : Exactement.

ROGER : Mon pauvre Jeannot, si elle regardait les chaussures pour hommes, c'est pas la plus belle femme du monde. Une femme qui regarde les chaussures pour hommes, c'est une femme qui veut acheter des chaussures à son mec. Mais la plus belle femme du monde, elle est trop belle pour avoir un mec, alors elle regarde pas les chaussures pour hommes. Donc, celle que tu as vue, c'est pas la plus belle femme du monde.

JEANNOT : Écoute, Roger, je m'y connais en femmes. Si c'était une femme un peu belle, ou même très belle, extrêmement belle, même, je te le dirais, mais là, je peux vraiment t'affirmer, c'était la plus belle femme du monde. Et elle était devant la vitrine d'un marchand de chaussures pour hommes, et simplement, sans faire d'esbroufe, sans rien faire pour attirer l'attention, elle regardait les chaussures du haut de son mètre.

ROGER : Du haut de son quoi ?

JEANNOT : Du haut de son mètre, elle faisait un mètre.

ROGER : Tu as encore bu, Jeannot.

JEANNOT : Pas une goutte. J'ai vu la femme la plus belle du monde et elle faisait un mètre.

ROGER : Jeannot, une femme d'un mètre peut pas être la plus belle femme du monde !

JEANNOT : Et pourquoi ? S'il te plaît ?

ROGER : Parce que la taille normale d'une femme est d'environ 50 centimètres et qu'une femme d'un mètre, c'est une grande gigue, une girafe.

JEANNOT : Oui, eh bien, ne t'en déplaise, je lui ai parlé. Je l'ai invitée à dîner. Elle a dit oui et je la vois ce soir. Voilà.

ROGER : Tu es fou. Tu vas être ridicule.

JEANNOT : Pourquoi tu dis ça, Roger. Pour me faire de la peine, t'es jaloux ou quoi ?

ROGER : Mais réfléchis, Jeannot, tu vas être ridicule. Combien tu mesures ?

JEANNOT : Un mètre quatre-vingts.

ROGER : Tu te rends compte ! Comment veux-tu ne pas être ridicule, la différence est trop grande...

JEANNOT : On ne peut pas être ridicule quand on est avec la plus belle femme du monde

ROGER : Elle a un nez comment.

JEANNOT : Elle a un nez normal.

ROGER : Combien ?

JEANNOT : Trente centimètres.

ROGER : Bon, ça c'est normal pour un mètre...

JEANNOT : Je te dis qu'elle n'a aucun défaut. Elle est parfaite.

ROGER : Ses jambes ?

JEANNOT : Sept, huit centimètres, comme toutes les femmes.

ROGER : Son cou ?

JEANNOT : Quarante centimètres, normal.

ROGER : Normal, tu trouves ça normal. Mais mon pauvre vieux, une femme normale a un cou de quarante centimètres, mais elle ne fait pas un mètre.

JEANNOT : Je t'assure que c'est très joli. Et puis cesse de dire qu'elle n'est pas normale. Ce soir, je couche avec elle, nous allons follement nous aimer.

ROGER : Dès la première rencontre ? Dis donc, un peu légère, la plus belle femme du monde !

JEANNOT : On a eu le coup de foudre. Moi pour elle et elle pour moi. Alors, je vois pas pourquoi on se retiendrait.

ROGER : Le coup de foudre ! Elle te l'a dit ?

JEANNOT : Elle me l'a fait comprendre.

ROGER : Ah, oui, mais elle te l'a pas dit.

JEANNOT : Elle était devant la vitrine du magasin de chaussures pour hommes. Je lui ai dit : Madame, vous êtes la plus belle femme du monde.

ROGER : Et alors.

JEANNOT : Alors, elle m'a regardé et a fait coin coin coin...

Le piège

Présentateur journal télévisé.

Présentateur : Bonsoir. Comme chaque jour, l'actualité est faite de bonnes et de mauvaises nouvelles.
Bonne nouvelle pour l'Europe. Le général Franco est toujours mort.
À Beyrouth, un terroriste qui était en train de garer une voiture piégée devant un immeuble a été tué par l'explosion de l'immeuble, qui avait lui-même été piégé quelque temps auparavant par un commando terroriste.
Les membres du commando terroriste, qui étaient sortis de l'immeuble piégé avant que celui-ci explose, ont été tués par l'explosion de leur voiture qui avait été piégée par un groupe terroriste opposé pendant qu'ils étaient en train de piéger l'immeuble.
Un car de police, attiré par l'explosion de l'immeuble piégé et par l'explosion de la voiture de ceux qui avaient piégé l'immeuble, a été détruit par l'explosion de la première voiture piégée, garée par le terroriste tué par la première explosion. Avant d'être tués, les policiers ont eu le temps d'abattre les membres du groupe de terroristes qui avaient piégé la première voiture.
Toujours à Beyrouth, un riche commerçant libanais, Simon Ben Moussa, a rompu ses fiançailles avec la fille de l'ayatollah Mah'moudy. Il affirme que la jeune fille a voulu le piéger.

La contestation

Une voiture sur la route. Vu du pare-brise un gendarme arrête la voiture.
Et fait signe au conducteur de se garer.
Il s'approche.

GENDARME : Monsieur, je vous prie de bien vouloir excuser la façon cavalière par laquelle je me présente à vous. Je n'ignore pas que mon bras levé et le son du sifflet dont je viens d'user ont quelque raison de vous irriter. Mais le moyen d'agir autrement, monsieur. Le costume que je porte vous indique que je suis gendarme et, surveillant cette section de route, je vous ai vu franchir la bande jaune.

AUTOMOBILISTE : Oui... C'est possible. Je roule depuis trois quarts d'heure derrière une deux-chevaux qui se traîne, et j'ai réussi à la doubler qu'en bas de la côte... Enfin, je ne veux pas discuter... Je suis pressé, voilà mes papiers, faites vite.

GENDARME : Faites vite quoi, monsieur ?

AUTOMOBILISTE : Eh ben, relevez mon identité ! Voilà ma carte grise, mon permis de conduire, ma vignette...

GENDARME : Monsieur, si je stoppe votre élan sur cette route, c'est pour défendre un principe. Celui de l'égalité des hommes devant une hiérarchie librement consentie. Je ne suis pas là simplement pour jeter un froid regard sur des papiers d'identité. Le gendarme, monsieur, n'est pas une machine inhumaine faite pour le contrôle ou la répression. C'est un homme, monsieur, que les hasards de l'existence placent en face d'un autre homme.

Monsieur, je suis confondu de voir que vous me prenez pour autre chose qu'un être humain.

Il avale son émotion.

AUTOMOBILISTE : Écoutez... J'ai franchi la bande jaune, c'est d'accord. Voilà mes papiers. Collez-moi une contravention et qu'on n'en parle plus. Qu'est-ce que vous voulez d'autre ?

GENDARME : Mais le dialogue, monsieur, le DIALOGUE ! Je suis gendarme. Vous, conducteur. Vous franchissez la bande jaune. C'est là une décision du destin qui nous met en présence. N'est-ce pas le prétexte au dialogue ? N'est-ce pas une ouverture faite à la contestation socratique ?

AUTOMOBILISTE : Écoutez... J'ai rendez-vous à Grenoble à trois heures moins le quart. Je ne suis pas en avance. Vous voulez me donner un PV. Alors, faites-le, je ne discute pas !

GENDARME : Mais c'est ce qui me navre, monsieur. Car c'est uniquement de la discussion que peut naître l'unité des hommes. Notre rencontre est symbolique, monsieur. Je ne supporte pas que vous acceptiez sans discussion la décision arbitraire que je peux prendre à votre égard, sous prétexte que je suis gendarme. Je vous en supplie, monsieur, ayez la bonté de me traiter comme un être de chair, de sang et de pensée.

AUTOMOBILISTE : Bon ! J'en ai marre, moi. Vous venez de le dire. Vous êtes gendarme. Je suis automobiliste. Je franchis la bande jaune... Alors verbalisez et laissez-moi foutre le camp à Grenoble.

GENDARME : Ah non, monsieur. Je n'accepte pas ce jeu trop inégal ! Vous me laissez trop facilement le libre arbitre. Vous m'incitez à prendre la décision de vous punir pour charger ma conscience de remords et d'interrogations. Vous avez franchi la bande jaune. Eh bien, mon rôle d'homme est de savoir

si votre faute n'est pas excusable. Je pense qu'elle l'est, monsieur. Teilhard de Chardin nous l'affirme. Le plus grand est fait avec le plus petit. Le chromosome et le virus sont faits d'éléments plus petits encore.
Les éléments faisant partie d'un être vivant doivent être considérés également comme des êtres vivants, et ces éléments vivants sont eux-mêmes formés d'éléments plus petits qui doivent être considérés comme vivants.
Et ainsi de suite jusqu'à ce qu'on arrive au plus petit, c'est-à-dire au corpuscule élémentaire.
Donc, tout est vivant dans l'Univers : le caillou qui borde le chemin, l'oiseau... et la bande jaune, elle-même formée de particules vivantes. Donc, franchir une bande jaune, c'est dépasser un être vivant. Sur le plan de la philosophie pure, vous n'avez commis aucune infraction en franchissant cette bande jaune.

AUTOMOBILISTE : Écoutez, j'ai un conseil d'administration à 15 heures. Alors, ou vous me foutez une contredanse, et on en termine, ou alors j'ai rien fait, et vous me laissez partir. C'est clair ?

GENDARME : On ne peut plus clair, monsieur. Vous pouvez partir.

AUTOMOBILISTE : Si c'est pas malheureux de perdre son temps comme ça.

Il démarre. Le gendarme regarde la route. Son visage s'éclaire. Un type vient de passer la bande jaune. L'automobiliste stoppe. C'est une bagnole naze. Le conducteur est un Arabe.

GENDARME : Alors, la bande jaune. T'es miro ? Gare-toi mieux que ça. Papiers. Je vais t'apprendre à respecter le code, moi.

Les sondages de Hamlet

Le décor représente les terrasses du château d'Elseneur.

POLONIUS : Horatio, mon compagnon, la vie nous force à faire d'étranges statistiques. 50 % de mes secrets te sont connus. Côte à côte, nous passons les 3/4 de notre existence. Te confierai-je le doute qui, à 46,5 %, s'empare de moi ? Hamlet, notre prince Hamlet est devenu fou. Il a perdu 90 % de sa raison.

HORATIO : Je ne suis que pour 25 % de votre avis, seigneur Polonius. Certes, 35 % des hommes de guet déclarent que son comportement est étrange, mais 46 % des soldats de la garde déclarent qu'il est normal. Par conséquent, 19 % seulement des gens de ce palais croient que le seigneur Hamlet est fou.

POLONIUS : Horatio, mon compagnon, dans 65 % des batailles livrées par le prince Hamlet, son jugement nous a fait remporter la victoire. 46,7 % des combats ont été remportés avec 82,9 % des pertes pour l'ennemi. Mais depuis que la paix est revenue, et qu'il n'y a plus que 7 % de rebelles dans le royaume, le prince Hamlet passe 65 % de son temps enfermé dans la tour et, sans dire un mot, contemple 42 % de la campagne.

HORATIO : Seigneur Polonius, il y a, je crois, 40 % d'exagération dans vos propos. Mais j'entends des pas. Les 72 % de couloirs de ce château résonnent. Le prince Hamlet nous rend visite.

POLONIUS : Longue vie à vous, prince Hamlet. Je vous souhaite 88 % de jours heureux, et vous assure que 95 % de mon temps est consacré à votre service. Comment vous portez-vous ?

HAMLET : Ah… Être ou ne pas être ? C'est la question que je me pose à 98,9 %. Mourir… Dormir… Et se dire que c'est à 85,8 % la fin de l'angoisse du cœur. Mourir… Dormir… Qui supporterait 8 % d'injures infligées par le temps, 16 % d'amour méprisé, 22 % de doute devant la foi, 15 % de refus devant l'adversité, 11,7 % de trahison, 14,5 % de mépris, 21,7 % de chagrin, sans vouloir mettre fin à ses jours !
Ah, mourir…
Que cette épée, sortie à 100 % de son fourreau glacé, transperce 75 % de ma poitrine.
Ah…
Que 82 % de mon corps repose sur le froid dallage de ce château.
Et que ma vie… s'achève ici, après 30 années, dont 99,4 % de malheur.

Il meurt.

HORATIO : Seigneur Polonius, le prince Hamlet est-il mort ?

Il le touche.

POLONIUS : À 100 %, Horatio. Ah, je sens 76 % de peine monter en moi. Mais 24 % de raison m'obligent à m'occuper malgré tout des affaires de ce château.
Holà !... Que 22 % des gardes enlèvent le corps du malheureux prince Hamlet.
Que 15,6 % des fossoyeurs se mettent à préparer son éternelle couche.
Horatio, pour le cortège, vous préviendrez les pompes funèbres.

HORATIO : Seigneur Polonius, la Maison Borniol ? Ou les Établissements Roblot ?

POLONIUS : Borniol. Ils nous font 10 %.

Pensées et textes

(3)

Michel Rocard a déclaré en 1991, alors qu'il était Premier ministre : « La vie est un tissu de poignards qu'il faut boire goutte à goutte. » C'est vrai qu'un grand verre de tissu de poignards, c'est trop dur à avaler.

Oh, je sais, c'est pas facile, c'est la rentrée, il y a eu des frais. Sur le moment dans l'euphorie des vacances, et vas-y du resto, et de la discothèque par-ci et des extras par-là... Mais maintenant, c'est la froide réalité, vous n'avez plus d'artiche ! Et en plus, il va y avoir les horreurs habituelles, frais scolaires, tiers provisionnel, augmentation de l'essence. Pour vous venger, nous allons traîner l'administration des impôts dans ce qu'elle mérite :

Courrier envoyé par les services du ministère des Finances : « Votre lettre de réclamation a été transmise par erreur à notre service réclamation. » Et ils s'étonnent que ça marche pas !

Il y a mieux : « Sauf erreur de notre part, une erreur s'est glissée dans notre courrier. » Alors ça c'est pas mal, parce que c'est sûr que si on commet l'erreur de commettre une erreur, on est dans l'erreur.

Encore : « Votre profession n'étant pas référencée, merci de nous en trouver une autre. » C'est sûr que si la profession n'est pas dans les listes, ils sont paumés, les pauvres mecs aux Finances. L'autre jour, je regardais une émission à la télévision sur Théodore Monod, qui est un de nos plus célèbres ichtyologistes, c'est-à-dire un savant spécialiste des poissons. C'est certain que pour les cerveaux du ministère des Finances, la profession d'ichtyologiste, ça peut rien leur dire. Monsieur Moulardot, responsable de la section 26 B à Bercy, et qui a fait l'école de comptabilité rue Leclerc de Tassigny à Bédarieux, quand il entend le mot ichtyologiste, il ne peut que se dire : « Mais qu'est-ce que c'est que ça ? Madame Ruvier, regardez à la rubrique étrangers. » Donc, quand on est ichtyologiste, si on ne veut pas attirer l'attention des impôts, il vaut mieux mettre poissonnier.

Je ne sais pas si vous vous rendez compte. Vous vous levez le matin, vous avalez vos tartines beurrées ou vos croissants, certains vont même jusqu'à pousser le culot en se tapant des œufs... Et pourquoi pas du bacon pendant qu'on y est, on va pas se gêner ; cholestérol à tout-va, on s'en fout, une fois par semaine on fait du vélo ou du foot, et puis, vous partez au boulot. Vous êtes plutôt content, d'abord parce que vous avez un boulot, et puis parce que finalement le matin, dans le métro ou l'autobus, les gens que vous côtoyez sont plutôt sympas, leurs cols de chemise sont bien repassés, leurs chaussettes sont bien tirées, le mec qui est à côté de vous a le sourire, il lit le *Times*, il est anglais, tout va bien. Non ! Tout ne va pas bien. Tout va même très mal. Le mec d'à côté, l'Anglais, est un chercheur en cybernétique. Il s'est fait implanter une puce dans le bras pour ne pas avoir à insérer une carte pour pénétrer dans son bureau ! C'est une chose que l'on commence à faire couramment maintenant. C'est dans le *Times*.

Vous vous rendez compte ? On greffe des puces DANS les gens ! Avant on avait des clés, il y avait des portillons ou bien des gardiens qui appuyaient sur des boutons pour ouvrir des portes ou des barrières. En passant, on leur disait « Bonjour Maurice » ou « Bonjour monsieur Moulardot », eh bien maintenant, on rentre avec une puce dans le bras ! C'est grave, ça. Lui, l'Anglais, le chercheur en cybernétique, il s'est fait implanter une puce parce qu'il est fainéant, il ne veut même pas sortir sa carte de sa poche pour la fourrer dans la fente ! Mais ce qui est grave, c'est que c'est un chercheur, donc un phare, tous les chercheurs sont des phares.

Regardez Allègre, il n'y a pas photo. Moi, je vous le dis, l'entreprise de ce phare d'Anglais va vouloir que tous les autres chercheurs aient une puce dans le bras, et les autres entreprises vont suivre l'exemple, les ministres du Travail vont en parler dans les conseils, les gouvernements vont dire « en voilà une idée qu'elle est bonne » et ils vont rendre la puce dans le bras obligatoire pour ouvrir les portes, entrer dans le métro, faire démarrer les pompes à essence, ouvrir les sanisettes, déclencher les chasses d'eau... JE VEUX PAS QU'ON ME METTE UNE PUCE DANS LE BRAS ! Allez, buvez votre petit crème tranquille. Elle est là, la connerie et elle a pas besoin de puce pour qu'on lui ouvre la porte.

Les coquilles de la presse écrite, on a beau être habitués, ça nous fait rire depuis un siècle. Juste une petite lettre à la place d'une autre et le ministère des Forces armées devient le ministère des Farces armées, ce qui ne fait pas du tout rigoler le ministre.

Bien sûr, on est content d'apprendre qu'à Chamonix, après trois jours passés dans une « cravasse », deux alpinistes ont eu la vie « suave ». Ça fait plaisir.

On en trouve des sévères, par exemple celle-ci : « On recherche les survivants d'une bande de quatre Polonais dont trois ont été assassinés. » C'est pas facile ! Quand on en tue trois sur quatre, les survivants se comptent sur le pouce d'une main.

Et une dernière : « La police rhénane avertit les automobilistes d'avoir à se méfier d'une auto-stoppeuse dont voici le signalement : grande, blonde, environ quarante ans, oreilles décollées, accent rhénan, cicatrice d'appendicite. » *A priori*, l'accent rhénan, il faut déjà le reconnaître, et surtout il faut que la dame ait le ventre à l'air pour qu'on puisse voir la cicatrice ou alors, c'est qu'elle est déjà dans la voiture, qu'elle a retiré son tee-shirt et c'est trop tard pour se méfier...

*

– La durée idéale de la sieste serait de vingt minutes.
– Oui, c'est parfait, ça permet d'en faire trois par heure !

*

– Jean, vous pensez qu'Olivier de Kersauson est un bon exemple pour notre jeunesse ?
– Non, plutôt un terrible avertissement !

*

Le problème des compliments, c'est qu'on n'est jamais sûr que c'est sincère. Alors qu'en général, une insulte, ça vient vraiment du cœur !

*

– La violence ne résout rien.
– C'est que vous ne frappez pas assez fort !

*

Le porte-clés est une magnifique invention qui permet de perdre toutes ses clés à la fois plutôt que de les perdre une par une.

*

– *Le mariage, c'est bien, non, Jean, ça permet de partager à deux tous les problèmes.*
– Oui. Tous les problèmes qu'on n'aurait jamais eu si on était resté seul.

*

– *La Beauté intérieure, vous y croyez?*
– Bien sûr que non. C'est juste un truc qu'on a inventé pour que les femmes moches puissent quand même se reproduire.

*

J'ai eu un prix d'interprétation pour des scènes où j'étais couché sur le dos, avec Marlène Jobert à côté de moi et où mon texte était punaisé sur le plafond; après, j'étais dans une voiture et le texte était posé sous le volant et quand je devais tenir Marlène dans mes bras, mon texte était collé sur le mur derrière. Pour mon premier prix d'interprétation à Cannes, j'aurais dû avoir un premier prix de lecture!

*

Avec Claude Chabrol ce qui était agréable c'est qu'on n'était pas obligé de se prendre la tête dans les mains toute la journée sous prétexte qu'on faisait un film dramatique.

*

Cléopâtre avait un truc formidable. Elle se baladait toujours avec des adolescents pour pouvoir s'essuyer les mains dans leurs cheveux. C'est véridique ! Elle bouffait avec ses doigts et elle s'essuyait dans les cheveux des jeunes gens !

*

Mon philosophe grec préféré, c'est celui qui a mis en valeur l'importance du non-dit dans la non-écoute. Il prodiguait son enseignement dans une pièce isolée, et restait des jours sans prononcer une parole, tandis que ses disciples, dans la pièce d'à côté, étaient dans l'impossibilité d'entendre, et donc de répéter, ce qu'il ne disait pas. Il ne resta ainsi, et pour cause, aucune trace de ses théories.

*

Drôle d'époque où les jeunes filles portent plus de maquillage que de vêtements !

*

Je ne supporte pas les machos, les vrais, ceux qui pensent vraiment qu'une femme ne dit jamais rien d'intelligent. Ce qui, je tiens à le préciser, est faux. Il arrive en effet aux femmes de dire des phrases intelligentes. Même qu'elles sont faciles à repérer, elles commencent toujours par : « Comme dit mon mari… »

*

Il y a beaucoup de mecs qui commencent à boire parce que leurs femmes les saoulent.

*

Pour s'endormir, les moutons ne peuvent compter que sur eux-mêmes !

*

– Jean, vous qui êtes célibataire, vous faites quoi pour la Saint-Valentin ?
– Des économies.

*

Comme je dis souvent à mon fils : « Dans la vie il y a deux mots qui ouvrent toutes les portes : Pousser et Tirer. »

*

En 1989 :
J'ai reçu une carte de vœux de la SNCF !
La Sncf vous souhaite une bonne année 1987 et vous prie de l'excuser pour ce retard.

*

Philippe Bouvard : Les continents représentent environ 50 millions de kilomètres carrés, il y a près de 200 pays dans le monde, environ 300 000 îles, 5 milliards d'individus…
Jean Yanne : Et c'est toujours votre gueule que je croise toutes les semaines depuis vingt ans !

*

– Jean Yanne, vous participiez beaucoup en classe?

– Non, monsieur. J'ai toujours respecté le sommeil des autres, moi.

*

Micros et caméras. Jean Yanne sur France Inter

Pastiche de duplex entre un studio de l'ORTF avec un public qui poserait des questions et un autre studio d'où répondent Jean Yanne et Gérard Sire, accompagnés de Daniel Prévost et Maurice Vamby.

Question: Monsieur Jean Yanne, quel est le principe qui préside à votre émission?

Jean Yanne: Le principe de cette émission est simple, il faut être un petit peu sérieux quand même. Si vous voulez, moi je suis celui qui parle le plus et je sais parfaitement ce que je veux dire et je sais parfaitement ce que je souhaiterais que les autres disent pour m'aider; je leur explique avant l'émission et eux n'en tiennent pas compte.

Gérard Sire: Tu dis pour m'aider mais ce n'est pas forcément Médée, ça peut être le Minotaure ou autre, il faut préciser...

Jean Yanne: Oui. Par contre eux ont souvent des idées qu'ils me soumettent et je ne les retiens jamais. Voilà. Et par-dessus tout cela, Gérard Sire qui réalise a l'intention de donner une certaine couleur à cette émission et il ne peut pas y arriver car on ne l'écoute pas non plus. Par conséquent, cet ensemble, cette espèce de lutte au corps à corps, n'est-ce pas, entre chacun d'entre nous pour tirer la couverture...

Maurice Vamby: Il y en a toujours un qui a froid!

Jean Yanne: c'est vrai et en plus cette émission se termine toujours dans la haine, ce qui est quand même beaucoup plus sympathique car au moins on l'avoue alors que dans toutes les autres émissions on dit: «On travaille en équipe, on s'aime bien...» Nous, nous nous détestons cordialement; malheureusement je ne peux pas travailler complètement décontracté si je ne les ai pas et eux ne mangent pas si je ne suis pas là.

Question: Monsieur Jean Yanne, qu'entendez-vous par émission humoristique?

Jean Yanne: C'est très difficile d'expliquer une émission humoristique parce que d'abord on ne sait pas exactement où se situe l'humour, où il commence et où il finit, et par définition, une émission humoristique, c'est une émission avant tout technique. Il y a une technique du rire, comme il y a une technique de la radio et vous savez que les humoristes ont la réputation d'être sinistres; je dois dire qu'une émission de radio comique se prépare en principe dans une ambiance lamentablement sinistre. Pour expliquer vraiment la façon dont on conçoit une émission de radio, j'aimerais mieux que Gérard Sire s'en charge car il a un aspect plus technique que moi et je crois qu'il s'en sortira mieux.

Gérard Sire: Oui. Je dois dire que si Jean m'a demandé de collaborer à cette émission, c'est justement parce que dans cette société actuelle, je représentais l'élément le plus sinistre et il a pensé que sur le plan de la technique radiophonique sinistre, je pouvais être cette ambivalence qu'il a recherchée constamment au cours de ces dernières années et qu'il n'a peut-être pas toujours trouvée en raison de circonstances sociologiques et culturelles qui pouvaient lui échapper, en fonction même de la temporisation actuelle des mœurs et d'une certaine dissolution de sa pensée évanescente et psychologique. Je crois que j'ai défini très rapidement et très clairement la position actuelle.

Jean Yanne : Gérard a parfaitement défini ce qu'allait être cette émission et j'y crois d'autant plus que je n'ai strictement rien compris à ce qu'il a dit. Je crois que le principe qui nous régit, et cela fait de très nombreuses années qu'on le cherche, c'est, dans une émission comme celle-ci par exemple, est-ce qu'il est vraiment possible impunément de se foutre du monde ? Voilà, c'est ça le problème et je crois qu'on y réussit quand même car ce que nous avons dit jusqu'à maintenant est particulièrement imbécile.

Question : Monsieur Gérard Sire, qu'est-ce qui vous a poussé à faire équipe avec Jean Yanne ?

Gérard Sire : Jean et moi, nous nous connaissons depuis très longtemps, nous avons fait nos études ensemble au collège Stanislas, à l'école Alsacienne ; nous avons fait ensuite l'École nationale d'administration, la faculté de droit, notre médecine, Sciences-Po.

Jean Yanne : On a fait Sciences-Po dans la classe de yaourt !

Gérard Sire : Pour tout dire, nous sommes des autodidactes et nous nous haïssons depuis l'âge scolaire et on peut dire que nous avons établi entre nous un dialogue assez véhément et c'est ce dialogue que nous essayons maintenant de traduire sur les antennes. Je crois que Jean l'a d'ailleurs exprimé dans un des articles qu'il a écrits pour les revues les plus importantes...

Jean Yanne : Pour *Le Monde* notamment...

Gérard Sire : Oui pour *Le Monde* et autres revues politiques...

Jean Yanne : Et en braille, d'ailleurs, j'écris beaucoup en braille...

Gérard Sire : Oui, enfin tu brailles plus que tu n'écris, il faut le reconnaître... Et donc, dans un de ses articles, Jean a exposé ce qu'est le dialogue.

Jean Yanne : Oui, je crois qu'il y a un an, on aurait eu du mal à bien expliquer ce qu'est le dialogue, mais on peut dire que depuis les événements de Mai 68, il a été parfaitement précisé : le dialogue est nécessaire, le dialogue est valable et il n'est vraiment valable que dans la mesure où dans un dialogue normal, il y en a un qui parle et l'autre qui se fout complètement de ce qu'on lui dit. Voilà, c'est ça la forme du dialogue et c'est ce que nous essayons de recréer entre nous. Mais évidemment, d'abord parce que Gérard Sire est plus instruit que moi, ce dialogue est difficile. Je suis donc obligé d'avoir un soutien et je suis obligé de m'entourer d'un certain nombre de gorilles, d'abord pour me protéger de ses décisions et deuxièmement pour arriver en force dans le studio. C'est pour ça que j'ai une équipe. Elle est composée de deux individus qui ont un quotient mental extrêmement faible mais qui ont un sens de la radio extrêmement vif parce qu'ils ont des voix particulières, et vous savez que la radio, c'est une question de voix. Moi, j'ai du mal à avoir une voix ridicule. J'ai une voix essentiellement bien timbrée, bien placée, une voix particulièrement distinguée qui donne toujours un aspect poétique à ce que je dis.

Gérard Sire : C'est le graillon du foyer ! [...]

Question : Et vous bénéficiez de moyens importants pour faire cette émission ?

Jean Yanne : Ce qu'il faut dire, c'est que c'est très certainement l'émission la plus coûteuse de toutes les émissions de radio de l'ORTF. On doit avoir à peu près 86 % du budget de l'ORTF pour cette émission, ce qui est évidemment énorme. Nous avons des bureaux, nous avons du personnel, des fournitures qui nous sont données gratuitement parce que nous faisons une très grande consommation de papier, de crayons, de gommes, de trombones, d'attache-lettres, de secrétaires que nous habillons, que nous nourrissons...

Question : Monsieur Gérard, en tant que réalisateur, comptez-vous utiliser les techniques modernes ?

Gérard Sire : Nous prenons au sérieux tout ce que la science nous apporte et nous avons pu constater que l'informatique n'était pas du toc ; nous nous en servons beaucoup notamment pour le choix des disques. C'est ainsi que nous avons une machine BIN, je crois, que nous vous avons amenée, la voici (Gérard Sire montre Maurice Vamby). Je vais vous montrer le fonctionnement. C'est quel bouton ?

Jean Yanne : C'est celui du haut. Celui du bas, il chante « j'ai la rate qui se dilate » !

(Gérard Sire appuie sur le bouton de la veste de Maurice Vamby qui déclenche quelques bruits de bouche.)

Gérard Sire : Voilà. Alors grâce à cette machine, nous allons pouvoir sélectionner tous les disques que nous passerons et vous entendrez au cours de cette émission les disques que vous n'entendez pas ailleurs.

Question : Monsieur Yanne, en dehors des disques, avez-vous l'intention de suivre les événements actuels ? Tout de même !

Jean Yanne : Il ne peut rien arriver qui ne nous soit soumis ou qui ne soit provoqué par nous. C'est pour cela qu'on nous dit parfois : « Mais comment vous faites pour trouver tout ça ? » Eh bien, vous savez, on trouve tout cela parce qu'on le crée.

Gérard Sire : Mais on le crée parce qu'on le trouve ! Ce qui revient quand même un peu au même. D'ailleurs, on s'est arrangé maintenant avec les pouvoirs publics pour que les déclarations officielles alternent. Qu'il n'y en ait pas, par exemple, trois dans la même semaine et puis que pendant quinze jours, il n'y ait rien. Alors nous nous sommes arrangés désormais pour que chaque semaine, il y ait quelque chose d'original.

Jean Yanne: Oui, ce qu'il faut dire c'est qu'on ne peut plus rien dire sans nous le demander avant. Aucune conférence de presse ne peut avoir lieu sans qu'on nous soumette le texte et nous le modifions; nous mettons des gags. Par exemple, si une conférence de presse nous est soumise dans laquelle il n'y ait ni rogne, hargne, grogne, volapuk, tracassin, et autres choses comme ça, nous rajoutons des petits mots et ça se passe très bien. Il y a des services faits pour ça.

Gérard Sire: Nous pouvons dire, par exemple, que l'histoire du timbre à 40 francs, c'est nous. C'est une idée de Jean qui voulait le mettre à 50, c'est moi qui ai dit 40 seulement.

Jean Yanne: Oui, parce que 50 aurait eu un côté canular alors que 40 permettait des discussions et des commentaires. De même, la taxe de l'ORTF qui va être portée incessamment à 40000 anciens francs...

Gérard Sire: Pour les postes de radio seulement! Parce que pour la télé, je crois que c'est 150000...

Jean Yanne: ... pour le moment ce n'est pas encore fait mais nous allons nous y employer. Comme ça, on aura déjà une bonne semaine pendant laquelle on pourra râler contre cette augmentation de la taxe...

*

FAITS DIVERS

Hier, je vous ai dit que si vous aimiez ça, je chercherais pour vous des faits divers rigolos. Je dois vous avouer que je n'ai rien cherché du tout. Je les avais déjà.

J'en ai même une collection plus qu'honorable. Je les mets de côté depuis longtemps, parce que je voulais faire un recueil qui se serait appelé *Les Aventures de KAPALPO*.

Car c'est vrai, ce qui nous fait rigoler, la plupart du temps, dans le fait divers, c'est qu'il raconte les malheurs de quelqu'un qui n'a pas de pot. Bien évidemment, c'est encore plus savoureux s'il s'agit de quelqu'un d'officiel. En 1959, un sénateur de la Côte d'Ivoire, monsieur Biaka Boda, entreprend une tournée à l'intérieur du pays pour vérifier quels sont les besoins alimentaires de la population. Je répète: « Pour vérifier les besoins alimentaires de la population. »

Pourquoi répété-je ? Parce qu'au cours de son inspection, monsieur Biaka Boda a été mangé ! Les rapports de l'enquête sont formels. Évidemment, c'est le manque de pot absolu, mais pour nous, qui sommes des sans-cœur, c'est marrant.

Dans le fait divers, il y a parfois des pauvres gens pour qui le manque de pot est tel qu'on se demande comment un enchaînement de catastrophes pareil a pu se produire. Prenons le cas de monsieur George Walter Appleby, de Brisbane, en Australie. Un matin, il attend l'autobus qui doit l'emmener à son bureau. Et d'un seul coup, une formidable

> poussée le projette vers le ciel. Monsieur Appleby était sur une plaque d'égout, et une fuite de gaz avait provoqué une explosion. La plaque d'égout vole en l'air, et monsieur Appleby retombe, bien sûr, dans l'égout. Il patauge dans la boue, dont la dégoûtante consistance est égale à l'odeur, et finalement réussit à sortir couvert de gadoue, et à se traîner sur le trottoir. Juste sur une autre plaque d'égout et vous avez compris, seconde explosion encore plus forte que la première. Monsieur Appleby se retrouve sur le toit d'une maison et s'accroche à une antenne de télévision.

Il n'a jamais voulu la lâcher. Les pompiers sont arrivés. Ils ont dû aller le chercher de force, et l'emmener à l'hôpital avec l'antenne. On l'a anesthésié pour l'en séparer. Ablation de l'antenne télé consécutive à une fuite de gaz, avouez que c'est une belle connerie.

BOMBE ATOMIQUE

Il y a quelques jours, les maires de France se sont réunis en congrès. Pas contents ! Ils veulent qu'on définisse clairement leur responsabilité. Ils sont d'accord pour qu'un monsieur le maire ou une madame le maire, soient poursuivis pour avoir piqué dans la caisse, touché des pots-de-vin ou créé des emplois fictifs (ça existe ça ! chut, tu vas te taire ! c'est mon ange gardien, il croit en la beauté du monde. Va m'attendre à la cafétéria.). Donc, les maires de France disent en substance : on ne peut pas être partout, on ne peut pas tout surveiller, si un panneau de basket tombe sur la tête d'un joueur au gymnase municipal, on ne veut pas porter le chapeau ! Il a pas tort, le maire, là ! Surtout dans les grandes villes, où il y a beaucoup d'employés municipaux. Le maire (monsieur Barre à Lyon ou monsieur Juppé à Bordeaux), il ne veut pas être condamné parce qu'une plaque d'égout a cédé sous le poids d'un camion, même si une petite vieille qui ne voyait pas clair est tombée dans le trou. Il a d'autres responsabilités, le maire. Et son travail, une autre dimension. La preuve, cet arrêté pris par le maire de Fontaine de Vaucluse, à côté d'Avignon.

> Le 28 février 1950. ARRÊTÉ. « Nous, maire de la commune de Fontaine de Vaucluse. Vu la loi du 5 avril 1884. Vu l'émotion qui s'empare de la population devant les désastres qui découleraient de l'emploi de la bombe atomique, arrêtons : Article 1 : le port et l'usage de la bombe atomique sur le territoire de la commune de Fontaine de Vaucluse est interdit. Article 2 : le garde champêtre est chargé de l'exemption du présent arrêté. »

> Donc, vous êtes prévenus, si vous avez l'envie d'envoyer une bombe atomique sur la France : Lourdes, Nancy, Strasbourg, Paris, sans oublier Saint-Pardoux en Gâtine, c'est possible. À Fontaine de Vaucluse, râpé, et il ne s'agit même pas de traverser la ville avec une bombe pour la faire sauter ailleurs car le port de la bombe est interdit et le garde champêtre est là pour faire respecter l'arrêté.

Voici une municipalité consciente, lucide, déterminée, dirigée de main de maître par un maire responsable. Que dire de plus ? Que c'est une connerie ? Ça, c'est sûr !

CIGARES

La connerie ne cesse de se manifester.
La preuve, un procès qui s'est déroulé à Charlotte, dans l'État de New York, et qui a dû être annoncé sur Internet, car il m'a été signalé quatre ou cinq fois.

De quoi s'agit-il ? Un monsieur achète une boîte de cigares très rares, très bons et très chers. Il les assure auprès d'une compagnie d'assurances pour plusieurs choses mais surtout contre le vol et le feu.

Dans le mois qui suit, il fume tranquillement ses cigares, puis il prévient sa compagnie d'assurances qu'il y a eu un sinistre, et que ces cigares ont disparu dans une série de petits feux, allumés chaque fois qu'il fumait. Bien entendu, la compagnie refuse de payer. Le monsieur porte plainte.

Procès, tribunal, il a gagné. Il a gagné ! En effet, il n'était stipulé nulle part dans la police d'assurance qu'il y avait une différence entre un feu normal et un feu genre briquet allumé pour fumer un cigare. Aux yeux de la loi, il aurait dû y avoir une clause précisant que les cigares étaient assurés contre tous les feux sauf ceux que l'on allume en fumant.

« Vous avez du feu, merci. » Donc l'assurance a dû honorer son contrat et a payé 15 000 dollars au monsieur.

Bien fait pour eux, les assureurs, c'est des bandits. C'est toujours nous qu'on a tort. Hélas, hélas ! Ne crions pas victoire pour nous moquer des assureurs, car la compagnie avait des avocats. Et des avocats américains. On les reconnaît facilement, les avocats américains, ils ont un bec crochu et ils attendent sur leur perchoir que vous tombiez pour vous dévorer le foie. Les avocats ont fait arrêter le monsieur en établissant vingt-quatre charges contre lui. Entre autres, comme les cigares lui appartenaient, et qu'il les avait allumés, il a été accusé d'avoir brûlé intentionnellement sa propriété afin d'escroquer l'assurance.

Résultat : vingt-quatre mois de prison et 24 000 dollars d'amende ! Ça mollit pas en Amérique. Faut pas faire de connerie !

PROCÈS D'UNE DAME

Hier, ou avant-hier, je ne sais plus, avec toutes ces histoires de saison un jour il fait chaud un jour il fait froid, de vache folle, d'élection de la reine du RPR, on sait plus comment on vit. Donc, il n'y a pas longtemps, je vous ai parlé d'un procès américain, ou un quidam a voulu faire une escroquerie à l'assurance en essayant de se faire rembourser des cigares qui avaient pris feu. Ils avaient pris feu parce qu'il les avait fumés. Cette connerie. « On ne peut pas fumer sans feu », comme dit le proverbe.

Dans le même ordre d'idée, il y a une autre histoire, une autre personne, un autre procès, mais la même Amérique. Avec son charme et ses conneries. Une dame se rend dans la Death Valley, Californie, Arizona, Colorado, on ne précise pas.

Mais elle veut traverser un canyon en voiture et la loi américaine est formelle (d'ailleurs y a des panneaux chaque fois qu'on arrive à l'entrée du désert, si l'on peut dire), il faut avoir des réserves d'eau et il est interdit d'être seul en voiture.

La raison est évidente. Dans le désert, sans eau, on est mal barré, et seul en voiture, c'est dangereux. S'il arrive la moindre chose, on est cuit. Mais la dame, elle est têtue. Elle traverse le canyon. Et évidemment, à la sortie, elle est arrêtée par la police. La police constate qu'elle est seule. Infraction, contravention, citation devant le tribunal.

Elle arrive devant le juge. « Vous êtes seule dans votre voiture, vous avez fauté », lui dit-on. Non qu'elle répond la dame. J'attends un enfant, il va naître dans un mois. Donc je n'étais pas seule. (Elle n'était pas seule, mais elle était stupide. On ne traverse pas seule un canyon quand on est enceinte.) Enfin, le tribunal dit OK, elle sort sans condamnation. La police, elle n'est pas contente. Elle a l'air ridicule. Alors les représentants intentent un nouveau procès.

Et ils gagnent, cette fois. Pourquoi ? Vous avez vingt secondes. Parce que si la dame prétend qu'en étant enceinte, elle est deux, ou ils sont deux, on n'a pas le droit d'être deux sur le siège du conducteur lorsque la voiture roule. Alors qui est le plus con ? La dame ou la police ? Vous savez, lorsqu'on rentre à RTL, on s'engage à ne jamais influencer l'auditeur, alors motus.

VANNES DE DROITE

Parmi toutes les conneries qui ont illustré le siècle qui vient de s'écouler, les plus lourdes, les plus épaisses, c'est quand même celles des hommes politiques. Clemenceau, qui s'y connaissait, disait: «En politique, on succède à des imbéciles et on est remplacé par des incapables.» Et Georges Bernanos, dont on ne peut pas mettre en doute le sérieux: «Ces pauvres guignols qui se disent politiques gardent un sérieux imbécile, imperturbable au milieu des situations les plus cocasses dont un enfant comprendrait le ridicule.»

Comme monsieur Juppé quand il était «droit dans ses bottes».

Ce qui est rigolo, c'est quand les politiques se balancent des vannes. Un jour prochain, je vous parlerai des injures qu'on s'envoie depuis cent ans en pleine poire à l'Assemblée nationale, genre «caca à pattes», «étron dénaturé», «sinistre trou de balle», je n'invente rien, j'ai les noms et les dates.

Tout ça, c'est normal. Il s'agit de rouler son adversaire dans la farine. Où ça devient infiniment savoureux, c'est quand les politiques de même tendance s'envoient des vannes entre eux. Quand la droite tape sur la droite, et quand la gauche tire sur la gauche. Si vous le voulez bien, nous allons consacrer quelques rubriques à cette descente en flammes des gens qui s'autoflinguent.

Commençons par la droite. C'est plus marrant parce qu'ils sont plus guindés. À tout seigneur tout honneur, Chirac contre Balladur.

«Quand Édouard Balladur serre des mains dans une foule, il se demande toujours où est le rince-doigts.» Et nous écoutons la symphonie dite de « l'estime mutuelle » par le grand orchestre du RPR dirigé par Philippe Seguin. « Regardez le succès du *Titanic*, les grands naufrages font recette. Les gens adorent te voir couler. Eh bien, au RPR, on a décidé de chercher les icebergs. » Petit solo de monsieur Balladur : « C'est une bande de crétins. Je me demande ce que nous faisons ici. » Assisses du RPR 1997. Avis compétent de monsieur Sarkozy, 25 août 1997 : « Des cons, ici, au RPR, il y en a, croyez-moi. Il y a même de gros cons, de très gros cons dont il va falloir s'occuper en priorité. »

Eh bien, monsieur Sarkozy. Quel langage ! On dirait moi ! Mais dites-moi, dans toutes ces vannes de droite, rien sur monsieur Chirac.

Oh là là ! Le jugement de Charles Pasqua qui le connaît bien : « Ce n'est finalement qu'un va-de-la-gueule et un foutriquet. Il aurait fait un bon directeur de l'aviation civile ! » Il va se fâcher avec l'aviation civile, monsieur Pasqua. C'est une connerie.

VANNES DE GAUCHE

Mes chers élèves. Hier, nous avons étudié la vanne de droite. C'est-à-dire la phrase courte, incisive, hargneuse, aigrie, envoyée par un représentant de la droite française dans les gencives d'un quidam de son propre parti, et nous avons cité dans l'ordre messieurs Balladur, Chirac, Seguin et Sarkozy.

Nous allons nous pencher aujourd'hui sur le camp adverse,
dit groupe de la majorité qui s'en balance également des
sévères chaque fois que l'occasion se présente.

Et nous allons commencer par monsieur Lionel Jospin. Je vous rappelle que c'est l'homme de gauche qui n'a pas hésité à dire: « Si je suis élu, il n'y aura plus d'inondations. »

Ça, c'était pour mémoire. C'est Jospin faisant du tort à lui-même.
Amis, prenons l'ensemble des socialistes. Contre Jospin, nous
avons par exemple Michel Charasse: « Jospin. Une bonne sœur
avec de la moustache, en plus ennuyeux. »

Ça ne met pas une bonne ambiance, ensuite au cours des
déjeuners socialos, il faut dire que l'exemple venait de
Dieu lui-même.

Monsieur Mitterrand, à nous, de Jean Pierre Chevènement: « Il n'est pas bête, le garçon. C'est dommage qu'il soit à moitié fou. » Sympa.

Chevènement, lui, c'est après Kouchner qu'il en a: « Quand il se
passait quelque chose au Liban, je disais d'y envoyer Kouchner.
Il occupait autant de volume qu'un porte-avions mais il coûtait
moins cher. »

On s'aime chez les socialistes, Fabius. « Delors, il est candidat dès qu'une présidence se libère, même celle d'un club bouliste. » Oui, mais Fabius, lui, il inspire Jospin : « La politique, c'est ma langue maternelle, Laurent Fabius, lui, l'a apprise comme une langue étrangère. »

Le moment est donc venu, mes chers élèves, de tirer les conclusions. Notre gauche, c'est du kif. Des avis autorisés, Raymond Barre : la droite et le centre sont usés, divisés. Ils sont les représentants d'une bourgeoisie molle et pétainiste. Tout ça, c'est du caoutchouc ! Donc voilà pour la droite et le centre, et sur nous, la gauche, l'avis de Sir Winston Churchill : « Christophe Colomb fut le premier socialiste. Il ne savait pas où il allait, il ignorait où il se trouvait et tout cela aux frais des autres. »

C'est ce qu'on appelle la farce tranquille.

ZOLA

Je rigole parce qu'hier soir j'ai rangé mon bureau... moi je fais comme vous, je mets tout en ordre pour attaquer l'an 2000 avec un tas de résolutions. C'est vrai, ça nous arrivera qu'une fois dans notre vie, l'an 2000. Alors, je range, je classe. Je dois avouer que je suis assez désordonné. Pour vous dire, j'ai rangé mes papiers, sur mon bureau parce que je cherchais ma brosse à cheveux. Vous me direz, qu'est-ce qu'il veut faire avec une brosse à cheveux, il n'en a plus, des cheveux. D'abord, c'est pas une réflexion très gentille. Ensuite, c'était pour enlever la boue de mes baskets, il a plu ces jours-ci. Toujours est-il que ce rangement m'a permis de retrouver une série de notes que je n'ai pas utilisées. Des trucs que j'avais préparés, cueillis au hasard, en entrant dans la littérature.

Par exemple, dans un texte de Paul Hervieu : « Je ne l'avais jamais revu depuis sa mort. » Émile Zola, c'est pas n'importe qui, Émile Zola. Chantre du monde ouvrier, c'est un de ceux qui a le plus d'avenues en France. Eh bien, dans *La Débâcle*, ouvrage ô combien émouvant sur la guerre, voilà ce qu'il écrit, Émile Zola.

« C'était un capitaine, le bras gauche arraché, le flanc droit percé jusqu'à la cuisse, étalé sur le ventre, qui se traînait sur les coudes. » Quelle connerie la guerre ! Essayez de vous traîner sur les coudes quand il vous manque un bras ! Mais pour Émile Zola, ça ne comptait pas, ces choses-là. Il y avait avant tout l'envolée lyrique ! Par exemple, page 208, dans *Lourdes*, on peut lire : « Oui nous partons, dit Pierre, qui se

retourna, cherchant son chapeau pour s'essuyer les yeux.»
Quand on peut marcher sur les coudes avec un seul bras, on peut bien s'essuyer les yeux avec un chapeau!

Arlette Laguiller, elle, parle de Renaud, elle dit: «Parce qu'il a joué dans *Germinal* (de Zola!), il croit connaître le monde ouvrier. Ah ah ah... et puis quoi, encore.»

Zola, non seulement il connaissait le monde ouvrier, mais savait dénoncer les riches. Dans *L'Argent*, il le dit bien: «Jean Tron, c'est le nom du héros (j'y suis pour rien).» «Jean Tron avait gardé sur le cœur des coups de pied au cul de la baronne.» Grand écrivain, Émile Zola, mais pas très bon en anatomie. Quand on n'a qu'un bras pour marcher sur les coudes, et qu'on garde sur le cœur des coups de pied au cul, y a de quoi s'essuyer les yeux avec son chapeau.

ÉCRIVAIN

Mesdames et messieurs, hier, nous avons évoqué la littérature française, qui n'est pas n'importe quoi ! Pas la peine d'aller agiter 200 kilos de livres à Seattle pour faire respecter notre exception culturelle, nos écrivains sont les meilleurs du monde, et je le prouve !

Chateaubriand, (je commence haut de gamme, hein !) dans le *Voyage en Amérique*, il décrit un fleuve : « La Delaware coule parallèlement à la rue qui suit son bord. » Ça c'est comme quand on construit deux trottoirs, un à gauche et un à droite. Il faut pas longtemps pour qu'une rue s'installe au milieu ! Ouais mais Chateaubriand ça remonte à deux siècles. D'accord ! On va se rapprocher. Début du siècle, 1912, Victor de Laprade. « C'est la galanterie française qui m'a perdu. Je voulais recevoir dans ma main gauche le pied charmant d'une paire de beaux yeux noirs. » Moi, je ne dupe pas. Je relève, c'est tout. Comment ça, j'aime pas la poésie ? Elle est bonne, celle-là.

Maurice Rostand. En voilà un poète qu'il est bon. C'est le fils d'Edmond et le père de Jean. Eh bien, Maurice Rostand, « poésies » :

« Et le peuple saisi d'épouvante s'écarte en regardant passer sur le brûlant chemin les chevaux bouclés d'or qui marchent sur les mains. » Oui, je sais, c'est une licence poétique, mais quand même, les mains des chevaux, ça fait penser aux pieds des singes. Lucie Delarue-Mardrus poétesse : « Cher petit oreiller, chaud et doux sous ma tête », vous avez appris ça à l'école, les vieux ! Dans son journal, Lucie Delarue-Mardrus, décrit une dame qui a accouché à Moscou, et elle dit: «Quelle a dû être l'horreur de l'enfantement pour cette malheureuse qui accouchait en Russie!» Remarquez, puisqu'on parle de naissance, Victor Cherbuliez (vous me direz, c'est pas Victor Hugo), il a quand même sorti: «Ma mère, c'est pour moi une légende. Il me semble que je n'étais pas né quand je l'ai connue»! Ah la nature a de ces anomalies!

> *Précis de médecine légale* de Lacassague et Martin, page 220: «On a trouvé le cadavre d'un homme à moitié couché et à moitié assis (n'essayez pas de faire ça chez vous, vous allez vous péter une vertèbre), la main levée tenant un gobelet d'une manière gracieuse, et l'approchant d'une mâchoire à laquelle il manquait toute la tête. Ce phénomène s'observe également chez les animaux.» Je vous rappelle que ce sont deux spécialistes de la médecine légale.

Alors là, dans les batailles d'expert, au secours! Qu'il manque toute la tête à un homme qui approche un gobelet de sa bouche, ça va encore. Mais si ça s'observe chez les animaux, je vais envoyer des gobelets à la SPA. Salut.

COMTE DE PARIS

Dans *Le Canard enchaîné* (Bonjour, messieurs) du 3 novembre 1999 (cent ans de conneries, je suis toujours dans les dates), je lis : « Les héritiers du Comte de Paris sanctionnent son ultime gouvernante Monique FRIESE pour avoir exercé sur Son Altesse une influence néfaste. Une chose est sûre, la dame n'est pas snob. » « Un témoin des dernières années du Comte de Paris confie sa stupéfaction, lorsque visitant le prétendant au trône de France, il découvre celui-ci attablé dans la cuisine, écoutant "La Valise" de RTL tandis que Monique passe la serpillière en faisant des commentaires sur l'émission. »

Alors là, mettez-vous à ma place, je ne peux pas résister au plaisir de reconstituer la scène.

Imaginons, nous sommes dans la cuisine du Comte de Paris (17 × 32) et un quatuor joue une musique pour le souper du Roi :

Comte : Chère Monique, qu'est-ce donc que cette joute orale dans le but de découvrir une « valise ». Se faire la valise, n'est-ce donc point cette manière argotique qu'utilise le peuple pour exprimer son désir de s'en aller ?

Monique : Nenni, Sire. Les manants qui dirigent RTL (ci-devant radio Luxembourg) que possédait votre cousine la Grande-Duchesse ont trouvé un jeu fort amusant qui consiste à deviner quelle somme d'argent est contenue dans une valise.

Comte : Ah, dans un bagage ! Comme c'est original. Et alors ?

Monique : Alors, Sire, celui qui trouve la somme exacte reçoit un chèque du montant d'icelle.

Comte : Oh là là, voilà bien une idée française comme en eurent tant de mes aïeux qui adoraient faire s'enrichir les gens de mérite pour leur valeur ou leur habilité.

Téléphone :

Monique : Allô résidence de Son Altesse royale le Comte de Paris.

Voix : Ah bon. Ici c'est RTL, je veux parler au patron.

Monique : Je vous le passe.

Voix : Allô, Majesté, est-ce que vous connaissez le montant de la valise ?

Comte : Ah, mon bon ami. Je n'en ai pas la moindre idée. Disons 1 milliard 655 millions 494 722.

Voix : Eh non.

Comte : Ah merde !

La valise RTL. Une voie royale pour faire fortune. Même si, entre nous, ça frôle la connerie.

L'APOCALYPSE EST POUR DEMAIN

ou les aventures de Robin Cruso

Mon nom est Robin Cruso. Je ne sais pourquoi j'écris ce récit. Personne ne le lira jamais. Ou alors quelque explorateur, venu d'une lointaine planète, puisqu'il n'y a plus personne sur cette terre.

Cette terre sans vie, sans âme, sans amour, sans fleurs, sans fruits, sans bruits. Sans rien.

Cette terre sur laquelle tout avait si bien commencé. Avant la civilisation automobile.

Je ne suis pas un auteur, ni un conteur expérimenté. J'essaierai de dire les choses comme elles me viendront à l'esprit, dans l'ordre ou le désordre, comme on disait autrefois à propos d'un jeu dont personne ne se souvient plus... Puisqu'il n'existe plus personne.

Je me rappelle... Le dernier jour où je posai un pied sur le sol. Le dernier jour où je marchai, piéton, au milieu des automobiles.

La foule des voitures me cernait, coulait autour de moi, m'encerclait de sa visqueuse reptation. J'apercevais derrière les vitres les yeux exorbités des conducteurs errants.

Les errants, ceux qui depuis des mois vivaient en vase clos dans leur véhicule, n'ayant pas la carte de sécurité leur permettant, comme j'avais pu le faire, de s'arrêter pendant trente minutes près de leur lieu de travail.

Trente minutes! Ils ne pensaient qu'à cela, ne désiraient que cela, trouver une place pour se garer pendant trente minutes. Trente minutes pour pouvoir accomplir leur journée mensuelle de travail. Car depuis longtemps, les syndicats avaient obtenu cela: la journée de travail d'une demi-heure une fois par mois. Le reste du temps était utilisé pour le transport.

Autour de moi, les automobiles formaient une mer de toits, un océan de capots où déferlaient des vagues de chromes. Le spectacle eût été beau sans le son qui l'accompagnait. Les cris de rage et les longs gémissements de désolation des conducteurs n'ayant pas réussi à trouver une place se mêlaient aux klaxons agonisants des voitures qui rendaient l'âme pour avoir trop tourné et aux râles des automobilistes sur lesquels les contractuels s'acharnaient en ahanant, pour les punir d'un stationnement abusif.

Comme toujours dans ces cas-là, j'étais terrorisé. Je sentais ma mâchoire se crisper comme pour un infarctus, mon ventre se contracter comme pour une appendicite, mes poumons se tordre comme pour une pneumonie double, mon front se fissurer comme pour une congestion cérébrale. D'innombrables panaris naissaient au bout de mes doigts, mon sang se figeait, mes os rouillaient... Bref, je ne me sentais pas bien.

Au loin, très loin, j'apercevais, brillants comme un ciboire dressé au centre d'une messe nègre, les chromes de cette voiture où je ne songeais plus qu'à me précipiter...

Je courus... Je courus... Autour de moi, comme des traits sauvages lancés sur la gazelle, comme des flèches vibrant vers la cible, comme des banderilles vers le cuir du toro, passèrent en me frôlant mille et mille pare-chocs. Et pourtant j'arrivai. Je fus soudain près de mon automobile. Je la touchai. Je sortis fébrilement mes clés, formai les douze lettres de la combinaison permettant d'ouvrir ma portière, et pénétrai dans l'habitacle. J'étais sauvé.

Mais pour combien de temps?

Je mis mon véhicule en marche. Un coup d'œil sur le tableau de bord me permit de vérifier que le système d'identification fonctionnait. À l'avant de la voiture, un panneau lumineux indiquait mon nom, mon âge, mon numéro de Sécurité sociale et la catégorie de mon permis de conduire « F 194 17 BW 105 – Autorisation d'avoir des repas chauds ».

En effet, pour regagner mon domicile, c'est-à-dire la place de parking qui m'était attribuée porte d'Orléans, en partant de la place de l'Alma, il allait me falloir près de quinze jours.

Six fois, pendant ce parcours, j'aurai le droit de m'arrêter pour prendre un caisson repas dans une station de ravitaillement.

Je roulais doucement. Oh... ça, doucement. Un quart d'heure s'était écoulé depuis que j'avais mis la clé de contact, et j'avais déjà parcouru près de 3 mètres.

Soudain j'aperçus une sorte d'éclair sur le toit des voitures qui me précédaient. Je ne pus m'empêcher de frissonner et branchai immédiatement la radio. L'éclair était provoqué par la lueur des PHARES DÉTECTEURS DE MAUVAISE VOLONTÉ.

Tous les midis, et tous les soirs à la même heure, les automobilistes devaient écouter la radio sur la chaîne préfectorale.

Les phares détecteurs de mauvaise volonté repéraient les conducteurs qui ne se pliaient pas à cette obligation. Leurs véhicules étaient saisis par des grues installées le long des voies, sortis du flot des voitures et précipités dans les broyeurs-liquidateurs qui se trouvaient à chaque carrefour.

Oui, écouter la radio chaque midi et chaque soir était une obligation, et cela pendant deux heures. Car pendant deux heures, le Grand Préfet parlait.

Le Grand Préfet était le maître du pays.

Le système démocratique consistant à voter pour élire des représentants du peuple avait depuis longtemps disparu. Le pouvoir était entièrement entre les mains du Préfet, qui régnait sur les automobilistes.

J'écoutai le Préfet s'adresser à la nation.

« Chiens d'automobilistes. Vous vous obstinez à rouler. Sachez que tout cela n'aura qu'un temps. Déjà, les dispositifs que j'ai mis en place détruisent quarante pour cent des conducteurs par an.

Mais d'autres projets sont à l'étude.

Lèpre de la civilisation, répugnants cloportes à quatre roues... »

Le Préfet continuait à parler. Mais je n'écoutais pas. J'évaluai les chances qui me restaient de pouvoir traverser le carrefour avant que les feux ne passent au rouge. Le changement de feux s'effectuait toutes les trois heures. Tant qu'ils étaient verts, on pouvait passer. À l'orange, un laser se mettait à fonctionner. Il détruisait automatiquement toutes les voitures qui n'avaient pas eu le temps de franchir le carrefour, afin de ne pas gêner les automobiles qui roulaient dans l'autre sens. J'avançais lentement, mais j'avançais. Je calculai rapidement ma vitesse par rapport à la distance qui me restait à parcourir. Aucun doute. J'arriverai au carrefour lorsque le feu passera à l'orange.

Je tentai de freiner pour ralentir ma progression. Évidemment, ralentir lorsqu'on roule à 8 mètres à l'heure n'est pas facile. Je pensai qu'il valait mieux rester sur place pendant trois heures que risquer d'être détruit par le laser.

Mais je relâchai rapidement ma pédale de frein. Du haut des miradors installés au croisement, les surveillants de freinage guettaient, sur leurs récepteurs de télévision, ceux qui risquaient de ralentir la circulation sans motif.

Pourtant, je fus obligé de stopper. Devant moi, un automobiliste âgé venait de succomber. Crise cardiaque sans doute. Je le vis affalé sur son volant, et le poids de son corps déclencha le dispositif automatique d'incinération. Des volets s'abaissèrent devant les glaces, le pare-brise, et la lunette arrière. Une chaleur intense régna quelques instants. Un panneau lumineux sortit du toit, portant l'inscription DE PROFUNDIS. Un bras de grue vint saisir la voiture... L'éleva dans le ciel, et la précipita dans un broyeur.

J'avançai d'un bond. La mort de cet homme était une vraie bénédiction. Quel bonheur ! J'avais gagné une place !

Cette place providentielle gagnée me donnait la certitude de pouvoir passer au vert, et d'échapper ainsi au laser meurtrier.

Je me sentais très calme. À la radio, le Grand Préfet s'était tu.

Il avait annoncé trois nouveaux dispositifs destinés à détruire encore plus de véhicules et de conducteurs. Premièrement : les passages cloutés allaient être inversés. Les clous auraient la pointe en l'air. Ceux qui par malheur ne pourraient pas faire passer leurs roues entres les pointes seraient immédiatement abattus par les contractuels, et leur véhicule broyé.

C'était bête et méchant, mais ça serait, bien sûr, efficace. Ensuite, aux feux rouges, des bras articulés installés dans la chaussée enfonceraient automatiquement des bouchons dans le pot d'échappement d'une rangée de voitures sur deux, pour que les conducteurs soient asphyxiés. Enfin, la responsabilité en cas d'accident (pare-chocs enfoncé – éraflure d'une aile) serait étendue à la famille du conducteur responsable. Ses enfants seraient pendus, et sa femme décapitée. Ce qui libérerait une partie du trafic car toutes les femmes possédaient leur voiture, ainsi que les enfants au-dessus de sept ans.

Je n'étais pas toujours d'accord avec les décisions du Grand Préfet mais, pour une fois, je ne pus m'empêcher de penser qu'il avait raison. Détruire les autos, abattre les conducteurs étaient sans doute les seuls moyens de sauvegarder l'Espèce humaine.

Jadis, lorsque les psychologues avaient dénoncé les dangers de l'automobile, personne ne les avait écoutés. Chacun voulait sa voiture. Il ne cessait d'en sortir des usines, et bientôt celles-ci manquèrent de main-d'œuvre. Tous les ouvriers, ou presque, changèrent de métier. Menuisiers, plombiers, maçons, gardiens de nuit, kinésithérapeutes, confectionneurs pour dames se convertirent et allèrent fabriquer des autos.

Mais la demande allait toujours croissant. Les avocats, les juges, les écrivains suivirent. Et comme tout le monde travaillait dans l'automobile, il fallait que tout le monde en achète.

L'obligation d'acheter une automobile par membre de la famille fut suivie par l'obligation d'acheter une voiture par trimestre. Puis par mois.

Les couleurs changeaient mensuellement afin qu'il n'y ait pas de fraude.

Ce mois-ci, la couleur choisie était le rouge.

J'aimais bien cette couleur. Lorsque les CRS entraient en action le sang ne se voyait pas et l'atmosphère était plus détendue que lorsque la couleur choisie était le blanc.

À côté de moi, j'entendis soudain des hurlements, puis des pleurs. Une femme venait de mettre au monde un bébé. Elle sortit par la portière gauche un panneau NEW MOTHER. Immédiatement, un officier de police (portant un masque à gaz) circula entre les voitures. Ou plutôt *sur* les voitures car il marchait sur les capots.

L'officier jeta quelques regards à l'intérieur des véhicules qu'il piétinait. Il repéra un vieillard et l'abattit de deux balles dans la tête.

La Loi était la Loi.

Chaque fois qu'une naissance survenait, annonçant un futur conducteur, on en supprimait un ancien. Décongestionner la circulation. Là était le but, l'unique préoccupation, l'image de la survie.

On était considéré comme ancien à partir de cinquante ans. Pour échapper au massacre, il valait mieux ne pas se trouver dans le sillage d'une conductrice en puissance d'être mère. Mais comment le savoir ?

Le feu rouge venait de s'allumer devant moi. Encore trois heures à rester immobile.

Discrètement, je passai la main derrière mon siège, et tirai doucement le sac qui s'y trouvait. Ainsi qu'une petite boîte de fer-blanc. Le sac contenait du terreau, et la petite boîte des graines. Je répandis le terreau sur le sol, à la place du passager, et plantai les graines. C'étaient des radis de dix-huit jours.

Si tout allait bien, si les Dieux de l'automobile me prêtaient vie, avant d'être arrivé à la porte d'Orléans, je pourrais manger des légumes frais.

La vie s'écoulait, aussi lentement que le flot des voitures. Le monde n'était plus qu'un océan de ferraille. Pour les millions d'êtres humains qui ne se voyaient plus qu'à travers la buée des pare-brise, l'horizon s'arrêtait au bouchon de radiateur.

Soudain, outre la voiture qui me précédait et la mienne, une forme noire bondit. Je pilai. Mon cœur se mit à battre. J'écarquillai les yeux. Non, ce n'était pas possible. C'était une hallucination.

Une hallucination ! Dans ce cas-là, c'était grave. Le compteur électronique de santé, fixé sur mon tableau de bord, allait signaler que j'avais des troubles de la vue, ou du cerveau aux services euthanasiques et, au prochain carrefour, un contractuel m'obligerait à absorber une capsule de cyanure.

À nouveau, je regardai devant moi et la forme réapparut. Je ne rêvais pas. Et pourtant la chose était extraordinaire ! Incroyable ! Impossible. Un chien ! J'avais vu un chien !

J'avais vu un chien ! Et je n'étais pas le seul. Dans les voitures, autour de moi, je sentais que chacun avait la même réaction. Il était impensable qu'un chien pût se promener en ville.

Depuis longtemps, la pollution de l'air par les gaz d'échappement était telle que personne, homme ou animal, ne pouvait survivre sans masque à oxygène. Les oiseaux, les chats, les chiens avaient disparu depuis longtemps. Ainsi que les arbres et les fleurs. Par quel miracle (ou quelle malédiction) ce chien pouvait-il se trouver là ?

Je compris soudain. Dans la file des voitures une portière s'était ouverte. Un jeune homme appelait.

Sur son pare-brise était fixé un énorme cœur en plastique. Ce cœur en plastique signifiait qu'il venait d'avoir droit au parking des Fiançailles.

À partir de dix-huit ans, en effet, les jeunes gens avaient le droit, une fois par mois, de se garer pendant trente minutes à la « campagne ».

La « campagne » était située à 100 kilomètres du centre de la ville. C'était un parking bétonné et recouvert. Un système d'oxygénation ambiante permettait alors aux jeunes gens de retirer leur masque afin de se voir et, éventuellement, de se choisir.

Bien sûr, dans cette « campagne » – seul endroit où l'on pouvait respirer à peu près librement –, quelques animaux s'étaient réfugiés et avaient réussi à survivre, à défaut de proliférer. On pouvait, à la rigueur, les approcher, les regarder, ce qui parvenait à donner une touche romantique à la rencontre des fiancés éventuels. Mais il était interdit de les faire monter dans les voitures. Le jeune homme avait enfreint la loi.

Victime d'un apitoiement imbécile, il avait dû emmener un chien, après avoir modifié son système d'oxygénation intérieur.

Déjà le chien avait succombé. Un policier des Forces de gauche (armé d'une faucille et d'un marteau) se précipita sur le jeune homme et lui abattit le marteau sur le crâne. Une portière s'ouvrit, d'une voiture voisine, et une jeune fille se mit à hurler.

Elle aussi portait un cœur en plastique sur son pare-brise. Elle criait « Paul… Paul… » en contemplant le cadavre du jeune homme.

Je n'en croyais ni mes oreilles, ni mes yeux. Un couple de fiancés…

Il s'agissait d'un couple de fiancés !

Sous nos yeux, dans cette ville, au milieu des voitures, je n'avais pas rêvé, les autres – mes semblables – ne rêvaient pas non plus. Nous avions devant nous, à part le garçon qui était mort, un couple de fiancés.

Ainsi, ils avaient osé se suivre, en voiture, et, qui sait, à l'aide de leur téléphone, se parler, échanger des propos amoureux.

La loi interdisait formellement aux fiancés de se voir, et de s'adresser la parole en dehors des heures de stationnement dans les parkings de fiançailles. On craignait trop que les fiancés ne se revissent, ne se rapprochassent, copulassent et contribuassent ainsi à augmenter la natalité qui signifiait, bien évidemment, des conducteurs et des voitures en plus.

Aux cris de la jeune fille « Paul, Paul », le policier des Forces de gauche se retourna et avec autant de zèle et de vigueur qu'il avait abattu son marteau sur la tête du jeune homme, trancha d'un coup de faucille la tête de la jeune personne excitée.

Je ne pus m'empêcher de penser que c'était bien fait. La jeunesse est une excuse, mais elle ne justifie pas les extravagances.

Les voitures des deux malheureux (mais stupides) fiancés étant désormais vides, et prenant une place inutile, les pinces géantes de déblaiement entrèrent en action. Elles saisirent les carrosseries, les corps des fiancés, la tête de la jeune fille et le cadavre du chien et, emportant tout cela dans les airs, le déversèrent dans les broyeurs.

Et la vie, fort heureusement, reprit son cours.

Trois jours déjà. Depuis trois jours je roulais. J'avais quitté la place de l'Alma un lundi à 19 heures, et nous étions jeudi midi.

J'apercevais au loin les feux de la place de la Concorde. Si tout allait bien, je réussirais à être place Saint-Michel le lendemain ou le surlendemain. Mais pour l'instant je longeais les quais de la Seine. J'avais un œil sur mon volant et l'autre sur les grandes charnières. Les grandes charnières permettaient au quai de pivoter, faisant glisser d'un seul coup dans l'eau des kilomètres de files de véhicules.

Soudain une lumière clignota sur mon tableau de bord. Je frémis. L'oxygène allait me manquer. Depuis longtemps, je l'ai déjà dit, la pollution était telle que les automobiles possédaient toutes un circuit fermé d'oxygénation.

Il me fallait faire le plein. J'évaluai les réserves. Pourvu que je puisse tenir jusqu'à la station de la place Dauphine, où je connaissais le pompiste. Celui-ci ne me brancherait pas sur les vannes à ypérite. En effet, dans les stations-service, une voiture sur deux, faisant le plein d'oxygène, était branchée sur un circuit de gaz qui opérait une sélection extrêmement efficace.

J'en étais là de mes réflexions lorsqu'une voiture, à côté de moi, s'efforça pour gagner une place de me pousser à l'eau.

Je tendis la main vers la boîte à gants pour prendre un pistolet, bien décidé à exercer mon droit de vengeance. En effet, dans les cas extrêmes les conducteurs avaient la possibilité d'utiliser le droit de vengeance à condition de tirer à bout portant et d'être sûr, ainsi, de ne pas rater l'adversaire dont une lente agonie aurait ralenti le trafic.

Je pointais déjà mon arme en direction du véhicule qui me frôlait lorsque je me ravisai.

Ornée de rideaux de dentelle, la voiture qui avait cherché à prendre ma place en avait le droit.

C'était un confessionnal prioritaire. Depuis longtemps les églises étaient devenues des garages, mais les représentants du culte exerçaient leurs fonctions en automobile.

Sans doute un conducteur avait-il grillé un feu rouge et allait-il être fusillé. Il avait pu obtenir de se confesser avant. Le choix était donné. Ou l'on avait droit à une piqûre de nicotine dans les poumons (à la place de la dernière cigarette, car on ne pouvait gaspiller l'oxygène en fumant) ou l'on avait le droit de se confesser. Choix difficile. La vie n'était pas simple.

Toute la soirée, et toute la nuit, je réussis à rouler sur les quais sans tomber dans le fleuve. Les grandes charnières fonctionnèrent plusieurs fois, faisant basculer la chaussée. Et devant moi, ou derrière, de nombreuses voitures furent précipitées dans l'eau saumâtre.

J'étais un peu fatigué. Le soleil s'était levé et les contractuels tentaient de capter ses rayons dans de gigantesques miroirs, pour envoyer la lumière dans les yeux des conducteurs. Certains, éblouis, perdirent le contrôle de leur machine et s'écrasèrent le long du parapet.

Je sentais que mes nerfs risquaient de lâcher. Soudain, la voiture qui se trouvait devant moi prit feu. Je crus d'abord qu'il s'agissait d'un accident, mais je vis que le conducteur avait les yeux bridés et portait une robe jaune. J'en conclus qu'il s'était immolé.

De temps en temps, pour protester contre les injustices automobiles, il y avait des excités qui se supprimaient. Mais le sacrifice était aussi stupide qu'inutile. Cela ne faisait que faciliter le travail des contractuels, dont la tâche était justement de supprimer le plus de monde possible.

Une heure s'écoula encore, dans une progression régulière. Prenant la place des morts, des suicidés, des écrasés, des laminés, des broyés, je réussis à parcourir une centaine de mètres et arrivai à la station de ravitaillement. Si tout allait bien, j'allais pouvoir toucher mon caisson repas. Depuis cinq jours, je ne tenais que par les pilules vitaminées. Un vrai repas me ferait du bien.

J'appuyai sur le bouton commandant l'allumage de mon panneau d'identification alimentaire. Un carré s'éclaira à l'avant de ma voiture. Cela faisait gagner du temps. On allait me remettre le caisson repas correspondant à la catégorie désignée par le panneau lumineux : CADRE SUPÉRIEUR SANS RELIGION.

Les caissons repas étaient en effet distribués selon les insignes qui correspondaient aux convictions ou aux croyances des conducteurs.

Les possesseurs d'étoiles avaient droit à des conserves casher, ceux dont les véhicules s'ornaient d'une croix recevaient dans leurs rations des hosties en tube (de quoi tenir cinq ou six jours jusqu'à la prochaine station). Ceux qui, comme moi, étaient sans convictions religieuses, et qui par conséquent n'avaient pas le goût de l'expiation et du sacrifice, recevaient un bon permettant d'annuler l'action des voitures pièges de la police.

Les voitures pièges étaient des sortes de tanks, munis à l'avant d'un bras articulé, auquel était fixé un énorme piège à loup. Lorsqu'un automobiliste commettait une infraction, le bras se tendait et le piège à loup se refermait sur le toit de la voiture, broyant à la fois la tôle et la tête du conducteur.

Le bon allait me permettre d'échapper à un petit danger. Mais tant d'autres me guettaient.

J'avais mangé, j'avais bu et j'avais mis moins de six heures pour traverser le pont du Châtelet. Finalement, la vie n'était pas si mauvaise.

En passant devant le Palais de justice, je branchai mon récepteur bancaire. Je composai mon numéro de compte sur un cadran et, sur un petit écran, le chiffre de mon compte s'inscrivit.

Depuis longtemps, les amendes infligées aux automobilistes étaient si fréquentes et si lourdes que les salaires étaient directement versés aux services de la Préfecture de police.

Par un système de fiches perforées et d'ordinateurs, le paiement des contraventions s'effectuait par prélèvement automatique. Lorsque le montant des amendes dépassait le montant du salaire, le récepteur bancaire explosait et le contrevenant insolvable était tué.

À nouveau, la nuit tombait. La certitude de posséder encore quelque crédit sur mon compte m'avait mis de bonne humeur et je décidai de regarder la télévision.

Je décrochai mon téléphone et, relevant le numéro de la voiture qui me précédait, j'appelai son conducteur pour lui demander de brancher son récepteur. C'était une des seules distractions offertes aux automobilistes. Comme les files de voitures couvraient tout le pays et qu'il était impossible de ne pas rouler *derrière* quelqu'un, tous les véhicules étaient munis, à l'arrière, d'un poste de télévision. Ainsi, le soir, pendant les longues heures d'attente aux feux rouges, chacun allumait son poste de télévision pour celui qui se trouvait derrière.

Le conducteur me parla quelques instants avec une extrême courtoisie, mais il me prévint que je ne pourrais peut-être pas voir la totalité du programme, car il devait s'arrêter pour se brancher sur le pipe-line à encycliques.

En effet, la voiture qui me précédait était une voiture épiscopale. J'aurais dû m'en apercevoir plus tôt. L'antenne radio était en forme de crosse.

Le conducteur était un évêque. Il devait, comme ses collègues, se brancher chaque jour sur le pipe-line à encycliques et indulgences plénières, qui reliait toutes les villes au Vatican. Poussées par de l'air comprimé, les encycliques parvenaient par le moyen du pipe-line jusqu'aux voitures épiscopales sous forme de pilule.

Je ne pus m'empêcher de sourire en songeant qu'autrefois la pilule avait été condamnée par le Saint-Siège.

Il existait sur tout le territoire un réseau très élaboré de pipe-lines, distributeurs de pilules, qui permettait aux conducteurs de ne pas perdre le contact avec la vie spirituelle.

C'est également par ce moyen que les isolés, vivant en vase clos dans leurs véhicules, pouvaient ne pas oublier totalement la notion de sensualité. Des pipelines spéciaux acheminaient vers des distributeurs des pilules à sensations, produisant des effets physiologiques comparables à ceux que le mariage devait normalement procurer, mais que la vie automobile, éternellement individuelle ne permettait plus de connaître. Bien sûr, pour sauvegarder la morale, lorsqu'un conducteur se munissait de pilules à sensations auprès d'un distributeur, il devait apposer sur sa voiture un carré blanc.

L'évêque qui me précédait s'était arrêté devant un distributeur. Il absorba son encyclique en pilule. Il attendit quelques instants. Je cherchai à voir par sa lunette arrière pourquoi il ne repartait pas aussitôt. Devant lui, il y avait au moins 1,50 mètre de libre.

J'aperçus, dans son rétroviseur, son visage renfrogné. Je devinai pourquoi.

Encore une fois, le Saint-Père avait dû interdire la pilule à sensations pour les membres du clergé. L'Église ne changeait pas. Le monde évoluait à une vitesse vertigineuse mais elle voulait conserver sa rigueur. Pourtant, contre l'automobile, l'Église ne pourrait rien. L'âme des hommes n'occupait plus des corps mais des caisses. Cela était si vrai que le Vatican n'était plus, depuis longtemps, qu'un Saint-Siège à roulettes.

La nuit était tombée depuis longtemps. Mes yeux me faisaient mal, mais je ne pouvais, je ne devais pas les fermer, ne fût-ce qu'un instant. Il me fallait fixer, fixer sans cesse les feux arrière de la voiture qui me précédait. La nuit, en effet, les rues n'étaient pas éclairées et, de temps à autre, de larges trappes s'ouvraient dans la chaussée, engloutissant quinze ou vingt véhicules. Le seul moyen de ne pas tomber dans ces trappes, lorsqu'on avait la chance de ne pas se trouver juste au-dessus, était de guetter les feux des autres voitures afin de stopper si on les voyait basculer.

C'est ce qui se produisit tout à coup. Les deux gros yeux rouges que je fixais semblèrent monter vers le ciel, puis descendre dans un abîme. La voiture qui se trouvait devant moi venait d'être précipitée d'une hauteur de 30 mètres dans une cuve à haute température qui la transformerait en métal liquide. À la lueur de ce métal en fusion, j'aperçus le conducteur. C'était un enfant d'environ huit ans.

Le problème des enfants était très important. Jusqu'à l'âge de sept ans, ils pouvaient rester dans la voiture de leur mère. Celle-ci pouvait faire le plein de lait dans les stations-service, car des biberons automatiques étaient installés dans presque tous les tableaux de bord. En effet, les mères ne pouvaient pas lâcher le volant pour donner le biberon et les sangles de sécurité les empêchaient de donner le sein.

À l'âge de huit ans, les gosses touchaient leur première voiture, après avoir fait un stage dans une auto-école, où on leur apprenait quelques rudiments de lettres et de sciences, mais surtout la mécanique et le pilotage.

Sans doute l'enfant qui venait de disparaître dans le métal en fusion de son automobile avait-il été un élève inattentif.

La chaussée s'était refermée. Je pus faire une quinzaine de mètres et rattrapai la file de véhicules qui avaient échappé à la trappe. Soudain une immense flèche lumineuse s'alluma dans le ciel. Elle annonçait : « Déviation menant au tunnel. » Le tunnel !

Je frissonnai.

Le tunnel était un couloir de lavage automatique. D'abord, il fallait passer entre des jets d'eau savonneuse, afin de nettoyer les carrosseries. Puis, au cinquième jet, on devait ouvrir les glaces afin que de l'eau tiède et parfumée lave les conducteurs, car personne ne pouvait s'arrêter pour faire sa toilette. Au bout de longs bras d'acier des éponges, des linges, des brosses à dents, ou à ongles, aseptisés, pénétraient par les portières. Ensuite, c'était le tour des jets rinceurs, des jets sécheurs, etc.

Alors, puisqu'il ne s'agissait que d'être rendu propre et beau, pourquoi frissonnai-je ?

Parce que de temps en temps, toujours dans le but louable d'éliminer des conducteurs, les jets d'eau tièdes étaient remplacés par de l'acide sulfurique.

Je m'engageai dans le tunnel.

Ma voiture fut lavée rapidement. J'ouvris les glaces... L'eau savonneuse ruissela sur moi, nettoyant mon corps et mes vêtements... Soudain, un cri effroyable retentit. Devant moi, une jeune femme venait d'être atteinte par l'acide sulfurique. Elle mourut dans des torsions atroces. Une sonnerie retentit. Des lumières s'allumèrent, qui se mirent à clignoter. Dans un haut-parleur une voix résonna : « Erreur... Erreur... c'est une prioritaire. Erreur... Erreur... c'est une prioritaire. »

C'était sans doute une ouvrière spécialisée de l'industrie automobile. Ses fonctions lui donnaient le droit de ne pas être abattue avant trente ans. Elle en avait à peine vingt-cinq.

« Fiche de rattrapage... » dit la voix. Des flashes lumineux se déclenchèrent. Un computeur enregistra l'identité et l'immatriculation de la défunte. Si elle avait des enfants, l'un de ceux-ci aurait droit à quarante minutes de parking à titre de compensation. Je pensai que cette chance ne pourrait jamais m'arriver. J'étais orphelin.

Les jets d'eau tiède m'avaient lavé.
Je passai devant des jets d'air chaud.
J'étais sec.
J'étais propre.
Et surtout, j'étais vivant.

Depuis dix jours, maintenant, je roulais. À quoi cela me servait-il de compter les jours ? À rien. Sinon à ne pas être en retard.

Il me faudrait deux semaines pour rentrer chez moi. Enfin, pour aller jusqu'à ma place légale de parking. Puis, il me faudrait deux semaines pour revenir assurer mes vingt-cinq minutes mensuelles de travail. Là, je devrais pointer et lorsque j'insérerais ma fiche dans la machine pointeuse, la moindre minute de retard ferait tomber un couperet qui me trancherait la main. Or, la Loi était formelle. Tout individu ayant perdu un membre ne pouvait plus conduire de voiture et par conséquent devait être fusillé.

La Loi était même pire que cela.

Non seulement la perte d'un membre (de son corps – bras ou jambe) coûtait la vie mais également la perte d'un membre de la famille.

Chaque fois qu'un membre de la famille était tué, on supprimait les ascendants et les descendants. Malgré cela, il y avait toujours autant d'automobilistes. Certaines familles avaient de la chance. À tel point qu'il s'était établi une certaine aristocratie de la survie. Je fus tiré de ma méditation par un bourdonnement. Mon avertisseur de mobilisation venait de se déclencher. J'appuyai sur un bouton et j'entendis une voix métallique :

« LA GUERRE ENTRE LES ÉTATS-UNIS ET L'AMÉRIQUE EST DÉCLARÉE. » (Les États-Unis, c'étaient les pays francophones. L'Amérique, c'était le continent américain dans son ensemble, Nord et Sud, qui avait repris son ancien nom pour qu'il n'y ait pas de confusion.)

La voix continua : « *Priorité vous est accordée pour vous rendre sur le champ de bataille. Vous êtes Colonel-Cheval – Terminé.* »

Je respirai. Plus besoin de m'inquiéter d'un éventuel retard. Ma mobilisation me dégageait de toute obligation. Mon droit de priorité me donnait le droit d'emprunter la voie express qui conduisait au champ de bataille et d'utiliser les lance-roquettes placés à l'avant du véhicule pour faciliter ma route.

Je déclenchai la commande de grade. On venait de me nommer Colonel-Cheval. La commande joua, et cinq barrettes cuivrées apparurent sur mes ailes.

C'était un coup de chance, les grades étaient tirés au sort. Être colonel me donnait le droit de faire exécuter impunément tous ceux qui risquaient de retarder mes déplacements. J'utilisai les lance-roquettes et détruisis une vingtaine de voitures qui risquaient de m'empêcher de tourner à droite pour prendre la voie express. La route étant ainsi dégagée, je pus rouler normalement.

Le champ de bataille était situé à quelques kilomètres de la ville, sur l'emplacement de l'ancien aéroport d'Orly. Depuis longtemps, les Humains s'étaient rendu compte que la guerre était un extraordinaire moyen d'équilibre et de sélection. Malheureusement, les encombrements et le manque de place interdisaient à la fois les mouvements de troupes, les manœuvres stratégiques, les débarquements, etc.

Ah! La belle époque de Diên Biên Phu était loin. D'ailleurs, toutes les cuvettes naturelles étaient depuis longtemps transformées en stations de vidange et graissage.

L'ONAU (Organisation des nations automobiles unies) avait donc établi un planning de guerre.

Par tirage au sort, les nations devaient s'affronter sur des champs de bataille parfaitement définis et soumis à des contrôles et des règlements stricts. Les combattants, désignés par le hasard (comme je venais de l'être), représentaient leurs pays.

Les champs de bataille étaient de gigantesques jeux d'échecs. Ma désignation de COLONEL-CHEVAL indiquait que je devrais me tenir sur la case Cheval du terrain d'échecs. J'aurais rang de colonel mais peu d'initiatives me seraient laissées. Les ordres me seraient communiqués par radio et mes déplacements seraient ordonnés par le Grand Préfet, chef absolu du camp français.

Dans le cas présent, il aurait à affronter le Président d'Amérique, un Noir ayant la réputation d'être très fort. La guerre n'était pas une chose terrible.

Il y avait, cela était certain, moins de danger à participer à la guerre qu'à rouler dans les rues.

J'arrivai sur le champ de bataille vers 16h30. Officiellement, la guerre était déclarée depuis une heure et demie déjà, mais les combats ne se dérouleraient qu'une fois la nuit tombée.

En effet, le public suivait toujours les batailles sur les écrans de télévision couleur et la couleur était meilleure la nuit. Le feu, le sang, la fumée, les explosions rendaient toujours mieux à la lueur des projecteurs qu'à la lumière du jour.

Je pris ma place sur le terrain.

Les règles de la guerre avaient été établies par l'ONAU (l'Organisation des nations automobiles unies) en mélangeant les lois du jeu de dames et celles de la bataille navale.

Le Président de l'Amérique et le Grand Préfet des États francophones (qui ne s'étaient pas déplacés et jouaient de leurs bureaux respectifs) avaient sous les yeux une maquette du terrain de combat. Chacun leur tour, ils désignaient une case. Selon le grade du combattant qui s'y trouvait, une petite, une moyenne, ou une grande ville était détruite dans le pays de l'adversaire.

Les simples soldats correspondaient aux pions. Les sous-officiers étaient les tours, les officiers étaient des fous, les officiers-supérieurs, des chevaux, le roi était toujours un général, chef d'état-major. La reine était l'aumônier général de l'Armée. C'était le seul véhicule qui avait le droit de se déplacer à la fois en ligne droite et en diagonale pour aller donner l'extrême-onction aux combattants mourants.

En tant que Colonel-Cheval, on m'attribua la ville de Lyon, dans la case F/6.

Si le Président d'Amérique désignait la case F/6, le Colonel-Cheval du camp américain lancerait une fusée sur ma voiture, dans cette case F/6. La destruction de mon automobile, et de moi par la même occasion, aurait pour conséquence de faire immédiatement raser la ville de Lyon.

Dans toutes les villes, francophones ou américaines, dès l'annonce de la déclaration de guerre, les canalisations de napalm avaient été branchées, prêtes à déverser des tonnes de flammes liquides absolument imparables. Car le transport des explosifs et toutes les choses périmées, comme les bombardements chez l'adversaire par exemple, n'existaient plus depuis longtemps.

C'était une des grandes décisions de l'Organisation des nations automobiles unies. Chaque ville possédait ses propres réserves d'explosifs, de napalm, ou toute autre matière utile à la destruction.

Dès qu'il y avait ouverture d'un conflit, elle attendait, attentive, la décision des meneurs de jeu. Et dès qu'elle était désignée pour être détruite, elle se détruisait elle-même, ce qui gagnait du temps.

C'est ce qu'on appelait le dispositif de logique.

Le dispositif de logique avait déjà dû fonctionner dans tout le pays. Les hauts fonctionnaires, les policiers, les représentants du gouvernement, de la banque, et les militaires de carrière de haut grade avaient déjà été dirigés vers les routes de sécurité et installés dans les abris.

Il ne restait plus dans les villes correspondant aux cases du terrain de combat, que les civils, les femmes, les enfants, qui, comme dans toute guerre normale, doivent être ceux qui souffrent le plus.

La guerre allait commencer. Un immense panneau lumineux s'éclaira sur le toit de la tribune de commandement (où étaient installées les caméras de télévision) qui allait servir de dispatching pour les ordres des deux chefs de combat.

Sur le tableau lumineux allaient s'inscrire les scores et la télévision retransmettrait la cérémonie de déclaration de guerre.

Cette cérémonie était toujours la même. D'abord, de son parking de Castel Gondolfo, le Pape s'adresserait aux deux nations pour leur demander de faire la paix. Cela ne durerait que deux ou trois minutes. Chacun savait que les discours du Pape en faveur de la paix n'avaient aucun intérêt, mais c'était la coutume. Ensuite, les orchestres joueraient les Hymnes nationaux – Un choral pour l'Amérique, *Ô Seigneur protège ma tête de delco*, et pour les États-Unis francophones, *Qu'un sang impur abreuve nos pare-chocs*.

J'étais extrêmement calme. Il y avait une grande part de hasard dans l'issue de la guerre. On pouvait y périr certes, mais participer effectivement au combat était infiniment moins dangereux qu'être civil. Et puis, comme disaient les anciens : « ALEA JACTA EST. »

Au bout de vingt minutes, l'Amérique avait déjà marqué un point. Son Président avait joué la case B5 et une voiture française avait été pulvérisée.

La case B5 était occupée par une automobile pion et ne correspondait qu'à une petite ville de province sans grand intérêt, qui avait immédiatement été rasée. Cela n'avait fait que quinze mille morts et ne pouvait être pris en considération.

Toutefois, psychologiquement, c'était tout de même une victoire pour l'Amérique. Et nombreux étaient ceux qui allaient changer leurs paris.

Car le PMI avait de plus en plus d'adeptes.

Presque tous les véhicules étaient reliés par radio aux bureaux du PARI MUTUEL INTERNATIONAL dans lesquels on pouvait jouer sur l'issue des guerres. Lorsqu'on avait réussi un beau tiercé, c'est-à-dire désigné dans l'ordre les vainqueurs de trois combats, on obtenait des récompenses extraordinaires comme, par exemple, le droit de conduire en état d'ivresse absolue. Ce qui était un incomparable plaisir.

On pouvait ainsi pendant trois mois, six mois ou un an – selon l'importance du tiercé – provoquer tous les accidents possibles et imaginables sans encourir la moindre punition, et surtout sans retrait du permis de conduire.

Le permis de conduire était, je ne sais si je l'ai déjà dit, accordé – après un examen très sévère – sous forme d'une petite glande en plastique que l'on greffait dans le cerveau du conducteur.

Cette glande, reliée à l'hypophyse, agissait directement sur les cellules cérébrales et empêchait de commettre la moindre faute de code ou de conduite sous peine d'intolérables migraines.

Seul, l'état d'ivresse alcoolique permettait de ne pas ressentir les effets de cette glande de contrôle. C'est pourquoi les conducteurs n'avaient qu'une idée en tête, si j'ose dire, s'enivrer.

Mais, dans tous les masques à oxygène que portaient les automobilistes, se trouvait un minuscule aspirateur relié par un tuyau à un alcootest fixé à l'avant du véhicule. Toute haleine imprégnée d'alcool était aspirée par le dispositif et faisait virer la couleur du liquide contenu dans le réservoir de l'alcootest. Les contractuels agissaient alors, et le contrevenant se voyait retirer son permis. C'est-à-dire que l'on arrachait la glande en plastique avec une partie de la boîte crânienne et des hémisphères cérébraux, ce qui entraînait toujours la mort immédiate.

Il était donc formidable de pouvoir conduire en état d'ivresse, et cela, seul le tiercé de la guerre pouvait le permettre.

J'avais failli le réussir une fois, en donnant la Nigeria du Nord vainqueur de l'Allemagne et Cuba vainqueur du Japon. Mais je n'avais pas prévu la victoire de la Suisse sur I'Ursas (Union des Républiques socialistes automobiles soviétiques). Or, la Suisse était devenue un pays d'une puissance considérable à cause de sa sauvagerie. Étant restée neutre pendant des siècles, elle avait emmagasiné une hargne telle que tous les autres pays tremblaient de lui être opposés.

La seule nation qui ne faisait pas totalement partie de l'organisation rationnelle de la guerre était l'État judéo-palestinien de l'Arabie israélienne. Les conducteurs de cette nation se conduisaient d'une manière trop anarchique et ne se pliaient jamais aux lois établies par l'Organisation des nations automobiles unies. Les conducteurs arabes se déplaçaient en nomades, d'une façon incohérente, quant aux conducteurs israéliens, qui vivaient dans des voitures Kibboutz, ils refusaient de rouler le samedi.

Mais pour l'instant, il n'était pas question de soliloquer et de méditer sur l'orientation que prenait le monde.

La guerre était là, il fallait vite en profiter.

L'Amérique était toujours en tête.

Certes, le Président d'Amérique était très fort, mais il était surtout admirablement renseigné par son service d'espionnage.

Bien que les États-Unis francophones groupassent beaucoup d'habitants, la population américaine était bien plus importante. Cela venait du fait que, pendant des années, pour lutter contre le racisme, chaque Blanc qui épousait une Noire et lui faisait plus de trois enfants était exempté d'impôts pendant cinq ans. Quantité de gens avaient voulu profiter de cette disposition fiscale, mais l'Amérique souffrait, encore plus que les autres nations, de surpopulation.

C'était un inconvénient sur le plan de la circulation automobile, mais c'était un avantage pour la répartition des espions. En effet, la commission de sécurité de l'Organisation des nations automobiles unies, lasse de devoir siéger à tout propos pour des histoires d'espionnage, avait décidé que chaque pays posséderait un espion pour trois cent cinquante habitants, Par sa surpopulation, l'Amérique était avantagée.

Le travail des espions était simple. Aucune invention ne pouvait voir le jour dans l'industrie sans que les plans ne fussent communiqués au Syndicat international des espions, qui les tenait à la disposition de ses adhérents. Ceux-ci choisissaient alors ce qui était susceptible d'intéresser leur gouvernement et pratiquaient un système comparable à celui qu'utilisaient jadis les agents de change pour coter les différents secrets. Pour ce qui concernait les conflits, les plans de bataille devaient également être communiqués aux espions. Voilà pourquoi l'Amérique était en train de remporter la victoire.

Victoire est d'ailleurs un mot mal employé. En effet, les espions francophones auraient pu eux aussi avoir connaissance des dispositifs de guerre américains, mais ils avaient refusé de se les procurer.

Les statistiques étaient formelles, les Français désiraient perdre. Les exemples de l'Histoire étaient là pour justifier leur décision. Chaque fois que les Français avaient gagné une guerre, ils avaient mis des années à s'en remettre alors que leurs ennemis vaincus se relevaient avec une rapidité écœurante.

Et cette fois-ci, l'opinion publique avait parlé. Il fallait que l'issue de la guerre soit fatale pour la France.

Les États-Unis francophones avaient suivi, car il n'était pas question de discuter un sondage.

Les sondages avaient une énorme importance dans la vie des nations.

Passant son existence entière en voiture, la population ne pouvait être consultée que par ce moyen, Et ce, dans tous les domaines.

La recherche des criminels, par exemple, s'effectuait par sondage d'opinion. Cela se passait de la manière suivante. Chacun devait, à date fixe, remplir un questionnaire communiqué par l'IFOP.

« Avez-vous volé ? Si oui, qui ? Et pourquoi ? »

« Avez-vous escroqué ? Si oui, qui ? Et pourquoi ? »

« Avez-vous tué ? Si oui, qui ? Et pourquoi ? »

Conditionnés dès l'enfance à répondre à ces questionnaires, les conducteurs ne pouvaient pas tricher et étaient arrêtés, puis exécutés dans les plus brefs délais.

Dans les plus brefs délais… Cela dépendait, car souvent, les pelotons d'exécution ayant trop de travail, on devait recourir dans les enquêtes criminelles, à des questions subsidiaires pour départager les assassins ou les voleurs. Des questions du genre : « À votre avis combien d'assassins sont dans votre cas, combien seront arrêtés avant telle date. » Etc., etc.

Dans la vie spirituelle, également, le sondage d'opinion avait depuis longtemps remplacé la confession.

Les croyants remplissaient un questionnaire :

– Avez-vous péché ?

– Combien de fois ?

– Avec qui ?

– Recommencerez-vous ?

– Avec la même personne ?

– Avec une autre ?

– Avec les deux ?

– Vous repentez-vous ?… etc., etc.

La pénitence était donnée sous forme de timbre autocollant que les croyants pouvaient apposer sur leur pare-brise.

L'heure de la trêve arrivait.

Pendant quelques heures, la guerre allait être stoppée pour permettre aux combattants de suivre les spectacles défoulants de la télévision.

Des sirènes retentirent, marquant l'arrêt momentané du combat et les voitures se groupèrent, selon un ordre rigoureux, devant l'écran de télévision géant. Le programme défoulant allait commencer.

Les programmes défoulants avaient été mis au point lorsque la circulation n'avait plus permis aux automobilistes de s'arrêter dans les débits de boissons.

Au cours des siècles, les hommes avaient pris l'habitude de vider leur cœur, le soir, devant les comptoirs des bistrots. Toutes les phrases qu'ils prononçaient, commençaient alors par « Y a qu'à » ou par « Moi, à leur place » ou encore par « Ce qu'y faudrait, c'est... ».

Mais le règne des conversations de café était terminé, d'où la nécessité de programmes défoulants. Dans ces programmes tous les tabous étaient renversés et piétinés.

Le spectacle commença par un défilé d'anciens combattants à béret basque et jambes de bois qui dansèrent la danse du feu autour de la flamme du Soldat inconnu. Autour de moi certains automobilistes commencèrent à s'agiter. Les uns criaient : « Assez... Scandale », les autres hurlaient : « Bravo... Bien fait... »

Le défoulement prenait corps.

La suite de l'émission nous montra successivement des phoques qui déchiquetaient des bébés lapons, puis une corrida où des toréadors attachés sur des panneaux de bois étaient encornés par des taureaux. Les animaux étaient ficelés sur des chariots guidés par des rails, de telle sorte qu'ils ne puissent dévier de leur route et que les cornes pénétrassent bien et profondément dans les abdomens hispaniques.

Les conducteurs aimant les animaux poussaient des cris de joie. Les autres étaient boudeurs mais ne disaient mot, sachant que la suite du programme défoulant leur permettrait peut-être de voir des humains déchiquetés par des bêtes malfaisantes.

Une course de culs-de-jatte fut suivie par un combat de manchots, portant chacun une couronne d'épines, et qui tentaient de se griffer mutuellement le torse avec leur tête.

Puis le Grand Rabbin et le Grand Mufti de Jérusalem jouèrent une saynète du marquis de Sade avec une jeune fille prostrée dans un fauteuil roulant.

Ensuite vint une séquence de mauvais goût. Cette séquence mettait en scène Ponce Pilate. Celui-ci déclarait que, par mesure d'économie, on pouvait très bien crucifier les gens à 50 centimètres du sol, ce qui était aussi efficace qu'à 4 mètres et permettait de ne pas gaspiller le bois.

Les anticléricaux éclatèrent de joie, défoulés pour plusieurs jours, tandis que les autres se voilaient la face et se roulaient sur le tapis de leur véhicule, en mordant les coussins.

Le programme s'acheva sur un appel du Grand Druide défouleur. Le Grand Druide défouleur était l'organisateur de ces spectacles. Il invita les spectateurs à écrire ce qu'ils pensaient de ce qu'ils venaient de voir. Des hôtesses, circulant en chariots électriques, distribuèrent des feuilles de papier et chacun se mit fébrilement à écrire une lettre, injuriant le responsable du programme qui lui avait déplu.

Les conducteurs avaient tous les yeux exorbités, la bave aux lèvres et étaient agités de tressautements hystériques.

Lorsque les lettres furent terminées, les hôtesses les ramassèrent et allèrent les jeter dans des paniers codificateurs où elles furent transformées en fiches perforées. Les ordinateurs se mirent à fonctionner. En quelques secondes les trois responsables des programmes dont le nom avait été cité le plus souvent par des spectateurs mécontents furent repérés, et leurs noms s'inscrivirent sur l'écran géant.

Le Grand Druide défouleur réapparut. Les trois responsables étaient à ses côtés. Le Grand Druide leur fit un signe.

Ils posèrent leur tête sur un billot, une hache s'abattit !

La foule explosa littéralement de bonheur.

Encore une fois, la télévision avait joué son rôle, défouler l'homme.

Le programme défoulant étant terminé, le combat reprit. Les espions américains avaient sans doute remarquablement fait leur travail.

Successivement, le Président d'Amérique annonça les cases B9 -C4 -D8 -F2 -G5 qui toutes étaient occupées par des voitures d'officiers supérieurs.

Cinq villes françaises furent donc rasées.

À son tour le Grand Préfet de l'Union francophone annonça C5 -B8 -D1 -H3 -E6. Il eut de la chance. New York, Washington, Miami, Chicago et Philadelphie explosèrent immédiatement.

Les deux pays étaient donc à égalité. Sur le plan du jeu de la guerre, évidemment, car aucune des villes françaises détruites ne pouvait être comparée aux villes américaines. Mais voilà une petite guerre qui s'annonçait bien et où tout fonctionnait comme sur des roulettes.

De temps en temps, les ambulances de la Croix-Rouge passaient entre les combattants.

C'est bizarre. La civilisation automobile avait eu raison de l'Art, de la Poésie, de la Nature. Elle avait détruit quantité de choses. Famille, Sentiments, Amour... Elle n'avait jamais réussi à supprimer la Croix-Rouge. Celle-ci continuait, partout, à exercer sa bienveillante activité.

Les ambulances de la Croix-Rouge francophone étaient en rapport constant avec ceux de la Croix-Rouge américaine. Dès que l'une d'entre elles signalait des blessés dans un camp, des infirmières faisaient les mêmes blessures à autant de gens de l'autre camp. Celà afin d'empêcher qu'une armée fût plus puissante qu'une autre, au mépris des lois humanitaires.

De toute façon à la fin des combats, les blessés étaient tous achevés en même temps, quel que soit leur camp et sans distinction de race, de sexe, de couleur ou de religion.

Devant moi, une voiture explosa soudain et son conducteur eut la tête arrachée. Celle-ci roula sur le sol... Et je la suivis machinalement du regard.

Un enfant, sans doute échappé de la tribune, ou d'une voiture voisine, se précipita sur la case B5 pour ramasser cette tête. Je l'entendis vaguement rire en disant « Papa, papa », puis il y eut un éclair et l'enfant fut foudroyé.

Je n'eus pas le temps d'extrapoler, ni de réfléchir à la coïncidence étrange qui avait ainsi réuni le père et le fils sur le terrain de combat, un panneau venait de s'allumer, une sonnerie retentissait, l'Amérique déposait une réclamation.

En effet, personne, pour quelque raison que ce fût, ne devait circuler sur le terrain de combat, car cela risquait de fausser la tactique.

La commission de sécurité de l'Organisation des nations automobiles unies fit hisser le drapeau TILT.

Toute réclamation devait être suivie d'un colloque entre les représentants des pays belligérants, contrôlés par un arbitre objectif (c'est-à-dire mi-noir, mi-juif).

Le général américain et le général francophone se dirigèrent vers les pieds de négociation.

Il faut rappeler que de telles discussions avaient eu lieu lors de négociations semblables pour choisir la forme de la table (les uns la désirant ronde, les autres carrée, les troisièmes ovale) pour des raisons de préséance ou de hiérarchie et qu'il avait été décidé une fois pour toutes que les tables de négociation ne comporteraient que des pieds.

Arrivés devant les pieds de négociations, les deux chefs de guerre se mirent l'un en face de l'autre, prirent chacun leur pied et entamèrent les pourparlers.

Depuis longtemps, les services d'espionnage avaient obtenu que les rencontres secrètes soient télévisées et radiodiffusées, ce qui leur évitait d'avoir à dissimuler des micros pour surprendre les conversations.

Chacun suivait donc dans sa voiture les entretiens américano-francophones.

Le délégué américain était fou furieux. Il se mit à hurler que « c'était toujours pareil avec les nations faibles, que ça n'était pas intéressant de les affronter car elles faussaient toujours le combat ».

La francophonie, selon lui, avait tout organisé pour perdre. Dans ces conditions, il préférait se retirer du conflit et demandait à la COMMISSION DE LÂCHETÉ de l'Organisation des nations automobiles unies de le déclarer vaincu, en lui donnant l'autorisation de détruire son armée après avoir fait fusiller ses chefs.

Les Américains étaient vraiment d'une mauvaise foi insupportable. Voyant qu'ils allaient gagner, ils avaient saisi l'occasion de cet incident de guerre pour essayer de remporter la défaite.

Il faut dire que pour eux, perdre cinq ou six guerres de suite était le seul moyen de détruire rationnellement les millions d'automobilistes qui paralysaient le continent américain.

L'arbitre neutre international (un Noir juif de mère arabe) était un homme d'une grande intégrité. Il déclara que l'incident de guerre provoqué par la France ne justifiait pas une décision finale aussi catégorique, mais qu'il convenait toutefois de la sanctionner. En conséquence, il ordonnait au gouvernement français de mettre en circulation deux cent mille policiers de plus.

C'était une sanction extrêmement sévère. Le pays était paralysé par la circulation automobile, mais celle-ci était sans cesse entravée par les décisions incohérentes et la stupidité des agents de police.

En nommer deux cent mille de plus était un lourd handicap pour le pays. Heureusement, la nomination des policiers supplémentaires sous-entendait que quantité d'automobilistes seraient tués injustement et ceci compensait cela.

La décision de l'arbitre neutre international étant immédiatement applicable, la conférence de guerre prit fin. Sur les écrans de télévision, chacun put suivre le lâcher de policiers.

C'était toujours un spectacle surprenant.

Les centres de formation de policiers étaient à peu près les seuls bâtiments que l'on n'ait pas détruit pour faire place à des usines d'automobiles ou des parkings d'habitation.

Les policiers étaient choisis dès l'enfance parmi les suspects présentant le quotient d'intelligence le plus bas, mais la plus grande résistance physique. Ils étaient classés par catégories, et conditionnés selon cette catégorie.

Pour obtenir leur nourriture il leur fallait accomplir un certain nombre de gestes, comme ceux que l'on faisait faire autrefois aux rats et aux cochons d'Inde dans les laboratoires du professeur Pavlov.

Frapper à coup de matraque sur la tête d'un mannequin faisait s'ouvrir la trappe à viande, tirer à la mitraillette leur permettait d'avoir de l'eau, lancer une grenade lacrymogène faisait s'abaisser une couchette, etc., etc.

Lorsqu'on les lâchait parmi les automobilistes, les réflexes conditionnés parfaitement ancrés en eux leur permettaient d'agir vite, sans réfléchir, comme des bêtes, ce qui est vraiment l'idéal policier.

Il existait toutefois une hiérarchie parmi les policiers, divisés en plusieurs groupes.

Le premier groupe, situé en bas de l'échelle, était formé de VISEURS D'OMOPLATES.

Les viseurs d'omoplates étaient des tireurs spécialement entraînés pour atteindre, à bout touchant, entre les omoplates, les individus blessés couchés sur le trottoir.

Les autres groupes étaient conditionnés d'une façon générale pour réagir à tout ce qui pouvait nuire au conducteur de voitures.

Deux cent mille policiers de plus dans le pays. Ç'allait être l'enfer.

Le délégué américain avait été quelque peu calmé par cette décision mais l'on sentait que, malheureusement, la guerre était fichue. L'enthousiasme était tombé et il restait, sur les cases du champ de bataille, trop peu de véhicules en présence. Quelle que soit l'issue du combat, il ne pouvait plus y avoir de grandes destructions ni d'un côté ni de l'autre.

Soudain, on entendit un bruit de pales et un hélicoptère vint se poser devant la tribune. Il portait l'insigne de l'Organisation des nations automobiles unies. Un casque bleu surmontant un sac de riz, orné d'une étoile de David dont le centre était occupé par une tiare sur laquelle figuraient un croissant, une faucille et un marteau. Le tout entouré de fleurs de lys et de pneus.

Il allait se passer quelque chose, car on ne déplaçait pas comme ça un hélicoptère de l'ONAU.

Effectivement, le signal de cessez-le-feu retentit. Autour de moi je ne voyais que des visages désappointés. Puis, tout à coup, en haut de la tribune, le drapeau de Lutte Exceptionnelle fut hissé.

Ce fut alors un tonnerre d'applaudissements et de hurlements de joie.

Le dispositif de Lutte Exceptionnelle était très rarement utilisé. On ne l'employait que lorsque les adversaires ne pouvaient être départagés. Dans ce cas-là, seuls les généraux en chef des deux camps poursuivaient le combat selon le principe du jeu de l'oie.

Ils devaient progresser de case en case et leur arrivée sur ces cases correspondait, bien sûr, à un certain nombre d'épreuves dont il fallait triompher.

La progression était déterminée, comme au jeu de l'oie, par un lancement de dés. Mais les dés étaient remplacés par des chutistes.

Comme leur nom l'indique, les chutistes étaient des parachutistes qui n'avaient pas de parachutes.

La combinaison des chutistes était ornée de points. Deux points sur la jambe gauche, trois sur la jambe droite, l'as dans le dos, le six sur la poitrine, etc., etc. Comme les chutistes n'avaient pas de parachute ils s'écrasaient au sol et, sous la violence du choc, s'enfonçaient généralement de plusieurs dizaines de centimètres. La partie qui restait apparente était celle qui comptait pour choisir le numéro.

Le jeu de Lutte Exceptionnelle commença.

Le général américain et le général francophone prirent place côte à côte sur la case départ. On tira le premier à partir à pile ou face.

Deux boîtes furent déposées sur une table et une petite fille de couleur fut amenée pour désigner le partant de sa main innocente.

Dans la boîte face, il n'y avait rien. Dans la boîte pile il y avait, évidemment, une pile.

Une pile de vingt-cinq mille volts.

L'enfant mit sa menotte dans une des boîtes. Elle fut immédiatement électrocutée. C'était donc la boîte pile. Et cela désignait, comme premier à partir, l'Américain.

Deux chutistes sautèrent et s'écrasèrent. Le premier s'enfonça dans le sol, les jambes en avant et la poitrine tournée vers le ciel. Le chiffre 6 était donc évident. Le second tomba la tête la première et, dans la position du V de la victoire, laissa apparaître le chiffre 4 sur son fond de culotte.

6-4. Le général américain mit son véhicule en marche, 1-2-3-4-5-6/1-2-3-4. Il s'arrêta sur une case et prit une fiche qui l'attendait.

« Un civil a fait une grimace à l'un de vos sous-officiers. Fusillez dix mille otages. » L'ordre fut immédiatement exécuté. Les otages aussi.

L'exécution des otages ayant été aussi rapide qu'efficace, c'était maintenant au tour du général francophone de jouer. Deux chutistes français sautèrent, et s'écrasèrent au centre du terrain.

L'un complètement recroquevillé, l'autre à plat ventre, laissant apparaître les numéros 4 et 3.

Le général francophone avança le long des cases du terrain de Lutte Exceptionnelle : « 1-2-3-4/1-2-3. »

L'indication correspondant à la case fut diffusée par les haut-parleurs.

« Une erreur de manœuvre vous coûte dix mille hommes. »

L'ordre fut transmis à un certain nombre de régiments du train qui stationnaient sur l'aire de combat. Immédiatement les dix mille hommes se mirent à faire des erreurs de manœuvre. Les camions, les jeeps, se heurtèrent. L'essence se répandit partout et s'enflamma.

Éjectés de leurs véhicules, les soldats tombaient sur le sol où ils étaient écrasés par les conducteurs de leur propre armée. C'était un spectacle extrêmement plaisant et quantité de spectateurs battaient des mains.

Le général américain, qui devait progresser sur le jeu de l'oie, montra quelque impatience. La fumée dégagée par les corps en feu l'empêchait de voir ses chutistes qui venaient de sauter dans le vide.

Enfin, une petite éclaircie permit de se rendre compte que les deux hommes étaient tombés dans la même position, ce qui était rarissime. Double cinq.

L'Américain avança.

« 1-2-3-4-5/1-2-3-4-5. »

Le haut-parleur retentit : – « Case d'évasion. Quinze mille prisonniers de votre camp réussissent à s'évader – Rejouez. »

Le général américain eut l'air satisfait. Il n'avait évidemment pas de prisonniers. Personne ne faisait plus de prisonniers depuis longtemps. Il traîne toujours dans les jeux de vieilles règles, survivance du passé.

Par talkie-walkie, le général américain transmit un ordre. Pour ne pas perdre le bénéfice de sa case, il désigna quinze mille hommes qui, au volant de lourds GMC, s'élancèrent en poussant des cris de joie, comme s'ils venaient vraiment d'être libérés.

L'Américain rejoua « 1-2-3-4-5/1-2-3-4-5 ».

« Trahison, vos prisonniers évadés sont repris et abattus. »

Le général américain avait décidément de la chance. Il avait bien fait de désigner de faux prisonniers pour profiter du hasard, celui lui permettait de perdre quinze mille hommes d'un coup.

Beaucoup de gens avaient été choqués lorsqu'on avait introduit les jeux de hasard dans la guerre. Ils préféraient l'ancienne formule où le destin des armées était confié aux militaires de carrière, ce qui ne décevait jamais et faisait bien évidemment beaucoup plus de morts parmi les civils. Mais peu à peu la chose était entrée dans les mœurs.

Après tout, les destructions arbitraires provoquées par les jeux n'étaient pas plus singulières qu'autre chose. Toute nouvelle société voit fleurir les réformes, et celles-ci étaient nombreuses, dans tous les domaines.

Par exemple, l'introduction de la chiromancie dans les cours de justice.

Cela méritait d'être cité : au cours des jugements les présidents des tribunaux, qui ne savaient plus comment faire pour envoyer les gens à l'échafaud, avaient pris l'habitude de faire lire les lignes de la main des prévenus.

Ceux qui avaient une ligne de chance réduite, et une ligne de vie très courte, étaient immédiatement décapités. Ceux qui avaient une croix sur le mont de Mercure étaient crucifiés. Ceux qui avaient une étoile sur le mont de Vénus, déportés, et ainsi de suite.

Tout cela faisait gagner du temps.

Toute la nuit, le général américain et le général francophone se poursuivirent à la lueur des projecteurs, sur la piste du jeu de l'oie.

Une véritable hécatombe avait eu lieu de part et d'autre, mais sans que cela soit vraiment passionnant. Le hasard avait voulu que les combattants n'atterrissent jamais sur les cases intéressantes.

Ainsi, il n'y avait pas eu d'officiers empalés, ni d'enfants de troupe déchiquetés, ni d'auxiliaires féminines de l'armée de l'air obligées de grimper sur les épaules les unes des autres pour être décapitées par les pales des hélicoptères.

Les cases « ablation du bras », « ventre ouvert », « crâne découpé » étaient restées désespérément vides. Une guerre médiocre, en vérité.

Il ne restait plus que quatre cases sur le parcours, et c'était au tour du général français.

Les chutistes sautèrent et indiquèrent les chiffres 3 et 1. Le général français avança 1-2-3-1.

Il terminait son parcours le premier et encore une fois, malheureusement, nous gagnions.

Le général français ôta sa vareuse et commença à se faire hara-kiri tandis que les drapeaux francophones étaient mis en berne.

La méthode hara-kiri, qui servait toujours de clôture aux batailles, avait été empruntée à de vieilles coutumes japonaises. Elle donnait toujours un certain cachet à la résolution des conflits.

À la sortie de l'École supérieure de guerre, les généraux passaient un mois dans un hôpital militaire. On leur fendait la peau du ventre sur toute la longueur et on refermait à l'aide d'une LÉGION ÉCLAIR. La LÉGION ÉCLAIR n'était pas autre chose que le grand cordon de la Légion d'honneur muni d'une fermeture ÉCLAIR. Lorsque les généraux connaissaient la honte d'être vainqueurs, ce qui ne permettait pas à leur pays de subir de salvatrices destructions, ils se faisaient hara-kiri en arrachant leur Légion d'honneur, ce qui leur rouvrait le ventre.

Le général français commença sa lente agonie, tandis qu'on jouait l'hymne francophone.

Les spectateurs partirent lentement. Je me joignis au cortège.

Je n'étais pas mort à la guerre. Il me fallait donc remplir un certain nombre de formalités et, notamment, me rendre chez les contrôleurs de chance.

Tout individu qui échappait à la mort après une guerre devait être examiné par des spécialistes qui cherchaient à déterminer les raisons de sa chance. Les statisticiens pensaient en effet que les facteurs de chance étaient de gros dangers pour la société et qu'ils devaient être combattus. Par exemple, si les natifs du Scorpion ou du Verseau mouraient plus vieux que les autres, ce qui risquait d'encombrer les rues, on s'arrangeait pour que les enfants naissent le mois d'après sous un autre signe pour lequel on avait établi qu'on mourait plus jeune.

En contrôlant ainsi l'influence des signes du zodiaque, on pouvait faire naître des générations entières sous un signe défavorable et l'on était assuré de les voir disparaître rapidement.

Les contrôleurs de chance étaient redoutables. On connaissait peu de choses sur eux, mais on savait qu'en imaginant le pire, on était au-dessous de la vérité. Ils vivaient dans un univers de fer, de feu, de sang, de potences, de guillotines, de gaz, de pics, de pals, d'entonnoirs, d'acides, de fosses, de hachoirs, de couperets, plus un certain nombre d'autres choses assez désagréables.

Le seul avantage que je pouvais trouver à ma situation était que je n'avais plus à me rendre en ville, au milieu des dangers de la circulation. Je n'avais plus non plus à me préoccuper de mon travail.

Je me joignis à la file des survivants et me dirigeai vers le centre de contrôle de la chance.

J'arrivai devant l'immeuble des contrôleurs de chance, franchis le grand porche et suivis un long tunnel. Je n'avais jamais eu à affronter les contrôleurs, mais je savais que mille pièges me seraient tendus et qu'il me faudrait subir quantité d'épreuves avant de les rencontrer. Car les contrôleurs de chance ne s'intéressaient, pour leurs statistiques, qu'aux survivants tenaces et, jusqu'à la dernière minute, tentaient de les abattre.

Le tunnel n'était pas éclairé.

Écarquillant les yeux, je tentai de distinguer s'il n'y avait pas quelque fosse, quelque mâchoire de fer, ou autre système prêt à me hacher, me broyer, me mâcher.

Il y avait d'autres véhicules, devant et à côté de moi, sur plusieurs files, dont les conducteurs, comme moi, cherchaient leur chemin.

Soudain, une sorte de grille s'abaissa devant la rangée qui me précédait et, juste devant mon capot, une autre grille. Cinq voitures furent ainsi mises en cage. Je vis les conducteurs lever les yeux au ciel, s'attendant à ce que leur toit soit percé par quelque lame ou écrasé par quelque marteau-pilon. Mais l'attaque vint d'en bas. Je vis la terre s'ouvrir sur une ligne et cinq vrilles en sortirent, qui commencèrent à entamer le plancher des véhicules, puis le siège avant.

Conscients du danger, les conducteurs tentèrent de se lever, de monter sur leur siège, mais furent empalés en quelques secondes.

Au plafond du tunnel, de puissants électro-aimants aspirèrent les voitures devenues cercueils.

Les grilles se relevèrent. Sachant qu'ils ne pouvaient faire autrement, les conducteurs, dont je faisais partie, reprirent leur route.

Soudain le tunnel fut divisé dans le sens de la longueur par quatre murs de verre, qui formèrent cinq couloirs, violemment éclairés.

Je ne pouvais tourner ni à gauche ni à droite et dus emprunter le couloir numéro 3. Les parois de verre me permirent de suivre ce que faisaient les véhicules qui s'étaient engagés à ma droite dans le couloir numéro 4 et à ma gauche dans le couloir numéro 2. Ce que je vis me glaça d'effroi. Au centre du couloir numéro 4 se trouvaient une trentaine de gigantesques scies à ruban, espacées de 5 centimètres en 5 centimètres, qui commencèrent à découper le capot de la voiture, puis le pare-brise. Le conducteur se débattit, essaya de se coller d'un côté, puis de l'autre, puis de se réfugier dans le fond de son automobile, mais finalement, fut découpé en tranches verticales, tandis que le sol basculait vers l'avant pour faire tomber dans une fosse les débris ferreux et humains.

Le conducteur qui se trouvait à ma gauche avait suivi lui aussi, par la paroi de verre, le sort de l'automobiliste scié. Apparemment, dans son couloir, il n'avait pas subi le moindre dommage. Il me fit un signe de la main, le pouce en l'air, pour me montrer que tout allait bien et amorça un sourire qui se transforma tout à coup en un rictus horrible.

Je ne compris pas tout de suite ce qui se passait, puis je vis qu'une scie circulaire, de très grand diamètre et disposée horizontalement à 20 centimètres du sol, venait de découper le plancher de sa voiture et de lui sectionner les jambes au-dessus des chevilles. Il tenta de se lever mais, n'ayant plus de pieds, se trouva plus bas et se fit couper les genoux, ce qui le fit choir sur les cuisses, tandis que la scie lui coupait la taille.

Bientôt, je ne le vis plus.

Je regardai devant moi.

J'arrivais au bout du couloir, et il ne m'était rien arrivé.

La plupart des conducteurs qui étaient entrés en même temps que moi dans le tunnel de sélection avaient péri. Les scies circulaires, les pals, les mâchoires de fer, les broyeurs n'avaient pas cessé d'éliminer les machines et les humains. Quatre véhicules seulement, dont le mien, restaient encore en état de marche à la sortie du tunnel.

Celui-ci débouchait sur une cour en forme de V. Il était impossible à quatre véhicules de s'y tenir de front. Nous dûmes nous mettre en file. J'occupais la troisième position.

À la pointe du V s'ouvrait une cage d'ascenseur. La première voiture s'y engagea. Une porte transparente se referma. Rien ne se produisit d'anormal, sinon que l'ascenseur ne s'éleva ni ne descendit.

Pourtant, tout à coup, quelque chose me parut bizarre. La voiture qui venait de pénétrer dans l'ascenseur était noire avec des sièges rouges, je distinguai très nettement qu'elle était devenue rouge avec des sièges noirs. Je m'interrogeais sur cet étrange phénomène lorsque je vis le toit se boursoufler, la tôle se tordre et commencer à fondre. Je compris que l'ascenseur était en réalité un four à haute température et que la carrosserie était devenue rouge sous l'action de la chaleur. Ce que j'avais pris pour un siège noir n'était autre que le corps calciné du conducteur.

La voiture fondit comme beurre au soleil et, dans une sorte de rigole passant sous la porte, le métal en fusion se mit à couler. Un instant, j'aperçus quelques dents qui surnageaient. Je sentis quelques frissons me parcourir en songeant que ce sort tragique serait peut-être le mien dans quelques secondes.

Les murs qui cernaient la cour en forme de V semblèrent tout à coup s'élargir. Illusion d'optique? Non. Des cloisons mobiles s'écartaient. La cour devint rectangulaire et, de part et d'autre du four – ascenseur dont la porte ne se rouvrait pas – apparurent deux orifices sombres, surmontés d'un panneau ENTREZ.

Le conducteur qui me précédait hésita. Devait-il aller à droite ou à gauche? Il était maître de la situation. Fatalement, je devrais prendre la place qu'il allait laisser libre.

Il choisit l'orifice de gauche. J'attendis quelques instants pour voir quel sort lui était réservé. Je vis simplement sa voiture s'élever sur un monte-charge. J'avançai à mon tour, pénétrai dans l'orifice de droite, et sentis que je m'élevais également pour arriver dans une vaste salle où l'autre voiture se trouvait déjà.

Elle s'était engagée sur une piste inclinée conçue sur le principe des billards électriques que l'on trouvait autrefois dans les cafés – c'était un ensemble de couloirs, de trous, de rampes, et de plots lumineux. Sur le mur du fond, un gigantesque tableau comportait un immense panneau totalisateur de points.

De son monte-charge, la voiture avait glissé jusqu'à se trouver sur une sorte de rampe, entre deux murs assez peu élevés, juste ce qu'il fallait pour qu'elle ne puisse dévier de sa route si elle avançait.

Elle allait avancer! Un monstrueux ressort s'installait déjà derrière le véhicule. Il recula et, se relâchant avec une violence inouïe, le projeta en avant avec une force incroyable.

Le sol était huileux et la voiture partit à toute vitesse. Elle remonta toute la longueur de la piste, dérapa, tournoya, et redescendit vers le bas. Quatre couloirs s'ouvraient devant elle. Trois d'entre eux étaient conçus comme des stations de lavage, mais les jets qui s'y croisaient étaient sans doute des jets d'ammoniaque ou d'esprit-de-sel car une odeur insupportable se répandit. Par une chance incroyable, la voiture passa dans le couloir où il n'y avait rien. Une sonnerie retentit. Le compteur du tableau lumineux enregistra dix points. La voiture continua à tournoyer. Elle heurta des plots et, à chaque fois, des points s'additionnaient.

En bas de la piste, il y avait une fosse au fond de laquelle je pus distinguer une sorte de moulinette géante.

Je pensai que c'en était fini du conducteur.

Après avoir rebondi dans tous les sens, la voiture se précipitait vers la fosse. La fosse horrible, la fosse effrayante, la fosse terrible où attendait, comme une araignée au centre de sa toile, la moulinette géante qui l'allait broyer.

Non ! Car le véhicule roula sur une plaque « good luck ». Deux flippers se déclenchèrent et le renvoyèrent au centre du terrain, tandis que le totalisateur enregistrait cent points.

Décidément, ce conducteur avait lui aussi de la chance. J'étais pris par le suspense extraordinaire qui se dégageait de ce combat entre l'Homme et le Hasard pur. Car il s'agissait bien de hasard. Les mouvements désordonnés imposés à la voiture par les ressorts des plots, et le sol huileux, lui interdisaient absolument de modifier sa course.

La voiture redescendait maintenant vers la fosse. Une énorme colonne se dressait au centre de la piste. Fasciné par la chance insolente de ce conducteur, je regardais comment il allait pouvoir l'éviter.

L'automobile heurta de plein fouet la colonne et la tête du chanceux fut précipitée dans le pare-brise. Je ne sais ce qui éclata en premier, le pare-brise ou la tête. Toujours est-il que l'inscription TILT s'alluma sur le tableau totalisateur, tandis que toutes les autres lumières s'éteignaient.

Un des flippers s'allongea et balaya le véhicule accidenté vers la fosse et sa moulinette.

Le panneau mural se ralluma. Le compteur se remit à zéro.

Je sentis le sol bouger sous moi et ma voiture fut dirigée vers le couloir de départ. Je n'avais rien d'autre à faire qu'à me cramponner au volant pour que ma tête ne heurte pas l'habitacle. Quelques secondes s'écoulèrent, puis je sentis qu'une poussée colossale me précipitait en avant.

Tout se mit à tourbillonner, à tournoyer. Des éclairs jaillirent de partout et je dérapai dans tous les sens.

Par réflexe, je tentai de redresser ma voiture à l'instant où j'allais être précipité de plein fouet contre une paroi de pointes acérées. Les pointes faisaient plus de 2 mètres et je ne pouvais pas ne pas être embroché.

À la dernière seconde, peut-être parce que je m'étais beaucoup agité, ma voiture réussit à se redresser. Les pointes ne firent qu'effleurer la carrosserie. Mais ma course se poursuivit. Je rebondis plusieurs fois sur les plots. Je ne savais plus où j'étais. J'étais mal. J'avais mal au cœur – où étais-je ? – peut-être en haut du billard géant, ou au centre, ou en bas, non surtout pas en bas, pas en bas, où se trouvait la fosse broyeuse, où *je ne devais pas tomber* !

Soudain, dans une éclaircie, peut-être parce que mon véhicule avait été immobilisé quelques instants par une secousse plus forte, j'aperçus le couloir du départ. Et je vis qu'une énorme bille d'acier de 2 mètres de diamètre venait de prendre place devant le ressort. Les contrôleurs de chance, qui m'observaient sans doute, voulaient ajouter des difficultés à mon épreuve et ma course allait se poursuivre avec un adversaire de plus.

La bille d'acier fut lancée avec une force invraisemblable. Je savais qu'elle allait rebondir quelque temps en haut du billard, puis redescendre. Si je la rencontrais, elle m'écraserait. Il fallait à tout prix éviter cela.

Je distinguai tout à coup le cercle lumineux GOOD LUCK. Il avait été bon pour le conducteur qui m'avait précédé et lui avait prolongé la vie quelques instants mais, pour moi, c'était très mauvais.

Si je roulais dessus, les flippers lumineux me renverraient vers la bille. Je tentai de freiner, fis deux ou trois tête-à-queue et me retrouvai en plein centre du billard, face à un couloir se terminant par un Y.

À gauche, un énorme massicot. À droite, un colossal marteau-pilon.

Cette fois-ci, j'étais perdu. Au centre se trouvait une sorte de cocarde tricolore. De toute façon, je n'avais rien à perdre.

Je corrigeai ma course et mon capot s'enfonça dans la cible. Tout sembla se pétrifier autour de moi. Puis une musique assourdissante retentit. C'était l'hymne francophone : « Qu'un sang impur abreuve nos pare-chocs. »

Au centre de la cible, qui s'écartait lentement, une large ouverture apparut.

Ma voiture fut entraînée vers l'avant. Elle piqua du nez et descendit une pente. Je devais être soutenu par une sorte de plot magnétique, car aucune de mes commandes, freins, volant, ne m'était du moindre secours.

Au bout de quelques instants, je me retrouvai dans une immense salle. Tout d'abord, je ne distinguai pas très bien, puis je vis qu'il s'agissait d'une sorte de laboratoire.

Des hommes, vêtus de blouses blanches, circulaient un peu partout sur des fauteuils roulants. Dans le dos, ils portaient – brodé – un énorme insigne représentant une tête au crâne ouvert avec une voiture enfoncée dans l'œil. Au centre, dans un fauteuil roulant plus élevé que les autres, un individu était assis devant un pupitre couvert de cadrans, de compteurs et d'une multitude d'écrans de télévision. Ce devait être le chef.

Il avait un ventre démesuré et de petites jambes courtes et grêles qui pendaient de son siège. De ses oreilles sortaient des fils, reliés à une sorte de batterie électrique fixée sur sa poitrine.

Je regardai les autres personnages qui se déplaçaient en fauteuil roulant. Ils avaient tous la même conformation physique.

Tout à coup, une voix résonna:

« Vous avez vraiment de la chance, monsieur Robin Cruzo. »

Je ne répondis rien, ne sachant d'où venait la voix qui poursuivit:

« Un seul être sur un million réussit à pénétrer dans le centre des contrôleurs de chance. Nous allons vous examiner, afin de savoir pourquoi vous ne mourez pas, malgré nos efforts. Présentez-vous au poste numéro 1. »

Je jetai un regard circulaire et aperçus le poste numéro 1. C'était une sorte de pont de graissage devant lequel un homme à gros ventre et petites jambes était assis.

Je roulai vers lui. À nouveau la voix retentit:

« Prenez place sur le pont d'examen. »

Je fis ce qu'on me demandait. Ma voiture fut soulevée et l'homme aux petites jambes, toujours dans son fauteuil roulant, commença à tourner autour. Il prenait des notes. Je l'entendis murmurer:

« La voiture est sortie d'usine un 27 avril. Influencé par Uranus, le carré moteur était en opposition avec le sextuel carrosserie de Saturne. »

Supposant que, par un système de micro invisible, ma voix pouvait être entendue, je demandai :

« Que cherche cet homme ? »

Puis je rajoutai vivement :

« S'il vous plaît ?

– Je suis bien bon de vous répondre », dit la voix. Nous examinons votre véhicule pour savoir si c'est de lui que vient votre chance insolente. La position zodiacale de votre machine par rapport à son heure, son jour, son mois et son année de fabrication, explique peut-être votre survie exceptionnelle. Dans ce cas, vous devez être brûlé vif. »

J'eus du mal à avaler ma salive et dis :

« Et si la chance qui me poursuit ne vient pas de ma voiture ?

– Alors, vous serez peut-être digne de faire partie des Élus, pour servir la toute-puissance du Grand Maître Automobile. Au nom des Ailes, des Portières, et du Moteur, ainsi soit-il. »

Tous les hommes au gros ventre et aux petites jambes se redressèrent. Ils se touchèrent l'épaule gauche, puis la droite, puis le genou gauche, puis le genou droit. Et tous répétèrent : « Au nom des Ailes, et des Portières et du Moteur, ainsi soit-il. »

J'étais effaré.

Je savais que la folie automobile régnait dans le monde, mais je ne pensais pas que ce fût à ce point.

Tout s'embrouillait dans ma tête.

Les Élus... Le Grand Maître Automobile...

La voix venue de nulle part s'était tue, et je n'osais relancer le dialogue.

L'homme aux petites jambes et au gros ventre qui continuait à tourner autour de ma voiture avait un visage impénétrable et je ne pouvais pas savoir si ses observations étaient positives ou négatives.

Au bout de quelque temps, il se dirigea vers la cloison, appuya sur un bouton, et mon automobile redescendit. La voix retentit :

« L'examen zodiacal de votre voiture révèle que sa situation astrale n'est pour rien dans votre chance. Nous allons maintenant contrôler son potentiel magnétique, et voir si votre véhicule n'est pas pourvu de propriétés extra-mécaniques. Peut-être s'agit-il d'un véhicule médium. Présentez-vous au poste 2. »

Sans mot dire, je me dirigeai vers le poste numéro 2 et me trouvai devant une énorme boule de cristal. Un petit homme à gros ventre et à petites jambes me fit signe de prendre place sur une sorte de plate-forme à quatre pieds.

J'étais moite.

Sur une paroi lumineuse apparurent des signes cabalistiques et une inscription que j'avais vue, autrefois, dans de vieilles diapositives reproduisant des rituels de magie.

« Per Adonai Eloim Automobilus – Adonai Jehovah Sabaoth Voituris – Yog sototh condutore. »

La plate-forme se mit à bouger doucement, puis à s'incliner d'un côté à l'autre. Enfin à tourner de plus en plus rapidement.

Je compris qu'il s'agissait d'une table tournante, et cela me fut confirmé lorsque j'entendis l'homme aux jambes grêles sous l'énorme abdomen prononcer d'une voix sacramentelle.

« ESPRIT, ES-TU LÀ ? QUI QUE TU SOIS, SI TU ES PRÉSENT, KLAXONNE DEUX FOIS. »

« ESPRIT ES-TU LÀ ? QUI QUE TU SOIS, SI TU ES PRÉSENT, KLAXONNE DEUX FOIS. »

Les phrases furent prononcées une dizaine de fois. Mais mon klaxon resta muet. J'avais compris que le contrôleur tentait de savoir si ma voiture n'était pas possédée par quelque démon ayant choisi le métal comme refuge.

L'automobile ne paraissant pas être habitée par la moindre entité, l'homme au gros ventre cessa de l'interroger et, faisant pivoter la table tournante, l'amena en face de l'énorme boule de cristal où elle se refléta. Il scruta attentivement les reflets puis tira sur un levier. Les pieds s'enfoncèrent dans le sol et je me retrouvai sur le plancher du laboratoire.

La voix retentit. Elle était moins froide, moins sévère.

« Avancez, Robin Cruzo. »

Une lueur éclaira progressivement le centre de la salle et je vis que le chef des contrôleurs, du haut de son estrade, me faisait signe.

Je roulai jusqu'à me trouver en face de lui.

« Monsieur Robin Cruzo, dit-il, les tests que nous venons de vous faire passer établissent de façon formelle que vous êtes doué de la plus grande chance, sans que votre véhicule y soit pour quelque chose. Vous êtes donc un Élu en puissance.

Nous vous admettons parmi nous. Il est possible, si vous êtes un bon sujet, que vous ayez bientôt accès à la connaissance automobile. »

Je ne comprenais rien de ce que disait le chef des contrôleurs. Timidement, je risquai :

« Monsieur, je n'entends rien à tout cela... qui sont ces Élus et, si j'ose me permettre, qui êtes-vous ? »

Le chef aux courtes jambes et au gros ventre éclata d'un rire sardonique.

« Je suis l'un des chefs des Élus, dit-il. Désigné par le Grand Maître Automobile, qu'il soit glorifié, au nom des Ailes, des Portières et du Moteur, ainsi soit-il.

– Qui est le Grand Maître ?

– Vous le saurez en temps utile. Pour l'instant, vous n'avez pas à interroger, mais à obéir. Assez de questions ! »

Une chose m'intriguait tellement que je ne résistai pas à la tentation de demander.

« Comment se fait-il que tous les hommes qui se trouvent ici possèdent de gros ventres, et des jambes ridiculement petites ?

– Nous sommes les Élus du Grand Maître Automobile, répondit le chef. Nous avons été choisis, nous aussi, en raison de ce potentiel de chance qui nous a permis de conduire des voitures pendant vingt ans sans mourir au volant. Le fait de vivre tout ce temps dans une voiture sans jamais en sortir a modifié notre morphologie. Nos jambes se sont atrophiées. Notre ventre, à cause de la position assise, est devenu énorme. Tout automobiliste qui ne périt pas de mort violente est un jour ou l'autre victime de cette transformation physiologique. De même, les bruits de la circulation nous ont rendus sourds. Ce qui explique les fils qui sortent de nos oreilles. Nous sommes reliés à des amplificateurs.

Vous avez le droit de savoir tout cela, puisque vous allez faire partie des nôtres. Lorsque vous aurez vécu ici pendant vingt ou trente ans, sans jamais quitter votre fauteuil roulant, votre abdomen deviendra démesuré et vous perdrez l'usage de vos jambes. Mais vous ne vous en soucierez pas. Car seule comptera pour vous : LA TOUTE-PUISSANCE ! Vous serez un Élu, fier de servir le Grand Maître Automobile. Au nom des Ailes et des Portières... »

Je n'écoutai pas la suite de la bénédiction, que je connaissais maintenant par cœur.

Qui était ce Grand Maître que les Élus semblaient vénérer comme une créature d'une essence divine. La civilisation automobile allait-elle laisser place à une véritable religion de la voiture ?

Des images me traversèrent l'esprit. Un chemin de croix où le rédempteur poussait une gigantesque roue de camion. La montée du Golgotha au volant d'un 10 tonnes patinant dans de la boue de pétrole. Que sais-je encore.

Admis par les Élus, allais-je participer à la naissance d'une nouvelle mystique ? Et allais-je accepter que mon ventre, perdant tout muscle, devienne une baudruche ? Allais-je laisser s'atrophier mes membres inférieurs ?

Et comment pouvais-je ne pas accepter ?

J'étais toujours dans ma voiture, face au chef des Élus, dans un état d'hébétude tel que je ne me rendis pas compte qu'il s'adressait à moi.

« Robin Cruzo... Robin Cruzo ! »

Je repris conscience.

« Descendez de votre véhicule et prenez place dans un fauteuil roulant. Nous allons vous donner du travail.

– Mais je n'ai pas besoin de fauteuil roulant, dis-je. Je peux très bien marcher. »

Un hurlement retentit dans la salle. Cri horrible, qui ne pouvait provenir que d'une gorge déchiquetée. Un râle abominable où l'on décelait à la fois la fureur et la douleur. Pourtant, ce cri avait des résonances qui m'étaient familières.

J'avais déjà entendu le son de cette voix. Mais, où ?

« Le *mot!* Il a prononcé le *mot* », hurlait la voix.

Sautant de son fauteuil roulant, le chef des Élus était tombé à genoux. De ses ongles, il se déchirait le visage et lacérait sa poitrine, puis cognait sa tête contre le sol en criant « Pitié ! au nom des Ailes, et des Portières... »

« Vous deviez lui interdire de prononcer le mot » poursuivit la voix.

Sur ses genoux atrophiés, le chef des Élus se traînait par terre.

« Pardon, Grand Maître – c'est ma faute, c'est ma faute, c'est ma très grande faute... »

Il n'eut pas le temps de poursuivre ses explications. Une espèce de robot s'avançait vers lui, monstre muni d'une douzaine de bras mécaniques, sorte de super-Siva, aux membres de fer terminés par des pièces d'acier dont je distinguais mal la forme. Mais je compris bientôt de quoi il s'agissait.

Les innombrables mains du robot étaient en réalité des socs de charrue miniatures. Quatre bras saisirent le chef des Élus aux poignets et aux chevilles et le plaquèrent au sol, tandis que les mini-charrues lui labouraient le corps dans tous les sens. C'était horrible !

Le chef poussait des hurlements épouvantables qui ne cessèrent que lorsqu'il ne fut plus qu'un amas de chair informe.

Alors, de ce qui servait de tête au robot sortit une sorte de trompe qui aspira les débris sanglants. Les Élus s'étaient arrêtés de circuler et contemplaient ce spectacle avec des lueurs de joie mauvaise dans les yeux.

Quand le chef eut complètement disparu, ils tombèrent à genoux en criant : « Moi... moi... Tout-Puissant Maître – Moi Tout-Puissant Maître... »

Je ne comprenais rien à ce qui se passait. La voix s'éleva alors et, dans un ricanement insupportable, dit :

« Silence ! Corporelles charognes ! Sachez que vous n'êtes des Élus que par ma volonté. Numéro 18 – Prenez la place du numéro 1 – Par mon divin moteur, j'ai dit ! »

Je compris que les Élus avaient crié « Moi, moi » pour obtenir la place du chef, et que celui-ci était désigné.

Un Élu à gros ventre et jambes minces se précipita. Il plaça son fauteuil roulant à côté de celui, plus élevé, qu'avait abandonné, et pour cause, l'ancien chef. À l'aide des bras, il se hissa sur le haut siège. Puis il s'installa devant le tableau de commande et cria dans un micro :

« Je suis votre nouveau chef. Sachez que celui qui désobéira au Tout-Puissant Maître Automobile verra sa corporelle enveloppe détruite comme vient de l'être celle de l'ancien numéro 1. Maintenant, Élus, reprenez votre travail. »

Les Élus se relevèrent, s'assirent et les fauteuils roulants recommencèrent à circuler.

Le nouveau chef se tourna alors vers moi.

« Nouvel Élu, dit-il, c'est à cause de vous que l'ancien numéro 1 a péri. Mais encore une fois, la chance est avec vous. Il est mort car il ne vous avait pas prévenu. Tout être qui prononce, ou tolère que l'on prononce en sa présence, le mot maudit doit payer de sa vie son offense au Grand Maître. Pensez-y toujours. »

J'eus la tentation de demander de quel mot il s'agissait, car décidément, je n'y comprenais rien. Mais je songeai qu'il était plus prudent de chercher sans rien dire quel pouvait être le mot en question.

Je m'efforçai de revivre la scène. Le chef m'avait invité à prendre place dans un fauteuil roulant et j'avais répondu : « Je peux très bien marcher. » « JE-PEUX-TRÈS-BIEN-MARCHER. » Mais oui, c'est bien sûr. Le mot maudit ne pouvait être que celui-là, MARCHER. L'Automobile était-elle à ce point sacrée dans le cerveau de ces fous que le fait de prononcer le mot MARCHER équivalait à la mort !

Je ne perdis pas de temps à réfléchir davantage. J'ouvris ma portière et, d'un mouvement rapide, passai – sans poser les pieds à terre – d'une position assise à une autre position assise, en me retrouvant sur le fauteuil roulant.

« C'est bien. Vous m'avez compris », dit le nouveau chef.

« Vous allez travailler avec nous. Notre laboratoire recherche les raisons pour lesquelles certains conducteurs réussissent à ne pas être détruits. »

Il me désigna le mur : « Regardez. »

Sur l'immense paroi, une centaine d'écrans de télévision – couleur – s'allumèrent.

« Grâce à des milliers de canaux et des milliers de caméras, dit-il, nous pouvons surveiller n'importe quel endroit du pays. Partout, vous en avez fait l'expérience, des dispositifs sont prévus pour exterminer les conducteurs. Certains échappent, miraculeusement, à cette destruction systématique. Votre tâche consistera à repérer les conducteurs plus chanceux que les autres, afin de voir si nous pouvons en faire des Élus. De ce pupitre. »

Il me montra une table de commande.

« Vous pourrez communiquer à un ordinateur les numéros de ceux qui vous paraîtront particulièrement intéressants. »

Je manœuvrai mon fauteuil roulant, pris place devant la table de commande et commençai à regarder les écrans. Le premier permettait de suivre ce qui se passait dans un camp de déportés.

Je n'ignorais pas que de tels camps existaient, mais je n'en avais jamais vu.

Les conducteurs ayant commis des fautes de conduite mais qui pouvaient être utiles, un jour, dans l'industrie automobile n'étaient pas toujours abattus par les policiers. Parfois, on les punissait simplement de déportation.

En effet, il fallait bien une sanction, pour que les autres conducteurs ne hurlent pas au favoritisme et ne risquent pas de faire grève, ce qui aurait paralysé le pays. Car, vieille survivance du passé, le droit de grève existait toujours, mais sous une forme différente de celle qu'avaient connue nos ancêtres.

Tout individu pouvait faire la grève, s'il réussissait, malgré la circulation, à se rendre sur une esplanade – prévue pour cela – et nommée place de grève.

Généralement, le gréviste était écartelé. Ses membres étaient attachés aux pare-chocs des voitures-bourreaux, qui partaient chacune dans un sens, arrachant évidemment lesdits membres au ras des épaules et du bassin.

Par ailleurs, la formule de la roue était toujours en vigueur, à cette différence que le gréviste était attaché nu à la roue d'un camion de 15 tonnes, qui faisait plusieurs fois le tour de la place de grève. Comme la roue était toujours d'un diamètre inférieur à la taille du gréviste, et que celui-ci y était attaché par le torse, il était rapidement transformé en homme tronc.

Évidemment, rares étaient ceux qui décidaient délibérément de faire grève dans ces conditions, sauf s'ils étaient véritablement écœurés. Et seules des injustices flagrantes pouvaient les réduire à cette extrémité.

L'injustice la plus évidente étant celle qui consistait à ne pas exécuter un conducteur ayant violé le code, on avait mis au point cette formule de la déportation qui semblait contenter le peuple.

Les déportés circulaient à l'intérieur du camp, dans des voitures à rayures blanches et bleues, et leur numéro minéralogique était inscrit sur une étiquette géante fixée sur le toit. Ainsi, personne ne pouvait connaître leur identité sauf les représentants de l'autorité qui surveillaient les voitures du haut des miradors.

Une caméra, placée en haut d'une tour, me permettait de suivre les évolutions des conducteurs déportés et, au bout de quelques instants, j'en repérai un qui me semblait avoir plus de chance que les autres. Les voitures tournaient en rond, au centre d'une piste de cirque. D'abord il fallait bien occuper les déportés, ensuite en détruire de temps en temps, car – comme partout – le manque de place était le plus grand problème.

On avait donc adopté un système directement inspiré du jeu des anneaux des anciens manèges d'enfants. Autrefois, à l'époque de la civilisation pré-automobile, les enfants montaient sur des chevaux de bois et, à l'aide d'une sorte de broche, tentaient d'attraper des anneaux pendus sur un côté du manège. Le procédé utilisé ici était le même, quelque peu modifié cependant.

Les conducteurs que j'observais devaient ouvrir leurs glaces, et la piste était entourée d'une muraille circulaire. De 2 mètres en 2 mètres d'immenses broches d'acier, poussées par des ressorts, sortaient du mur et transperçaient les voitures, comme des épingles les papillons. La broche acérée pouvait passer au-dessus du capot, au-dessus de la malle arrière, ou au travers des glaces. Lorsqu'elle traversait la glace avant, le conducteur était évidemment embroché. À moins qu'il ne réussisse à sortir son torse par la portière gauche, là où la broche ne pouvait l'atteindre. Mais dans le centre de la piste étaient plantées des potences, d'où pendaient des nœuds coulants en fil de fer barbelé, qui pouvaient à tout moment lui encercler le cou et l'étrangler.

Généralement, aucun conducteur ne pouvait faire plus de dix tours sans être étranglé ou embroché. Sauf celui que je suivis pendant une bonne heure, et qui réussit à tenir quarante-deux tours.

Je pensai qu'il avait une chance formidable et allais relever son numéro lorsque je le vis s'affaisser sur son siège. CRISE CARDIAQUE ! Due au surmenage sans doute. Un peu déçu, je cherchai un écran qui présentât plus d'intérêt mais, décidément, tout était banal. Les gens circulaient, roulaient, tuaient ou étaient tués. Le train-train.

Et puis, il n'y avait rien de nouveau pour moi. Tous les systèmes destructeurs utilisés dans la rue, je les avais vus fonctionner, pour avoir dû les éviter bien souvent avant d'être admis dans le laboratoire des Élus.

Mais, au fait, je ne connaissais rien de ce laboratoire. Et puisque j'en faisais partie, je décidai d'en faire le tour. *A priori*, rien ne m'interdisait de circuler.

Je me déplaçai donc, en fauteuil roulant.

Au-dessus d'une porte, un écriteau SERVICE DE LA RECHERCHE attira mon attention. Je décidai d'entrer.

À peine eus-je poussé la porte que des hurlements effroyables me vrillèrent les tympans. Un concert de gémissements, de râles, de cris d'agonie insoutenables fit que je restai pétrifié quelques secondes. Devant moi, un homme à gros ventre passa. Il portait une sorte de casque, avec des écouteurs sur les oreilles. Il me désigna le mur, et je vis que des casques semblables y étaient accrochés, à l'intention des visiteurs sans doute.

J'en posai un sur ma tête. Non seulement je cessai d'entendre les hurlements de douleur, mais une musique très douce me fut distillée. Libéré de cette impression de malaise que venait de provoquer en moi l'audition désagréable de ces cris de souffrance, je cherchai d'où ils provenaient et je compris pourquoi l'écriteau qui m'avait incité à entrer portait l'inscription : SERVICE DE LA RECHERCHE. On recherchait ici les moyens d'exterminer les conducteurs. C'était donc en ces lieux qu'étaient nés les incroyables gadgets qui faisaient chaque jour des milliers de morts.

La salle était divisée en petits compartiments. Dans chacun d'eux des hommes à gros ventre s'agitaient. Contre les murs des hommes et des femmes étaient enchaînés. Je m'étais toujours demandé où passaient ceux dont les voitures tombaient dans des fosses, ceux que les grues saisissaient vivants dans les rues. La réponse était sous mes yeux. Ils finissaient leur vie ici, comme cobayes.

Je m'approchai du premier compartiment. Un Élu était en train d'essayer un appareil composé d'une paire de jumelles et d'un certain nombre de compteurs. Il s'approcha d'un conducteur immobilisé dans un carcan, posa les jumelles sur les yeux dudit conducteur, et regarda par l'autre bout. Cela n'avait rien d'étonnant. Je savais que la police procédait souvent, dans les rues, à des contrôles de la vue. Ceux qui n'avaient pas dix dixièmes à chaque œil étaient en principe abattus sur place.

Tout à coup, je vis le visage du conducteur exprimer une souffrance épouvantable. Sa bouche s'ouvrit démesurément. Je supposai qu'il était en train de hurler, mais mon casque diffusait une adorable musique du XVIIe et je ne pouvais entendre ses cris.

L'Élu retira ses jumelles et je vis que, de celles-ci, deux petites vrilles étaient sorties, qui venaient de pénétrer dans les yeux du conducteur, jusqu'à toucher son cerveau. D'ailleurs, celui-ci ne bougeait plus. L'Élu qui venait de se livrer à cette expérience me sourit. Il avait l'air content de lui.

C'était en effet un gadget admirable.

Au cours des examens de la vue ceux qui ne posséderaient pas dix dixièmes à chaque œil seraient immédiatement supprimés par les jumelles introspectives de contrôle. Quel gain de temps !

J'abandonnai le premier compartiment et passai dans le second. J'avais beau m'attendre à un sale spectacle. Je fus quand même quelque peu secoué.

Une dizaine d'hommes étaient enchaînés sur une banquette. Ils avaient sans doute déjà été utilisés pour d'autres recherches, car ils étaient tous détériorés. Pas de nez, ou pas d'yeux, ou pas d'oreilles, visiblement, on était en train de les achever.

Devant la banquette où étaient enchaînés les conducteurs-cobayes, un Élu poussa une plaque de verre qui les fit apparaître comme derrière une fenêtre. Il disposa ensuite derrière la vitre un réservoir sur lequel étaient fixés des tubes, qu'il dirigea face à la glace. Puis, il appuya sur un bouton. Des tubes jaillit un liquide. En une fraction de seconde, le verre fut dissous et les visages des hommes aspergés.

Je vis leur chair se violacer, se tuméfier, se crevasser, et finalement leurs têtes explosèrent.

Je compris que l'Élu venait de mettre au point un liquide sournois, sorte d'acide que les pompistes pourraient verser dans les lave-glaces et qui, lorsque les automobilistes voudraient nettoyer leur pare-brise, dissoudrait le verre et rongerait leur tête. Encore un bon moyen pour détruire les gens ?

Qu'y avait-il encore dans ce laboratoire ?

Décidément, il commençait à m'intéresser.

Je passai devant un certain nombre de compartiments sans m'arrêter.

Les Élus n'y travaillaient que sur des maquettes. Il n'y avait aucun sujet vivant, pas le moindre homme cobaye. Donc, cela ne présentait guère d'intérêt.

Pourtant, une chose m'intriguait. Chaque fois que j'ôtais le casque qui diffusait une douce musique, j'entendais toujours ce concert de hurlements insoutenables, ces insupportables cris de souffrance qui m'avaient vrillé le cerveau lorsque j'avais pénétré dans la salle du service de la recherche. Or, je ne voyais pas le moindre sujet torturé. Tout à coup, j'aperçus un Élu jouant de l'orgue. Je m'approchai. Et je compris. L'orgue était installé devant une vitrine qui donnait sur une salle ressemblant à un studio de radio. Dans ce studio, des automobilistes étaient parqués, enchaînés devant, et à des micros – un fil électrique sortait de leur col, et était directement relié à l'orgue. Ce fil était vraisemblablement enfoncé dans leur moelle épinière car, selon les notes sur lesquelles appuyait l'instrumentiste, de violentes secousses, comme des secousses épileptiques, les faisaient s'agiter en poussant des cris qu'on ne pouvait que très mal définir (inhumains serait encore ce qui conviendrait le mieux). Des assistants ne cessaient de modifier l'ordre dans lequel étaient placés les conducteurs torturés. Sans doute parce que les cris avaient des sonorités différentes, et que l'Élu tentait ainsi d'organiser différentes combinaisons harmoniques.

Je soulevai légèrement mon casque. L'orchestration ne me parut pas mauvaise. Je pensai cependant que, compte tenu de la place que prenaient ceux qui les poussaient, les cris de souffrance n'offraient pas un gros avantage sur le son des tuyaux à orgue traditionnels.

Mais évidemment, même si les résultats sont longtemps décevants, la recherche a toujours son intérêt.

J'abandonnai l'orgue douloureux pour continuer ma visite.

Je fus bientôt devant un compartiment où un Élu, devant un volant, faisait évoluer sur une piste de petites voitures télécommandées. Les minuscules engins s'agitaient, roulaient en tous sens.

Je m'amusai un instant à contempler la manœuvre dont je ne comprenais pas le sens.

Tout à coup, l'Élu appuya sur une manette et les minuscules voitures se mirent à sauter. Je compris alors ce qu'elles étaient en réalité. Elles avaient un capot pointu, qui pouvait s'ouvrir comme une mâchoire et j'aperçus de petites dents d'acier, acérées. Des rats ! Des rats mécaniques téléguidés !

Depuis longtemps, la pollution de l'air par les vapeurs d'essence avait pratiquement supprimé les rats. Supprimant du même coup les épidémies de peste et quantité de maladies ; toutes ces bonnes choses qui, autrefois, exterminaient de larges colonies d'humains.

Les Élus venaient de réinventer le rat. Mais le rat solide, inattaquable, indestructible, obéissant, discipliné, puisque téléguidé. Le rat d'élite.

J'imaginai ce que pouvait donner un lâcher de tels engins dans les rues des villes. Ces rats mécaniques contiendraient sans doute des réservoirs à microbes, bactéries ou virus qui ne manqueraient pas de décimer les foules. Sautant par les portières, ils tendraient leur petit cou d'acier, ouvriraient leurs petites mâchoires de métal pour crocheter la gorge des conducteurs.

Seigneur, qu'ils étaient donc jolis, les petits rats électroniques qui allaient contribuer à tuer, à exterminer ces chiens d'automobilistes, vermine infâme qu'il convenait d'écraser.

Je me rendis compte tout à coup qu'une haine atroce pour les conducteurs me submergeait. Une incoercible envie de les voir tous réduits en bouillie m'étreignait la gorge. Je haïssais les automobilistes, je haïssais les conducteurs de voiture.

Était-ce cela, la foi ?

Était-ce cela que réclamait le Grand Maître ?

Allais-je vraiment devenir un Élu ?

Des vagues de haine montaient en moi et des vagues d'amour. Vagues d'amour pour ces Élus si calmes, si tranquilles, si sereins, qui ne cessaient de travailler à la destruction des automobilistes. Vagues de haine pour les conducteurs fous qui ne vivaient que *pour* leur voiture, et que *par* leur voiture.

Je me rendis compte brusquement que ni les pièges les plus atroces, ni l'exemple des morts les plus abominables, ni la perspective de périr dans les plus effroyables souffrances ne pouvaient empêcher les humains d'être devenus des centaures d'une espèce particulière : torse d'homme sur un corps d'automobile.

Il fallait, oui, il fallait les supprimer. C'est cela, sans doute qu'avaient compris les Élus.

Et c'est cela que prônait le Grand Maître.

Une envie folle de participer s'empara de moi. Je commençai à songer à tout ce que je pourrais inventer pour aider à la suppression de ce fléau à quatre roues. Des images naissaient dans ma tête... L'utilisation des carrefours, par exemple. On pouvait transformer les carrefours en volcans providentiels. J'échafaudais déjà le plan... Je rêvais la maquette...

Chaque carrefour pouvait s'ouvrir lorsque les voitures le traversaient... Le sol pouvait se soulever... Par un système de contrepoids, une colline d'acier pouvait alors s'élever, faisant s'écraser les véhicules les uns sur les autres. Un pipe-line nourrissait alors au centre de cette colline de métal un long puits s'élevant vers le ciel. Et, en haut du puits, d'un sommet dressé vers les nues comme un défi, s'élançait d'un geyser de mort la lave en fusion, le fer, le soufre et le feu transformant le carrefour en Sodome des temps modernes, en Gomorrhe du présent automobile.

Ah, les cris d'effroi, de peur et de douleur! Ah, les gestes d'épouvante et les rictus ultimes! J'en rêvais...

J'en rêvais...

Je rêvais également d'inventer des animaux électroniques plus nocifs, plus sournois, plus efficaces que les rats.

Une vieille expression, prononcée autrefois par un chef militaire, ou un homme politique, dont le nom était oublié me revint en mémoire: LES SERPENTS DE LA PAGAILLE.

Les serpents de la pagaille, avec l'aide de la cybernétique, ne pourraient-ils devenir les serpents de la destruction.

Ne pouvait-on en lâcher des millions, mécaniques d'acier articulées, contenant des réservoirs de poison. Ne pouvait-on créer également des abeilles téléguidées, des guêpes de fer au dard creux distribuant dans force veines le curare foudroyant ou le cyanure définitif. Ne pouvait-on faire naître des dragons de métal, crachant des feux élaborés ou du napalm amélioré sur les voitures, les conducteurs, leurs compagnes, leurs enfants...

Oui, je voulais moi aussi, livrer le grand combat contre cette lèpre qu'étaient les automobilistes.

Mais comment agir? Comment faire connaître ma haine?

Je commençai à hurler à l'intention des Élus: «Élus, mes frères... je suis des vôtres...», mais personne ne bougea.

Les Élus portaient tous le casque qui les empêchait de subir les cris de souffrance des conducteurs-cobayes.

Tout à coup, je remarquai que des petites cabines étaient disposées à côté de chacun des compartiments de recherche du laboratoire. Je m'approchai, et vis une petite plaque au-dessus de la porte: «TÉLÉPHONE CERVICAL DE SUGGESTIONS.»

J'ouvris la porte. Un appareil étrange était posé sur une tablette. Cela ressemblait à un filet à cheveux comportant des électrodes. Sur la paroi, un panneau indiquait le mode d'emploi.

« Ce téléphone cérébral vous permet d'entrer en contact avec le Grand Maître. »

« Si vous voulez lui faire des suggestions, branchez les électrodes sur votre tête. Le Grand Maître vous entendra. »

Le Grand Maître... Je pouvais m'adresser à lui. Je pouvais savoir qui il était. Je n'avais qu'à brancher ces électrodes sur ma tête.

Je gardai longtemps les yeux fixés sur le téléphone cervical, n'osant m'en emparer.

Il s'agissait bien d'une sorte de filet à cheveux muni de papillotes étranges, terminées par de petites aiguilles très fines. Ces aiguilles – disait le panneau qui en indiquait l'emploi – devaient être fichées dans le cuir chevelu.

Il s'agissait donc d'électrodes d'un genre particulier qui permettaient d'entrer en contact direct avec le Grand Maître.

J'imaginais celui-ci dans une sorte de dispatching, araignée souveraine au centre d'une toile qui le reliait à tous les téléphones cervicaux du service de la recherche, et à bien d'autres peut-être.

Je me souvins qu'on avait tenté, autrefois, d'installer de tels téléphones dans les voitures. À l'époque où – toujours pour supprimer les automobilistes – les services préfectoraux (je savais maintenant que c'étaient les Élus, mes frères) avaient souhaité que toute intention de violer le code soit punie aussi fortement que tout viol véritable.

Des appareils avaient donc été greffés dans le cerveau de certains conducteurs. Lorsque ceux-ci pensaient « Je vais franchir la bande jaune », l'intention de franchir était enregistrée par les ordinateurs et les fautifs foudroyés. Mais l'installation de tels systèmes avait été jugée trop coûteuse et n'avait pas eu de suite.

Je me décidai enfin et posai le filet à électrodes sur ma tête. J'enfonçai les aiguilles dans ma peau et attendis. D'abord il ne se passa rien. Puis une onde extraordinaire me submergea.

Je ne pouvais définir de quoi il s'agissait. Cette onde était faite à la fois de haine, d'amour, de hargne, de musique, d'odeurs, de rogne, de sensations tactiles, de grogne. Comme c'était étrange !

Un autre cerveau semblait prendre possession de mon propre cerveau. Peu à peu, je me sentis me transformer. J'eus l'impression de perdre le contrôle de mes membres inférieurs, puis de mon bassin, puis de mon torse, enfin de mes bras et de mon visage.

Je me sentais à la fois lourd, très lourd et très léger. Je reposais sur le sol, mais mes pieds étaient devenus ronds. Mes bras semblaient être plus larges... Ma poitrine enflait démesurément... Et mon cœur... Mon cœur se mit à battre plus fort... Très fort !

J'eus soudainement l'impression que mes yeux pouvaient percer l'obscurité de la nuit très loin, à 100, 200 mètres... Et je sentis que je pouvais courir... Non... Pas courir. Glisser. Non plus. Avancer vite, très très vite, en dépit de tout vent et de tout obstacle.

En même temps, je sentais que mon corps se vidait par endroits et se faisait réceptacle, cocon. J'avais presque besoin que l'on y pénétrât, qu'on s'y abandonnât, qu'on y dormît. Je me sentais devenir mère.

Mon cœur continuait à battre furieusement... Fort... Très fort... Toujours plus fort. Des battements courts et réguliers – 1-2-3-4 – 1-2-3-4... Je réfléchis.

Autrefois, ce cœur ne battait pas comme cela – comment battait-il – 1-2 – 1-2 – 1-2.

Pourquoi mon rythme cardiaque était-il passé de deux à quatre temps... J'écoutai 1-2-3-4 :

Admission

Compression

Explosion

Échappement.

Mon cœur battait à quatre temps. Il était devenu *moteur* ! Et soudain, je compris pourquoi mon cerveau ne réagissait plus comme avant. Pourquoi mes pieds étaient ronds. Pourquoi mes bras étaient plus larges. Pourquoi mes yeux voyaient plus loin. Ils étaient devenus phares... Et mes bras portières... Et mes pieds roues.

Et moi, moi j'étais devenu…
J'étais devenu VOITURE!

J'étais devenu voiture! J'en prenais conscience petit à petit par des douleurs diverses. J'avais mal aux portières – Mon toit pesait lourdement sur mon châssis. Et mon sang, mon sang irriguait mal mes artères. Il manquait d'octane.

Je fis des efforts pour chasser cette idée de mon esprit. Allons… Mon sang était composé de plasma, de sucre, de sel, de cholestérol, d'hémoglobine, mon sang n'avait rien à voir avec le pétrole. Je n'avais pas un carburateur dans ma poitrine, mais un cœur… Un cœur…

« Exact… Exact… » dit, ou sembla dire une voix dans ma tête.

« Je suis le Grand Maître – J'ai pris possession de votre cerveau. En ce moment, j'explore vos pensées. Je vous sonde. »

Je pensai : « Le Grand Maître. Il faut que je lui dise… »

« Ne dites rien, poursuivit la voix – Je sais qui vous êtes, et pourquoi vous êtes là. Vous êtes une bonne recrue, Robin Cruzo. Vous m'aiderez… »

Je songeai : « Pourquoi le Grand Maître a-t-il voulu que je me prenne un court instant pour une voiture ? »

Une sensation de douleur morale, effroyable s'insinua, s'inséra, se tentacularisa en moi. Sensation d'immense détresse, mêlée d'un désir de vengeance insupportable. Et je compris.

Le Grand Maître, pendant un court instant, avait complètement pris possession de mon cerveau. J'avais eu ses propres réactions. J'avais raisonné, ressenti, vécu comme lui.

Je savais maintenant *qui* il était et comprenais avec horreur les raisons de sa haine et de ses actes.

Le Grand Préfet, il y avait maintenant bien des années, avait été victime d'un attentat. À l'époque où des groupuscules avaient fondé le FLP (Front de libération des piétons). Nul ne savait ce qu'étaient devenus les auteurs de cet attentat raté.

Le Grand Préfet, parlant chaque soir à la télévision, n'avait jamais abordé cette question et j'en comprenais maintenant les raisons. L'attentat avait réussi : le Préfet avait été décapité, ou plutôt, le sommet de son crâne avait été découpé par un éclat de ferraille et son cerveau était tombé sur les genoux d'un de ses gardes du corps, qui l'avait évidemment recueilli. Et le cerveau, ce cerveau avait été greffé sur la première chose que l'on avait pu trouver, alors que les facultés cérébrales n'étaient pas encore amoindries.

La chose était impensable. Comme les chirurgiens n'avaient rien d'autre sous la main, le cerveau du Préfet avait été greffé sur une automobile.

Son cortex était relié aux pièces mécaniques d'une voiture. L'hémisphère droit commandait les roues, les ailes et les portières gauches, et l'hémisphère gauche, les roues, les ailes et les portières droites.

Le pare-chocs avant était relié au lobe temporo-occipital, et le pare-chocs arrière au noyau lenticulaire.

Le Préfet, qui chaque soir s'adressait aux foules à la télévision, était un mannequin à l'image de son ancienne enveloppe charnelle, dont la boîte crânienne en plastique contenait un magnétophone transistorisé. Je comprenais maintenant pourquoi chacun de ses discours était semblable aux autres et je songeai que, dans le passé, la chose avait dû être fréquente.

Depuis l'invention de la télévision, combien d'hommes politiques, s'adressant à la nation, n'étaient autres que des mannequins de plastique agités en dehors des caméras par d'ingénieux dispositifs mécaniques.

Mais pour l'instant, je devais rester dans le présent et me rendre à l'évidence. Le Grand Maître, le chef Tout-Puissant du pays, était une voiture à cerveau humain. Ce cerveau avait pris possession du mien, voilà pourquoi j'avais cru un instant que j'étais une voiture.

Mais j'étais un homme, moi. Je ne voulais pas subir l'emprise de cette ferraille à cervelle, moi ! Je ne me laisserai pas faire !

Je sentis que le Grand Maître percevait ma révolte. Il me fallait fuir… Échapper à son contrôle… j'arrachai le filet du téléphone cérébral… Ôtai les électrodes de ma tête… Ouvris la porte de la cabine… Fuir, fuir… Mais où ? Et comment ?

Le monstrueux cerveau au corps de voiture allait réagir rapidement.

Je n'ignorais rien de sa puissance, ni du gigantesque dispositif de sécurité qu'il allait déclencher.

Sortir du laboratoire était impossible. Toutes les issues étaient gardées, tous les couloirs surveillés par des caméras de télévision, et de mètre en mètre étaient sans doute installés des pièges, des grilles, des fosses, dont nul être humain ne pouvait triompher.

La seule solution – oui, la seule – était de paralyser le Grand Maître lui-même, mais comment faire ?

La voiture à cervelle humaine était sans doute dissimulée dans le recoin le plus secret du laboratoire des Élus. À nouveau, j'imaginai la plus inexpugnable des retraites, la mieux protégée des chambres fortes, au centre d'une toile arachnéenne *frankensteinique* et *draculesque*, d'où l'ignoble cerveau voyait tout, surveillait tout, agissait sur tout.

Pour triompher, il me fallait lutter *directement* contre ce cerveau dément. Mais comment envisager un tel combat ? Un instant, une vision folle me traversa l'esprit.

Je me vis au centre d'une arène comme il en existait jadis en Espagne. Vêtu d'un resplendissant costume rouge et or, et armé d'une épée. J'attendais, devant la porte d'un toril à cervelles, qu'un énorme fauve encéphalique se précipite sur moi, en une chorégraphie tragique, jusqu'à l'heure de vérité où je le détruirais d'un assaut de ma lame.

Mais, la réalité était autre. Comment pouvais-je lutter contre le Grand Maître. Seul le téléphone cérébral pouvait me relier à lui, et c'est par ce moyen seulement que je pourrais le neutraliser. Déjà des sirènes, des sonneries retentissaient, annonçant à tous ma révolte inadmissible. Les portes s'ouvraient et les Élus s'avançaient vers moi.

Oh, l'épouvantable, l'immonde armée de petits hommes à gros ventre sur leurs fauteuils roulants. Mais il y avait pire.

Je savais que dans un instant les robots laboureurs de chair, les minitanks broyeurs, les lamineurs à roulettes et les lapideurs électroniques entreraient en action.

Je jetai un regard autour de moi. Dans les compartiments de recherche, tous les Élus s'étaient arrêtés de travailler et me regardaient. Leurs appareils, leurs instruments étaient toujours branchés. L'orgue à souffrance, par exemple. Les conducteurs reliés par la moelle épinière aux touches de l'orgue attendaient, prostrés, que la torture reprenne. L'idée était là.

Je me précipitai sur l'Élu qui se trouvait devant le clavier et le jetai à terre. Ses jambes atrophiées ne pouvant le porter, il resta à genoux sur le sol, immobilisé par le poids de son gros ventre.

Puis j'ouvris les portes des cabines de téléphone cervical et m'emparai des filets de communication.

Je me précipitai ensuite dans la salle de torture et branchai les électrodes sur les crânes de quatre conducteurs.

Je m'assis devant le clavier de l'orgue et jouai... jouai... jouai...

Les conducteurs, recevant les impulsions de l'orgue, ne bougèrent pas. C'était ce que j'escomptais. Ils ne souffraient pas. Leur cerveau, en contact direct avec celui du Grand Maître, ne recevait plus les sensations de douleur, mais c'est le cerveau du Grand Maître qui les subissait.

Un cri atroce retentit alors dans tous les haut-parleurs, dans tout le laboratoire... Cri de douleur et de rage poussé par le Grand Maître.

Une joie infinie m'envahit. J'avais gagné. Moi, pauvre petit automobiliste contemporain, je réussissais à tenir en échec le cerveau le plus fou, le plus mauvais, le plus puissant de tous les temps.

Mais le cri se prolongeant, je l'analysai, inconsciemment. J'y décelai tant de colère au milieu de la douleur que je repris conscience de ma faiblesse.

Si jamais le Grand Maître réussissait à se libérer de ce qui le liait à cet orgue à souffrance, il ne me pardonnerait pas ce que je venais de lui faire subir. Et je risquais de payer ça très cher. Très, très cher !

Longue symphonie pour douleur et orgue, les cris de souffrance du Grand Maître retentirent longtemps dans le laboratoire. Puis ils cessèrent brusquement. Au même instant, les conducteurs reliés à mon clavier par la moelle épinière se mirent à hurler. Je compris que le Grand Maître avait réussi à déconnecter les téléphones cérébraux et ne ressentait plus la souffrance des torturés. Il était inutile de continuer à faire souffrir ces derniers,

Il valait mieux en finir. Je plaquai un dernier accord, en enfonçant la pédale d'intensité au maximum.

Dans un dernier sursaut, dans l'apocalyptique ballet d'une sublime et définitive épilepsie, les torturés vibrèrent, tournoyèrent.

Ils s'entrelacèrent dans un funèbre et ultime baiser et tombèrent morts.

Le silence se fit. Hostile et froid. Et soudain, j'entendis une suite de craquements. Je me retournai. Par toutes les portes, les robots apparaissaient. À moins de trouver une idée géniale, *je ne pouvais leur échapper!* Mais la peur, l'immense peur qui me tenaillait était sans doute le meilleur des stimulants car j'eus soudain l'*idée.* Je me mis à hurler.

«Vous n'avez pas le droit de marcher! Vous n'avez pas le droit de marcher!»

Je venais de me rappeler que les robots étaient conditionnés pour détruire les Élus qui prononçaient le mot «marcher». Je comprenais maintenant pourquoi ce mot rendait fou le Grand Maître. Lui qui n'était qu'une cervelle greffée sur une voiture ne pouvait supporter l'idée que quelqu'un possédât des jambes. Je criai de plus belle: «Vous n'avez pas le droit de marcher!» Les têtes métalliques des robots s'agitèrent dans tous les sens.

Puisque les robots étaient conditionnés pour détruire ceux qui prononçaient le mot «marcher», il y avait une chance pour qu'ils le fussent également pour détruire ceux qui utilisaient leurs jambes.

Or, leur faire remarquer qu'ils n'avaient pas le droit de marcher était leur faire remarquer qu'ils utilisaient leurs jambes. Et puisqu'ils devaient détruire ceux qui utilisaient leurs jambes, ils devaient se détruire eux-mêmes. Ce qu'ils firent immédiatement.

Les mains des robots, je le rappelle, étaient terminées par des socs de charrues miniatures. Ils commencèrent à labourer leur torse de métal, y creusant de profonds sillons, jusqu'à ce qu'ils rencontrent les fils, les circuits électriques, qui, mis en contact les uns avec les autres par les mains-charrues, provoquèrent des courts-circuits.

Au bout de quelques instants, cette gigantesque et démentielle séance de hara-kiri collectif et électronique se termina. Le sol était jonché de pièces de métal, de ressorts, de bobines, de piles et de transistors.

C'est alors qu'un crissement singulier me fit lever la tête. Décidément, le Grand Maître avait tout prévu.

Du plafond descendait une grande paroi de métal qui coupait la salle en deux. Je reculai... Mais vis qu'une autre plaque de métal descendait pour diviser à nouveau en deux la partie restée libre... Puis une autre plaque divisa à son tour l'espace libre en deux... Et ainsi de suite. Je calculai rapidement qu'à la douzième plaque, il ne resterait plus qu'un espace de quelques centimètres carrés et qu'à ce moment, la dernière plaque ne serait plus qu'une colonne, qui ne manquerait pas de me broyer.

C'est alors qu'une chose étrange attira mon attention. Une sorte de petit trou venait d'apparaître dans le sol de béton. Trou par lequel une main surgit. Cette main était bleue. Bleue comme l'acier. S'agitant de bas en haut, et de haut en bas, elle entreprit – comme si elle était une lime – de découper dans le béton une sorte de fente. Les plaques descendaient toujours plus vite, me semblait-il. Mais dans la fente, la main, elle, progressait. Elle prenait un virage. Tandis que l'espace libre, dans la salle, se restreignait de plus en plus, une ouverture se dessinait maintenant dans le sol.

Et soudain, comme un couvercle trop petit posé sur un récipient, la rondelle de béton découpée chut dans l'orifice circulaire qui venait de se former.

Par cet orifice apparut alors une tête... Horrible. Deux yeux morts surmontaient un nez abominable aux narines emplies de poils verts et une sorte de groin proéminent, calleux comme de l'écaille.

La tête se tourna vers moi, et j'entendis... J'entendis... Je ne pouvais y croire...

J'entendis le groin me dire, dans un grognement effroyable : « Suivez-moi... Je suis un piéton. »

Un piéton ! La chose était incroyable ! Des piétons, Il en existait donc encore !

« Suivez-moi... Suivez-moi... Je suis un piéton », répéta la créature.

Je ne perdis pas de temps à réfléchir. Les cloisons d'acier ne cessaient de descendre du plafond, réduisant de plus en plus la surface logeable et, dans quelques secondes, j'allais être écrasé. Suivre l'être étrange qui m'appelait ne pouvait être plus dangereux que rester dans le local contrôlé par le Grand Maître.

La créature avait percé un trou de 60 centimètres environ.

Mon «sauveur» me fit signe qu'il fallait plonger la tête la première dans l'orifice. Je le fis, et tombai dans une sorte de puits dont la profondeur n'excédait pas 1,50 mètre. À peine mes pieds, entraînés par le poids de mon corps, eurent-ils franchi l'orifice que l'obscurité se fit. Je compris que la dernière paroi d'acier venait de s'abattre dans l'espace du laboratoire resté libre. À une seconde près, j'aurais été broyé.

Je sentis contre ma main une chose rugueuse et froide qui me fit courir des frissons le long de l'épine dorsale. La créature venait de me saisir le poignet. J'entendis à nouveau la voix, que je ne puis définir par un autre terme que VISQUEUSE, me dire: «Mettez ceci dans vos narines.» En même temps, je sentis que le PIÉTON (puisque c'est ainsi qu'il s'était désigné) me glissait dans la main une boule de matière qui tenait à la fois de la paille de fer, de l'éponge et du coton hydrophile. J'avais du mal à respirer et je compris que cet étrange matériau devait faire office de masque respiratoire.

Tant bien que mal, je tentai de faire pénétrer dans mes narines la plus grande quantité possible de ce filtre improvisé. Mais mon nez ne pouvait en contenir le quart. Dès que mes narines furent pleines, je constatai que je respirais mieux. Je fourrai le restant du curieux produit dans ma poche.

«Cramponnez-vous à moi, grommela la créature. Nous allons rejoindre les autres.»

Je murmurai timidement: «Qui êtes-vous?»

La réponse me coupa le souffle: «Le FLP.» Le FLP! – LE FRONT DE LIBÉRATION DES PIÉTONS!

Le FLP que l'on croyait à jamais disparu. Le FLP qui avait dynamité la tête du Grand Préfet et en avait fait ce cerveau fou qui gouvernait le pays.

Je saisis le piéton par la taille et constatai qu'il était plié en deux. Un boyau très étroit s'ouvrait dans le puits où j'étais tombé. Le piéton y pénétra et je dus, moi aussi, me courber en deux pour le suivre. Nous marchâmes longtemps. Chemin faisant, quelques arrêts me firent buter contre mon compagnon et je constatai que sa taille était étonnamment mince, et sa poitrine fluette, alors que le bas de son corps – c'est-à-dire ses jambes et ses pieds – était incroyablement développé.

Je ne sais combien de temps dura notre voyage. Nous fîmes peut-être 5 ou 10 kilomètres. Et cela dura peut-être deux heures, ou moins... Je ne pouvais me rendre compte. De temps à autre, le piéton s'arrêtait. J'entendais alors un halètement, puis des grattements, puis une sorte de bruit de mastication... Et nous repartions.

Soudain, un tumulte, un grondement, un bruit qui ne pouvait être produit que par un grand nombre d'individus se fit entendre. D'abord faiblement, puis de plus en plus fort. Je compris que nous approchions du but. Effectivement, d'après la résonance de nos pas, je sus que nous arrivions dans une vaste salle. Pour ce qui concernait sa longueur et sa largeur, du moins, car elle n'était pas plus haute de plafond que la galerie qui nous y avait menés – 1,20 mètre tout au plus – et l'on ne pouvait s'y tenir debout. Comme dans l'étroit boyau que nous venions de parcourir, l'obscurité la plus totale régnait. J'entendis la voix de la créature qui m'avait amené jusque-là dire ;

« Voici une bonne recrue – un automobiliste qui s'est rebellé contre l'automobile. Et contre le prétendu Grand Maître. Je l'ai sauvé à la dernière minute.

– Comment vous appelez-vous ? dit une autre voix.

– Robin Cruzo

– Robin Cruzo, soyez le bienvenu parmi les piétons. »

Des voix, une cinquantaine, ou plus répétèrent.

« Soyez le bienvenu. Au nom du pied, de la cheville et du genou, ainsi soit-il. »

Ainsi donc, c'était vrai.

LE FRONT DE LIBÉRATION DES PIÉTONS existait toujours ! La civilisation automobile avait un ennemi apparemment résolu et organisé.

Alors, l'humanité n'était peut-être pas perdue.

Pour la première fois de ma vie, peut-être, je me sentais en sécurité.

J'étais dans la nuit absolue. Je ne savais qui étaient ceux qui venaient de m'accueillir et, pourtant, j'avais confiance. Je me sentais dans un milieu ambiant exempt de toute hostilité.

« Pourquoi restez-vous dans le noir ? demandai-je.

– Nous n'avons pratiquement plus d'yeux, Robin Cruzo – répondit la voix qui m'avait accueilli. Nous vivons depuis si longtemps, depuis tant de générations, dans la nuit du béton que nos yeux se sont atrophiés. C'est une mutation normale, due à notre existence particulière. Nous ne nous en plaignons pas. Notre corps s'est adapté au milieu dans lequel nous vivons. D'autres choses sont nées en nous qui nous sont plus utiles que les yeux, pour mener à bien notre combat.

– Quel combat ? dis-je étourdiment car je devinais la réponse…

– Nous voulons la fin de la civilisation automobile. Nous voulons reconquérir la planète pour y vivre comme l'on y vivait autrefois. À pied.

– Vous souhaitez la destruction des automobiles, dis-je. Mais n'est-ce pas aussi ce que veut le Grand Maître, dans sa folie.

– Non, répondit la voix. Celui qui se fait appeler le Grand Maître n'est qu'un cerveau dément, greffé sur une voiture et qui tente de détruire les conducteurs, pour qui il a conçu une haine incommensurable parce qu'il ne dispose plus comme eux d'un corps humain. Tandis que nous, nous voulons redonner sa véritable destination à l'homme, qui a été mis sur terre avec deux jambes, afin de marcher. Et non pour actionner des pédales, les fesses posées sur des sièges en matière plastique.

– Vous voulez donc la suppression totale des voitures ?

– Oui. Êtes-vous des nôtres ? »

Je fus quelque peu troublé. Certes, la civilisation automobile était sans doute la plus redoutable période que le genre humain ait jamais dû supporter. Mais fallait-il à jamais condamner la voiture qui pouvait rendre tant de services ? Il est vrai cependant que les autos ne servaient plus comme autrefois à se rendre d'un point à un autre. On naissait, on grandissait, on se mariait en voiture. Et, bien sûr, on y mourait. Atrocement et sans cesse.

« Bien, dis-je, je suis des vôtres. Que dois-je faire ?

– Nous allons examiner la question » dit la voix.

Depuis longtemps je m'étais assis sur le sol et tentais de déceler, par les bruits, combien il pouvait y avoir de piétons dans la salle, et comment ils étaient installés.

Je sentis soudain dans ma poche, mon porte-clés. Par réflexe, lorsque j'avais arrêté ma voiture dans le laboratoire des Élus, j'avais coupé le contact et mis ma clé dans ma poche. Or, je possédais un porte-clés muni d'un système lumineux.

Une minuscule lampe de poche.

J'allais savoir à qui j'avais affaire. Je sortis mon porte-clés et allumai. Horreur !

Horreur indescriptible ! Une cinquantaine de piétons se trouvaient devant moi. Ils se tenaient courbés, le dos touchant le plafond, et je compris pourquoi. Lorsque j'avais suivi celui qui m'avait amené dans cette salle, j'avais été surpris de la minceur de sa taille et de la largeur de son bassin.

À l'inverse des Élus, qui étaient toujours assis et dont les jambes s'étaient atrophiées tandis que leur ventre grossissait, les piétons avaient des jambes énormes et des torses ridicules. Et leurs mains ! Leurs mains étaient incroyablement déformées. Au bout de bras noueux et maigres, la main droite était ouverte, comme une griffe couverte de callosités, elle faisait songer à une fourche. Tandis que la main gauche, dont les doigts semblaient être soudés, ressemblait à une pelle. Leurs yeux n'étaient que deux billes blanchâtres, sans expression. Leur nez était une sorte de tubercule aux narines dilatées pleines de poils verts qui frémissaient au rythme de leur respiration. Leur bouche était un groin d'une matière dure, semblable à l'ongle d'où sortait une multitude de dents longues et recourbées.

Le piéton qui m'avait accueilli avait dit que leur corps s'était adapté au milieu ambiant. Mais quel était ce milieu ambiant qui pouvait exiger – pour que l'on pût y vivre – que des créatures humaines subissent d'aussi effroyables mutations.

« Voulez-vous être des nôtres ? » m'avait-on demandé.

Non, ce n'était pas possible. Je ne pouvais pas… Je ne pouvais pas devenir comme eux !

Pourquoi avais-je donc utilisé mon porte-clés lumineux? Pourquoi avais-je donc voulu connaître les visages et les corps de ceux qui m'avaient sauvé, et recueilli?

Dans le noir, leurs voix sympathiques m'avaient séduit, mais maintenant que je les voyais...! Maintenant que je les voyais... C'était atroce!

«Pourquoi ne parlez-vous plus?» dit un des piétons. Et à sa voix, je sus que c'était celui qui avait jusqu'alors conversé avec moi.

Je bredouillai:

«Je ne m'attendais pas à... Je ne pouvais pas supposer que...

– Je comprends, dit le piéton. Vous venez d'allumer une lumière, et vous nous voyez. Notre apparence vous surprend. Je vous avais prévenu. Nous sommes des mutants. La vie que nous menons dans le béton depuis des générations a fait se modifier notre morphologie.

– Mais je ne veux pas devenir comme vous... osai-je murmurer.

– Aucun danger. Je viens de vous dire qu'il a fallu des générations pour que cette mutation se produise. Dès l'apparition de la civilisation automobile, nos ancêtres qui voulaient résister à l'envahissement des voitures se réfugièrent à la campagne. Mais celle-ci fut bientôt gagnée par la ville et rapidement les champs furent bétonnés et devinrent des parkings. Lorsque la Bretagne, qui était la dernière région à bénéficier d'axes routiers, fut à son tour conquise par le flot tentaculaire des automobiles, lorsque tout le territoire fut cimenté, ceux qui refusaient de rouler en voiture furent impitoyablement pourchassés. Ils tentèrent alors de s'installer dans le sous-sol. Divers ouvrages militaires souterrains abandonnés se transformèrent en lieux paradisiaques pour les piétons qui, à longueur de journée, se promenaient dans les couloirs.

Mais bientôt, la circulation automobile de surface devint impossible. Pour dégager certains points, le gouvernement décida de construire un réseau en sous-sol. La ligne Maginot était le carrefour européen et bientôt, sur des étages et des étages, les voitures occupèrent à la fois le sous-sol et la surface. Décidés à ne pas céder, les irréductibles piétons décidèrent alors de vivre en guérilleros.

Ils créèrent le FLP et pour se dissimuler, n'ayant plus ni forêt, ni jungle, ni montagne, ni maquis, creusèrent des galeries entre le sol et le sous-sol, c'est-à-dire *dans* la couche de béton qui sert de sol aux routes et de plafond aux souterrains.

Tout cela s'est passé il y a je ne sais plus combien de générations. Désormais, le peuple des piétons vit dans le béton. À force, nos yeux se sont éteints. Vous vous demandez peut-être, Robin Cruzo, pourquoi nous nous tenons courbés en deux. C'est que la couche de béton ne dépassant jamais 2 mètres, nos galeries ne peuvent avoir plus de 1,20 mètre de haut. Et encore sommes-nous obligés de prendre d'énormes précautions pour étayer. À force de vivre courbés en deux, nos vertèbres se sont soudées. Nos enfants naissent comme cela. »

J'étais abasourdi. Oui, je n'y avais pas songé, mais pour que les mutations puissent se produire, pour que la race des piétons ne disparaisse pas, il fallait, bien sûr, qu'ils aient des enfants.

Certes, la vie automobile avait modifié bien des concepts sexuels, dans la civilisation de surface, mais je ne pouvais m'empêcher de penser que pour ces pauvres piétons éternellement courbés en deux, l'amour physique ne pouvait pas revêtir la moindre fantaisie.

Je ne m'appesantis pas sur le sujet et demandai.

« Mais vos mains... Pourquoi vos mains sont-elles comme cela ? »

Le piéton sourit, et je dus fermer les yeux tant ce sourire le rendait encore plus hideux.

« L'abject cerveau automobile qu'on nomme le Grand Maître connaît notre existence, Robin Cruzo. Sans cesse, il fait forer, fouiller, percer le sol pour nous découvrir et nous détruire. Nous devons sans arrêt creuser de nouvelles galeries dans le béton. Nos outils sont rares, et rudimentaires. Nos mains nous servent à gratter les gravats et à les enlever. À force, par suite de mutations successives, notre main droite est devenue râteau et notre main gauche, pelle. Sauf pour les gauchers. Dans ce cas, c'est le contraire. »

Je ne demandai pas pourquoi les piétons avaient des poils verts dans les narines. Je devinais la réponse. Cela servait de filtre, car l'air des galeries était, comme partout, vicié.

Mais il me restait une question.

« Pourquoi votre bouche est-elle devenue un groin calleux ?

– Nous devons nous nourrir, Robin Cruzo. Pour cela, la poussière de ciment ne suffit pas. Alors nos galeries nous mènent vers les grands cimetières. Là où il reste encore, à titre de souvenir historique, des tombes de grands conducteurs, ou de grands généraux, ou de grands préfets. Là, il y a parfois – entre les dalles – un peu de terre. Alors nous forons un puits dans le béton et, à l'aide de nos dents crocheteuses, nous mangeons les pissenlits par la racine. »

Bonté divine !

Était-il possible que la civilisation automobile, la furie de la voiture, la folie du volant, aient conduit des piétons à ce point de malheur et de dégradation !

Il n'y avait pas d'autre solution. J'allais devoir vivre avec les piétons, mes semblables. Mais oui, mes semblables. – Je pensais comme eux. Comme eux, j'étais un ennemi de l'automobile. Comme eux, j'étais recherché par le Grand Maître qui devait vouloir pour moi une mort exemplaire et abominable.

Comme eux, je devais me cacher, me terrer dans le sous-sol. Oui, les piétons étaient bien mes frères. Mais malheureusement je n'étais pas un mutant. Mon nez, démuni de poils verts, ne pouvait pas filtrer l'air, mes mains n'étaient pas capables de gratter le béton, et je ne possédais pas de groin à dents crocheteuses pour manger le ciment et les pissenlits par la racine.

Le chef du FLP dut s'en apercevoir car il dit doucement : « Je sais... Robin Cruzo – Je sais ce que vous pensez. Ne vous inquiétez pas, nous vous aiderons. Vous vous habituerez à vivre parmi nous. Souvent, nous organisons des expéditions en surface pour aller voler des outils. Nous essaierons de percer un trou dans le sol du laboratoire de recherches génétiques des Élus et nous nous procurerons des pilules d'accélération. Grâce à celles-ci, vous pourrez peut-être rattraper quelques générations et vous adapter plus vite au milieu ambiant qui est le nôtre.

Vous ne serez peut-être pas tout à fait identique à nous, mais des poils filtrants vous pousseront vite dans le nez. Et puis, si vous n'avez pas la chance d'avoir les vertèbres soudées, nous pourrons vous fabriquer un corset de fer en forme de coude qui vous obligera à rester courbé à longueur de journée, et vous évitera de vous cogner la tête. »

Voilà où j'en étais ! J'avais échappé à la mort automobile. J'avais échappé à la folie, à la rage meurtrière du Grand Maître, et pour survivre, il me fallait devenir un monstre.

Je savais ce qu'étaient les pilules d'accélération dont le piéton venait de parler. Elles avaient été mises au point autrefois, lorsque existait encore la Commission de censure catholique juvénile de la mort.

La Commission de censure catholique juvénile de la mort interdisait qu'on donnât la mort aux mineurs de moins de dix-huit ans.

Les policiers, qui n'avaient pas le droit d'abattre les adolescents, avaient obtenu des services de santé que l'on fît des recherches sur l'accélération du vieillissement. Lorsqu'ils arrêtaient un jeune garçon, ou une jeune fille, pour infraction au code de la route, les policiers les gardaient à vue pendant vingt-quatre heures dans ce qu'on appelait le PALAIS BEAUJON. (Nul ne savait pourquoi il s'appelait ainsi. Sans doute pour quelque raison historique dont l'origine était perdue depuis longtemps.)

Pendant ces vingt-quatre heures passées au PALAIS BEAUJON, on faisait absorber aux adolescents des pilules d'accélération qui les faisaient vieillir de plusieurs années en une seule nuit. Lorsqu'ils avaient atteint l'âge légal, on pouvait alors leur tirer une balle dans la tête sans violer la loi de la Commission de censure catholique juvénile de la mort.

Le raisonnement du chef du FLP était logique.

En me faisant prendre une énorme quantité de pilules d'accélération pendant plusieurs semaines, on me ferait vieillir de plusieurs dizaines d'années, puis de plusieurs générations et je rattraperais les mutants. Je serais comme eux, laid, courbé, j'aurais des poils verts dans le nez. Et un groin. Ah, mais non. Ça, je ne le voulais pas !

Face à celui qui semblait être le chef des piétons, je réfléchissais à l'incroyable proposition qu'il venait de me faire : avoir les vertèbres soudées et rester courbé à jamais, avoir le nez plein d'affreux poils verts pour filtrer l'air pollué, avoir un groin à la place de la bouche et manger du ciment. Cette évocation me révolta. Et aussi la passivité des piétons.

« Vous êtes des lâches, hurlai-je, vous m'avez sauvé la vie, et je vous en suis reconnaissant, mais vous n'êtes quand même que des lâches. Vous luttez contre le Grand Maître et la civilisation automobile.

Mais que faites-vous pour cela ?

Vous vous terrez dans le sous-sol.

Ignorez-vous donc que le principe de toute résistance à l'oppresseur, que toute guérilla repose sur l'attaque !

Pourquoi ne faites-vous pas des sorties pour attaquer les Élus ? »

Le chef des piétons me regarda en souriant.

« Vous êtes bien jeune, Robin Cruzo, et bien innocent. Comment pourrions-nous nous attaquer à la toute-puissance automobile avec le peu de moyens dont nous disposons et, surtout, comment pourrions-nous nous concerter avant l'attaque ? Toute contestation, toute révolte, tout mouvement politique, toute révolution débute par des rencontres, des réunions, et cela depuis que le monde est monde. Où voulez-vous que nous nous réunissions ? Nous vivons dans des galeries souterraines de 80 centimètres de large. Nous n'avons jamais pu creuser de salle suffisamment grande pour que nos chefs se rencontrent.

Si vous avez quelque notion d'histoire ancienne, pouvez-vous imaginer les sans-culottes de 1789, les résistants du Vercors, ou les membres de l'OAS préparant leur action à la queue leu leu, dans un boyau sinueux de 100 kilomètres. Voyez-vous les Français libres de Londres préparant leur combat en file d'oignons dans un pipe-line ? »

Je n'avais pas pensé, bien sûr, à ce problème. Pourtant, il devait bien y avoir une solution pour attaquer les Élus.

« Nous les attaquons, reprit le chef des piétons comme s'il avait lu dans ma pensée.

Nous creusons des trous dans le sol. Souvent, lorsqu'un policier se trouve au centre d'une place, dans un mirador, nous découpons le sol autour de lui et le faisons tomber dans nos galeries. Mais nous ne disposons pas de broyeuses, nous. Nous n'avons pas de laminoirs, de marteaux-pilons, d'écraseuses géantes. Nous sommes obligés d'écrabouiller les agents à la main, avec des cailloux, cela est long et fatigant. »

J'insistai.

« Chef des piétons, dis-je, le principe même de la révolte triomphante, c'est le nombre. Il faut que tous les piétons se mettent d'accord pour agir en même temps, dans quantité d'endroits. Un policier tué artisanalement, ça n'est rien. Mais un million de policiers tués artisanalement à la même seconde, cela fait une hécatombe, artisanale, certes, mais ô combien efficace !

– Oui, dit le chef des piétons, mais comment faire pour que tous les piétons soient d'accord pour agir en même temps. Comment faire, même, pour savoir s'ils sont d'accord pour agir ? »

Je réfléchis. Et soudain, je me souvins d'une ancienne coutume, qui existait autrefois – avant que les humains n'aient succombé à la folie automobile. Oui, il existait une forme de consultation générale dont je pouvais sans doute retrouver le principe.

Voyons... Un homme avait besoin de demander l'avis du pays. Il posait des questions, et les indigènes devaient répondre par oui ou par non. Je me souvins même du nom sous lequel on désignait cette cérémonie – UN RÉFÉRENDUM – Oui, c'était bien cela, UN RÉFÉRENDUM.

« Pourquoi n'organisez-vous pas un RÉFÉRENDUM ? dis-je.

– Qu'est-ce que c'est ?

– Une sorte de vote.

– Nous avons essayé, dit le chef des piétons.

Autrefois, nos ancêtres pratiquaient le vote à main levée. Mais nous, nous ne le pouvons pas.

– Pourquoi ? » demandai-je.

Le chef des piétons esquissa un geste du bras droit. Au bout de son poignet, j'aperçus l'abominable structure d'ongle et d'os en forme de grattoir.

« Nous ne pouvons pas voter à main levée, dit-il. Nous n'avons pas de main. »

Les choses étaient simples. Je ne pouvais pas quitter les piétons. Sortir de leurs galeries équivaudrait pour moi à un suicide. Mais je ne pouvais pas non plus accepter de devenir ce qu'ils étaient devenus. Je ne pouvais pas me contenter de vivre comme une larve dans le sous-sol.

Je décidai de prendre les choses à bras-le-corps.

«Je vais vous aider à organiser la lutte, dis-je, D'abord, combien êtes-vous?

– Je l'ignore, répondit le chef. Nous sommes répartis en petits groupes isolés. Les pièges que nous tend sans cesse le Grand Maître nous obligent à cette dispersion. Chaque groupe doit compter cinquante, peut-être soixante individus.

– Et combien existe-t-il de groupes?

– Impossible de le savoir, dit le chef. Nos galeries s'étendent sous tout le territoire surveillé par les Élus. Chaque groupe ferme son tunnel par un bloc de pierre qu'il ne déplace que sur un mot de passe. Nous connaissons nos voisins, nos voisins connaissent les leurs et ainsi de suite. Mais nous n'avons jamais pu faire de recensement.

– Possédez-vous des armes? demandai-je.

– Quelques-unes. Celles que nous prenons aux policiers que nous réussissons à faire tomber dans nos galeries. Mais elles sont inutiles.

– Pourquoi?

– Les policiers possèdent des détecteurs d'armes. Ce sont des appareils extraordinairement perfectionnés malgré leur miniaturisation. Dès qu'un policier est menacé par une arme quelconque, le détecteur déclenche une onde qui détruit instantanément l'arme et celui qui la tient.»

J'ignorais tout de ce nouveau dispositif de sécurité possédé par les policiers. Et c'était pourtant eux qu'il fallait attaquer en premier si l'action du FLP voulait être efficace.

«Nous ne pouvons donc utiliser contre la police que des armes naturelles, bâton, pierres, etc., dis-je.

– Non, répondit le chef. Ce n'est pas tant l'arme que la machine détecte. C'est l'intention meurtrière qui s'y trouve attachée par celui qui veut l'utiliser. C'est pour cela que les détecteurs ne signalent que les trous que nous forons sous les pieds des agents que nous voulons attaquer. Car un trou étant un phénomène naturel à l'état brut, il ne peut être considéré comme une arme. Malheureusement, il est impossible de détruire une armée de policiers rien qu'en faisant des trous.

– Il y a bien d'autres phénomènes naturels à utiliser dans notre guérilla, dis-je. C'est cela qu'il nous faut trouver. Ne pourrions-nous essayer de rencontrer les groupes voisins, afin de constituer le premier noyau de résistance ?

– Sans doute, dit le chef. Si vous voulez me suivre... »

Je le saisis par la ceinture, me courbai comme lui, et nous nous engageâmes dans une galerie.

Nous marchâmes pendant quelques minutes, croisant d'autres piétons que je ne pouvais pas voir dans l'obscurité, mais dont j'entendais la respiration bruyante, due au frémissement de leurs poils de nez. Nous arrivâmes bientôt devant une paroi. Chose curieuse, une lumière très très faible régnait.

Une voix retentit :

« La voiture ne passera pas.

– Gloire au piéton, répondit le chef. Au nom des cuisses, et des chevilles, et des genoux, ainsi soit-il. »

C'était évidemment le mot de passe, car la paroi pivota. Il s'agissait d'une porte rudimentaire, un grand bloc de pierre, dont le gond du haut était une stalactite et celui du bas, une stalagmite.

« Le système de pivot est ingénieux, dis-je.

– Oui, répondit le chef des piétons, ici les galeries ne sont pas creusées dans du béton, mais dans du calcaire et les infiltrations d'eau font naître des stalactites et des stalagmites que nous utilisons dans nos constructions. »

Une idée éclata soudain dans mon esprit.

« Les pilules d'accélération, les pilules dont vous m'avez parlé, et qui font vieillir les choses de plusieurs générations, en possédez-vous beaucoup ?

– Oui, dit le chef.

– Bien, pouvez-vous creuser rapidement une galerie, là où se trouvent les infiltrations d'eau ?

– Il en existe une, je vais vous y conduire. »

Je suivis le chef. Effectivement, un étroit boyau nous mena à une flaque d'eau, qui se formait sous une fissure du plafond de calcaire. La fissure laissait passer la lumière du jour. J'y collai mon œil et, entre deux gouttes d'eau qui me tombaient sur le visage, j'aperçus les jambes d'un policier surveillant la circulation.

Je remarquai sur sa poitrine le détecteur d'armes.

« Passez-moi les pilules d'accélération », dis-je au chef.

Il me les tendit. J'en coinçai plusieurs dans la fissure, de telle sorte que les gouttes d'eau – avant de tomber dans la flaque – passent sur les pilules.

Les gouttes d'eau contenant du calcaire se mirent à tomber très vite. Très très vite. De plus en plus vite. Je remis des pilules. L'eau coula. Je remis des pilules et ainsi de suite.

Au centre de la flaque, là où tombaient les gouttes chargées de calcaire, une stalagmite se forma qui augmenta rapidement de volume. Elle fit bientôt 50 centimètres de haut, puis un mètre, puis atteignit le plafond, écarta la fissure, continua de s'élever… traversa la voûte. Je jetai encore des pilules d'accélération au pied de la stalagmite qui, dans un élan extraordinaire, s'éleva comme une furie et traversa, juste au-dessus de nous, le corps du policier.

Celui-ci poussa un hurlement effroyable. Une stalagmite n'était pas une arme. C'était un phénomène naturel, aucun détecteur ne pouvait la signaler.

Par un petit trou resté sur le côté de la fissure, je contemplai le policier maudit empalé à 8 mètres du sol et hurlai :

« Victoire, au nom du pied, des cuisses et des genoux… »

J'avais trouvé la première arme. Maintenant, le combat allait sérieusement commencer.

Grâce à la pilule d'accélération je pouvais faire jaillir, un peu partout sur le territoire, des stalagmites qui, sortant du sol, embrocheraient les policiers.

Mais cela ne pouvait suffire. Le Grand Maître et son équipe de chercheurs déments allaient rapidement, j'en étais sûr, trouver divers systèmes pour détruire les stalagmites. Le problème, pour moi, ne consistait plus à diriger, dans le sous-sol, les piétons mutants. Le fait même qu'ils soient mutants leur ôtait toute mobilité.

Mais comment agir en surface sans disposer de commandos ? Il fallait attaquer les policiers. Prendre leurs armes. Trouver du métal pour fabriquer des appareils.

Quels appareils ? Les piétons mutants n'étaient pas des savants. Et moi non plus.

Je songeais à cet ancêtre, dont ma famille s'était toujours transmis l'histoire, et qui – il y a bien longtemps – avant la civilisation automobile, avait vécu sur une île et avait réussi à recréer le monde dans une cabane. Qu'étais-je capable de faire, moi, son descendant, Robin Cruzo.

Allons ! Soliloquer ne menait à rien. Avant de pouvoir agir à l'extérieur, avant de convaincre les conducteurs de se révolter *contre la civilisation automobile*, car là était l'issue, je devais, avec les moyens du bord, continuer le combat.

Il y avait bien deux bonnes minutes que la stalagmite, sortant du sol à toute vitesse, avait empalé le policier, et celui-ci s'agitait toujours.

Les piétons avaient oublié toute retenue et grognaient de joie, dans la galerie, en le contemplant.

Les sirènes de police retentirent annonçant les voitures désintégrantes.

La vieille coutume des motards précédant les voitures de police avait été remplacée depuis longtemps par l'usage de véhicules désintégrateurs qui, lorsqu'une voiture officielle voulait passer, ouvraient un long ruban désert en détruisant tout sur leur passage.

« Il faut nous cacher, vite », dis-je au chef des piétons.

Celui-ci exultait. « Nous avons gagné, grognait-il, nous avons gagné... »

Je me fâchai.

« Ne soyez pas stupide. Courons au bout de la galerie. »

Nous le fîmes.

À peine étions-nous arrivés que nous entendîmes une sourde explosion. Les policiers faisaient sauter la stalagmite. Et leur camarade par la même occasion.

Je demandai au chef des piétons :

« De combien de pilules d'accélération disposons-nous ?

– Nous en avons beaucoup, dit-il. De quoi faire surgir de nombreuses stalagmites empaleuses.

– Non. Ce serait les gaspiller. »

Il devait y avoir une meilleure utilisation de ces pilules qui permettaient d'accélérer la croissance et l'évolution de toute chose. En les faisant absorber aux piétons, pourrais-je faire évoluer leur mutation en sens contraire et en faire à nouveau des hommes normaux ? Oui, sans doute, mais à condition de les faire vivre à l'extérieur, dans les conditions de vie en surface, et cela n'était pas possible.

Alors ? En faire absorber aux conducteurs ne mènerait à rien non plus. Au contraire, acquérir cinq ou six générations de plus les rendrait encore plus fous de voiture.

Je songeai à Darwin. Si je disposais de singes, en leur donnant de ces pilules, je pourrais créer une équipe d'hommes nouveaux, n'ayant pas été contaminés par l'automobile.

Mais il n'y avait plus de singes. Les forêts, les plaines, les campagnes n'étaient plus qu'une immense dalle de béton. Il n'y avait plus d'arbres ni d'animaux… Le monde n'était plus fait que de ciment et d'océans…

L'océan… L'océan, voilà où était l'avenir !

« Les galeries mènent-elles jusqu'à l'océan ? demandai-je au chef.

– Sans doute…

– Saurez-vous m'y guider ?

– Je pense. »

Je venais d'avoir l'idée que je cherchais. Il fallait remonter plus haut, plus loin que Darwin.

L'océan. Ce n'était pas les singes qu'il fallait faire évoluer, mais les CŒLACANTHES.

Le Cœlacanthe, ce poisson qui avait donné naissance à l'homme… Il en existait encore, dans la mer. Grâce à ces pilules, administrées intensivement… Je pourrais constituer un groupe d'attaque.

J'imaginais ces hommes nouveaux, mi-poissons, mi-hommes, rampant dans les villes, conditionnés dans la première heure d'évolution pour abattre les flics, les autos et tout ce qui s'oppose au franc bonheur de l'homme.

« Vite, vite, dis-je au chef. Partons vite... Vers la mer. »

Nous commençâmes à marcher le long des galeries.

De kilomètres en kilomètres, nous rencontrions des blocs de pierre et devions donner le mot de passe « La voiture ne passera pas ». Les blocs étaient déplacés et nous continuions notre chemin.

Dans ces conditions, le voyage serait long. Il me fallait absolument prendre quelque nourriture.

« Ne serait-il pas possible que vous me conduisiez vers un ancien cimetière ? demandai-je au chef des piétons, je voudrais manger quelques pissenlits par la racine, car je ne puis, comme vous, me nourrir de ciment. »

Le chef des piétons dévia notre route et nous arrivâmes dans une galerie plus large où le plafond, orné de quelques ossements fossilisés, annonçait que nous nous trouvions au-dessous de pierres tombales.

Hélas, il n'y avait pas la moindre trace d'herbe, ou de racines comestibles.

Je ne pouvais continuer ma route sans me restaurer. J'observai attentivement le plafond et décelai quelques graines. Mais oui ! Mes pilules d'accélération devaient pouvoir les faire germer rapidement.

Je demandai au chef des piétons de bien vouloir me retourner une partie du sol, avec sa main en forme de bêche. Ce qu'il fit. Avec mes ongles je détachai quelques graines que je semai dans la terre fraîchement bêchée. Puis, je délayai quelques pilules d'accélération avec un peu d'eau qui suintait le long des parois, et j'arrosai les graines. Immédiatement, je vis sortir des pousses, et d'énormes pissenlits se mirent à grandir, sur lesquels je me précipitai, et que je déchirai à belles dents. Le chef des piétons fit comme moi.

Nous mangeâmes longtemps, sans parler. L'aurais-je voulu que je n'aurais pas pu me faire entendre, tant le bruit de mastication que faisait le piéton avec son groin était monstrueux. Soudain, alors que j'avalais une dernière bouchée de pissenlit, je vis que le chef s'était arrêté de manger. Pourtant le bruit de mastication se poursuivait.

Le chef avait pâli. Les poils verts de son nez étaient devenus gris.

« Que se passe-t-il ? demandai-je.

– La piqueuse à ventres, dit le piéton dans un souffle. Elle nous cherche.

– Qu'est-ce que c'est ?

– Venez voir par ici. »

En tremblant, il m'entraîna vers une fente rocheuse par laquelle j'aperçus l'engin qui l'effrayait tant.

C'était une sorte de... tank, en forme de... Je ne peux trouver d'autre terme que machine à coudre, pour le désigner.

Oui. Une énorme machine à coudre, montée sur chenilles, qui se déplaçait dans le cimetière.

À l'avant, comme sur toutes les machines à coudre, se trouvait une énorme aiguille d'acier qui entrait dans le sol, en ressortait, y pénétrait à nouveau, dans un va-et-vient d'une rapidité folle.

« La piqueuse à ventres, répéta le piéton. Elle est munie d'un détecteur spécial... L'aiguille plonge dans le sol dès que le détecteur a signalé un ventre. C'est comme cela que les policiers tuent, en leur perforant l'abdomen, les piétons qui se trouvent dans les galeries. »

Effectivement, je voyais distinctement que l'aiguille était rouge de sang et, répercutés tout au long des galeries, j'entendais des hurlements de douleur, au milieu de tragiques gargouillis. Combien de piétons avaient déjà été piqués ?

« Il faut fuir, dis-je.

– Impossible, répondit le piéton, cette galerie est en cul-de-sac. Nous ne pouvons repartir que par où nous sommes venus et nous allons nous trouver sur le chemin de la piqueuse à ventres.

– Alors, il faut la détruire ! »

C'était bien beau, mais comment ?

Je tentai de faire fonctionner mon cerveau à la puissance maximum. Je sentais, dans toutes les zones et les circonvolutions de ma boîte crânienne, que le phosphore coulait, circulait, bouillonnait...

Soudain, je sentis un poids sur moi qui me poussait contre le mur.

« Pourquoi me poussez-vous ? » demandai-je au piéton.

J'entendis une voix étouffée me répondre de façon indistincte. J'écarquillai les yeux pour tenter de percer l'obscurité.

Horreur ! Je n'avais plus pensé aux pissenlits. Tandis que nous guettions la piqueuse à ventres, les pissenlits, grâce ou plutôt à cause de la pilule d'accélération, avaient continué de grandir.

D'énormes racines occupaient maintenant toute la galerie. Elles m'écrasaient contre la paroi. Le chef des piétons qui, lui, ne pouvait se redresser à cause de ses vertèbres soudées était déjà à demi étouffé sous les feuilles.

La situation était atroce. Je ne pouvais plus retarder l'évolution des pissenlits. L'issue était simple.

Nous allions mourir étouffés par des pissenlits, ou le ventre piqué par la machine à coudre exterminatrice...

Que faire ? Mon Dieu, que faire ?

Je ne m'étais jamais trouvé dans une telle situation. Le boyau dans lequel je me trouvais ne faisait guère plus de 2 mètres de large et les pissenlits ne cessaient de croître. Tels de monstrueux serpents, les racines couraient le long de la paroi, torsades et tresses apocalyptiques, abominables tentacules qui occupaient tout le volume disponible.

Depuis quelque temps déjà, je n'entendais plus les gémissements du chef des piétons qui avait complètement disparu sous les monstrueuses salades. Ses vertèbres soudées l'avaient empêché de se redresser comme moi pour enjamber les racines. Je ne pus m'empêcher d'avoir une pensée émue pour ce pauvre être qui m'avait si bien accueilli, et qui était la première victime de ma croisade libératrice.

Mais je n'avais pas une minute à perdre. Je ne pouvais pas stopper la croissance des pissenlits. Il me fallait donc affronter la piqueuse à ventres. J'entendais toujours les cris des piétons embrochés par l'énorme aiguille de la machine à coudre géante qui progressait en tous sens sur ses chenilles.

Par la fissure toujours ouverte sur l'extérieur, je décidai de bien observer le monstrueux engin pour savoir comment l'attaquer. Je vis qu'à l'arrière se trouvait une sorte de griffe qui, lorsque l'aiguille avait piqué un ventre, retournait le sol et faisait jaillir la victime à l'air libre.

Quelques dizaines de piétons étaient ainsi étendus, dans le béton et le roc fraîchement remué, au milieu des tombes anciennes puisque, je l'ai dit, notre galerie serpentait sous un vieux cimetière.

Je ne comprenais pas pourquoi les piétons, ainsi sortis de terre, ne se relevaient pas pour fuir, sauter dans le trou et se perdre, même blessés, au fond de leurs galeries. La piqueuse à ventres se rapprocha et je compris...

L'épouvantable engin ne ressemblait pas seulement à une machine à coudre. *C'était* une machine à coudre !

L'aiguille ne se contentait pas de transpercer l'abdomen des piétons... Un câble passait par sa pointe et les victimes étaient bel et bien cousues dans le sol. COUSUES dans la position dans laquelle l'aiguille les avait surprises et happées. Les unes sur le dos, les autres la tête dans le sol, ou par le travers du corps.

Le spectacle était presque insupportable.

Je sentis que j'étais à nouveau poussé. Les racines de pissenlits, continuant de progresser, m'obligeaient à m'approcher de la piqueuse.

Celle-ci, circulant dans le cimetière, ébranlait le sol et, au-dessus de ma tête, des blocs de pierre de roche et de terre commençaient à se détacher. Dans quelques minutes, la piqueuse serait au-dessus de moi et je serais cousu dans le sol. Je ne pouvais ôter cette idée de mon esprit lorsque je vis qu'au milieu des débris qui tombaient du plafond se trouvaient quantité d'ossements. Et une idée me vint, folle, extravagante. Mais la folie et l'extravagance étaient peut-être les seules voies qui m'étaient offertes pour me sauver.

Je ramassai les ossements et les examinai. J'en brisai un, et observai la poussière formée par la moelle, séchée par les siècles. Sans aucun doute, il y avait du phosphore dans cette poussière.

Je me souvins de vieilles leçons de sciences naturelles, sur l'homme et ses composants chimiques. Or, les parois humides comme je l'ai dit, étaient couvertes de salpêtre.

Je décidai de tenter quelque chose. J'avais encore dans ma poche des pilules d'accélération. Je préparai une mixture et en inondai les racines de pissenlit. Vieillissant rapidement, au lieu de progresser, je les vis suivre le processus de la dégénérescence et de la vieillesse, puis mourir.

Les racines ne poussaient plus. Elles étaient devenues bois mort et feuilles mortes. Je ramassai deux pierres et les frappai l'une contre l'autre. Au bout de quelques essais, les feuilles s'enflammèrent. Le feu dévora rapidement les racines. Pas assez rapidement à mon gré.

Je jetai quelques pilules dans les flammes. Le feu se développa avec une violence qui n'eut d'égale que sa rapidité et, en un instant, il ne resta plus de l'effroyable forêt de pissenlits qu'un petit tas de charbon de bois.

Je le ramassai, fébrilement, avec une roche plate. Ensuite, je grattai les parois pour recueillir plusieurs poignées de salpêtre sur lequel je fis tomber la moelle séchée contenant du phosphore. J'ajoutai le charbon de bois et me mis à piétiner le tout. J'eus bientôt un tas de poudre sous les pieds. Charbon de bois, phosphore, salpêtre, j'avais – en principe – fabriqué de la poudre à canon.

Le cliquetis atroce de la piqueuse à ventres se fit entendre... L'abominable machine m'avait repéré et avançait au-dessus de moi. L'horrible aiguille entrait et sortait dans la galerie à une vitesse folle.

Je jetai un regard circulaire et aperçus ce que je cherchais, un gros silex. Je le fis rouler sur le tas de poudre. Puis, je me mis à courir vers l'endroit de la galerie que le feu avait dégagé.

L'aiguille continua sa course démente... Elle arriva au-dessus du tas de poudre... Frappa le silex.

Une étincelle jaillit. Une explosion énorme se produisit. La piqueuse à ventres fut soulevée, projetée dans les airs.

Et je me retrouvai à terre.

Hébété... Hébété mais sauf.

Une fois de plus, j'avais eu de la chance. Une fois de plus j'avais échappé à la mort. Une fois de plus, j'étais désemparé.

Bien sûr, avoir fait pousser des pissenlits géants, avoir résolu le problème de la nourriture, avoir réussi à détruire une piqueuse à ventres, allait me servir, psychologiquement, auprès des piétons. Ceux-ci allaient se rendre compte que l'on pouvait s'attaquer aux forces du Grand Maître pour peu que l'on ait du bon sens et de l'imagination.

Mais je n'avais plus de guide. Le chef des piétons avait été étouffé par les pissenlits ; et le feu que j'avais allumé pour brûler les racines avait fait disparaître son pauvre corps de mutant.

J'en étais à ce point de mes réflexions lorsqu'à mes pieds, je vis le sol bouger. Une grosse pierre ronde se souleva. Des filaments verts se faufilèrent sous cette dalle naturelle et un groin apparut. Je reconnus ces poils de nez et ce groin avec un mélange d'émotion et de joie infinie. Le chef des piétons – car c'était lui – fit complètement pivoter la pierre et sortit de terre. J'avais oublié, évidemment, les extraordinaires facultés de mon ami et le fait qu'il pouvait, avec ses mains pelleteuses et crocheteuses, creuser à toute vitesse un trou pour échapper à tout danger.

Lorsque les pissenlits avaient occupé la galerie, il s'était enfoui dans le sol comme un bernard-l'ermite.

« Ainsi vous êtes sauf, dis-je. Ainsi je ne suis plus seul ! Ainsi, nous allons pouvoir continuer la lutte !

– Oui, dit-il, mais ce ne sera pas facile. Le Grand Maître sait maintenant que les piétons ne sont pas seulement des créatures terrifiées, se cachant dans le sol. Il sait que nous avons organisé la résistance. Et sans doute va-t-il mettre au point des armes nouvelles, afin de nous abattre le plus rapidement possible.

– Vous avez raison, dis-je. Aussi devons-nous remettre à plus tard mon projet d'aller chercher des cœlacanthes pour en former des commandos. L'important, pour l'instant, c'est de contrôler la totalité des galeries, de maintenir les piétons en état de guerre, et de surveiller en permanence ce que font nos ennemis en surface. Enfin, il nous faut rapidement nous procurer des armes, ou à défaut, du métal pour en fabriquer.

– Oui, mais comment ? dit le piéton. Il nous est impossible de sortir sans être immédiatement repérés.

– Sans doute, mais il vous est possible de creuser des galeries sous les installations du Grand Maître, de saper les fondations et de faire s'écrouler les installations.

– Non, dit le chef, nos groins peuvent entamer le ciment, puisque nous nous en nourrissons, nos mains peuvent creuser le béton, mais les bâtiments du Grand Maître sont posés sur des socles d'acier. Et contre l'acier, nous ne pouvons rien. Quant à observer nos ennemis, comment pourrions-nous le faire ! Nous n'avons ni périscope, ni circuit de télévision.

– En attendant, dis-je, convoquez ici, de toute urgence, le maximum de piétons. »

Le chef s'approcha de la paroi, creusa un petit trou, y colla son groin, et commença à proférer des sons que j'entendais mal.

« Que faites-vous ? demandai-je.

– Ces roches contiennent du quartz, dit le chef. Et ce quartz est répandu en couches qui couvrent à peu près tout le territoire. Or, vous n'ignorez pas que le quartz est un excellent conducteur de son. Par ce moyen, nous communiquons entre nous. Cette sorte de téléphone est rudimentaire mais efficace. »

C'était efficace, en effet, car quelques instants plus tard, les piétons commencèrent à affluer. Ils s'entassèrent tant bien que mal dans les galeries et je leur parlai.

« Il faut nous emparer de la piqueuse à ventres que j'ai fait sauter. Creusez un vaste emplacement sous l'engin. Ensuite, faites s'écrouler le plafond pour qu'il tombe dans le sous-sol. Nous le mettrons immédiatement en pièces détachées, et nous pourrons sans doute utiliser celles-ci pour fabriquer des armes. »

Aussitôt, les piétons se mirent au travail. Je les regardai agir. Avec une dextérité extraordinaire, leur main gauche piochait, entamait le roc, réduisait celui-ci en petits graviers. Leur main droite, servant de pelle, ramassait les gravats qu'elle lançait en arrière.

Par la fissure, je surveillais la surface pour voir si les forces du Grand Maître ne venaient pas voir comment nous avions réussi à avoir raison de la piqueuse à ventres. Mais, sans doute, les policiers préféraient-ils observer eux aussi le terrain, sans se montrer, pour comprendre ce qui s'était passé et découvrir de quels moyens nous disposions.

Une heure à peine s'écoula, et tout à coup – comme jadis s'enfouissaient dans le sable les corps des scarabées enterrés par les insectes nécrophages – la piqueuse à ventres disparut dans le sol.

Le chef et moi nous précipitâmes. La machine maudite contenait encore les corps des policiers occis par l'explosion. Nous nous en débarrassâmes rapidement, et je me mis à faire l'inventaire du butin.

La piqueuse à ventres était une merveille d'organisation mécanique.

J'étais en train d'admirer le poste de pilotage – cage de verre orientable – lorsque j'entendis un bruit étrange. Je me retournai et vis que deux piétons, ayant pris les lunettes de deux policiers morts, étaient en train de dévorer les verres.

« Mais vous mangez le verre, dis-je.

– Évidemment, dit le chef. Mais nous en avons rarement l'occasion. Autrement, nous aimons beaucoup ça. C'est bien moins fade que le ciment. C'est plus fin. Plus sucré. Lorsque nous avons la chance d'abattre un policier à lunettes, notre dessert est assuré. »

Les piétons mangeaient le verre !

Ce fut pour moi une révélation.

Oui, je savais désormais comment nous allions pouvoir surveiller – et sans répit – nos ennemis et – qui sait – le Grand Maître lui-même.

Nous étions installés à l'intérieur de la piqueuse à ventres, dans la cabine de pilotage qui était une immense cage de verre. Du verre épais, à l'épreuve des balles, mais pas des dents des piétons.

Je m'adressai à mes frères de combat.

« Piétons, dis-je. Nous avons le moyen de surveiller le monde de la surface. Votre extraordinaire faculté de manger le verre va nous servir. Vous allez couper les parois de cette cage en carrés. Ensuite, en en rongeant le tour, vous en ferez des cercles. Puis, vous amincirez le pourtour de ces cercles de façon à former des lentilles de 6 centimètres de diamètre. Celles-ci nous serviront à fabriquer des jumelles d'observation. Mais attention, en accomplissant ce travail, vous aurez le droit d'avaler, pour votre plaisir personnel les débris de verre, mais que je ne voies pas de goinfre entamer la lentille elle-même. Je l'obligerais à se redresser, à se mettre au garde-à-vous, et par conséquent, lui briserais les reins. »

Il me répugnait de parler ainsi à mes nouveaux camarades de combat, mais je devais me montrer ferme. Je savais que, dans la guérilla, la première loi est d'empêcher le pillage et la licence.

Les piétons se mirent aussitôt au travail. Bien sûr, leur sort n'était pas enviable. Être un mutant n'avait rien qui puisse attirer, mais je ne pus m'empêcher de ressentir quelque admiration devant la prouesse que je leur voyais accomplir.

Leur groin, courant le long du verre, le découpait comme pain azyme sous la dent d'un rabbin.

Ensuite, à la façon des écureuils (mammifère rongeur arboricole depuis longtemps disparu, mais dont j'avais vu autrefois des reproductions), ils saisissaient la plaque de verre et, la faisant tourner, grignotaient avec une adresse infinie.

Il y eut bientôt sur le sol, une quantité impressionnante de lentilles de verre.

Tandis que certains des piétons terminaient leur travail, j'en entraînai un groupe avec moi.

« Il faut, leur dis-je, forer des trous dans les plafonds des galeries, sous le territoire où se trouve l'ennemi. Des trous de 15 centimètres de diamètre, s'ouvrant sur l'extérieur et impossibles à déceler. »

Les piétons partirent faire ce que je leur commandais. Pendant ce temps, je demandai au chef de m'aider à chercher s'il y avait encore des graines de pissenlit. Les pissenlits, qui avaient failli nous faire périr en nous étouffant et m'avaient sauvé la vie en me permettant de fabriquer de la poudre, avaient encore, dans mon plan, un grand rôle à jouer.

Au bout de quelque temps, nous nous vîmes devant une bonne quantité de graines de pissenlit.

Je me rendis dans la piqueuse à ventres et y recueillis une pièce de métal, qui me servit de récipient pour délayer plusieurs pilules d'accélération. Puis, je demandai aux piétons de prendre les lentilles de verre et de me suivre. Nous partîmes le long des galeries et rencontrâmes, de 100 mètres en 100 mètres, les piétons qui, comme je l'avais demandé, avaient percé des trous dans le plafond.

Sur le sol, juste sous chacun de ces trous, je plantai deux graines de pissenlit (à 6 centimètres l'une de l'autre) et les arrosai de mixture d'accélération. En même temps, je fis déposer deux lentilles de verre à côté des graines. Je fis le tour complet des galeries puis, toutes les graines étant plantées, toutes les lentilles déposées, je revins à mon point de départ.

Les premières graines de pissenlit avaient donné naissance à des pieds géants qui, bien sûr, fleurissaient. Or, chacun sait qu'une tige de fleur de pissenlit est creuse. Sous chaque trou creusé dans le plafond montaient donc deux tubes creux surmontés d'une fleur.

Alors que les tiges ne faisaient encore qu'un mètre de hauteur, je fis sauter les fleurs et posai sur le haut des tiges, en les encastrant avec précision, les lentilles de verre. Puis j'arrosai à nouveau les pieds de pissenlit avec la mixture... Les tiges progressèrent vers le plafond, passèrent par le trou. Vite, je coupai les tiges pour arrêter la progression.

Je demandai à un piéton de me tenir le tout et, m'allongeant sur le sol, plaçai mes yeux, un sous chaque tige.

Magnifique ! Je voyais la rue agrandie quinze fois. Ou plutôt je voyais le dessous des voitures qui roulaient sur nos têtes.

J'avais réussi à fabriquer des jumelles géantes ! En déterminant avec précision l'emplacement des trous, en nous installant aux endroits stratégiques, nous allions désormais, et sans cesse, pouvoir guetter nos ennemis, et en triompher.

Je pouvais surveiller une partie du territoire de surface. Une partie seulement. Je n'avais pu installer qu'une vingtaine de jumelles périscopiques, et leurs emplacements avaient été déterminés par la conformation des galeries.

Je ne savais donc pas exactement où les jumelles débouchaient et j'entrepris de les essayer une par une pour voir quelles indications elles pouvaient me fournir.

Les dix premières me déçurent profondément. Elles tombaient en pleine rue, sous les roues des voitures, et je n'avais pas à attendre grand-chose de la rue.

Je savais que c'était le train-train... En surface, les automobilistes continuaient à vivre, ou plutôt à tenter de ne pas mourir, tandis que les pièges, les policiers, les dispositifs meurtriers ne cessaient de tout faire pour les exterminer. Mais il était utile cependant de pouvoir conserver un œil sur l'extérieur, ne serait-ce que pour prévoir une riposte, au cas où une attaque massive serait ordonnée par les piétons.

La onzième jumelle me permit d'assister à un spectacle qui me renseigna sur la date (car depuis que j'étais dans les galeries des piétons, j'avais perdu la notion du temps), et surtout me donna une indication sur le peu de cas que faisait le Grand Maître de cette rébellion des piétons qu'il ne pouvait pas ne pas avoir remarquée.

La galerie dans laquelle j'avais installé la onzième paire de jumelles donnait sur une entrée d'autoroute de week-end. Je m'en rendis compte immédiatement en constatant la présence d'ordinateurs à fourchette. Les autoroutes à week-end étaient une des manifestations les plus géniales issues du cerveau fou du Grand Maître. En effet, le pays était couvert d'autoroutes, mais certaines étaient classées autoroutes WEEK-END, et *dès* le vendredi soir, les automobilistes étaient *obligés* de les emprunter.

En fait, c'était un excellent moyen d'exterminer des conducteurs, en jouant sur le vieux principe des accidents de la route pendant les fins de semaine. Bien sûr, les voitures ne pouvant avancer plus vite sur les autoroutes à week-end que sur les autres, il n'y avait guère d'accidents. Mais c'est là qu'intervenaient les ordinateurs à fourchette.

Ceux-ci, tenant compte des conditions météorologiques, de la visibilité, de l'état du sol, de la date, de la température, etc., établissaient une fourchette de prévision d'accident. Cette fourchette était connue de tous car indiquée par un immense tableau lumineux installé à l'entrée de l'autoroute.

On prévoyait, par exemple, entre deux mille et trois mille morts. Et c'est là que le processus était intéressant. Les deux mille à trois mille conducteurs étaient supprimés à l'entrée de l'autoroute AVANT que les accidents se produisent.

Ainsi les prévisions de l'ordinateur à fourchette étaient toujours justes, et aucune mort ne risquait plus d'entraver la circulation.

Les ordinateurs à fourchette ne s'appelaient pas ainsi uniquement à cause de la fourchette de prévisions qu'ils établissaient, mais également parce qu'ils étaient reliés à deux énormes tours, placées de chaque côté de l'entrée de l'autoroute. De ces tours sortaient une douzaine de bras articulés, dont les extrémités étaient d'énormes fourchettes en carbure de tungstène, pouvant perforer n'importe quel toit, piquer n'importe quel capot de n'importe quel métal, transpercer n'importe quel moteur, et relever le tout pour le précipiter dans une immense bouche mastico-broyeuse.

Il est bien évident que si les fourchettes pouvaient traverser n'importe quelle partie d'une voiture, elles pouvaient, à plus forte raison, enfoncer leurs dents gigantesques dans n'importe quelle partie de n'importe quel individu se trouvant à l'intérieur.

Les conducteurs avaient admis ce procédé plus facilement que les autres, car tout ce qui concernait les ordinateurs avait quelque chose de sacré.

Je pensai tout à coup que c'était peut-être par ce moyen que je pouvais attaquer le Grand Maître. La vie du pays dépendait en grande partie des ordinateurs. Si je réussissais à m'emparer de certains d'entre eux et à les modifier, j'aurais déjà à moitié gagné.

C'est alors que j'entendis le cri... Oh, ce cri... Quel cri!...

Le cri venait de retentir dans les galeries. Il avait heurté les parois, avait rebondi, balle sonore échappée d'on ne sait quel jeu angoissant. Amplifié, il parvenait jusqu'à moi, exprimant par ses inflexions crispées toutes les terreurs, tous les affolements, toutes les peurs possibles. Je prêtai l'oreille et distinguai vaguement les mots... Le béton... Le béton...

Ne comprenant pas, je m'élançai vers la source du cri. Je courus pendant quelques dizaines de mètres lorsque je vis qu'arrivaient à ma rencontre un groupe de piétons terrorisés. Eux aussi, criaient, maintenant.

« Le béton... Le béton...

– Quel béton ? Quoi, le béton ? » demandai-je.

Ce fut le chef qui répondit.

« Les policiers ont détecté les trous d'observation que nous avons forés pour y placer des lentilles. Ils les ont élargis et viennent d'y brancher des tuyaux qui déversent du béton liquide. Toutes nos galeries vont être comblées. Les pierres que nous avons disposées un peu partout ne peuvent stopper l'avance du ciment meurtrier.

– Allons, dis-je, ne nous affolons pas. Nous avons peut-être là le moyen de parvenir jusqu'aux ordinateurs sans nous faire remarquer. Combien de mètres, à votre avis, mesurent les tuyaux qui amènent le béton jusqu'aux trous et d'où viennent-ils ? »

Le chef répondit :

« Les tuyaux ont sans doute pour point de départ la centrifugeuse de bétonnage installée dans le centre de contrôle de circulation. L'endroit d'où sont déclenchées les opérations de nivellement par couches. »

Comment n'y avais-je pas pensé plus tôt ! Les opérations de nivellement par couches m'avaient suffisamment paniqué lorsque j'étais conducteur.

Ces opérations avaient été lancées pour dégager les grandes artères lorsque la situation devenait insoluble et lorsque les voitures, inextricablement emmêlées, ne pouvaient plus se séparer les unes des autres.

Chaque fois qu'un bouchon de plus d'un kilomètre se produisait, des hélicoptères soudeurs étaient envoyés au-dessus des voitures. De ces hélicoptères, sortaient d'énormes becs à acétylène, qui en points rapides et précis, réunissaient les pare-chocs les uns aux autres, de façon à former une trame solide, une résille de métal, une armature rigide. Puis, les canons à béton entraient en jeu, et déversaient sur ce grillage improvisé une couche de 4 mètres de ciment. Ce qui supprimait radicalement l'encombrement et offrait une nouvelle route, admirablement dégagée où, pendant quelques minutes, les automobilistes pouvaient rouler.

Le fait que des couches et des couches de béton aient recouvert des couches et des couches de voitures expliquait que les autoroutes soient toujours très surélevées.

Oui, évidemment, le béton qui se déversait actuellement dans les galeries provenait de ce centre de nivellement. Je me tournai vers les piétons.

« Les policiers, dis-je, et le Grand Maître lui-même, doivent suivre leur action sur leurs écrans de télévision. Ils supprimeront impitoyablement ceux qui tenteront d'échapper au béton meurtrier en sortant à la surface.

Nous n'avons donc qu'une solution. Passer par les orifices, et remonter à contre-courant le long des tuyaux en nageant dans le béton liquide. Si les tuyaux ne sont pas trop longs, il doit être possible de retenir notre respiration pendant la durée de notre progression. Nous parviendrons ainsi dans la centrifugeuse. Donc nous serons chez l'ennemi lui-même. Celui-ci ne peut pas supposer que nous allons emprunter ce chemin.

Êtes-vous d'accord ? »

Les piétons furent d'accord. Ils n'avaient pas le choix. Une chose restait à faire : éviter que le béton ne pénètre dans nos oreilles, dans nos yeux, dans nos narines.

Pour ce faire, il fallait nous protéger, nous entourer de bandelettes, bref, trouver un procédé d'isolation.

« Il n'y a qu'un moyen, dit le chef, c'est de nous plâtrer solidement le nez, les oreilles, la bouche et former ainsi des bouchons qui empêcheront le ciment de pénétrer car le ciment ne prend pas sur le plâtre, chacun sait cela. Il y a dans certaines galeries des couches de chaux qui peuvent nous servir à fabriquer du plâtre. »

Nous nous rendîmes rapidement dans ces galeries. Les piétons grattèrent les murs et, au bout de quelque temps, nous avions rempli plusieurs auges de plâtre que nous emportâmes.

Puis, nous nous divisâmes en plusieurs groupes. Le ciment ne cessait de se déverser par les trous et son niveau continuait de s'élever. Nous en avions déjà jusqu'à mi-jambe. Ce qui était dramatique car, courbés en deux comme l'étaient les piétons, avoir du béton jusqu'à mi-jambe signifiait que leur tête allait bientôt être engloutie. Je me bouchai le nez, les yeux et les oreilles et, avant de me clore la bouche, je dis au chef : « Fais-moi la courte échelle. »

À peine venais-je de le demander que je me rendis compte que c'était ridicule. Et surtout impossible. En effet, si sa position courbée l'avantageait plutôt pour m'offrir ses mains comme marchepied, ce marchepied se trouvait au niveau du sol, et ses vertèbres soudées l'empêchaient de se redresser pour me hisser à la hauteur du trou.

Or, le béton liquide continuait à se déverser, et il me fallait une solide assise pour plonger la tête la première dans le ciment. Je songeai soudain à ces insectes qui tentent d'escalader une pierre sur laquelle tombent des gouttes d'eau et qui, chaque fois, se trouvent emportés par ce qui est, pour eux, un gigantesque raz de marée.

Je demandai à un piéton de monter sur le dos du chef, puis je me hissai à mon tour sur cet escabeau humain. Je pris une poignée de plâtre, me la collai sur la bouche. Je savais que je ne pourrais plus respirer avant d'être sorti du tuyau.

En avant... Je me calai le dos contre une des parois et appuyai mes pieds contre l'autre. Je ne pus m'empêcher de songer que, dans un tuyau, il ne pouvait y avoir qu'une seule paroi, mais je ne m'arrêtai pas sur cette idée plaisante car, avec le plâtre qui me fermait la bouche, je ne pouvais pas sourire.

Je commençai à progresser dans la partie verticale du tuyau. Je savais que, forcément, au bout de quelques mètres, celui-ci formerait un coude et qu'il y aurait une partie horizontale menant au grand mélangeur de béton. Là, ce serait plus facile, il suffirait de ramper.

Un siècle sembla s'écouler. Et tout à coup, je sus que je ne parviendrais pas au but.

Respirer... Respirer... Il me fallait respirer. J'avais trop présumé de mes forces. Je sentis que mes poumons, dans ma poitrine, entreprenaient un travail gigantesque et désespéré pour accomplir leur travail. Ma gorge se dilata... Des coups de marteau résonnèrent dans ma tête... Et il me sembla que l'intérieur de mes yeux se retournait pour contempler mon agonie.

Dans un sursaut désespéré, je continuai à m'élever dans le tuyau. J'avais peut-être parcouru 20 ou 30 mètres. Le béton liquide m'engluait...

Soudain, la douleur provoquée par le manque d'oxygène fut si grande, le besoin de respirer fut si fort que je m'agitai comme une mouche dans une toile d'araignée.

Le liquide pénétra sous mes vêtements, je le sentis s'insinuer dans mon cou, couler le long de mes omoplates, de ma colonne vertébrale, de mes jambes... Il pénétrait partout. Mes poches en étaient pleines. Et ce fut la fin… Je mourus. C'était stupide… J'étais jeune encore. Pourquoi mourus-je comme cela ? Tout en mourant, je réussis à porter ma main à mes lèvres, à arracher le masque de plâtre et à respirer… À RESPIRER ! J'enlevai le plâtre de mes yeux… Le soleil brillait.

Alors, la mort était une chose agréable ?

Mais le restant de mon corps était paralysé. Je ne pouvais plus remuer les jambes.

Devant moi, une fissure très large me permettait d'apercevoir, très bas, la rue grouillante… Et des milliers, des milliers d'automobiles…

Et je compris. Je compris tout.

Je n'étais pas mort. La dernière sensation que j'avais eue était celle du béton liquide pénétrant dans mes poches. Or, dans mes poches, il y avait encore des pilules d'accélération. Le béton liquide les avait fait fondre, et le ciment avait vieilli de plusieurs générations. Il s'était solidifié. À son contact, le tuyau avait vieilli, il avait rouillé. Une gigantesque colonne de béton avait donc remplacé le tube dans lequel je m'élevais.

Ce béton vieillissant encore s'était fendillé, fendu, et je respirais… Je respirais… Mais j'étais prisonnier de cette colonne. Et personne ne pouvait concevoir une prison plus totale. J'étais scellé. Qu'importe, je respirais et je vivais.

Je regardai la rue. Je fixai une voiture au hasard. Et je vis qu'elle grossissait. Et les autres aussi : le sol se rapprochait de moi… La colonne de béton, n'étant pas armée de fer, vacillait et tombait.

Chute vertigineuse ! Je vis la terre se précipiter vers moi. La colonne allait tomber sur un des derniers bâtiments existants ; donc, appartenant au Grand Maître. Ledit bâtiment était surmonté d'une verrière. De quoi pouvait-il s'agir ?

Je n'eus pas le temps de réfléchir plus longtemps. Dans un vacarme assourdissant, dans une gigantesque gerbe de verre brisé, la colonne de béton s'effondra. Je fus projeté à une vitesse folle hors de ma gangue de béton. J'allais m'écraser sur le sol, mais non. Je tombai dans une matière molle… gluante… visqueuse… gélatineuse, qui amortit ma chute.

Tout d'abord, je fus content de ne pas m'être brisé les os sur le sol. Puis je cherchai à identifier cette masse providentielle qui m'avait sauvé.

J'étais tombé dans une sorte de cuve, recouverte d'un voile de nylon que ma chute avait crevé. Je tentai de me redresser pour échapper au contact insupportable de cette masse visqueuse. Mais je ne pus me mettre debout, ni même m'asseoir.

Étendu sur le dos, j'essayai d'enfoncer mes mains pour découvrir la nature de cette substance. Mais, contrairement à ce que je pensais, je ne pus pénétrer à l'intérieur.

Mes doigts ne rencontraient que le vide. Dès que je m'approchais, la substance reculait. Si bien que je pouvais avoir l'impression de la traverser de part en part. Mais en réalité, cette substance creusait une cheminée *en elle-même*, pour éviter mon contact. Et j'avais l'impression, pourtant, qu'elle me touchait. La chose est difficile à expliquer.

En fait, savoir ce qu'était cette matière n'était pas important. Amortissant ma chute, elle m'avait sauvé la vie. Je n'avais pas à en comprendre plus.

Pourtant, il y avait quelque chose de troublant, un rapport étrange, indéfinissable, entre cette substance et moi.

Machinalement, je regardai mes mains. Elles étaient propres et mes vêtements aussi. Or, j'avais atterri dans la verrière, couvert de ciment.

Où celui-ci était-il passé ?

Je regardai à nouveau la substance gélatineuse et vis qu'en son centre, il s'était formé une sorte de noyau gris. À nouveau, je regardai mes mains. Propres ! De plus en plus propres, semblait-il, et roses.

Je me rendis compte que cette propreté et cette roseur étaient dues au fait que j'avais perdu une mince couche de peau.

Je vis que des parcelles roses parsemaient maintenant le noyau gris... Oui, je ne rêvais pas... Cette matière était vivante, et elle était en train de me dévorer.

Or, je ne pouvais toujours pas y échapper. Je ne pouvais toujours pas me redresser. Je sentais un peu partout sur mon corps des picotements... Puis une sensation de brûlure et ma peau devint plus rose encore. Une autre couche venait d'être entamée par la substance.

Il me semblait que des millions de tentacules, des milliards de ventouses se collaient dans les moindres recoins de mon corps. La douleur devint proprement intolérable. Je me débattis furieusement. Il me fallait venir à bout de ce monstre gélatineux.

Dans un effort désespéré, je réussis à pivoter sur moi-même et à me mettre sur le ventre. Mais à ce moment, mon nez heurta la masse visqueuse… et j'éternuai.

Il se passa alors une chose incroyable.

Mon éternuement en était-il la cause? Non, tout de même pas. Mais pourtant, la substance se mit à vibrer, à remuer en tous sens. Des pseudopodes jaillirent un peu partout.

Étant sur le ventre, je pouvais voir en transparence ce qui se passait au centre, au centre de quoi, de la masse, de la bête! Je dis de la bête car, j'en étais sûr maintenant, la chose flasque et molle était vivante.

Tandis que ces soubresauts l'agitaient, la sensation de brûlure disparut. Il me sembla que les ventouses se détachaient de moi. Le noyau que je fixais se contracta, se rétracta, puis explosa, et la substance sembla se dissocier. Elle se divisa en une infinité de petites cellules qui semblèrent à la fois *s'agglutiner* et se *déglutir*. Oui, c'est bien cela. L'horrible, l'abominable chose s'autodévorait. Et au fur et à mesure qu'elle se dévorait, se digérait elle-même, perdait ainsi, peu à peu, son poids et son volume.

Le matelas visqueux s'abaissa dans la cuve, au point de ne plus former qu'un tapis, moquette vivante s'autodétruisant toujours, et je pus enfin me mettre debout.

Par les parois de verre de la cuve, je regardai autour de moi, et compris, avec une horreur rétrospective, ce qui s'était passé, et où j'étais.

Un laboratoire immense… Une multitude de cages en verre… Et dans chacune de ces cuves des êtres gélatineux, semblables à celui sur lequel j'étais tombé. Sous les cuves, des policiers portaient des masques, des blouses, des gants de caoutchouc, des matraques (ce qui me permettait de savoir qu'il s'agissait de policiers). Ces matraques étaient entourées de gaze aseptisée.

J'étais dans un de ces laboratoires comme il en existait autrefois pour élever les animaux servant aux expériences, à l'abri des microbes.

Mais la situation était inversée.

On élevait ici des microbes à l'abri des hommes. Et cette masse gluante sur laquelle j'étais tombé n'était autre qu'une bactérie, un virus, un bacille gigantesque. Élevée en vase clos à l'abri de toute contamination, c'était bien mon éternuement qui l'avait tuée. Sans doute un vieux souffle de coryza. Je regardai autour de moi. Toutes les cuves de verre étaient reliées entre elles. Briser la mienne, c'était briser les autres et libérer les microbes géants.

Je ne pouvais prendre ce risque.

Si j'étais assailli par une nuée de microbes vingt fois plus gros que moi, serais-je obligé d'éternuer pendant des heures pour sauver ma vie?

J'étais maintenant au fond de la cuve vide. Au travers des cloisons de verre, je pouvais voir les bactéries géantes agiter leurs pseudopodes. Soudain, j'entendis un bourdonnement.

Un haut-parleur crépita et une voix retentit:

«Eh bien, mon cher et vieux Cruzo, nous voici à nouveau face à face!»

C'était le Grand Maître. Je ne pus m'empêcher de frémir. La voix poursuivit:

«Vous avez cru pouvoir m'échapper. Mais sachez que je ne vous ai jamais perdu de vue. Pendant tout votre séjour dans les galeries souterraines des piétons, je n'ai cessé de vous observer. Je reconnais que vous avez fait preuve d'une assez grande habileté, d'une certaine imagination pour échapper à ma colère, mais vous êtes trop petit, Robin Cruzo, pour triompher de ma puissance.»

Excédé par cette voix, et sans songer que le Grand Maître pouvait me détruire en une seconde s'il le désirait, je répondis:

«N'exagérez rien, cerveau grotesque. Je suis en votre pouvoir, soit. Mais la révolution organisée par les piétons a bien failli réussir. Un jour, elle réussira. Je connais votre pouvoir, mais vous vous surestimez! Comment auriez-vous pu m'observer dans ces galeries souterraines. Vous ne savez même pas où elles sont creusées. Sans cesse, et depuis des générations, les piétons échappent à vos pièges. »

Un rire énorme éclata. Rire qui me glaça les os. Le Grand Maître riait comme s'il avait un klaxon dans la gorge, et à nouveau, il me fallut faire un effort d'imagination pour prendre conscience que mon ennemi était un cerveau greffé sur une automobile.

« Regardez sur votre gauche, Robin Cruzo, sur l'écran de télévision. »

Je tournai la tête et vis l'écran.

Seigneur ! Une image, fortement contrastée – à cause sans doute du manque de lumière – me permettait de découvrir la galerie souterraine que je venais de quitter. L'image changea et je vis une autre galerie, puis une autre. Et tout à coup, une silhouette que je reconnus – celle de mon ami le chef des piétons. Ainsi, il ne m'avait pas suivi lorsque j'avais voulu remonter le long des tuyaux, dans le ciment liquide. Il était resté dans le souterrain. Il m'avait trahi !

Le Grand Maître devina ma pensée.

« Non, Cruzo, vos amis ne vous ont pas trahi. Il faut leur rendre cette justice. Ce sont des créatures stupides, mais courageuses et obstinées. Vous aviez réussi à les galvaniser. Mais vous êtes passé le premier dans le tuyau à béton et vous avez oublié une chose. C'est que vos amis les piétons ont les vertèbres soudées et vivent sans cesse courbés en deux, formant un angle à 90 degrés. Avec cette conformation physique, comment vouliez-vous qu'ils pénétrassent dans un tuyau cylindrique ? Ils pouvaient, à la rigueur, faire entrer leur torse mais leurs jambes à l'équerre se heurtaient contre le bord du tuyau. »

À nouveau, l'abominable cerveau se mit à rire.

« Ah... Le spectacle m'a bien réjoui, Cruzo.

– Mais comment, hurlai-je, comment avez-vous pu m'observer pendant des jours. Et comment, en ce moment même, pouvez-vous téléviser le spectacle qu'offrent les galeries. Où sont vos caméras ? Personne ne les a repérées. C'est diabolique !

– Mais je suis diabolique, dit le Grand Maître. Diabolique et inventif. Vous dites que les piétons ne tombent jamais dans les pièges que je leur tends. C'est une erreur. J'aurais pu depuis longtemps les exterminer. Mais j'aime les regarder vivre. C'est intéressant. Vous voulez savoir où sont placées les caméras de télévision ? Regardez. »

Sur l'écran, apparut une salle d'opération. Le bloc opératoire était placé très bas et un piéton endormi était assis. Il ne pouvait évidemment se tenir allongé, sans quoi ses vertèbres soudées l'auraient obligé à conserver ses jambes en l'air, ce qui aurait gêné les mouvements du chirurgien.

Car il y avait un chirurgien. Un Élu aux jambes atrophiées, dans une petite voiture. Le chirurgien était en train d'œuvrer dans la tête du piéton. Une petite rondelle de boîte crânienne, un petit couvercle, était placé à côté du patient, sur une soucoupe. La caméra se rapprocha et le crâne du piéton occupa tout l'écran.

Je vis que son cerveau était compressé, repoussé vers les os du crâne, latéralement, pour dégager un logement de 5 centimètres de côté sur autant de profondeur. Dans cet emplacement, le chirurgien plaça une petite boîte surmontée de trois cylindres, une caméra. Les petits cylindres en étaient les tourelles.

« Voyez, dit la voix du Grand Maître, je m'offre même le luxe d'installer trois objectifs dans la boîte crânienne de ce piéton, et un zoom automatique. Si le cinématographe vous intéresse, je vous montrerai des films réalisés dans les galeries avec ces caméras vivantes. Ce sont de véritables chefs-d'œuvre. »

Le chirurgien avait fini d'opérer.

Il revissa le couvercle de la boîte crânienne et j'aperçus, en son centre, une ouverture qui coïncidait avec les tourelles de la caméra.

« Voilà comment se filment les galeries, dit le Grand Maître. La caméra est placée verticalement dans le cerveau et, comme les piétons vivent courbés, elle est toujours dirigée vers le centre. En envoyant des ondes directrices dans la cervelle des sujets ainsi transformés, j'obtiens des effets cinématographiques dont vous n'imaginez pas l'intérêt. »

Je balbutiai :

« Et les piétons ne s'aperçoivent de rien ?

– Vous êtes-vous aperçu de quoi que ce soit ? Un piéton sur dix est ainsi équipé. Une petite opération annexe lui enlève le souvenir de ce traitement. Je fais quantité de prisonniers, parmi les piétons. Presque tous sont remis en liberté après avoir subi cette modification. Cela vous surprend, Robin Cruzo. Vous avez sous-estimé ma puissance. Mon intelligence supérieure, mon infini pouvoir. Mon génie ! »

Le Grand Maître n'était pas modeste. Mais j'étais entre ses mains, et il pouvait lui prendre l'envie de me faire subir un traitement semblable.

Pour moi, l'important était de gagner du temps en jouant sur son manque de modestie. Je risquai le tout pour le tout.

« C'est bien, dis-je, mais ça ne m'épate pas. C'est un intéressant bricolage, sans plus. Où est le génie là-dedans.

– Le génie est partout en moi. Je vous interdis de le mettre en doute. Je suis génial !

– Eh bien, prouvez-le, dis-je, montrez-moi d'autres choses.

– D'autres choses ? Bien. Alors regardez. »

Ma ruse avait marché.

J'entendis l'exécrable voix répéter « Regardez... Regardez... »

Une des parois du laboratoire se mit à glisser, découvrant une vaste salle.

Il me fallut un long moment pour faire l'inventaire de ce qu'elle contenait. Ce qui ne me servit pas à grand-chose, car elle était meublée en grande partie d'appareils étranges, difficiles à identifier. Par contre, les murs parlaient de façon plus claire. Ils étaient en effet tapissés de cages qui, pour l'instant, étaient vides mais indiquaient qu'une grande quantité de détenus pouvaient attendre là on ne sait quelles horreurs.

Au centre de la salle se trouvait une gigantesque machine, dépassant toutes les autres et dont le sommet était orné de bras articulés terminés par des sortes de projecteurs diffusant une lumière sinistre et saumâtre. Je regardais tout cela, ne comprenant pas bien de quoi il s'agissait, lorsque la voix du Grand Maître retentit.

« Voici ma dernière invention, Cruzo, cette machine est le plus génial engin qui ait jamais été conçu par un cerveau humain. Cette machine est un DIEU ARTIFICIEL.

– Un Dieu artificiel ? dis-je.

– Oui. Car seul un Dieu est capable de régler le cours du temps. Et cette machine le peut. Vous en avez profité d'ailleurs. Dans le combat imbécile et inutile que vous avez voulu mener contre moi, les pilules d'accélération que les piétons m'avaient volées vous ont été d'un grand secours.

– Je ne peux le nier, fus-je obligé de reconnaître.

– Eh bien, reprit le Grand Maître, ce que vous avez actuellement sous les yeux n'est autre que le grand accélérateur. C'est lui qui fabrique les pilules. Mais ces pilules ne sont que de petites choses en comparaison de ce qu'il accomplit lui-même. Vous êtes-vous déjà demandé d'où je tirais l'énergie qui me sert à faire fonctionner l'ensemble des machines et tous les dispositifs mis en place pour organiser la vie automobile de ce pays ? »

Je ne sus que répondre. En effet, je n'y avais jamais pensé, mais tous les pièges, tous les appareillages complexes utilisés par la police, tous les laboratoires où fonctionnaient sans cesse des engins exterminateurs ne pouvaient être alimentés que par des sources d'énergie exceptionnelles.

« C'est cet appareil qui vous procure de l'énergie ?

– Oui, Cruzo. Et savez-vous par quel moyen ? Votre petite cervelle ne peut imaginer le millième de ce que mon génial cerveau a conçu Eh bien, vous allez assister au spectacle. »

Les cages qui tapissaient la pièce s'éclairèrent violemment. Des portes s'ouvrirent dans les parois du fond et, sur des rails, glissèrent des sortes de fauteuils. Chaises électriques aurait été un meilleur terme. En effet, sur chacun de ces sièges, un conducteur était assis, poignets, chevilles et cou pris dans un cercle de fer. Les fauteuils s'arrêtèrent au centre de chaque cage. Je fixai plus spécialement un prisonnier. Un bras mécanique saisit sa tête et la tira en arrière, l'obligeant à regarder le plafond. Du dôme de la machine centrale descendit alors un tuyau, terminé par une pince et par une tétine. Le tuyau s'arrêta à la hauteur de la tête du patient. La pince s'inséra dans sa bouche et la lui ouvrit. Puis la tétine pénétra dans la bouche ouverte et le tuyau commença à s'agiter. Incontestablement, le prisonnier était en train d'être gavé. Je le voyais déglutir, avaler avec peine, se trémousser sur sa chaise. Ce qu'on lui faisait absorber devait être lourd, pénible à ingurgiter.

Peu à peu, pourtant, la résistance de l'homme céda et il sembla accepter d'être ainsi rempli par le tuyau.

La voix du Grand Maître retentit:

« Vous allez assister à un spectacle exceptionnel, Robin Cruzo, mais quelques explications sont nécessaires. Savez-vous ce que cet homme est en train d'absorber ?

– Non, dis-je.

– De la fougère hachée. C'est là tout le principe de ma découverte. Avez-vous des connaissances scientifiques ?

– Quelques-unes.

– Fort bien. Alors vous allez comprendre. Vous n'ignorez pas qu'autrefois, il y a des milliards d'années, notre planète était couverte de fougères géantes. Au cours du tertiaire, du quaternaire, ces fougères formèrent d'épaisses couches d'humus qui, au carbonifère, se transformèrent en carbone. La forme la plus connue du carbone étant le charbon, la plus précieuse, le diamant.

Au cours de cette transformation, une énergie fantastique fut dégagée comme si des millions de bombes atomiques avaient bouleversé l'ordre des molécules.

Cet accélérateur de temps (qui va encore plus loin que les pilules) est capable de faire vieillir n'importe quoi, non de plusieurs générations mais de plusieurs ères. Les patients sont en train d'absorber de la fougère. Lorsqu'ils l'ont ingurgitée, je les soumets à une série d'ondes de vieillissement. Il se forme ainsi une couche d'humus dans leur estomac. Puis ils absorbent à nouveau de la fougère: à nouveau, onde de vieillissement et nouvelle couche d'humus. Lorsque les couches sont toutes installées, et l'estomac rempli, l'accélérateur quadruple sa puissance et l'estomac vieillit de plusieurs millions d'années. Alors la fougère se transforme en carbone, dégageant une énergie considérable qui reste emmagasinée dans le ventre des sujets.

Résolue, la question du stockage. On peut récupérer l'énergie lorsqu'on en a besoin, en ouvrant et en fermant le nombril. N'est-ce donc pas une idée géniale, Robin Cruzo ? »

J'étais obligé de reconnaître que la folie criminelle du Grand Maître confinait au génie.

« Des ventres à carbone. C'est formidable », murmurai-je.

Le carbonifère en modèle réduit se recréait dans les ventres.

« Et lorsque l'énergie a été récupérée, demandai-je, que deviennent les patients ?

Le Grand Maître éclata de son rire fou.

« Lorsque nous avons récupéré l'énergie, il reste du charbon dans les ventres et cela résout nos problèmes de stockage. Car il est plus facile de transporter de l'anthracite dans des ventres que dans des sacs. Les patients descendent tout seuls des wagons plombés.

– Mais lorsque leur estomac est rempli de charbon, comment font-ils pour se nourrir ? demandai-je encore.

– Ils n'ont pas besoin de se nourrir, Cruzo, ils meurent au bout de quelques heures. Mais à ce moment-là, ils sont déjà arrivés à destination, c'est-à-dire aux grandes centrales thermiques où le charbon est transformé lui aussi en énergie. Mais je vais vous montrer autre chose. »

Un nouveau panneau glissa et j'aperçus un autre laboratoire. Des files d'hommes nus, les uns derrière les autres, attendaient de passer devant des guichets. Toutes les races me semblèrent être représentées. Devant chaque guichet, les individus étaient séparés. Les Noirs à gauche, les Jaunes à droite, les Blancs au milieu.

« Voici notre salle de sélection, dit le Grand Maître.

– Ainsi, quels que soient les progrès réalisés dans la folie meurtrière, je constate que le racisme, le ségrégationnisme n'ont pas disparu, ne pus-je m'empêcher de remarquer.

– Ne croyez pas cela, Robin Cruzo. Il ne s'agit pas là d'une survivance de cette discrimination raciale imbécile qui fut la honte du vingtième siècle. Nous séparons les Noirs des Blancs pour des raisons pratiques. Parce que, chez les gens à peau noire, nous ne pouvons pas vérifier le degré de carbonisation, cela s'explique aisément.

– Et les Jaunes, dis-je.

– Les Jaunes, répondit le Grand Maître, ne sont pas des bons sujets. Vous n'ignorez pas que dans l'évolution des minéraux, une partie seulement de l'humus de la période secondaire s'est transformée en carbone. Les autres parties se sont transformées en quantité de choses – quartz, felspath, granit, etc., etc., et également en pétrole. Par le truchement de cet accélérateur, nous pouvons transformer la fougère hachée en minéral de notre choix. Et évidemment, le pétrole nous intéresse. Mais pour transformer la fougère, contenue dans les estomacs des patients, en pétrole brut (ce qui nous permet d'avoir des jerricans humains), nous sommes obligés d'éliminer les gens de race jaune.

– Pourquoi ?

– Parmi eux, il se trouve parfois des bonzes. Dès qu'ils sentent du pétrole dans leur abdomen, ils tentent de l'enflammer pour se suicider.

– Comment font-ils pour l'enflammer ? dis-je (j'étais horrifié, mais je ne pouvais m'empêcher de chercher à satisfaire ma curiosité).

– La minéralisation de la fougère dans le corps humain ne peut se produire sans un certain bouleversement des fonctions rénales, expliqua le Grand Maître. Presque tous les patients ont des calculs dans les reins. En s'agitant, s'ils réussissent à frotter ces calculs les uns contre les autres, il peut se produire une étincelle.

– Jusqu'où irez-vous dans l'abjection, criai-je. Vous êtes un fou ! Un fou criminel ! Votre démence n'a-t-elle pas de bornes !

– Mon intelligence ! Mon génie ! rectifia le Grand Maître. Non ! Ils n'ont pas de bornes. Tenez, voici la suite, presque l'achèvement de mes travaux sur la transformation du bol alimentaire en carbone. »

Un autre panneau pivota. Un autre laboratoire apparut. Cette fois, c'étaient des femmes qui s'y trouvaient prisonnières. Les unes étaient étendues, et attendaient visiblement de mettre au monde un enfant. Les autres, nues, à plat ventre, rampaient à même le sol sur de grandes plaques de verre.

« Qu'est-ce que c'est ? – haletai-je.

– L'accélérateur de temps opère ici une transformation parfaite. Les femmes que vous voyez là attendaient un enfant et ont été nourries avec de la sève de fougère. Leur enfant a donc également été nourri avec cette sève. Lorsque ces femmes sont sur le point de mettre leur enfant au monde, l'accélérateur les fait vieillir de cinquante millions d'années. Le carbone devient alors du carbone pur.

– Et alors ?

– Alors. Du carbone pur, Robin Cruzo, réfléchissez. Elles mettent au monde des diamants !

– Et les autres, suffoquai-je. Celles qui rampent sur le sol ?

– Oh, dit le Grand Maître, ce sont des vitrières. Elles découpent les vitres dont nous faisons une grande consommation pour fabriquer les cages.

– Mais pourquoi rampent-elles nues sur le sol ? »

Le Grand Maître éclata d'un rire insoutenable.

« Elles coupent le verre avec leur cordon ombilical, puisque c'est du diamant ! »

Le spectacle de ces jeunes mères rampant sur le sol pour couper des plaques de verre avec un cordon ombilical transformé en diamant me fit une désagréable impression. C'était une expérience intéressante, certes, mais je me demandais si l'on avait raison, pour faire une expérience, de gaspiller du verre.

Et tout à coup, ce fut plus fort que moi, je me révoltai.

« Vous êtes un fou ! dis-je au Grand Maître – que je ne voyais toujours pas. Vous ne songez qu'à détruire, vous ne rêvez que meurtre et extermination. Vous êtes complexé. N'y aura-t-il donc jamais dans votre cervelle malade, l'ombre d'une pensée pour l'avenir de l'Humanité ? »

Pour une fois, j'avais dû toucher une des fibres sensibles du cerveau car la voix devint plus sourde, pleine d'une colère contenue.

« Mais, c'est pour l'avenir de l'Humanité que j'œuvre ! Vous ne l'avez pas encore compris ? Les hommes sont devenus fous à cause de l'automobile, quels que puissent être les pièges qu'on leur tend, quelles que puissent être les destructions massives, les broyages collectifs, les laminages gigantesques ; qu'on les écrase, qu'on les fasse brûler, qu'on les transperce par tous les moyens possibles, rien ne les fera *jamais* renoncer à leur voiture. C'est pour cela qu'il a fallu agir. Les obliger à vivre en voiture vingt-quatre heures sur vingt-quatre afin de pouvoir mieux les contrôler, et les éliminer. Sans quoi, le tentaculaire monstre d'acier automobile aurait étouffé la planète.

– Mais vous pourriez les faire périr sans les faire souffrir, dis-je. Les cris, les hurlements de douleur ne vous effraient-ils donc jamais ?

– Le moyen de faire autrement ? Il faut frapper les imaginations. Mais c'est décourageant. Même les plus horribles et les plus douloureuses techniques de destruction ne les effraient pas. L'automobiliste est insensible. Au début de la civilisation automobile, lorsque les hécatombes n'avaient lieu que pendant le week-end, au cours des anciennes fêtes (pour la Pentecôte, ou Pâques par exemple), lorsqu'une collision avait fait quatre ou cinq morts, a-t-on jamais vu un témoin pousser le cadavre d'un conducteur pour éviter d'écraser une fleur ?

En a-t-on déjà vu un prendre soin de nettoyer une borne sur laquelle s'était broyée une tête parce que la couleur du sang jurait avec une peinture d'un ton différent ? A-t-on déjà vu des gens se presser pour dégager de la route deux véhicules imbriqués l'un dans l'autre, avec les passagers morts, parce que ce tableau détruisait l'harmonie d'un paysage ? Non. Vous le voyez, les conducteurs n'ont aucune poésie. Ils sont insensibles à tout. Il n'y a donc qu'un seul moyen de les dominer : avoir des engins plus solides que leurs voitures pour les écraser, avoir des policiers plus insensibles qu'eux pour les abattre, avoir, pour les gouverner, un cerveau génial comme le mien et les tenir, nuit et jour, à la merci de mon bon vouloir et de ma puissance.

– Les propos que vous tenez sont bien banals, dis-je. Ce sont ceux de tous les chefs d'État ordinaires dans les pays antidémocratiques. »

Un cri de colère retentit. Et je compris que cette phrase avait produit sur le cerveau du Grand Maître l'effet d'un fer rouge sur une plaie.

« Antidémocratique ! Je suis le cerveau le plus libéral que le monde ait jamais connu. Vous en voulez la preuve ? Regardez ! »

Le grand mur de la salle s'ouvrit, et le spectacle que j'aperçus me glaça le sang dans les os, les os dans les muscles, et les muscles dans les membres.

Dans une vaste pièce se trouvait une table d'opération carrée, de 5 mètres sur 5 environ, sur laquelle étaient étendus sept hommes. Étendus n'est pas vraiment le terme qui convient. Emmêlés, serait plus exact.

Deux d'entre eux étaient reliés par le thorax et l'un de ceux-là était relié par l'œil à un troisième dont le cœur, sorti de la poitrine, battait dans le ventre du quatrième qui respirait, semblait-il, grâce au poumon du cinquième patient. Les deux autres étaient eux aussi imbriqués dans cet ensemble de corps, mais je ne pus distinguer comment.

La voix du Grand Maître reprit.

« Alors ? Ceci n'est pas démocratique ?

– Mais, qu'est-ce que c'est ? dis-je.

– Une expérience de greffe collective. Mon cerveau n'est pas éternel. Lorsque je sentirai que je n'ai plus la force d'assumer mes fonctions, je devrai me chercher un successeur. Celui-ci devra être parfait en tout point. Il sera élu par le peuple.

Sept candidats seront sélectionnés, soigneusement, par les ordinateurs. Puis les sondages détermineront lequel a la préférence du peuple. Mais cet homme aura peut-être, malgré son talent politique, un foie faible, un cœur malade, des reins en mauvais état, des poumons fragiles. Eh bien, dans ce cas, les six candidats qui n'auront pas été désignés par la voix populaire devront lui fournir leur meilleur organe, celà pour être sûr que le candidat élu puisse assurer la direction de la nation sans que sa santé puisse être un handicap ou un frein à la stabilité. N'est-ce pas de la véritable démocratie ? »

Malgré l'horreur que m'inspirait le spectacle de cette expérience de greffe collective, je ne pus m'empêcher de penser que c'était peut-être le meilleur moyen de savoir qui mentait, en tenant des promesses, lorsqu'un vote avait lieu dans le monde. Exiger qu'un candidat se désiste au profit d'un autre lorsqu'il n'avait pas obtenu le nombre de voix pour être le premier était une chose, exiger que les candidats malheureux abandonnent leurs organes sains au candidat gagnant, oui, c'était peut-être là le véritable abandon de soi, la mise totale au service du peuple.

« Tout cela est bien beau, dis-je au Grand Maître. Vous prétendez vouloir aider l'Humanité en créant ce projet d'élections au dévouement super-démocratique mais, encore une fois, cette expérience et sa mise au point exigent de la souffrance, de la douleur, du sang.

À quoi cela servira-t-il d'avoir un chef élu démocratiquement, si son rôle ne consiste qu'à surveiller la destruction systématique des humains ?

– Je vous ai déjà expliqué qu'il fallait sans cesse éliminer les conducteurs, sinon la planète deviendrait trop petite. Mais il y a autre chose. Même si un jour l'espace est suffisant pour que les hommes reprennent une vie normale, les appareils qui font souffrir, les pièges qui broient, écrasent, tordent, vrillent, découpent les humains devront rester en place. Toujours ! Et cela pour une raison bien simple : pour gouverner un pays d'une façon stable et indépendante, il faut de l'argent. Pour l'obtenir, il faut des impôts. Or, dans cette civilisation automobile, comment et sur quoi peut-on imposer les humains ? Ils ne possèdent rien que leur automobile et n'en sortent jamais de leur naissance à leur mort. Pour l'instant, ils ne peuvent pas en sortir, mais lorsque l'espace sera dégagé, lorsque l'homme pourra à nouveau travailler, sa nature profonde le poussera à reprendre les mauvaises habitudes du passé. Il ne voudra pas abandonner une partie de son salaire pour faire fonctionner les services publics de la nation, il rechignera, refusera d'acquitter les taxes, préférant consacrer ses économies à l'achat de futilités et le cycle de la civilisation de consommation reprendra sa ronde infernale. Une seule chose pourra obliger l'être humain à accomplir son devoir de contribuable : l'impôt sur la vie. »

Je répétai, abasourdi :

« L'impôt sur la vie !

– Oui, dit le Grand Maître. Les pièges, les dispositifs de mort resteront en place et les conducteurs risqueront de mourir d'une seconde à l'autre, sauf sur certains itinéraires où l'on ne risquera rien, mais que l'on ne pourra emprunter qu'après avoir acquitté le montant d'un impôt sur la vie. Alors, pour ne pas périr, pour avoir le droit de circuler, en ne risquant que la mort naturelle par collision, heurt, décapitation, vertèbres brisées ou tête fracassée – qui est le lot de tout automobiliste en dehors de tout piège artificiel –, les gens travailleront, deviendront sages, organisés, conscients, et paieront leur impôt de survie.

– Alors, dis-je, cela reprendra comme autrefois. Pour emprunter un itinéraire de survie, il faudra posséder une dizaine de pièces justificatives, des reçus, des cartes, une vignette. Et vous appelez ça progresser ? »

Le Grand Maître se mit à rire.

« Non, Cruzo, croyez-moi, le moyen de savoir si les automobilistes ont payé leur impôt sera plus simple, et plus moderne. Tout est déjà prêt d'ailleurs. »

Un écran de télévision s'alluma et je vis une route, avec une sorte de poste de péage. Une longue file de véhicules attendait. Les voitures passaient une par une devant un guichet, ou plutôt entraient dans une sorte de cabine obscure.

« Voici le vérificateur à rayons X », dit le Grand Maître.

L'image du récepteur changea et je vis que la caméra explorait l'intérieur de la cabine noire. Sur l'écran apparut, en radioscopie, le corps du conducteur. Mais, au lieu de montrer les poumons, le cœur ou le squelette, seul le système circulatoire était mis en évidence. Dans les veines, les vaisseaux, les artères, je voyais circuler le sang. J'avais déjà eu souvent l'occasion de voir un corps humain à la radioscopie. Je connaissais le principe de la circulation sanguine, le sang vicié arrivant d'un côté pour ressortir – régénéré – par l'autre côté. Mais il me semblait que ce qui se produisait dans ce corps humain-là était étrange. Des sortes de petits microbes – que je reconnus bientôt pour être des globules – se pressaient en tous sens, sans jamais se heurter. Les uns s'arrêtaient pour laisser passer les autres… ou cheminaient le long d'un vaisseau pour stopper lorsque celui-ci débouchait sur une artère.

« Que se passe-t-il dans le corps de cet homme ? » dis-je.

À nouveau le rire du Grand Maître résonna.

« Cet homme a absorbé une vitamine de circulation préfectorale, dit-il. C'est ainsi que nous décèlerons ceux qui auront bien payé leur impôt de survie. Contre les sommes versées aux percepteurs, les conducteurs obtiendront des vitamines à absorber chaque matin. Celles-ci ont la propriété de donner aux globules rouges et blancs le sens de la circulation, tel qu'il a été établi de tout temps par les règlements de police. Ainsi, tout globule rouge rencontrant un globule blanc venant de la droite dans une agglomération de plus de quinze pour cent d'urée doit accorder la priorité. Tout globule, blanc ou rouge, débouchant d'un vaisseau secondaire dans une artère à grande circulation (l'artère fémorale, par exemple) doit marquer un temps d'arrêt avant de reprendre sa route.

Pour emprunter les itinéraires de survie, les conducteurs devront passer dans ces cabines radioscopiques. Ceux dont le schéma circulatoire ne présentera pas les propriétés dues à la présence de vitamine d'impôt seront de mauvais contribuables et par conséquent seront éliminés. »

J'étais encore une fois confondu par le génie du Grand Maître.

« Ceci est donc une route expérimentale, dis-je.

– Oui. Voyez. Le conducteur qui s'avance vient d'absorber une vitamine. Logiquement, son système circulatoire doit être préfectoralement modifié. »

Le sujet était devant l'appareil de radioscopie. Mais ses globules ne semblaient pas respecter le code. Ils s'agitaient d'une manière désordonnée, refusaient toute priorité, circulaient de façon anarchique. Immédiatement, un bras articulé terminé par une seringue sortit du mur et se planta dans son bras. L'homme s'écroula et sa voiture disparut dans une trappe.

« Je ne comprends pas, dis-je, pourquoi les globules de cet homme n'ont-ils pas respecté le code. Il avait pourtant pris des vitamines. Considérez-vous que c'était un mauvais contribuable ?

– Non, dit le Grand Maître. Cet homme aurait peut-être été un bon contribuable... Mais c'était avant tout un bon leucémique. »

Étrange situation. J'étais toujours dans ma cage de verre, assistant, par le truchement des écrans de télévision, des murs coulissants, des parois transparentes, à l'un des spectacles les plus cruels qui soient jamais offerts aux yeux d'un être humain. Je demandais des explications, des précisions. Je ne cessais de dialoguer avec l'être le plus monstrueux que la terre ait jamais connu. Le Grand Maître, dont je ne connaissais que la voix, qui m'observait sans cesse, et pouvait sans doute lire dans mes pensées car je l'entendis s'écrier tout à coup.

« Vous me prenez pour un fou criminel, Robin Cruzo, mais si je l'étais, j'aurais déjà détruit tous les humains, et non un sur quinze ou sur vingt. J'aurais pu les stériliser, les empêcher de se reproduire, de proliférer. Oui, j'en extermine un grand nombre, mais je vous répète que cela n'a pour but que de les décourager, leur faire comprendre que l'automobile est responsable de leurs maux et les dégoûter de cet engin. Hélas, seules la peur et la souffrance peuvent y parvenir.

– Mais vous ne vous en prenez pas seulement aux automobilistes, dis-je, vous vous attaquez aux piétons qui, eux non plus, n'acceptent pas l'automobile et, par conséquent, pensent comme vous.

– Je pourchasse les piétons parce qu'ils sont stupides. Ils ne refusent pas seulement l'automobile, mais également le progrès. Vous les avez rencontrés. Ils vivent cachés sous la terre, se nourrissent de ciment, de racines, ils sont devenus des bêtes. Dans ce cas, comment compter sur eux pour créer une société future. Cette nouvelle société dont on a tant parlé au cours des premières années de l'ère automobile. La nouvelle société. C'est à cela que je veux œuvrer : fonder l'Humanité de demain. Toutes les expériences que je tente m'ont permis de mettre au point des techniques qui, plus tard, pourront être utilisées pour donner au monde une vie plaisante et confortable.

Tout ce que j'ai créé pour détruire (sélecteurs, broyeurs, concasseurs, découpeurs, lamineurs) pourra être transformé, reconverti pour le bonheur des humains.

Voulez-vous un exemple ? Regardez ! Regardez ce laboratoire reconstitutionnel. »

À nouveau, un mur s'ouvrit et une gigantesque salle s'offrit à mes yeux stupéfaits.

Elle contenait un nombre incalculable d'objets étranges, disparus depuis longtemps de la surface du globe et dont j'avais vu parfois quelques spécimens à la télévision au cours d'émissions historiques.

La salle était divisée en petits compartiments. Dans chacun d'entre eux, des hommes et des femmes – servant de cobayes – subissaient des traitements divers.

Par exemple, l'un des compartiments était meublé de trois cuves. L'une peu large et longue, la seconde aussi large que longue, mais de proportions moindres et posée sur un pied, la troisième assez petite, plus longue que large et très basse.

Dans le compartiment entrèrent trois personnes. Un homme, une femme et un enfant, guidés par des grands bras d'acier articulés, commandés de façon invisible.

La première cuve se remplit d'acide et l'homme y fut plongé. La seconde, celle qui était sur pied, s'emplit de métal en fusion et le bras métallique y enfonça la tête de la femme. La troisième s'emplit d'huile bouillante et l'enfant y fut assis.

J'étais suffoqué d'horreur:

Je murmurai:

« Mais que fait-on... Que fait-on?

– Des recherches, dit le Grand Maître. Nous cherchons à reconstituer ce que l'on trouvait autrefois dans les demeures des humains. D'après de vieilles bandes d'actualités, nous avons établi que jadis se trouvaient dans chaque maison des salles de ce genre. Les hommes semblaient trouver du plaisir à s'y rendre chaque matin. J'ai repris cette idée folklorique. Un jour, lorsque les automobilistes auront abandonné leur vie sur quatre roues, lorsqu'ils vivront entre quatre murs, mon plus cher désir est qu'ils puissent disposer de salles semblables. L'eau parfumée remplacera alors l'huile bouillante, l'acide sulfurique ou le métal fondu mais pour l'instant, bien sûr, je ne peux me permettre de perdre de la place et parallèlement à ces recherches humanitaires pour reconstituer le monde d'autrefois, j'utilise ces installations pour détruire quelques conducteurs en surnombre.

– Et cela, dis-je en tendant le doigt vers le centre de la salle.

– Oh, cela, répondit le Grand Maître, cela est une installation qui ressuscite une charmante coutume du passé. »

Je regardai.

Le centre de cette installation était composé d'une sorte de tour conique entourée d'escaliers et ornée de tubes et de trous de différents diamètres. Autour de cet assemblage des humains étaient rassemblés, amorphes semblait-il. Une sirène retentit, une lumière rouge s'alluma et les humains se précipitèrent, se bousculant, escaladant les escaliers, courant en tous sens. Je les voyais hésiter, stopper devant un trou, ou devant un tube, repartir, s'arrêter devant un autre – cherchant à lire quelque chose sur une multitude d'étiquettes disposées comme au hasard.

L'un d'entre eux, semblant plus décidé que les autres, resta devant un tube, lut l'étiquette très attentivement. Il sourit, leva la main et appuya sur un bouton. Une rafale de mitrailleuse retendit. Un autre, qui s'était arrêté devant un trou, appuya à son tour sur un bouton après avoir lu l'étiquette. Une sorte d'aiguille gigantesque en sortit qui se planta dans sa poitrine. L'homme tomba foudroyé.

« Alors », dit le Grand Maître. – Et sa voix me sortit de la stupeur dans laquelle m'avait plongé ce spectacle.

« Alors, direz-vous encore que je suis inhumain ?

– Mais ces hommes sont tués, ânonnai-je.

– Oui, mais après avoir été quelque peu conditionnés, évidemment, ils viennent chercher leur mort tout seuls, en lisant les étiquettes. Chacun de ces trous, ou tubes, est garni d'une arme à feu, ou d'une arme blanche, ou de tout autre appareil destiné à donner la mort. Les sujets, en cherchant leur nom, renouent avec une vieille tradition ancestrale qui a hélas disparu lorsque les vapeurs d'essence ont tué les arbres.

Un jour dans les trous et les tubes, des cadeaux remplaceront les engins de mort et j'aurai rendu aux hommes la charmante coutume de l'arbre de Noël. Robin Cruzo, ajouta le Grand Maître, vous avez vu beaucoup de choses. Je pourrais vous en montrer d'autres, car ce laboratoire contient des dizaines de salles, où sont pratiquées des centaines d'expériences à l'aide de milliers d'appareils. Pour l'instant, je le répète, tout cela ne vise qu'à détruire mais, plus tard, cela servira l'Humanité.

Maintenant, vous allez vous-même être supprimé. Vous comprenez bien que le temps m'est précieux. J'ai conversé longuement avec vous car vous m'intéressiez. Vous êtes le seul homme qui ait osé s'attaquer à moi, et vous avez tenu longtemps. Vous m'intéressiez et même, je dois l'avouer, j'ai une certaine sympathie pour vous. Mais vous n'êtes d'aucune utilité…

Toutefois, en raison de cette sympathie que je ressens, je vous donne le droit de choisir votre trépas. Voulez-vous être fusillé, électrocuté, broyé, haché, découpé, bouilli, détruit par le feu ou les acides, vous n'avez qu'un mot à dire.

– Attendez, criai-je. Attendez, Grand Maître, Puisque sous la carapace de votre génie criminel vous prétendez avoir un fond d'humanité, vous ne pouvez me refuser une dernière volonté. »

J'entendis le Grand Maître soupirer.

« Il me semble que, vous laisser le choix de votre mort est déjà un avantage. Mais je veux bien me montrer généreux. Que souhaitez-vous avant de périr ?

– Vous voir, Grand Maître, vous voir en chair et en os. »

Un hurlement de colère terrible retentit et je me rendis compte de l'énorme gaffe que je venais de commettre. Demander au Grand Maître qui ne possédait plus que son cerveau, greffé sur les organes d'une voiture, d'être vu en chair et en os était une erreur terrible, il fallait que je la rattrape vite.

« Je veux dire, Grand Maître qu'il m'importe peu de mourir de la main… De mourir par un génie tel que vous, mais je suis tellement confondu par l'incommensurable puissance de votre admirable cerveau que je veux voir le bras qui… »

Une fois encore je me rendais compte que tous les mots que je pouvais trouver risquaient de rappeler au Grand Maître son absence de corps. Je hurlai :

« Je vous admire, Grand Maître, je vous révère, je vous idolâtre… Je veux vous voir. »

Un grand silence se fit. Il dura longtemps, puis la voix dit.

« Vous voulez me voir ? Soit. »

La cage de verre dans laquelle je me trouvais toujours se mit à descendre, puis à suivre une série de couloirs dans lesquels elle circula d'une façon incompréhensible, jusqu'à ce qu'elle stoppe devant une paroi d'acier.

La paroi d'acier s'écarta alors. Et je le vis.

Je le vis ! Une énorme Rolls de cristal était placée au centre d'une estrade et je pouvais en distinguer toutes les pièces, tous les organes, tous faits de métal précieux : or, platine. Les vis et les boulons étaient des diamants. Un ensemble complexe de tuyaux, de tubes aboutissait au siège arrière où, dans une sorte de tabernacle, reposait un bocal. Et dans ce bocal, un cerveau. Le cerveau. Son cerveau. Il baignait dans une eau lumineuse, que je ne puis comparer qu'à du diamant liquide.

La Rolls de cristal du cerveau humain était entourée de silhouettes transparentes que je distinguais mal. Tout à coup, une fissure se forma dans ma cage de verre et celle-ci éclata, sans bruit, me laissant libre.

J'avançai vers le Grand Maître, mais je me heurtai aux silhouettes et ressentis une décharge électrique qui me cloua sur place.

Le cerveau s'agita dans son bocal et je compris pourquoi la voix du Grand Maître avait ces inflexions étranges, car un système rappelant des cordes vocales se mit à vibrer de chaque côté du double carburateur et la voix me parvint par le klaxon.

« Vous ne pouvez pas avancer, Robin Cruzo, mes gardiens vous surveillent. »

Je jetai un regard aux silhouettes et compris ce qu'elles étaient en réalité. Tout comme le Grand Maître, elles n'étaient constituées que d'un cerveau, et d'une sorte de résille d'argent, ayant la forme humaine que présentaient autrefois les écorchés vifs dans les manuels de sciences naturelles.

« Ce sont des gardiens d'un genre un peu particulier, dit le Grand Maître de sa voix de klaxon. Pour être sûr de mieux les contrôler, j'ai supprimé leur corps. Par un procédé qu'il serait trop long d'expliquer, je n'ai conservé que leurs veines, leurs artères, leurs vaisseaux, dans lesquels circule du platine liquide. Le platine étant conducteur d'électricité, il me suffit d'y faire passer un fort courant, et personne ne peut franchir cette barrière. Vous voyez que vous n'aviez pas tout vu. »

Une fois de plus, je fus confondu par le génie inventif du cerveau fou.

En demandant à le rencontrer, j'avais, bien sûr, l'idée de l'attaquer, de chercher à le détruire et, si j'avais bien pensé qu'un système devait le protéger, je ne pouvais imaginer ces gardes électriques vivants.

Je décidai autre chose.

« Grand Maître, dis-je, il ne vous servira à rien de me supprimer, alors que je peux peut-être vous aider. Vous m'avez dit votre désir de transformer un jour vos inventions destructrices en gadgets pouvant servir l'Humanité. Employez-moi à ce travail. Je ne manque pas d'idées moi non plus. En vous combattant, je l'ai prouvé.

Très franchement, vous voulez servir l'homme, mais vous avez perdu l'habitude de la bonté, alors que je suis, dans ma faiblesse et ma naïveté, tout pétri d'excellents sentiments. Permettez-moi de travailler à vos côtés pour transformer, en vue du futur, vos appareils exterminateurs en bonnes choses pour les humains. »

Dans son bocal, le cerveau flotta doucement... Il semblait réfléchir (ce qui – pour un cerveau – était la moindre des choses).

Un long temps de silence s'écoula... Puis :

« Robin Cruzo, dit la voix, donnez-moi trois exemples de ce que vous pourriez inventer, qui n'existe pas encore dans une automobile et qui pourrait éventuellement servir le conducteur, le rendre heureux, lui faciliter la vie... Je verrai comme cela si vous pouvez m'être utile. Je vous donne une minute. »

Un chronomètre se mit à résonner.

Inconsciemment, ou plutôt machinalement, je comptai, 1-2-3-4-5. Cinquante-cinq secondes. Il ne me restait plus que cinquante-cinq – non cinquante-quatre – cinquante-trois secondes pour inventer – cinquante-deux, cinquante et une, je me lançai.

« Trois inventions, c'est facile. Nous installerons sur chaque voiture un dispositif pose-gobelets semblable à ceux que l'on installait jadis sur les sapins pour recueillir la résine, ou sur les caoutchoutiers pour recueillir la sève. À chaque accident causant la mort d'un automobiliste, le dispositif fonctionnera, et les gobelets récupéreront automatiquement le sang tout frais qui pourra servir pour sauver des malades.

Ensuite, les volants des voitures qui seront creux, contiendront du plasma pour les transfusions urgentes, la manette du clignotant pouvant se transformer en aiguille à perfusion...

Enfin, la colonne de direction contiendra un cœur en plastique qui se mettra automatiquement à fonctionner, servant de relais dès qu'un volant aura enfoncé la poitrine d'un conducteur, pour que celui-ci puisse vivre en attendant les premiers secours. »

Voilà – 57-58-59-60.

J'avais utilisé ma minute et trouvé les trois inventions.

Cela allait-il plaire au Grand Maître ?

Je tentai de le regarder bien en face. Ce qui n'était pas facile. Fixer un cerveau dans un bocal n'est pas particulièrement commode. J'attendis longtemps. Puis...

« Robin Cruzo, dit le Grand Maître, Vous êtes gracié. Vous allez travailler à mes côtés. Approchez. »

J'avançai, posant les pieds sur les dalles qui recouvraient le sol, devant l'automobile de cristal.

La matière de ces dalles était très agréable – elles étaient à la fois molles et dures, douces et chaudes. Elles étaient inégales. Les unes plus larges et plus plates que les autres, les autres plus rondes et plus bombées que les premières. J'y jetai un regard plus attentif et m'aperçus que ces dalles étaient en réalité des êtres humains scellés à plat ventre dans le ciment du plancher, et dont seuls les dos et les fesses dépassaient. Mais je crois que plus rien ne pouvait plus me surprendre ni m'horrifier. Une seule chose comptait pour moi : le Grand Maître m'avait gracié. J'étais sauvé.

« Oui, vous allez travailler à mes côtés, poursuivit le cerveau du bocal. Je vous laisserai transformer les machines à détruire en appareils utiles pour le futur. Mais vous devrez également m'aider à détruire tout ce qui peut nuire à l'évolution de la race humaine vers une conception plus belle et plus noble de la vie, donc détruire les automobilistes. Vous allez rejoindre mes principaux collaborateurs. Ils ne sont pas nombreux. Vous pouvez aisément les compter, ce sont ceux sur lesquels vous marchez. »

Que voulait dire le Grand Maître ? Oui, je m'étais rendu compte que le sol était fait de corps humains scellés dans le ciment. Devais-je en déduire que, par un goût forcené de la soumission, le Grand Maître exigeait que ses collaborateurs fussent ainsi immobilisés dans une attitude de prosternation totale. Mais comment les gens pouvaient-ils vivre ? Car ils vivaient, cela était certain. Ces dalles – c'est-à-dire ces dos – étaient souples, chaudes, irriguées…

Le cerveau s'agita dans son bocal et parmi les sinuosités de cette masse cérébrale, je crus – était-ce possible ? – Je crus voir un sourire.

« Mes principaux collaborateurs sont en effet scellés dans le sol, Robin Cruzo, mais ils n'en souffrent pas. Vous allez voir pourquoi. Avancez jusqu'à cette plate-forme. »

Je fis ce que le Grand Maître me demandait. Je pris place sur la plate-forme en question, qui s'enfonça immédiatement dans le sol.

Arrivant à l'étage inférieur, je levai les yeux au ciel et je vis, quelle horreur… Je vis pendre les bras, les jambes, et les têtes, qui correspondaient aux corps de l'étage du dessus.

Les jambes et les bras s'agitaient mollement. Tout cela avait l'air normal. Mais le spectacle hallucinant était celui qu'offraient les têtes. Elles étaient creuses, et vides. Vides de leur cerveau. La boîte crânienne avait été découpée et il en sortait de longs tuyaux transparents dans lesquels circulaient des liquides de différentes couleurs et des fils métalliques. Je suivis des yeux les tuyaux et restai pétrifié. Ils menaient à des cerveaux. Ces cerveaux, que l'on avait ôtés des crânes, baignaient maintenant dans une sorte de cuve, dans le même liquide argenté que celui où flottait le cerveau du Grand Maître. Il y avait là une vingtaine de cervelles. Je les voyais sauter, tressauter, s'agiter. À nouveau mes yeux firent le parcours qui menait des cerveaux aux corps scellés dans le plafond et je regardai les têtes. Toutes, elles me souriaient. Et leurs yeux, leurs yeux me fixaient. Tout à coup, j'entendis un énorme éclat de rire. Non, j'entendis vingt éclats de rire car toutes les têtes se mirent à dodeliner, à remuer en tous sens tandis que les bouches s'ouvraient pour laisser s'échapper les sons de cette macabre rigolade, de cette sinistre et funèbre démonstration de joie.

Je cherchai le moyen, non de m'échapper de cette pièce qui représentait pour moi le comble de l'horreur – je savais bien que c'était impossible – mais de me réfugier dans un coin, de me terrer dans un angle, de me recroqueviller en me bouchant les oreilles pour ne plus entendre les rires, en fermant les yeux pour ne plus voir ces horribles têtes. En fait, j'étais moins effrayé par la vue des cerveaux que par la vue des têtes vides qui riaient et des membres qui s'agitaient d'une façon incohérente.

Je me tournai donc vers la cuve et décidai de me concentrer pour ne pas me laisser aller à la terreur. Peu à peu, les rires cessèrent. Une voix s'éleva :

« Excusez-nous, Robin Cruzo, excusez notre allégresse intempestive et quelque peu grossière. Nous avons si rarement de la visite. C'est toujours un grand motif de joie de voir un nouveau venu se mêler à nous, avec cette apparence grotesque de terrien, tenant debout sur ses pattes et avec son cerveau dans sa misérable boîte crânienne. Oui, excusez-nous mais vous êtes si drôle, si ridicule ! »

Les rires reprirent. Horribles, ignobles, criards, stridents, gluants, torves, abominables.

Je fis un effort pour ne pas me retourner, pour ne pas lever les yeux, pour ne pas risquer de voir les têtes, pour rester face à la cuve remplie de cerveaux dont les mouvements, lents, apaisés, tranquilles, ondulant dans le liquide argenté ne correspondaient pas au son des rires et aux tressautements des crânes vides. Ces cerveaux n'étaient plus dans les têtes, mais je savais que par le truchement des tuyaux, des fils, des liquides, ils agissaient sur les corps emprisonnés dans le plafond.

En d'autres temps, il eût été amusant de spéculer, de chercher à quel corps correspondait telle cervelle, mais je n'avais pas le goût de jouer à cette sorte de recherche. Lorsque les rires se calmèrent, la voix reprit :

« Vous êtes ridicule, mais vous ne nous en voudrez pas de nous être moqués de vous puisque, désormais, vous faites partie des nôtres. Tous, nous avons eu votre apparence. Donc, tous, comme vous, nous avons été ridicules. Avant d'exister comme nous existons maintenant, d'une façon rationnelle (c'est-à-dire avec le mépris total de nos corps que nous avons abandonnés et jugeons juste bons à servir de revêtement de sol) et dans le plein épanouissement de nos cerveaux. Oui, Robin Cruzo, vous êtes ridicule avec votre petit corps d'humain terre à terre, votre cervelle qui ne voit pas plus loin que la cage de votre crâne. Vous êtes ridicule mais cela ne durera pas longtemps. Vous avez été jugé digne de faire partie des collaborateurs du Grand Maître. – Vous allez prendre place à nos côtés, nous qui sommes ses ministres et avons suivi votre évolution depuis le premier jour où votre chance fut décelée, jusqu'à cette heure où vous venez renforcer notre assemblée. »

Quelques murmures d'appréciation s'élevèrent parmi les assistants. S'élevèrent, ou plutôt descendirent puisque lesdits assistants se trouvaient pris dans le plafond.

La voix poursuivit :

« Oui, nous sommes ravis de vous voir rajeunir notre académie. Et, puisque le cerveau a toujours été considéré comme le siège de l'âme et de l'intelligence, nous nous réjouissons de voir bientôt le vôtre "siéger" parmi nous. Cher Robin Cruzo, nous allons vite vous débarrasser de ce corps stupide.

– Quoi ?... Comment ?... bredouillai-je. Vous ne voulez pas dire que vous...

– Nous allons permettre à votre cerveau de s'évader de cette étroite prison qu'est votre tête, et lui permettre de nous rejoindre, dans ce bain chimique où vous verrez comme il fait bon reposer. »

Avais-je bien entendu ? Ôter mon cerveau de ma tête. Ouvrir ma tête ! Découper mon crâne ! Sortir mon cerveau de mon crâne après l'avoir ouvert.

Je ne savais pas comment j'allais agir, mais il n'était pas question de me laisser sortir le cerveau de la tête. Je me voyais mal finir mes jours le corps pendu à un plafond, tandis que ma cervelle tremperait en compagnie d'autres blocs de matière grise, dans une sorte de pot-au-feu de l'intellect ou de marinade de la pensée. Mais je ne voyais pas non plus comment je pouvais agir – oh, pas pour m'échapper : il était évidemment impossible de sortir de cette casemate à cervelles – mais pour entamer une action. Voyons. Je ne pouvais rien tenter contre la cuve elle-même. Elle était trop solide, et sans doute protégée par quelque mécanisme infernal. Agir contre les « corps » suspendus n'offrait aucun intérêt. Les ministres du Grand Maître avaient déclaré eux-mêmes qu'ils méprisaient leur enveloppe charnelle (d'où leur décision symbolique de transformer celles-ci en revêtement de sol, forme suprême de dédain).

M'attaquer aux fils, aux tuyaux reliant les corps aux cerveaux était également stupide. Je n'en connaissais ni le fonctionnement, ni le schéma de montage et risquais d'être foudroyé par quelque système de défense avant d'avoir obtenu le moindre résultat.

Ce qu'il fallait avant tout: gagner du temps. Éviter de voir arriver la machine, la créature, l'appareillage, la troupe, enfin la chose qui risquait de vouloir me sortir le cerveau de la tête. J'entendis à nouveau la voix qui ricanait.

« Oui, cher Robin Cruzo, nous allons vous débarrasser de ce corps stupide. »

Puis j'entendis derrière moi, dans mon dos, un bruit étrange. Comme un bruissement d'ailes, un froissement de tissu. Je m'efforçai de ne pas me retourner. Je ne voulais pas voir les têtes. Pas les crânes vides. Pas les yeux glauques. Pas les mains molles. Pas les jambes flasques. Un autre son me parvint. Un bruit caoutchouteux. Je ne peux le désigner autrement. Puis un cliquetis, comme si des dizaines de mains se passaient des épées, ou aiguisaient des couteaux.

Cette fois la curiosité l'emporta sur la sensation de malaise qui me serrait la gorge lorsque je voyais les corps des « ministres ». J'imaginais le pire. Et le pire était toujours possible – tout ce que j'avais déjà vu était tellement dément. Ne s'agissait-il pas d'une farce du Grand Maître, ou de ses collaborateurs. Une sinistre farce dont je faisais les frais et qui allait me faire périr. N'étais-je pas seulement le jouet de ces cerveaux sadiques. N'y avait-il pas derrière moi des oiseaux de métal? Des chauves-souris d'acier? De monstrueuses guêpes de fer? (puisque j'entendais des bruits d'ailes).

N'y avait-il pas d'horribles créatures issues d'abominables greffes? D'épouvantables croisements? De terrifiantes mutations? (puisque j'entendais des sons caoutchouteux).

N'y avait-il pas d'impitoyables robots munis d'armes blanches prêtes à me transpercer, me piquer, me trancher (puisque j'entendais des bruits d'épées, ou de poignards, ou de couteaux). Je me retournai brusquement.

Dieu du ciel!

J'avais prévu le pire. J'avais pensé que le pire n'était peut-être pas le pire, tant le pire pouvait être plus horrible, mais ce que je voyais était encore pire.

Les têtes, les horribles têtes étaient toutes masquées. Oh, je n'avais plus à craindre la vue de leurs bouches tordues par un rictus écœurant. Et je n'avais plus à craindre la vue des mains molles, car toutes les mains maintenant portaient des gants. Et je savais ce qui faisait un bruit d'épées.

Ce que j'avais pris pour un bruit d'ailes, c'était le froissement du tissu des masques de chirurgien qui cachaient tous les visages. Le son caoutchouteux était celui des gants de chirurgien qui dissimulaient toutes les mains. Et le bruit d'épées, de couteaux, de poignards, était celui des bistouris, des scalpels, des pinces, de tous les instruments de chirurgie que tenaient les horribles corps du plafond.

Au milieu de tous ces sons dont je comprenais maintenant l'origine, la voix disait toujours :

« Oui, cher Robin Cruzo, nous allons vous débarrasser de ce corps stupide… Vous débarrasser de ce corps stupide… »

Fou de terreur, car je comprenais ce qui allait se passer – les chirurgiens du plafond allaient m'arracher le cerveau du crâne –, je voulus fuir, mais déjà le sol montait… Le sol lentement se rapprochait de cette armée de mains, combien étaient-elles… Quarante, quarante-cinq… (Non… Il fallait un nombre pair.)

Vers moi ondulaient ces visages masqués, ces chirurgiens de l'épouvante aux crânes vides.

Au-dessus de moi se levaient les instruments qui allaient couper mes chairs, scier mes os, arracher mon cerveau, s'emparer de moi au plus profond de ma personnalité.

Je tombai à genoux. Non, je n'allais tout de même pas craquer.

Le plancher se rapprochait du plafond. Les mains armées de scalpels se rapprochaient de moi. Et je me rapprochais de ma dernière heure. Car pour moi, finir dans un bocal était pire que la mort.

Je ne doutais plus maintenant de la sincérité des « cerveaux » qui voulaient m'admettre à leurs côtés dans leur bain chimique. Comme toujours dans ces cas-là les pensées tournoyaient à toute vitesse dans ma tête – qui, pour l'instant, était toujours entière.

Voyons ! Jusqu'à maintenant j'avais toujours triomphé des situations les plus périlleuses en profitant *ou* de la disposition des lieux, *ou* de la disposition d'esprit de mes adversaires. La disposition des lieux ne pouvait rien m'apporter. La disposition d'esprit des cerveaux ? Si j'avais réussi par la ruse (et par la parole, sa fidèle servante) à me tirer d'affaire avec le Grand Maître, je devais pouvoir en faire autant, par le même moyen, avec ses ministres.

Je décidai donc de jouer le récipiendaire d'une assemblée passant la pommade à ses prédécesseurs. Allons-y, pensai-je, de la courbette verbale, de l'éloge, du compliment, du léchage rhétorique. Flattons-les et, ensuite, posons des questions. Personne ne résiste au doux plaisir de parler de soi. Si j'arrive à cela, je gagnerai un temps considérable.

« Messieurs, dis-je, vous me voyez confondu, abasourdi et stupéfait de la considération que vous me témoignez. Faire partie de votre illustre assemblée, être l'un des collaborateurs, l'un des "ministres" du Grand Maître, puisque c'est ainsi que vous vous êtes vous-mêmes désignés, est un honneur auquel je n'aurais jamais cru pouvoir accéder. Je constate que vous allez découper mon misérable corps, et ouvrir ma médiocre tête pour permettre à mon cerveau de s'épanouir auprès des vôtres. Vous m'en voyez confus et flatté. Mais permettez, je vous en prie, à celui qui n'est encore qu'un misérable conducteur, de demander une faveur. Celle de savoir qui vous êtes. Quels mérites, quels hauts faits, quelle noble et généreuse attitude vous a fait reconnaître par le Grand Maître comme dignes de collaborer avec sa toute-puissance et son génie.

Messieurs, accordez-moi l'honneur supplémentaire de vous connaître avant d'être votre égal pour avoir le bonheur de vous respecter et vous considérer comme mes maîtres, un peu plus longtemps. »

Franchement, je n'étais pas mécontent de ce petit discours et attendis sans angoisse son résultat. Quelques secondes s'écoulèrent et, d'un seul coup, toutes les têtes, derrière leurs masques de chirurgien, se mirent à parler.

J'entendais des bribes de phrases, des tronçons de mots :

« Moi je. Moi qui. Je. Moi qui ai fait. C'est moi qui. Je. Moi. Personnellement pour ma part. Je. En ce qui me concerne. Je. Moi... »

– Allons, silence… Un peu de SILENCE, cria la voix qui jusqu'alors avait semblé parler au nom de tous. Messieurs, je vous en prie… Je vous en prie. »

Le vacarme continuait, s'organisant autour de cette dentelle de phrases, de cette résille verbale.

« J'étais à la fin de la guerre. Je suis. Moi qui ai pris cette décision. C'est votre faute si… Attention parce que. Autorité. Mesure qu'il fallait prendre. Révolte inadmissible… »

– Messieurs… Messieurs, continuait la voix, ne sombrons pas dans les erreurs qui autrefois… »

J'avais atteint mon but. Demandant aux « ministres » de me raconter leurs prouesses, de me dire pourquoi ils avaient été désignés pour faire partie de l'élite, je savais qu'il y aurait des frictions, des vexations, des allusions, des mots tendancieux, de fallacieuses arguties, bref tout ce qui, de tout temps, a caractérisé le discours politique. Qui dit attaque, dit riposte. Mon calcul n'était pas mauvais, qui consistait avant tout à gagner du temps.

Pendant que les têtes – ou les cerveaux – se querellaient pour savoir lequel avait le plus de mérite, on oubliait de m'ouvrir le crâne pour en extirper ma matière grise (dont j'avais d'ailleurs présentement le plus grand besoin si je voulais rester lucide et maître de moi).

« Je vous en prie, messieurs, continuait la voix, cela n'a pas de sens… Un peu de calme… Où vous croyez-vous ? »

C'est alors que, distinctement, au milieu du vacarme, résonna cette phrase incroyable :

« Ferme-la, sale Turc ! »

Cette phrase, je l'entends encore tant elle tonna – (pour moi – car elle ne fut pas vraiment remarquée dans le tumulte).

« Ferme-la, sale Turc ! »

Cette phrase fut décisive, je n'ai pas peur de le dire. Elle fut cruciale. Elle fut sans doute la cause de tout.

« Ferme-la, sale Turc ! »

C'est sans doute la phrase la plus importante qui fût jamais prononcée dans le monde, puisqu'elle en marqua la fin !

Les injures, les reproches, les lazzis, les insultes, les camouflets, les allusions perfides pleuvaient de toute part, et dans ce maelström verbeux, la phrase avait éclaté comme un coup de tonnerre : « Ferme-la, sale Turc ! »

Peut-on imaginer qu'un cerveau suffoque ? Peut-on concrétiser l'image d'une cervelle manquant d'oxygène ? Peut-on concevoir la fureur, la colère et l'indignation dans un centre nerveux n'ayant ni œil, ni bouche, ni bras, ni main, enfin rien d'humain pour s'exprimer ? Non. Et pourtant, c'est ce que je vis distinctement apparaître – et durer – sur l'un des cerveaux qui baignait dans la cuve au liquide argenté. Un cerveau en colère, un cerveau indigné, un cerveau outré par la phrase qui venait d'être prononcée, donc, incontestablement, le cerveau d'un Turc.

J'ai déjà dit que je n'étais pas un écrivain, que j'étais loin d'être un auteur habile, mais le simple témoin et le rapporteur d'une aventure vécue. Je raconte ce que j'ai vu, et je ne sais si j'ai réussi à bien faire comprendre ce qui se passait, à décrire convenablement la situation. Pour être sûr, je vais donc me répéter.

Vingt corps étaient soudés dans un plafond, et leurs têtes vidées de tout cerveau, mais munies d'yeux hagards et de bouches volubiles s'injuriaient.

Dans le même temps, les cerveaux détachés de ces corps furieux trempaient dans une cuve et semblaient ignorer le combat oratoire qui se déroulait au-dessus d'eux. Sauf un. Un qui suivait ce combat, un qui s'agitait, sautait, tressautait, gigotait et dont les mouvements désordonnés étaient tels que la voix, sa voix, semblait sortir de son lobe frontal. Une voix qui criait :

« Vous n'avez pas le droit ! Tout le monde peut être turc. Vous violez les lois qui nous régissent ! J'en appelle au Grand Maître et à sa Toute-Puissance. »

Un indescriptible tumulte s'ensuivit. Toutes les bouches et tous les yeux et toutes les mains et tous les corps se mirent à bouger et des phrases jaillirent qui formèrent une extravagante mélopée.

« Ferme-la, sale Turc, et ferme-la, sale Belge et sale Suisse et sale Danois et sale Néo-Zélandais et sale Afghan et sale Yougoslave et sale Iranien et sale Albanais... »

La plate-forme qui s'était élevée lentement, me rapprochant du plafond (où les corps déchaînés étaient en train de s'empoigner) avait stoppé depuis longtemps sa progression. Trop bas pour qu'une main puisse me saisir. D'ailleurs, elles n'y songeaient pas, si j'ose dire. Je me glissai tout au bord de la plate-forme, au cas où un geste malhabile ferait choir un bistouri risquant de me blesser, puis je m'étendis tranquillement et comme autrefois les poètes romantiques contemplaient le soleil à son déclin crépusculaire, j'assistai à l'affrontement titanesque. Les invectives se suivaient et se ressemblaient d'ailleurs.

«Sale Autrichien et sale Canadien et sale Finlandais et sale Hongrois et sale Chinetoque et sale Jap et sale Amerloque et sale Israélien et sale Zaïrois...»

Il y avait bien longtemps que je ne m'étais pas autant amusé. Le spectacle, il faut le dire, était inénarrable. Déjà, à l'aide de leur bistouri, un certain nombre de «ministres» avaient crevé les yeux de leur voisin le plus proche. D'autres, avec leurs pinces, avaient sectionné les doigts, le nez ou les oreilles de quelques-uns de leurs compagnons. Plusieurs tuyaux reliant les corps aux cerveaux étaient coupés et les corps privés d'ordres pendaient lamentablement comme de vieilles poupées de son.

Phrases et mots continuaient à voler dans l'air, mais beaucoup plus faiblement:

«Sale Suédois, et sale Hollandais... et sale Russe... et sale...»

Et tout à coup, un rire éclata. Métallique et tonitruant, puissant et tranquille, terrifiant et épanoui. C'était, bien sûr, le rire du Grand Maître. Le Grand Maître qui jusqu'alors n'avait pas jugé bon d'intervenir, pensant sans doute que les choses allaient s'arranger. Non. Pensant plutôt qu'il y avait là un spectacle réjouissant, une belle démonstration de la faiblesse de l'homme, bien faite pour illustrer ses théories. Mais il s'agissait de ses ministres! Il ne s'agissait plus des conducteurs – qu'il haïssait – mais de ceux qu'il avait choisis pour collaborateurs, et dont il avait sans doute besoin pour établir la société future dont il rêvait.

Alors? Comment pouvait-il rire? Je ne comprenais plus rien à ce comportement.

Tout à coup, le rire se tut et de sa voix la plus froide, la plus glacée, la plus sèche, la plus catégorique, le Grand Maître dit : « Ça suffit. »

Des parois, des éclairs jaillirent et tous les tuyaux alimentant les torses et les têtes qui bougeaient encore furent sectionnés. Les derniers corps retombèrent, mous et inertes. Un projecteur s'alluma. Et la voix du Grand Maître dit : « À nous, maintenant ! »

Une lumière crue, blanche, dure, éclairait le vaste récipient où, dans le liquide argenté, baignaient les cerveaux. Ceux-ci semblaient avoir diminué de volume. Ils rapetissaient leurs lobes, serraient leurs circonvolutions, tentaient de se faire tout petit, bref, cela se voyait, ils craignaient la colère du Grand Maître.

Le plafond (d'où pendaient les corps privés de vie) se mit à glisser. La plate-forme sur laquelle je me trouvais se retrouva au sol. Et dans le fond de la salle, une seconde plate-forme, descendant à son tour, fit apparaître la Rolls de cristal du Grand Maître et le bocal contenant son cerveau.

Je sais que ce que je vais dire paraîtra extravagant, car difficile à concevoir – mais face au Grand Maître, les cerveaux des ministres fautifs avaient l'air penauds. (La différence entre un cerveau « normal » et un cerveau « penaud » repose sur des nuances si ténues et si frêles que seuls ceux qui ont suivi ce récit, non comme des lecteurs, mais en le vivant véritablement, me comprendront.)

Et le Grand Maître parla.

« Regardez, Robin Cruzo. Vous avez sous les yeux les chefs du monde. Voici ceux qui ont remplacé les rois, les empereurs, les héros de guerre du temps jadis. Voici ceux qui ont pris la place d'Hannibal. César, Gengis Khan, Attila, et pour évoquer un passé plus récent, Charles Quint, Napoléon Premier et que sais-je encore.

Vous avez là les présidents des différents États unis du monde, groupant les anciens États turc, belge, suisse, danois, néo-zélandais, afghan, yougoslave, iranien, albanais, autrichien, finlandais, hongrois, chinois, japonais, américain, zaïrois et tout le reste.

Les présidents, sur le cerveau de qui repose toute une humanité et qui, à la première occasion – comme des enfants dans une auto-école –, se battent et s'insultent tandis que crèvent les nations qu'ils dirigent. »

– Je ne comprends pas, dis-je, comment ces cerveaux sont-ils ceux qui dirigent le monde ? Que sont donc les présidents d'Amérique, ou de la République judéo-palestinienne, de l'Arabie israélienne, ou de la Belgique unifiée que nous voyons discourir à la télévision, et qui dirigent les guerres. Ceux qui font les lois mondiales ; ceux qui nomment les délégués à l'ONAU, ceux qui se rencontrent, s'embrassent, mangent ensemble, sourient, posent devant les caméras, se disent au revoir, et recommencent le lendemain les mêmes singeries, avec quelqu'un d'autre.

– Singeries, vous l'avez dit, Robin Cruzo. Ceux-là sont les présidents fantoches, les mannequins de son, les baudruches politiques, les poupées articulées, les polichinelles aux ficelles dociles, les joujoux mécaniques qui de tout temps ont figuré à la tête des fêtes, des remises de médailles, des inaugurations de chrysanthèmes, à la tête des parlements, des sénats, des assemblées, et qui depuis toujours ont été manipulés, téléguidés, programmés par les véritables chefs du monde. Les véritables étaient ceux qui avaient l'argent, les moyens de pression, ceux qui avaient la connaissance et qu'on a appelés souvent les multinationales, les multisectes, les multichapelles, les multi-ceci, les multi-cela.

Ceux qui semblaient diriger, qui croyaient diriger ont toujours été entre les mains des véritables forces. Je me suis emparé du système, Robin Cruzo, c'est-à-dire de ces forces. Je n'ai presque rien eu à faire. Le monde entier dépendait de l'automobile. Devenant le Maître de l'automobile, je devins le Maître du monde. Mais je n'ai rien changé aux apparences. Il y a toujours des présidents, dans le monde, qui pérorent, ronronnent, annoncent, déclarent, proposent, refusent, selon ma volonté. Il y a toujours des polices qui obéissent, des agents qui frappent, des militaires qui tuent, sans savoir d'où viennent les ordres, quelles en sont les raisons. Sans savoir – permettez-moi cette plaisanterie – qui est le cerveau. »

Et à nouveau ce rire insoutenable, insupportable, suffisant, hautain mais incontestablement triomphant du Grand Maître résonna, terrorisant encore plus les cerveaux fautifs.

« Oui, Robin Cruzo, pour diriger le monde vers son avenir doré, vers cette société future dont j'avais décidé de lui faire don, j'avais réuni un noyau de spécialistes, représentant tous les pays. Je les ai fait profiter de mon secret, le bonheur de ne plus avoir de corps et à défaut d'être un pur esprit, de n'être qu'un cerveau. Je croyais qu'ils étaient à jamais détachés de cette vieille ânerie d'idéologie nationale. Il a suffi que vous arriviez, Robin Cruzo, pour prouver que même séparés de leur enveloppe charnelle, ces cervelles animales avaient encore le goût de se combattre, et des manières qui rappellent la société dont je ne veux plus. Ce ne sont que des chiens qui choisissent l'heure infâme où la terre agonisante pleure pour violer ma loi.

Et puisque ce sont des chiens, il convient de les traiter comme tels.

Aidez-moi, Robin Cruzo. Ils se sont battus de la façon la plus archaïque, la plus sotte, la plus vulgaire. Vous allez les punir pareillement. Puisque vous avez des mains, et des bras, servez-vous-en. Fouettez-les. »

Devant moi s'ouvrit une sorte de placard contenant un matériel de torture qui avait dû servir à plus d'une expérience horrible.

« Allez-y, dit le Grand Maître. Fouettez-les. »

Je saisis un fouet. Ce n'était pas le moment de discuter. Je n'ai jamais aimé faire du mal aux gens. Mais après tout, ces cerveaux étaient ceux qui voulaient me découper la boîte crânienne quelques minutes auparavant. Et puis, lorsqu'il n'est pas poussé trop loin, le châtiment corporel n'a jamais fait de mal à personne. Châtiment corporel ?

Oui, mais ils n'avaient pas de corps !

Je pris le fouet et m'approchai de la cuve où baignaient les cerveaux. Timidement, je fis claquer la lanière, m'attendant à ce qu'un cri de douleur retentisse, correspondant à la violence du coup. Mais le cerveau que j'avais atteint se contenta de frémir et de se recroqueviller comme le font certains animaux marins dès qu'on touche leurs tentacules. Aucun cri. Aucun bruit. Je me rappelai tout à coup que les cerveaux avaient été déconnectés, séparés de leurs corps et que n'étant plus reliés à leurs organes d'expression, ils ne pouvaient plus ni crier, ni gémir, ni même parler et par conséquent, demander pardon. Ce qui était très ennuyeux pour moi. Fouetter quelqu'un qui ne demande pas pardon ne présente aucun intérêt. Par ailleurs, les cris de douleur donnent une indication sur la résistance du supplicié et ses possibilités de supporter la torture. Ne pas l'entendre gémir risque d'entraîner à frapper trop fort, ou trop longtemps.

Tout en réfléchissant à ces choses importantes, je continuai à flageller les cerveaux, m'efforçant de les reconnaître (ce qui était difficile) pour ne pas toujours frapper les mêmes.

En fait, je m'efforçais d'être un bourreau équitable.

Sans doute mon travail plut-il au Grand Maître qui me dit tout à coup: « C'est bien, vous pouvez arrêter. » Il ajouta:

« Finalement, Robin Cruzo, vous m'avez combattu, mais vous êtes le moins retors, le moins sournois de tous les humains que j'ai rencontrés depuis que je suis le maître de cette terre. Vous êtes une bonne recrue. Je crois que nous allons faire du bon travail ensemble. Et tout d'abord déménageons ce troupeau de cervelles. Nous n'avons plus besoin de ces prétendus "ministres". À partir de maintenant, vous serez mon seul assistant. »

J'étais sur le point de répliquer que je ne serais peut-être pas capable, que c'était un trop grand honneur, ou quelque chose de ce genre, mais mon subconscient me donna le conseil de me taire, conseil que je suivis immédiatement. Ce n'était pas le moment de faire le modeste et de risquer de perdre ce que j'avais toujours de plus précieux, c'est-à-dire la vie.

Tout au plus me risquai-je à dire:

« Excusez-moi, Grand Maître, mais vous êtes sûr que vous n'aurez plus besoin d'eux ? Ce sont, vous l'avez dit vous-même, des spécialistes. »

Le Grand Maître pouffa. Sa voix étant transmise par le klaxon, ce pouffement était étrange, à la limite malsain.

« Je n'ai jamais dit qu'il s'agissait de spécialistes de la technique, Robin Cruzo, mais de spécialistes de la politique. Donc, des gens dont on peut se débarrasser sans que qui que ce soit puisse en subir le moindre dommage. Ils m'ont servi, pendant quelque temps. Leur astuce, leur rouerie, leur vénalité m'ont rendu service pour manipuler les êtres et les États, mais maintenant, je n'ai plus besoin d'eux. Comme tous les politiciens, ils ont atteint – vous l'avez constaté vous-même – leur point optimum d'incompétence. Oh, nous n'allons pas les faire disparaître. Ils peuvent encore être utiles, ne serait-ce que pour les travaux de traduction, ou *something like that*[1].

Allez, Robin Cruzo, aidez-moi.

D'abord, faites-les entrer dans leurs containers. »

Je ne sais qui avait mis au point les plans de ce quartier général où vivait le Grand Maître. Depuis le temps que j'y circulais, et depuis qu'il me montrait ses installations, je ne cessais de voir des cloisons s'ouvrir, des plafonds descendre, des sols monter, des ouvertures se pratiquer à gauche ou à droite, des objets sortir des murs, des dispositifs divers apparaître en tout point.

Je ne cessais d'être étonné, stupéfié, ébloui, et encore une fois j'allais être mis devant un appareillage d'une haute technicité doublé d'une programmation astucieuse.

D'une trappe, s'ouvrant mystérieusement dans le plancher, apparut une sorte de chariot géant, très plat, contenant des boules de verre sur socle de métal ornées d'aspérités et d'antennes diverses. On aurait dit des têtes de scaphandres. Elles étaient munies de roues.

« Faites entrer messieurs les ministres dans les containers », dit le Grand Maître d'une voix amusée.

Dans la cuve au liquide argenté, les cerveaux se serraient les uns contre les autres comme une portée de cochons d'Inde.

Ils ne semblaient pas décidés à obéir.

« Faites entrer messieurs les ministres dans les containers, répéta le Grand Maître. Faites marcher votre fouet, Robin Cruzo. »

Je levai le fouet devant le premier cerveau qui se présenta devant moi, désignai le premier container et fis claquer la lanière.

Le cerveau prit appui sur son lobe occipital, effectua quelques mouvements de flexion sur son cervelet, se balança deux ou trois fois jusqu'à

1. En anglais dans le texte.

presque reposer sur son ventricule latéral, puis d'un seul coup se décida à bondir.

Il heurta le bord du container. Au moment où il allait retomber sur le sol, je l'aidai à basculer du bout de mon fouet. Il tomba alors dans le récipient qui allait être, semble-t-il, sa nouvelle demeure.

« Vite, les autres, les autres », dit le Grand Maître.

Je levai à nouveau le fouet et, un à un, les vingt ou vingt-cinq cerveaux sautèrent dans leur container avec plus ou moins de légèreté, de souplesse, de grâce ou d'élégance.

« Mettez les couvercles », dit le Grand Maître. Je vissai les couvercles sur les containers.

J'avais sous les yeux le premier gouvernement mondial en conserve.

Spectacle incroyable, scène insensée, unique dans l'Histoire des civilisations, les cerveaux des représentants des plus importantes nations du monde, emprisonnés dans des containers de verre, couvercle vissé sur leur semblant de puissance, leur allure de pouvoir, leur apparence de grandeur. Ministres bidons, représentants bidons, enfermés dans des bidons.

Le Grand Maître parla d'une voix sèche.

« Écoutez-moi, chiens de ministres, puisque cela vous plaît, paraît-il, d'être appelés ainsi. »

(Je songeai que ça leur plaisait d'être appelés « ministres » et non pas « chiens de... » mais le Grand Maître n'avait aucune raison de s'embarrasser avec les mots.)

« Chiens de ministres ! vous m'avez désobéi – et déçu. Désormais, je ne vous conseille pas de vous livrer à la moindre fantaisie. Nous allons faire une petite promenade. Et vous rejoindrez une destination prévue pour vous depuis longtemps. Comme ces containers étaient également prévus d'ailleurs. Ils sont adaptés à vous. Vous devez vous y sentir à l'aise. Je vous engage à vite comprendre les systèmes qui vous permettront d'évoluer avec, car vous n'êtes pas près d'en sortir. Vous pouvez aller en avant, en arrière, sur les côtés, vous pouvez tourner, vous arrêter lorsque vous le désirez. Tout est prévu. Allez-y, minables cervelles, fonctionnez... »

Les boules se mirent à avancer, à reculer, à stopper, à repartir.

« Bien, dit le Grand Maître. Ne vous hasardez pas à vous écarter de votre route. Sous chacun de ces containers il y a, évidemment, un système de gril ultrarapide que je peux déclencher à loisir. Inutile de préciser davantage.

Robin Cruzo. Venez me rejoindre. »

Je m'approchai de la somptueuse automobile de cristal. Une porte s'ouvrit, à l'avant.

« Montez », dit le Grand Maître.

Je fis ce qu'il me demandait, et m'assis sur le siège avant, à côté de la place du chauffeur. Il n'y avait évidemment pas de chauffeur puisque le cerveau du Grand Maître était directement relié aux organes moteurs.

« Robin Cruzo, dit le Grand Maître, je vous ai dit tout à l'heure que seuls les cerveaux des techniciens étaient ceux dont on ne pouvait se passer. Ce sont eux que nous allons rejoindre maintenant. Puisque je vous ai choisi comme assistant, il est temps de vous faire connaître mon équipe de choc et que je vous fasse part de la totalité de mes projets.

Tous ceux que vous avez rencontrés jusqu'à présent, policiers, contrôleurs de chance, élus, ministres n'étaient que petites poussières, minuscules rouages de la formidable organisation qui est la mienne.

Et tout d'abord, allons passer en revue mon armée. »

Pendant que le cerveau « parlait » je ne cessais de le regarder. J'étais *dans* la Rolls de cristal, séparé de lui par une paroi de verre, mais à moins de 2 mètres. Je ne l'avais jamais vu d'aussi près. La question que je me posais était, bien sûr, celle-ci : le génie est-il visible ?

Observant le cerveau de cet être exceptionnel, allais-je y découvrir, y déceler, y voir des choses extraordinaires, du premier coup d'œil. Qu'y avait-il de différent entre le *cerveau* et ceux que je venais de voir s'agiter dans la cuve transparente ? La scissure de Rolando était-elle plus large, plus dodue ? Le corps calleux était-il plus étendu, plus étoffé ? Les pédoncules étaient-ils plus renflés, ou plus étroits ? Et l'olive bulbaire, comment était-elle ?

Toutes questions que vous vous seriez posées, j'en suis certain, mais à quoi l'examen approfondi auquel je me livrai – discrètement – n'apporta aucune réponse.

Je remarquai simplement que le fond du bocal dans lequel il reposait était – comment dirai-je – une sorte de palette, de disque, de damier au quadrillage estompé, comportant une infinité de petites zones de couleur. En bougeant très légèrement, le cerveau ondulait sur ces zones. Celles-ci correspondaient sans doute à un central électronique, ce qui permettait au Grand Maître en agissant non par touches successives, mais par associations de couleurs, par traitement de nuances, de déclencher à volonté l'ouverture ou la fermeture des portes, la montée et la descente des sols, toutes ces choses qui semblaient se dérouler de façon magique.

Tandis que je réfléchissais à toutes ces découvertes, le cerveau ondula, et tout le fond de la salle s'ouvrit, découvrant un couloir gigantesque, une sorte de voie royale souterraine, des Champs-Élysées du sous-sol.

« En avant, dit le Grand Maître. Robin Cruzo, sur le tableau de bord, se trouvent divers boutons. Vous en apprendrez le maniement plus tard. Pour l'instant, sachez seulement que la petite manette verte envoie sur la route des décharges électriques que vous pouvez diriger grâce à l'écran de contrôle. Servez-vous-en, à la place du fouet, pour faire avancer les "ministres" traînards. »

Le cortège se mit en route. Deux douzaines de cervelles dans des boules de verre, suivies par une Rolls de cristal elle-même conduite par un cerveau dans un bocal.

Qui dit mieux ?

Nous roulâmes longtemps.

La galerie était très très longue et devait mener loin de la ville. Ce devait être une voie spécialement réservée au Grand Maître qui devait disposer ainsi d'axes privés lui permettant d'aller où bon lui semblait sans être gêné. Dame ! lorsqu'on est le maître du monde !

De temps en temps, parce qu'il y avait des retardataires mais, je l'avoue, un peu aussi par jeu, je lançais une petite décharge électrique sur un des cerveaux que je voyais alors sauter en l'air, tournicoter dans tous les sens au milieu de sa bulle de verre et retomber maladroitement avant de repartir de la manière la plus vive. Dans ce cas-là, une tourelle se tournait vers moi, violemment et comme avec colère et je supposai que cette tourelle était un dispositif faisant fonction d'yeux.

Au bout de quelque temps, le Grand Maître rompit le silence.

« Nous arrivons, Robin Cruzo. »

La route que nous avions suivie s'était sans doute profondément enfoncée dans la terre, car nous nous trouvâmes devant une paroi énorme, immensément large, incroyablement haute, et terriblement impressionnante.

La paroi s'ouvrit par le milieu.

« Voici mon armée », dit simplement le Grand Maître.

Personne ne peut concevoir ce que je vis alors. Dans une salle qui semblait ne pas avoir de limites, ni à gauche, ni à droite, ni dans sa profondeur, se trouvait rassemblée la plus grande force de guerre qui se puisse imaginer : jeeps, tanks, voitures amphibies, camions, autochenilles, ambulances, etc.

À la réflexion, pourtant, il ne s'agissait pas d'une force de guerre. Il n'y avait pas à proprement parler d'armement. Il y avait bien là une armée, mais une armée motorisée sans aucune trace d'armes proprement dites. Pas de camion. Pas de mitrailleuses sur les tanks. Pas de fusées.

La Rolls de cristal s'avança, passant en revue les premiers véhicules. Je regardais tout cela comme un simple spectacle. Fascinant, certes, par son ampleur, sa grandeur, sa puissance, mais qui n'avait rien de plus exceptionnel que les revues ordinaires que passaient les présidents fantoches en surface.

Pourtant, quelque chose était bizarre. Je ne savais dire quoi. Par une sorte de plan incliné, la Rolls de cristal prit place sur une estrade. Alors commença un ballet extraordinaire. Tous les véhicules défilaient, tournaient, manœuvraient devant la voiture du Grand Maître, et je compris. Je compris ce qui m'avait paru bizarre. Il n'y avait pas de conducteurs. Tous les véhicules étaient téléguidés. Pas le moindre volant, pas le moindre instrument de contrôle sur les tableaux de bord. Ce ballet était si bien conçu et si bien réglé que je ne pus m'empêcher de le faire remarquer au Grand Maître.

Je murmurai :

« C'est le plus bel ensemble de véhicules téléguidés que j'aie jamais vu. »

Le Grand Maître rit doucement.

« Téléguidés ! regardez mieux ! »

Je fis ce qu'il me dit. Mon Dieu ! Dans chaque cabine, dans chaque tourelle, devant chaque poste de manœuvre, devant chaque instrument de conduite se trouvait une petite cage de verre, et dans cette cage de verre, vous l'avez déjà deviné, baignant dans un liquide argenté, un cerveau.

« Oui, voilà mon armée, Robin Cruzo. L'armée la plus puissante, la plus organisée, la plus disciplinée, parce que la plus intelligente, puisque composée uniquement de cerveaux. De tout temps, l'armée a tenté de réduire la pensée, d'abrutir les esprits, d'annihiler les intelligences, de réduire les initiatives, de diminuer les facultés mentales, d'abolir les idées, en un mot, de supprimer le cerveau au profit de l'ordre aveugle, rendant le bras stupide et le geste meurtrier. J'ai changé tout cela. Mon armée est une armée de cerveaux. Regardez comme elle est vive. Comme elle est ordonnée. Regardez comme ses gestes sont équilibrés, parfaitement organisés sans qu'il y ait trace d'obéissance larvaire, ou de discipline imbécile. Regardez-la, mon armée, Robin Cruzo ! Savez-vous ce qu'elle a par-dessus tout, elle est *rassurante* ! »

C'est vrai. Je regardais évoluer ces machines que j'avais vues tant de fois associées à des combats monstrueux et à des rencontres sanglantes et je me demandais pourquoi je ne me sentais pas, comme d'habitude, écœuré par ce déploiement militaire.

« C'est vrai, dis-je, votre armée est rassurante, mais ce n'est tout de même pas uniquement parce qu'elle est dirigée par des cerveaux et non par des êtres de chair et d'os qu'elle est comme cela ?

– Non, Robin Cruzo, dit le Grand Maître, elle a autre chose et vous voyez bien ce que c'est.

– Non, fis-je étourdiment.

– Voyons, Robin Cruzo. Vous ne pouvez pas ne pas l'avoir remarqué. Mon armée ne possède pas d'armes ! »

Oui, bien sûr. Je l'avais remarqué. Mais qu'en déduire ?

Le Grand Maître n'était pas un tendre. Alors. Une armée sans armes. À quoi cela pouvait-il servir ?

« Une armée sans armes, Robin Cruzo, cela peut servir au monde que je prépare. Un monde qui aura besoin d'engins pour ouvrir des routes, pour lancer des ponts, pour aider les populations en cas de catastrophes naturelles.

Pour agir lors de toutes les épreuves qui peuvent maltraiter l'homme. »

« Oui, poursuivit le Grand Maître d'une voix élégiaque, c'est pour aider l'homme que l'armée est nécessaire. »

Je pensai : « Mais alors, le Grand Maître n'a pas menti. Il aime vraiment l'Humanité. Tout ce qu'il m'a raconté sur la nécessité de détruire les automobilistes pour pouvoir fonder une société future est donc vrai... »

« Mais d'où viennent tous ces cerveaux, qui conduisent les tanks, les camions, les jeeps ? dis-je.

– Ce sont des gens comme vous, répondit le Grand Maître, qui après avoir subi les épreuves du temps et de l'horreur m'ont prouvé qu'ils avaient compris où était la vérité : n'être qu'un cerveau dirigeant une machine vaut mieux qu'être un corps gouverné par une mécanique imbécile. Lorsque j'aurai fait admettre librement ce principe, partout et par tous, alors dans tous les domaines, industrie, art, agriculture, etc. Tout ira bien.

– Vous voulez dire, Grand Maître, que votre société future ne sera composée que de cerveaux ? Que les humains tels qu'ils sont, tels que je suis n'existeront plus dans votre monde, qu'ils ne seront plus que des cervelles ballottées dans des bulles de verre et reliées par des tubes aux machines qu'ils feront fonctionner...

– Oui, dit le Grand Maître. Et l'on ne pourra pas faire autrement, car... »

Il ne put finir sa phrase.

Des lampes s'étaient allumées partout dans la gigantesque salle de manœuvre. Des sonneries retentissaient de toute part. Des avertisseurs faisaient un bruit d'enfer. Et des voix préenregistrées se mirent à hurler dans des haut-parleurs.

« Cote atteinte. Attention cote dangereuse humano-automobile atteinte. »

Le Grand Maître poussa un cri d'impatience.

« Ah, voilà ce que je craignais ! Nous avons perdu trop de temps. C'est votre faute, Robin Cruzo. »

Je me fis tout petit, mais il se calma.

« Bon, cela ne fait rien. Fort heureusement, nous sommes prêts depuis quelques jours. Ce défilé militaire faisait justement partie des vérifications finales. »

Je ne comprenais pas de quoi il s'agissait. Tous les véhicules militaires s'étaient rangés en bon ordre dans l'immense salle souterraine. Par des voies mystérieuses arrivaient, entre les véhicules, de longues colonnes de containers à roulettes semblables à ceux dans lesquels j'avais fait pénétrer les « ministres ». Ces containers étaient transparents et habités par des cerveaux, bien sûr, mais ils portaient des bandes de couleur, des insignes, des grades, indications absolument incompréhensibles pour moi. L'explication me fut bientôt donnée.

« Voici les techniciens dont je vous ai parlé tout à l'heure, Robin Cruzo. Ce sont les plus grands spécialistes de la génétique, de la chimie, de l'électronique, de l'architecture, des problèmes concernant l'eau, la terre, l'électricité, la microbiologie ferrugineuse et la gynécologie arboricole. Tout ce qui peut conduire au progrès absolu dans une société parfaite peut être réalisée par eux. »

Les sonneries continuaient de retentir, les lampes de clignoter, les voix enregistrées de répéter « Cote atteinte. Attention cote dangereuse humano-automobile atteinte. » J'étais abasourdi par les événements, mais tellement anxieux de savoir ce qui se passait, que je criai :

« Mais à la fin, m'expliquerez-vous de quoi il s'agit ? Quelle est cette histoire de cote dangereuse atteinte ? Et puisque vous venez de dire que c'est ma faute, en quoi cela me concerne-t-il ? »

– Ne vous impatientez pas, dit le cerveau. La cote que nous venons d'atteindre est celle de saturation automobile absolue. J'ai dit que c'était votre faute car j'ai perdu du temps à vous donner des explications, à discuter, à discourir et philosopher avec vous. Ce faisant, j'ai quelque temps négligé de contrôler mes cadrans, de vérifier mes appareils et ne me suis pas rendu compte du danger. Les automobiles sortant des usines, les conducteurs en âge de prendre un véhicule en main ont dépassé le nombre d'êtres humains tués et de voitures détruites par mes dispositifs. Nous avons atteint le seuil absolu de saturation. La cote irréversible indiquant que les automobilistes ne pourront plus être contrôlés, le point de non-retour marquant leur fin irrémédiable, mais tout cela n'est pas très grave. Tout était prévu depuis longtemps. Nous allons simplement avancer notre date de départ de quelques jours.

– Votre départ, dis-je. Votre départ pour où ?

– Pour la nouvelle terre, voyons. Depuis quelque temps, je vous parle d'une nouvelle civilisation, d'une société future. Vous ne pensez tout de même pas que cette société parfaite, équilibrée, structurée, calculée, j'ai songé à la faire sur cette planète maudite. Nous allons partir nous établir sur une nouvelle terre, Robin Cruzo, excusez-moi. »

Le Grand Maître cessa de me parler. Je vis son cerveau s'agiter sur la plaque aux zones de couleurs qui lui permettait d'agir sur tous les dispositifs de son univers. Cela eut pour résultat de faire cesser les sonneries, les sirènes et les avertisseurs divers. De faire taire également l'horripilante voix qui ne cessait de répéter « Cote atteinte... Attention, cote atteinte. »

Sans doute selon les ordres du Grand Maître – ordres évidemment télépathiques puisqu'il n'y avait que des cerveaux –, les véhicules de l'armée s'étaient ébranlés et roulaient vers le fond de l'immense salle de manœuvre. Ce fond, je l'ai dit, était si éloigné que le terme « horizon » l'aurait mieux désigné. Les véhicules avançaient donc vers l'horizon, et à l'horizon apparaissait, très loin, une sorte de lueur, rouge, orange et or, comme un lever de soleil. Mais nous étions à 50 ou 100 mètres sous terre, et il n'était pas question de voir se lever quelque soleil que ce soit. À moins que... Non. Un soleil artificiel ? Cela n'était pas possible. Et pourtant le Grand Maître avait parlé d'une nouvelle terre. Alors ! À nouvelle terre, nouveau soleil ! L'idée était-elle si folle ? J'en avais déjà tellement vu, des choses folles.

Je me risquai.

« Grand Maître, vous venez de parler d'une nouvelle terre. Dois-je comprendre que vous avez créé une nouvelle planète pour y installer votre société de l'avenir ? »

Le Grand Maître interrompit un instant son action sur les zones colorées du disque de commandement sur lequel il reposait.

«Non, Robin Cruzo. Nous allons nous rendre sur une nouvelle terre, mais je ne l'ai pas fabriquée. Je l'ai détectée, examinée. J'en connais déjà tous les recoins, toutes les possibilités, toutes les beautés, toutes les saveurs, toutes les voluptés. Je sais qu'elle est saine et belle, vierge et jeune et n'a jamais connu la moindre pollution. Aidé par les ingénieurs, les techniciens, les cerveaux les plus qualifiés et les plus intelligents de ce vieux monde, ceux qui refusaient l'automobile, sans pour autant devenir des piétons stupides et bornés, ceux qui disaient non à l'abrutissement par la voiture, mais oui au progrès, ceux qui repoussaient la civilisation de consommation, mais non la civilisation de dégustation, j'ai construit l'engin qui va permettre de nous y rendre.»

La Rolls de cristal s'ébranla. Nous prîmes l'allée centrale, qui restait dégagée malgré l'activité qui continuait de régner dans le gigantesque local. Nous roulâmes vers le fameux horizon où l'on apercevait la violente lumière. Le sol ne cessait d'être incliné. Nous descendions de plus en plus.

Étions-nous à 200, à 300 mètres sous terre? Je ne sais. Nous roulions... Nous roulions et je la vis. Je n'avais jamais rien vu d'aussi beau!

L'acier, le platine, l'iridium, tous les métaux de la beauté formelle, tous les métaux puissants étaient rassemblés là. Elle était aussi gigantesque que fine, aussi puissante que racée. Elle avait d'admirables proportions, des lignes d'une absolue pureté. Dieu qu'elle était haute, qu'elle était belle!

«Cette fusée est votre œuvre... murmurai-je... Grand Maître... C'est la plus grande merveille qui fût jamais créée sur la terre!

– Merci, Robin Cruzo. Votre admiration me touche, car cette fusée n'est pas seulement mon œuvre, elle est moi.

– Oui, dis-je, c'est votre enfant!

– Non, dit le Grand Maître, elle est plus que mon enfant, elle est moi.

– Oui, rétorquai-je. Elle est vous, bien sûr. C'est votre œuvre. Alors, c'est normal que vous y teniez!

– Vous ne comprenez rien à rien, s'énerva le Grand Maître. Elle est moi, parce qu'elle est mon corps. Je ne suis qu'un cerveau, Robin Cruzo. Un cerveau jusqu'alors greffé sur une automobile. Mais dans quelques minutes, j'installerai ma masse cérébrale dans le réceptacle qui m'attend, là-haut, dans la pointe de cette fusée. Chaque onde de ma pensée, chaque secousse de mes nerfs cérébraux correspondra à une manœuvre, à un comportement de mon nouveau corps de métal. Mon cerveau sera le cerveau de ce chef-d'œuvre et voilà pourquoi je dis que cette fusée, c'est moi.

– Oui... oui, dis-je. J'avais compris. »

Bien sûr, il m'était difficile d'envisager de perdre l'usage de mes bras, de mes jambes et de tout ce qui m'avait servi jusqu'alors d'organes ou de membres. Mais je dois avouer que cette fusée me semblait pouvoir être une prothèse acceptable, tant elle était puissante et belle.

L'image qui m'avait fait tant de fois sourire à la projection de films de science-fiction, l'image de la colonie de Terriens montant le long d'une passerelle et embarquant dans une arche de Noé des temps modernes pour aller conquérir une planète nouvelle, cette image, je l'avais présentement sous les yeux. Et il ne s'agissait pas d'un film. Seulement, il n'y avait pas la moindre trace de Terrien dans cet embarquement. Ne pénétraient dans le géant de métal que les véhicules de l'armée « rassurante » que nous venions de passer en revue, et les containers à roulettes dans lesquels flottaient les cerveaux des savants et techniciens les plus brillants.

Pas le moindre Terrien. Et je me rappelai brusquement que j'en étais un. Avec tête, bras et jambes et tout ce qui s'ensuit.

« Et moi, criai-je, moi ?

– Vous, dit le Grand Maître, votre cas est délicat. Nous allons devoir faire vite si nous voulons sortir votre cerveau de cette carcasse inutile. Nous aurions gagné du temps si vous vous étiez laissé faire il y a quelque temps, lorsque cette séparation a déjà été envisagée.

– Mais je ne tiens pas à perdre mon corps, dis-je. Par ailleurs, je ne vois pas ce que j'irais faire dans cette fusée, avec vous. Je ne vous y serais d'aucun secours. Je vous ai proposé ma collaboration pour inventer des machines destinées à aider l'homme. L'homme ! Pas le cerveau.

– L'homme n'existe plus, Robin Cruzo. Nous avons atteint la cote d'alerte. Les policiers ne peuvent plus endiguer les voitures. La police n'a toujours été qu'une force imbécile. Sans le secours de la machine, et privée d'ordres précis, elle va rapidement succomber sous le flot des voitures. Et les machines, elles, ne réussissent plus à détruire assez. Bientôt, les conducteurs trop nombreux, et si bêtes, vont se déchirer entre eux. Il n'y a plus rien à faire. Plus rien à faire. »

Je me retournai pour faire face au cerveau dans son bocal, et lui tenir un grand discours sur le devenir de l'homme et les raisons d'espérer en lui.

Je ne sais ce qui se passait. Les véhicules de l'armée rassurante avaient tous pris place dans la fusée, il ne restait plus dans la salle de manœuvre que quelques chariots circulant pour apporter les derniers chargements.

Le cerveau du Grand Maître fut sans doute troublé par le mouvement que je venais d'effectuer. La Rolls de cristal heurta de plein fouet un de ces derniers chariots transportant du matériel et qui coupait l'allée centrale pour s'engager vers une des portes latérales de la fusée.

Des collisions, j'en avais vu. J'en avais vu, des capots disloqués, des tôles froissées, des pare-chocs tordus, des toits enfoncés, des avants écrasés, des arrières broyés... Bref, j'avais vu quantité de voitures endommagées, mais jamais comme celle-là. De la merveilleuse Rolls de cristal il ne resta rien. Ailes, portières, coffre, tout, absolument tout fut réduit, en un instant, en un tas de petits éclats de verre, millions de diamants épars sur le sol.

Et sur ce sol, également, au milieu des éclats, moi. Et surtout, sur le sol, pas seulement au milieu des éclats de la voiture, mais au milieu des éclats de SON bocal, le cerveau du Grand Maître. Pauvre cerveau, essayant tant bien que mal de se déplacer sur le sol, de ramper pour se rapprocher de la plate-forme aux zones de couleur lui permettant de reprendre le contrôle de son univers, de ses gardes, de sa police, de ses techniciens, de ses chirurgiens, de ses installations. Vivement, je ramassai le cerveau et le tins dans ma main droite, tandis que de la gauche, je ramassai la plate-forme aux zones de couleurs que je glissai dans ma ceinture.

Incroyable destinée. Le Grand Maître, le cerveau le plus puissant du monde, victime d'une collision, d'un banal accident de la route.

Devant nous, ouvrant la marche, se trouvaient toujours les containers dans lesquels j'avais fait pénétrer les cerveaux des « ministres ». Je pensai que pour quelque temps, cela ne ferait pas de mal à deux d'entre eux de cohabiter, ne serait-ce que pour apprendre à être plus tolérant envers les étrangers. J'attrapai deux containers et en dévissai le couvercle. Plongeant une main (la gauche, la droite tenait toujours le cerveau du Grand Maître), plongeant donc une main dans le premier j'en extirpai un cerveau que je fis choir dans le second. Les deux cervelles gigotèrent un instant mais se calmèrent bien vite, elles n'avaient pas le choix.

Dans le container devenu vide et rempli du liquide argenté sans lequel les cerveaux ne semblaient pas pouvoir survivre, je fis glisser celui du Grand Maître. Puis, je repérai les différents fils qui sortaient du récipient et vis qu'il y avait une prise comme on en utilise pour raccorder des haut-parleurs. Je bricolai rapidement le klaxon (qui avait résisté à la collision) et le branchai. J'entendis d'abord des bruits de friture puis la voix du Grand Maître, un peu modifiée mais parfaitement claire :

« Vous m'avez sauvé la vie, Robin Cruzo. Hors du liquide céphaloplatinien, un cerveau ne dure pas longtemps. Vous avez fait preuve d'initiative, je vous en remercie. Maintenant, veuillez, je vous prie, mettre au fond de ce container provisoire le disque de commandement encéphalo-lumineux qui me permet de diriger toutes les opérations et que je vois dans votre ceinture.

– Non, Grand Maître, dis-je.

– Comment ?

– Non. Je vous ai sauvé, je l'ai fait de bon cœur. Mais je ne vous rendrai pas ce disque qui vous permet d'agir sur les appareils qui gouvernent le monde. Je vais vous installer à votre poste de commandement à la place que vous vous êtes réservée dans cette fusée. Cette fusée qui deviendra vous. (Le cerveau gloussa de joie à cette évocation.) Puis je redescendrai sur cette terre qui est mienne. Ensuite, je tenterai de faire comprendre à mes frères les humains que la civilisation automobile ne peut mener nulle part, qu'il faut y renoncer et recréer le monde tel qu'il était à l'origine, sain, pur et beau, parce que sans voiture. Je ferai sur cette terre avec l'aide des humains ce que vous avez l'intention de faire sur la vôtre avec l'aide de vos cerveaux.

– Impossible, grommela le Grand Maître. Mais puisque vous m'avez sauvé la vie, après tout, je vous laisse faire. D'ailleurs, je n'ai pas les moyens de lutter, vous avez entre les mains mon disque de commandement. Je suppose qu'à la moindre tentative de révolte de ma part vous vous en serviriez sans en connaître le fonctionnement, ce qui ne pourrait que provoquer des catastrophes, nuisibles à mon départ.

– Exact, dis-je.

– Bien. Alors installez-moi à mon poste, en haut de la fusée qui va devenir moi. Là, je n'aurai plus besoin ni envie de contrôler la terre. »

Je pris le container sous mon bras et avançai vers la fusée. Les manœuvres d'embarquement étaient terminées. Les portes étaient toutes verrouillées. Je pris place dans l'ascenseur montant jusqu'au faîte, et pénétrai dans l'habitacle. Je ne perdis pas de temps à regarder comment tout était installé. Au centre se tenait la bulle que je m'attendais à trouver. Elle contenait, bien sûr, du liquide argenté. J'y plaçai le cerveau. Immédiatement celui-ci ondula sur un disque de commandement semblable à celui qui se trouvait à ma ceinture et la voix du Grand Maître dit :

« Naïf, Robin Cruzo ! Vous êtes en mon pouvoir, sur cette fusée. Elle est, croyez-moi, munie de tous les dispositifs possibles pour vous saisir et vous traiter de toutes les manières imaginables, mais vous me plaisez bien, je vous l'ai déjà dit. Allez, sauvez-vous, Robin Cruzo. Essayer de sauver votre monde, vous n'y arriverez pas. »

Je me précipitai vers l'ascenseur et redescendis à toute vitesse. (Enfin, à la vitesse de l'ascenseur.)

Déjà la fusée dirigée par le Grand Maître, la fusée qui *était* le Grand Maître, se déplaçait.

Elle arriva au centre de l'immense salle, sur une aire de lancement.

Des sons jaillirent, le plafond s'ouvrit et... et puis ça va... Je ne vais pas vous décrire comment décolle une fusée.

J'étais seul sur la terre. Seul à savoir quoi, au fait. Le Grand Maître m'avait dit que la cote d'alerte était atteinte, mais je n'avais rien vérifié. Et si cela n'était qu'une vue de son cerveau dérangé. Je devais contrôler. Je ne manquais pas d'instruments pour cela. Je pensai tout à coup que, dans une certaine mesure, j'étais devenu le maître du monde. J'avais dans ma poche le disque de commandement. Oh, je ne savais pas comment il fonctionnait exactement mais en procédant par tâtonnements...

D'abord, il me fallait sortir de là. Je montai dans un des chariots ayant servi à amener le matériel près de la fusée et refis en sens inverse le trajet que je venais de parcourir avec la voiture de cristal. La longue salle, le corridor immense, la pièce où se trouvaient les cerveaux des ministres. Comment faire pour faire monter le sol jusqu'à l'étage du dessus. Ma main à peine posée sur le disque de commandement, le sol monta. Qu'il redescende, pensai-je. Il le fit. Bon, alors, qu'il remonte. C'était plus simple que je ne le pensais. Le disque agissait par télépathie. J'aurai dû m'en douter. Un cerveau n'aurait pas eu la bêtise de mettre au point un système tactile alors que – par définition – la télépathie était son élément.

Je me retrouvai donc dans le quartier général du Grand Maître. J'intimai au disque de commandement l'ordre d'allumer les circuits de télévision. Horreur ! Épouvante ! Malheur et misère !

Sous mes yeux, des rues, des boulevards, des avenues, des quais, des ponts, des autoroutes, des voies de toute sorte et dessus ! Dessus, armés de pics, de manivelles, de barres de fer, de pare-chocs, de marteaux, d'outils de toutes natures, les automobilistes, mes frères, des humains, des humains comme moi se battaient. Tout ce que j'avais vu, tous les massacres, toutes les tortures, toutes les horreurs, n'étaient rien à côté du spectacle que présentaient ces conducteurs hystériques en train de s'exterminer.

Les dents cassées tombaient, les yeux arrachés volaient, le sang coulant à flots rougissait le sol et les carrosseries, sur le bruit de fond banal des hurlements de douleur et des râles d'agonie, une mélopée faite d'injures et de cris de haine démontrait que le Grand Maître avait eu raison.

Les automobilistes étaient devenus fous.

Ayant atteint le seuil de saturation, les machines à tuer avaient cessé de fonctionner. Les policiers avaient été massacrés. Et chacun avait renoué avec les mœurs du temps jadis. S'insultant pour une place ou pour une manœuvre malhabile, ils en étaient rapidement venus aux mains. Sur toute la planète (ce que je voyais sur les écrans était formel), le spectacle était le même.

J'étais désespéré, lorsqu'une voix retentit.

« Alors, Robin Cruzo, avais-je tort ? »

La voix du Grand Maître ?

Bien sûr. De sa fusée, il pouvait entrer en communication avec moi.

« Non, vous n'aviez pas tort ! dis-je.

– Robin Cruzo, ajouta la voix, je dois vous avouer quelque chose. Avant de partir dans cette fusée (qui est moi désormais), vous devez bien vous douter que j'avais prévu la destruction de la terre. Ne serait-ce que pour qu'aucun terrien, passant de la civilisation automobile à la civilisation des fusées ne vienne m'embêter sur ma nouvelle planète.

Un certain nombre de choses sont en place qui doivent tout détruire et que je peux évidemment déclencher d'où je suis. Votre disque de commandement ne pourrait rien annuler.

La planète peut être détruite de trois manières différentes.

Un – éclatement de son noyau.

Deux – suppression de toute vie à sa surface.

Trois – suppression de toute vie et destruction de tout ce qui était propre et dont les humains n'ont pas su se servir, c'est-à-dire, en premier lieu, les automobiles.

La première solution ne me plaît pas. La destruction totale par éclatement du noyau vous ferait disparaître et je ne le souhaite pas.

La deuxième ne me paraît pas suffisante.

La troisième est bien, n'est-ce pas ? Destruction de TOUS les humains et de leurs autos.

Naturellement, vous serez épargné. »

– Cela m'est égal, hurlai-je, je ne tiens pas à être épargné. Oui, détruisez tout, détruisez tous ces fous sanguinaires, ces malades de la puissance au petit pied. Ces maniaques du cercueil à roulettes, ces monstres qui n'ont pas su profiter de leur planète si bonne et si belle.

– Allons, Robin Cruzo, ne vous excitez pas. Voilà ce que je vous propose. Au centre de l'océan, il existe encore une ou deux îles où il n'y a rien. Ce ne sont que des rochers arides. Prenez un hélicoptère robot de ma flotte personnelle. Programmez-le pour vous conduire sur une de ces îles désertes.

Lorsque l'hélicoptère reviendra à son point de départ, je saurai que vous êtes sauvé. Alors je détruirai tout, absolument tout, à la surface du globe.

Vous serez le seul survivant. Vous pourrez alors faire ce que vous aviez envisagé lorsque vous étiez chez les piétons, vous vous souvenez? Faire évoluer les créatures de la mer grâce aux pilules accélératrices de temps pour obtenir des hommes nouveaux. Cela vous agrée-t-il?

– Pourquoi pas? Cela m'agrée» répondis-je.

Je parcourus les laboratoires vides. Je me rendis dans la salle de l'accélérateur de temps et remplis de pleins sacs de pilules d'accélération, puis je me rendis à l'héliport souterrain. Je pris place dans un hélicoptère.

Je vais terminer ici mon récit. Je suis très vieux maintenant. L'île sur laquelle je me trouve est grande, et j'y ai recréé un univers.

Toute vie a disparu sur la terre, mais ici, elle existe, la vie. De l'eau, j'ai tiré des créatures que j'ai su faire évoluer. Oui, j'ai réussi, j'ai fait évoluer des cœlacanthes. On avait bien raison de dire qu'ils étaient le dernier maillon entre les créatures de l'eau et l'homme.

Je le répète, je ne sais pourquoi j'écris ceci. Personne ne le lira jamais, ou alors quelque explorateur venu d'une lointaine planète. Qu'il sache alors que je suis désespéré. Grâce à mes efforts, à ma ténacité, à mon amour aussi, j'ai réussi à créer un nouvel Adam, car le cœlacanthe est devenu aegyptopithèque, l'aegyptopithèque est devenu archéanthropien, l'archéanthropien, pithécanthrope et le pithécanthrope, Homo Sapiens. Oui... Je suis vieux. Un brouillard obscurcit mes yeux... Avant de sombrer dans le néant, ce que je vois me glace d'horreur. Cet homme, que j'ai réussi à créer, vient de prendre une pierre plate et ronde.

Il en a usé le centre, il l'a percé, il vient d'y passer un morceau de bois. Il la fait tourner.

Cet imbécile est en train d'inventer la roue.

Chansons

La gamberge

Moi je rêvais d'être un héros
et voulais m'en aller faire le mirliflore
connaître la faune et la flore,
faire une arche de mon bateau
je rêvais d'être un conquérant
et je voulais partir, tout comme Don Quichotte,
tant sur terre que sur la flotte,
par les mers et les continents

Si je voyais une guenille,
j'en voulais faire un étendard,
je l'ai compris beaucoup trop tard:
je regardais trop ce qui brille

À tant rêver j'ai gâché mes vingt berges
la gamberge, la gamberge
a fait de moi un pauvre homme de plus
Même si je voulais brûler un cierge
à saint Antoine, au patron des perdus
je ne retrouverai pas mes vingt berges
ni les amours que je n'ai pas connues
[× 2 les 2 derniers]

Je me voyais le sceptre en main
l'hermine sur le dos en tête une couronne
des courtisans pour ma personne
se courberaient bien bas les reins
Autour du monde, de mon nom
on écrirait l'histoire et devant ma puissance
trembleraient les États; je pense
que j'avais perdu la raison

Car de ces folies de jeunesse,
de tous ces désirs insensés,
à petit feu j'ai gaspillé
mes vingt ans, toute ma richesse

Si j'ai vieilli maintenant je gamberge :
mes vingt berges, mes vingt berges
avec ma vie sont à jamais perdus
Même si je priais la bonne Vierge
de me donner quelques années de plus
je ne retrouverai pas mes vingt berges
ni les amours que je n'ai pas connues
[× 2 les 2 derniers]

Avec Maria

Du début jusqu'à la fin de la semaine
Je suis P3 chez Citroën
C'est un bon petit boulot
Avec cantine et avantages sociaux
Je suis copain avec Nénesse
Qu'est délégué du syndicat
À la chaîne des boîtes de vitesses
Je suis heureux comme un roi
D'autant plus que le samedi
Et le dimanche aussi
Avec Maria on va danser la java

Maria c'est la jouvencelle
Chez qui je vais tous les midis
Pour faire chauffer ma gamelle
Dans son petit bain-marie
Je l'ai connue l'année dernière
Au bal de la RATP
Où ce que travaillait son frère
Comme prêtre-ouvrier
Et ce soir-là messieurs dames
À la salle Wagram
Avec Maria on a dansé la java

On s'aime tout comme Adam et Ève
On va bientôt se marier
On attend la prochaine grève
Pour que je sois augmenté
Mais comme l'a dit mon contremaître
Quand on est jeune, faut se dépêcher
Ainsi un enfant va naître

Qu'on appellera Irénée
Irénée le divin enfant
Et le soir sans un mot
Autour du berceau
Avec Maria on ira danser le tango

Mon cher Albert

Tu es pour moi le symbole vivant
Des amours romantiques qu'on découvre à trente ans
Ton corps me fait vibrer, dans tes bras je m'enivre
Mon cher Albert
Mon cher Albert

Lorsque tous deux, ensemble nous vivons
Mon ventre sur ton dos formant un édredon
Que j'ai donc du plaisir à contempler ta nuque
Mon cher Albert
Mon cher Albert

Tu fais pour moi des choses aphrodisiaques
Tout nu dans la cuisine, tu me lis du Mauriac
Lorsque j'entends ces mots, je l'avoue, ça m'excite
Mon cher Albert
Mon cher Albert

Comme Pollux et son copain Castor
Comme Yseut et Tristan, comme Sodome et Gomorrhe
Nous sommes réunis par un amour unique
Mon cher Albert
Mon cher Albert

Je vais pourtant encore te demander
Une dernière grâce, pour mieux me contenter
Lorsque tu viens m'aimer, garde donc ta soutane
Mon cher Albert
Mon cher Albert

Mon cher Albert, mon petit Albert [*ad lib*]

Pourquoi m'as-tu mordu l'oreille

Tous deux dans notre chambre
Quand nous nous regardons
Devant les draps froissés
Par une nuit commune
Baissant nos quatre yeux
Soudain nous comprenons
Notre affreux désespoir, notre immense infortune
Nous sommes les victimes à jamais séparées
D'un phénomène qui dissocia notre couple
Et comme l'araignée contemplant le fil souple
De sa toile qu'un vieux balai vient de crever
Nous voyons se dresser le souvenir tragique
De ce qui fut pour nous un amour extatique
Et devant les débris de notre passion
Soudain dans mon esprit s'infiltre une question
Pourquoi m'as-tu mordu l'oreille ?
Pourquoi pris-tu mon lobe entre tes dents
Et me le happas-tu de ta bouche vermeille
Quand le tango nous grisait d'un rythme troublant ?
Ta tête était sur mon épaule
Tu m'as dit penche-toi que tes lèvres me frôlent
Mais de tes incisives longues et pointues
Pourquoi pris-tu mon lobe et me le mordis-tu ?
Depuis ce jour, vois-tu, la vie n'est plus pareille
Car entre nous le lien de l'amour s'est brisé
Depuis que tu m'as mordu l'oreille
Nous vivons comme des étrangers

La gloriole

Au pays de la gloriole
Quand le panache était roi
Ne faisait pas le mariole
Le long du chemin de croix
Qui menait à l'échafaud
Le monde des aristos

Car le soleil se levait
Beaucoup trop rouge au 14 juillet
La particule trahissait
Les ci-devant que l'on emprisonnait
La particule trahissait
Les ci-devant que l'on emprisonnait

Au pays de la révolte
Le peuple était ulcéré
Des détours et virevoltes
D'un monarque périmé
Il plantait le long des grilles
Le cou des fils de famille

La guillotine dressait
Son profil rouge au 14 juillet
Et la charrette transportait
Les ci-devant que l'on décapitait
Et la charrette transportait
Les ci-devant que l'on décapitait

Au pays de la victoire
Dans le triomphe éclatant
Des chansons de verse-à-boire

Le vin remplaçait le sang
La République se sacre
Par un beau jeu de massacre

Un jour nouveau commençait
Le blanc et rouge au 14 juillet
Et la cocarde fleurissaient
La liberté que l'on applaudissait
Et la cocarde fleurissaient
La liberté que l'on applaudissait

Dansons la carmagnole
Car au son du clairon
À se casser la gueule
Est morte... une nation!

Tout le monde il est beau

Tout le monde il est beau, tout le monde il est gentil !

Quand les pavés volent, comme de grands oiseaux gris,
en plein dans la gueule des flics au regard surpris.
Quand ça Gay-Lussac, lorsque partout l'on entend
le bruit des matraques sur les crânes intelligents.

Dans la douceur de la nuit, le ciel m'offre son abri,
et je pense à Jésus-Christ, celui qu'a dit :
Tout le monde il est beau, tout le monde il est gentil !

Le monde est beau, tout le monde il est gentil [× 4]

Quand dans le ciel calme, l'avion par-dessus les toits,
verse son napalm sur le peuple indochinois.
Quand c'est la fringale, lorsqu'en place d'aliment,
les feux du Bengale cuisent les petits enfants.

Dans la tiédeur de la nuit, la prière est mon appui,
car je pense à Jésus-Christ, celui qu'a dit :
Tout le monde il est beau, tout le monde il est gentil !

Le monde est beau, tout le monde il est gentil [× 4]

Quand ça jordanise, quand le pauvre fedayin
copie par bêtise la prose à monsieur Jourdain.
Quand le mercenaire ne songe qu'à vivre en paix
et se désaltère avec un demi-Biafrais.

Dans la fraîcheur de la nuit, je me sens tout attendri
en pensant à Jésus-Christ, celui qu'a dit :
Tout le monde il est beau, tout le monde il est gentil !

Le monde est beau, tout le monde il est gentil [× 7]

Du pain aux oiseaux

Moi, je donnais du pain pour les oiseaux
Je ramassais le chien qui buvait au ruisseau
J'étais riche d'amour beaucoup plus que d'argent
Mais je riais de tout et n'avais pas vingt ans

Si je refusais Dieu qui me refusait tout
C'est sûr qu'entre nous deux, je tenais le bon bout
Lui qui ne donnait rien mais voulait qu'on le prie
Moi qui donnais l'amour sans rien d'autre en retour

Un matin vint chez moi, botté, vêtu de bleu
Celui qui me tendit un papier fabuleux
Portant un nom de ville, un nom de régiment
Et me donnant le droit de tuer sans châtiment

Pour avoir refusé l'uniforme à mon dos
À vingt ans dépassés, j'ai passé le falot
Des hommes médaillés du bas-ventre au képi
Pour ce fait, ont jugé que j'avais mal agi

Moi qui rêvais de ciel et de bateaux
Me voici enfermé au fin fond d'un cachot
Ma cellule est bien triste et n'a pas de hublot
Mais au mur un artiste a gravé quelques mots

Je chanterai encore et chanterai toujours
Car même si la mort ou le manque d'amour
Font tomber le malheur ou la terre sur mon dos
J'ai donné tout mon cœur et du pain aux oiseaux

Si tu t'en irais

Si tu t'en irais,
Si tu m'laisserais seul au monde,
Des fois qu't'aurais eu connu
Quelqu'un qu't'aimerais encore mieux...

Si tu t'en irais,
Si tu serais plus ma blonde,
Si des fois tu m'aimerais plus
Ah ! qu'est-ce que j'serais malheureux...

Car depuis le jour
Où tu m'as dit que
Tu m'aimais moi je
Suis fou de toi...

Et si des fois tu
M'aimerais plus autant
Y'aurais quequ'chose d'u-
sé au fond d'moi.

Si tu t'en irais
Si t'abandonnerais ma vie
Si tu voudrais t'en aller
Dans les bras d'un autre cœur

Si tu t'en irais
Laissant nos âmes désunies
Si tu tenterais d'm'oublier
Je n'f'rais que verser des pleurs

Car depuis l'instant
De l'heure où nous fûmes
Amoureux moi j'hum-
ecte mes yeux

De joie mes larmes
Loin des alarmes
Coulant d'un charme
Voluptueux

Je crois bien que j'mourirais
Si, un jour,
Tu t'en irais...

Il a chaud bibi

Il a chaud bibi, chaud bibi
Il a chaud partout bibi, chaud bibi, chaud bibi
Chaud du zizi jusqu'aux fesses, chaud bibi, chaud bibi
Car il est dans le show bibi, chobibi, chaud bibi, chobizness
[bis]

Quand on est dans le chobizness
On n'en sort plus jamais, on n'en sort jamais plus
Amour, passion, malheur, ivresse
On fait toujours semblant, on fait toujours faux-cul

(Oh! bravo, coco, t'étais super. C'était fantastique, le spectacle. Vraiment formidable. On a passé une soirée terrible.)

refrain

Quand on est dans le chobizness
On n'a pas de pudeur, on tapine et c'est tout
On vend sa tête, on vend ses fesses
Tout le monde il est beau, il veut avoir des sous

Chœurs :
Tout le monde il est beau, tout le monde il est gentil

(Ouais, d'accord, il y a des chouettes trucs. Mais en province ils se ramassent avec ça, c'est sûr.)

Vive le chobibi, chobibi
Vive le chobi, chobibi
Chobibi, chobizness

Montrons nos têtes et nos fesses
Notre vit, notre vie, c'est l'show biz
C'est l'chobibi, chobibi, chobibi chobizness
[*ad lib*]

La légende orientale

Des poissons d'or et des mailles jouaient dans le camail d'une fontaine perse
sur des tapis des velours bien faits pour l'amour en des danses perverses
filles venues des portes d'orient des montagnes d'Afghanistan
des bayadères tentaient d'attiser les désirs d'un prince blasé
le prince dit je m'ennuie grand vizir conte-moi, quoi ?
la chevauchée sans merci des guerres d'autrefois, ah bon
le grand vizir se leva et la main sur le cœur
pour plaire à son bon seigneur voici ce qu'il raconta
bardé de fer et de feu la haine dans les yeux pour terrasser le monde
passant tout comme à l'enfer les hommes par le fer et violant les jocondes
guerrier venu des portes d'orient des montagnes d'Afghanistan
des cavaliers se jouant de la peur semaient la mort et la terreur
le prince dit ça m'ennuie grand fakir donne-moi, quoi donc ?
le charme dans lequel bientôt l'ennui bientôt me plongera, ah bon bah fallait l'dire
le grand fakir se leva et la main sur le cœur
pour plaire à son bon seigneur voici ce qu'il ordonna
dans cette coupe où tu vois les herbes qui des bois contiennent les puissances
tu trouveras si tu veux oh seigneur généreux l'oubli de l'existence
filtre venu des portes d'orient, des montagnes du même endroit
cette liqueur versera dans ton cœur le très doux secret du bonheur
le prince dit essayons puis il but sans tarder, quoi ?
la coupe et sous le poison il tomba foudroyé, sur la carpette
le grand vizir le fakir tout rouge de plaisir montraient une joie folle
car le prince empoisonné ils allaient hériter ses puits de pétrole.

(Grazie a piou per questo testo)

Le pauvre Blanc

Ô Seigneur notre père
Tout-puissant
– Seigneur !
Écoutez la prière
Du pauvre Blanc
– Seigneur !
Autrefois le Blanc était heureux
Dans son usine
– Patron !
Le soir quand il rentrait dans son deux
Pièces-cuisine
Il chantait
Des chansons de Delmet

Mais les Noirs sont venus
Avec leurs trompettes
Quand il les a entendues
Le Blanc a perdu la tête
Comme à Jéricho
Les murs se sont écroulés
Et le Blanc a constaté
Qu'il n'avait pas de tempo
– Ô Seigneur !

Comprenez la douleur
Qui lui meurtrit les côtes
Ce n'est pas de sa faute
Au pauvre Blanc
Il ne peut chanter en mesure
Il a bien une tessiture

Mais n'a pas le jazz, le jazz dans la peau
Le pauvre Blanc n'a pas de tempo
– Ô Seigneur !

Des usines de Billancourt
Écoutez donc battre le cœur
Les marteaux-pilons et les tours
Clament la peine et la douleur
Des pauvres Blancs de chez Renault
Qui veulent chanter leurs malheurs
Mais hélas hélas hélas n'ont pas de tempo
– Ô Seigneur !

Ayez pitié du pauvre Blanc
Accordez-lui donc une fois
De faire claquer ses doigts
Sur la musique à contretemps
– Ô Seigneur !

Vous qui êtes plein d'amour
Le pauvre Blanc sait qu'un jour
Enfin vous aurez pitié
Et que vous lui accorderez
Le tempo tant désiré
Pour qu'il puisse vous louer
Et chanter un éternel
Blanco spirituel
– Seigneur !
– Seigneur !
– Seigneur !

Seigneur !
Seigneur !
Ayez pitié du pauvre Blanc !
Hohohohoho !
Seigneur !
Hohohohoho !
Seigneur !
Ayez pitié du pauvre Blanc !

Seigneur!
Seigneur!
Hohohohohohoho!
Seigneur!
Ayez pitié du pauvre Blanc!
Seigneur !

Table

à TDF
gilles
18 juin 2012

***

Mis en pages par DV Arts Graphiques à La Rochelle
Imprimé en France par CPI Brodard et Taupin

Dépôt légal : avril 2013
N° d'édition : 2776 – N° d'impression : 72594
ISBN 978-2-7491-2776-7